O QUE A CIÊNCIA NOS DIZ SOBRE O **TRANSTORNO** *do* **ESPECTRO AUTISTA**

B528o Bernier, Raphael A.
        O que a ciência nos diz sobre o transtorno do espectro
    autista : fazendo as escolhas certas para o seu filho / Raphael
    A. Bernier, Geraldine Dawson, Joel T. Nigg ; tradução: Sandra
    Maria Mallmann da Rosa ; revisão técnica : Maria Sonia
    Goergen. – Porto Alegre : Artmed, 2021.
        312 p. : il. ; 23 cm.

        ISBN 978-65-5882-020-8

        1. Autismo. 2. Pais e filhos. I. Dawson, Geraldine. II. Nigg,
    Joel T. III. Título.

                                                    CDU 616.896

Catalogação na publicação: Karin Lorien Menoncin – CRB 10/2147

O QUE A CIÊNCIA NOS DIZ SOBRE O TRANSTORNO *do* ESPECTRO AUTISTA

Fazendo as Escolhas Certas para o Seu Filho

Raphael A. Bernier, *Ph.D.*
Geraldine Dawson, *Ph.D.*
Joel T. Nigg, *Ph.D.*

Tradução:
Sandra Maria Mallmann da Rosa

Revisão técnica:
Maria Sonia Goergen
Neuropediatra. Especialista pelo Hugh Ellis Paediatric Assessment Centre (HEPAC) – Churchill Hospital, Oxford, Inglaterra.

Porto Alegre
2021

Obra originalmente publicada sob o título *What science tells us about autism spectrum disorder: making the right choices for your child*, 1st edition.
ISBN 9781462536078

Copyright © 2020 The Guilford Press
A Division of Guilford Publications, Inc.

Published by arrangement with The Guilford Press.

Gerente editorial: *Letícia Bispo de Lima*

Colaboraram nesta edição:
Coordenadora editorial: *Cláudia Bittencourt*
Adaptação da capa: *Márcio Monticelli*
Imagem da capa: *©shutterstock.com / Paket, Blank square sticker mock up with rainbow colored curled corner. Graphic design element with decorative colors and shadow. Diversity, love, equity, all colors of the rainbow concept. 3D illustration*
Preparação de originais: *Vitória Duarte Martinez*
Leitura final: *Camila Wisnieski Heck*
Editoração eletrônica: *Kaéle Finalizando Ideias*

Reservados todos os direitos de publicação ao GRUPO A EDUCAÇÃO S.A.
(Artmed é um selo editorial do GRUPO A EDUCAÇÃO S.A.)
Rua Ernesto Alves, 150 – Bairro Floresta
90220-190 – Porto Alegre – RS
Fone: (51) 3027-7000

SAC 0800 703 3444 – www.grupoa.com.br

É proibida a duplicação ou reprodução deste volume, no todo ou em parte, sob quaisquer formas ou por quaisquer meios (eletrônico, mecânico, gravação, fotocópia, distribuição na Web e outros), sem permissão expressa da Editora.

IMPRESSO NO BRASIL
PRINTED IN BRAZIL

AUTORES

Raphael A. Bernier, Ph.D., é diretor executivo do Seattle Children's Autism Center, diretor associado do Center on Human Development and Disability e professor de Psiquiatria e Ciências Comportamentais da University of Washington. É clínico e pesquisador ativo cujo trabalho foca em como o transtorno do espectro autista se desenvolve, como o cérebro está envolvido no transtorno e em formas de melhorar a qualidade de vida de indivíduos com o transtorno e suas famílias.

Geraldine Dawson, Ph.D., é William Cleland Distinguished Professor de Psiquiatria e Ciências Comportamentais, diretora do Duke Institute for Brain Sciences e do Duke Center for Autism and Brain Development da Duke University. Especialista em autismo internacionalmente reconhecida, com foco em detecção precoce, intervenção e plasticidade cerebral no autismo, Dra. Dawson é defensora apaixonada das famílias. É coautora de *An early start for your child with autism* e *A parent's guide to Asperger syndrome and high-functioning autism*, segunda edição.

Joel T. Nigg, Ph.D., é diretor da Divisão de Psicologia e professor de Psiquiatria, Pediatria e Neurociência Comportamental da Oregon Health and Science University. É pesquisador proeminente de condições do neurodesenvolvimento em crianças, além de clínico. É autor do guia para pais *Getting ahead of ADHD*.

SUMÁRIO

Introdução 1

1. Uma nova compreensão do transtorno do espectro autista 9
2. Quais as características essenciais que definem o espectro autista? 27
3. O que causa o autismo? 54
4. Como o cérebro se desenvolve de forma distinta no autismo? 85
5. Quais as melhores práticas para ajudar uma criança com autismo? 102
6. Exercício, sono e TEA 133
7. Problemas gastrintestinais e alimentares, alimentação e dieta no TEA 161
8. Tecnologia e TEA: os mais recentes achados sobre perigos e promessas 182
9. Adolescência e autismo 202
10. Vida adulta e autismo 229
11. Integrando tudo 254

Recursos 273

Referências 284

Índice 304

INTRODUÇÃO

O transtorno do espectro autista (TEA) figura entre as condições mais visíveis e conhecidas que afetam o desenvolvimento do cérebro. São poucas as pessoas que não fazem alguma conexão ou contam uma história sobre um indivíduo com o transtorno. Relatos no noticiário sobre avanços científicos e histórias de interesse humano que narram a vida de famílias afetadas pelo TEA são rotineiros. Se você fizer uma busca simples por "autismo" na internet, encontrará aproximadamente 144 milhões de resultados em cerca de meio segundo. Em termos simples, existem por aí muitas informações – e talvez muitas hipóteses – sobre o TEA, e há muitos equívocos e informações divergentes referentes a causas, tratamentos e até mesmo sobre o que é o transtorno.

Há muitas razões para isso, incluindo o ativismo altamente efetivo pela comunidade das partes interessadas. Entretanto, uma grande razão para essa onda de informações e desinformações é que nossa consciência e nosso conhecimento científico do TEA estão mudando e avançando em altíssima velocidade. Esses avanços rápidos representam oportunidades práticas, tangíveis e impactantes que você pode aproveitar para fazer uma grande diferença na saúde, na felicidade e no bem-estar do seu filho e da sua família.

Neste livro, analisamos criteriosamente o volume de informações e desinformações para lhe oferecer uma compreensão clara do que a ciência nos diz sobre o TEA – e de como ela pode ser aplicada para ajudar seu filho. Descrevemos os principais avanços recentes da neurociência e da genética, destacando aqueles que têm implicações práticas no mundo real. E, uma vez que o diagnóstico de autismo tem impacto na família, não só na criança, as mudanças em seu filho com autismo irão refletir na sua família. Vamos nos aprofundar no que a ciência já nos ensinou sobre sono, exercícios, dieta e sistema gastrintestinal no TEA e assinalar o que você pode fazer com essas informações para começar a mudar imediatamente. Daremos orientações sensatas sobre como montar um programa de tratamento que funcione para você e sua família especificamente – pois nenhuma abordagem vai funcionar para todas as famílias. Além disso, iremos examinar criticamente e dissecar os equívocos e mitos que ainda hoje continuam a assombrar os pais, os clínicos e a mídia, de modo que você possa ter certeza de que está fazendo as escolhas certas para seu filho e sua família.

Este livro vai ajudá-lo a:

- Aprender o que pesquisas recentes revelaram sobre autismo e como distinguir evidências científicas de alegações infundadas ou exageradas.
- Identificar onde seu filho se encaixa no espectro autista e como isso pode guiar suas escolhas a respeito das intervenções.
- Saber como encontrar o tratamento mais apropriado para seu filho.
- Separar fato de ficção sobre o que causa o TEA.
- Ver como mudanças no modo de vida, no sono, na nutrição e nos exercícios podem afetar seu filho com autismo e identificar dicas práticas para implantar essas mudanças.
- Compreender os passos que você pode dar à medida que seu filho faz a transição para a adolescência e a idade adulta.
- Manter-se atualizado com novas orientações científicas e pesquisas futuras.

COMO USAR ESTE LIVRO

Os quatro primeiros capítulos deste livro compartilham a nova ciência do TEA – o que sabemos sobre as causas, como se desenvolve e como o cérebro funciona de forma diferente nesse transtorno. Esses capítulos fornecem os fundamentos para o restante do livro, sendo importante que todos leiam os Capítulos 1 a 4. Com base nesses princípios, você irá encontrar seis capítulos sobre o que as mais recentes descobertas de pesquisas nos dizem a respeito do que você pode fazer para ajudar seu filho a atingir a melhor qualidade de vida possível. Esses capítulos oferecem detalhes do que sabemos em relação ao modo como as modificações no ambiente e no estilo de vida podem alterar a forma como o cérebro do seu filho se desenvolve e como os comportamentos do seu filho tomam forma. Sugerimos que você examine o Sumário e, então, leia os Capítulos 5 a 10 na ordem que mais se adequar aos seus interesses. Cada capítulo traduz os achados da ciência de ponta em TEA sobre tópicos como sono, exercícios, dieta e tecnologia em estratégias práticas para você aplicar na rotina da sua família e do seu filho a fim de obter uma vida mais feliz e mais saudável para todos. Para a maioria das crianças com TEA que estão tendo dificuldades com comunicação e interação social, alguma forma de ajuda profissional será um elemento importante no tratamento. No Capítulo 5, você encontrará a ciência mais recente sobre intervenções guiadas profissionalmente e como montar sua equipe de tratamento. Nos Capítulos 6 a 8, apresentaremos nossos novos conhecimentos do TEA para sono, exercícios, dieta, problemas gastrintestinais e tecnologia. Nos Capítulos 9 e 10, explicaremos o que as pesquisas mostram sobre o que funciona melhor para adolescentes e, olhando para o futuro, adultos com TEA durante a vida. No Capítulo 11, iremos reunir todo esse novo conhecimento para que você possa decidir sobre um curso de ação durante o desenvolvimento do seu filho até a adolescência e o início da idade adulta. Aqui, você vai ler uma variedade de histórias que ilustram como a ciência pode ser aplicada a diferentes crianças, adolescentes e adultos. Essas histórias, e outras ao longo do livro, são baseadas em combinações de pessoas reais que conhecemos e com as quais trabalhamos e representam situações e desafios comuns ao longo do espectro.

Todas as informações e orientações que você encontrará neste livro refletem dois temas abrangentes que a ciência mais recente revelou. Primeiramente, o TEA não é uma condição singular, percepção que tem implicações em como fornecemos apoios. Segundo, há apoios específicos que podemos implantar agora capazes de gerar resultados muito positivos para muitas crianças. O autismo já não pode mais ser visto como uma "pena perpétua".

O TEA ASSUME DIFERENTES FORMAS EM DIFERENTES INDIVÍDUOS

Embora "autismo" seja uma única palavra e uma única classificação diagnóstica, ele não é uma condição singular. Existe uma máxima no mundo do autismo que diz que, se você conheceu uma criança com autismo, você conheceu uma criança com autismo. Embora os critérios diagnósticos sejam suficientemente claros, um vasto espectro de diferentes desafios e habilidades se enquadra nesses critérios. Por exemplo, cada criança com TEA apresenta déficits sociais de alguma forma, mas seu aspecto é muito diferente de criança para criança. Para uma, esses déficits sociais podem significar que ela não compartilha ou mostra aos outros a sua última construção com Lego ou a tarefa da escola que acabou de realizar. Para outra, pode significar que a criança persiste em um tópico de conversação apesar das mensagens aparentemente claras de que a conversa está definitivamente terminada. Na mesma linha, padrões similares de pensamento inflexível podem estar refletidos no *meltdown** de uma criança quando, ao sair da escola, ela é levada para casa por um caminho diferente do usual; para ou-

---

*N. de R. T.: Crises de descontrole manifestas no comportamento por sobrecarga sensorial ou emocional.

tra, podem se manifestar em brinquedos enfileirados ou bichos de pelúcia organizados impecavelmente que não podem ser retirados do seu lugar. Do mesmo modo, embora muitas pessoas com autismo tenham áreas de habilidade excepcional, a natureza dessas habilidades varia amplamente – desde arte, passando pela matemática, até música.

Como podemos ter essa impressionante variedade dentro de uma condição médica supostamente única? Bem, para início de conversa, as causas de autismo são mais complexas do que se imaginava. Há pouco mais de uma década, muitos cientistas acreditavam que apenas um punhado de genes estaria envolvido. Na verdade, não há uma causa única para o autismo. As causas geralmente são múltiplas e complexas. Embora a genética represente um papel significativo no autismo, estimamos agora que pelo menos mil genes e eventos genéticos desempenhem um papel em seu desenvolvimento. Embora muitos desses genes interajam e estejam relacionados, eles ainda são distintos. Esses genes fornecem o código para proteínas que executam as mais variadas funções, desde orientar como as células cerebrais se conectam a como os genes são ativados e desativados no núcleo das células e como permitem a passagem de moléculas através de suas membranas. Cada um desses processos distintos causa diferentes efeitos no cérebro que se cruzam de inúmeras maneiras. As coisas ficam ainda mais complicadas pelo fato de que esses efeitos genéticos combinados interagem com a história desenvolvimental, com a aprendizagem e com a personalidade da criança. O resultado é um número praticamente infinito de diferentes comportamentos que podemos ver em crianças com o mesmo transtorno.

Como podemos inferir, é crucial lembrar que os genes não agem isoladamente; eles interagem com outros genes e, ao contrário de algumas concepções equivocadas, sempre interagem com seu ambiente. E quando dizemos "ambiente" não estamos nos referindo a montanhas ou chuva. Pelo contrário, no caso do autismo, o ambiente relevante começa com as experiências maternas e paternas mesmo antes da concepção, continuando durante a gravidez até o início da vida e depois ao longo do desenvolvimento. Ele inclui fatores tão diversos quanto teratógenos (elementos que causam malformação) durante o desenvolvimento pré-natal, falta de oxigênio perinatal e outros que examinaremos.

O reconhecimento de que o autismo não é uma condição única é essencial para a compreensão da necessidade de individualizar seus planos para seu filho com TEA. Uma abordagem de tratamento única não será efetiva para todas as crianças. Quando você tem conhecimento de que o autismo tem muitas causas diferentes e segue muitos cursos diferentes, você e a equipe de apoio do seu filho podem focar na identificação das intervenções apropriadas para ele em determinados momentos.

HÁ MUITAS MANEIRAS DE MELHORAR OS RESULTADOS PARA SEU FILHO

Uma geração atrás, um diagnóstico de autismo era visto como uma pena perpétua. Havia opções insuficientes, recursos escassos, informações limitadas e pouca esperança para as crianças e suas famílias. Atualmente, a história é muito diferente. Pesquisas recentes demonstraram quantos caminhos e passos distintos estão disponíveis para ajudar seu filho. E uma das mensagens fundamentais é que você, como cuidador, pode ser o componente mais forte na criação das oportunidades necessárias de crescimento e mudança para ele.

Hoje, entendemos muito melhor qual é a essência do espectro autista. Essa compreensão aprimorou nossa habilidade de identificar o autismo mais precocemente e direcionar as crianças para o caminho desenvolvimental apropriado quando o cérebro é mais plástico (ou seja, adaptável) e receptivo à intervenção. Sobretudo, as intervenções atuais podem – pelo menos para algumas crianças – abordar efetivamente os desafios centrais do autismo. Também sabemos quais desafios que, associados, devem nos deixar em alerta e temos abordagens para enfrentar muitos desses desafios. Tudo isso se traduz em melhora na qualidade de vida para seu filho e sua família.

O impacto dessa nova ciência não pode ser subestimado. *Enquanto há 50 anos o autismo era quase sempre uma condição permanentemente incapacitante, hoje em dia uma proporção crescente das crianças com TEA, à medida que envelhecem, e com o apoio da família e da sua comunidade, já não satisfaz mais os critérios diagnósticos para autismo.* Para aqueles que permanecem no espectro, um suporte apropriado pode resultar em uma vida satisfatória e produtiva. De fato, muitos adultos no espectro agora têm orgulho de seus talentos e perspectivas peculiares, percebendo que a diversidade contribui para o sucesso de toda a humanidade. Assim, nosso objetivo aqui não é mudar quem seu filho é, mas ajudar você a maximizar suas capacidades e oportunidades para que ele possa escolher livremente e se transformar na pessoa que deseja ser.

Como iremos descrever, esses passos importantes que você pode dar incluem montar um programa de tratamento a partir de uma perspectiva informada guiada pelas melhores práticas, pelo que a ciência nos diz e de acordo com diretrizes simples que o ajudam a avaliar a adequação de determinado tratamento para seu filho e sua família. Armar-se de conhecimento sobre os componentes essenciais de uma avaliação e os direitos educacionais básicos lhe proporcionará o apoio necessário para garantir que seu filho esteja no centro do programa de tratamento. Além do conhecimento geral, o conhecimento sobre os propulsores situacionais dos comportamentos específicos do seu filho é essencial. A melhor forma de obter esse conhecimento é seguir as pistas da mesma forma que um detetive faria. Como discutiremos ao longo deste livro, existem formas de examinar sistematicamente o comportamento do seu filho para que você possa identificar sua causa. E, ao compreender a causa, você e sua equipe poderão intervir melhor e incorporar esse conhecimento ao programa de tratamento.

O modo de vida se mostrou mais benéfico, quando mobilizado de forma apropriada, do que se imaginava anteriormente. As pesquisas científicas mais recentes também mostram que não podemos subestimar a influência do sono e do exercício no comportamento e na aprendizagem do seu filho. Ao adotar estratégias-chave para assegurar um sono saudável e padrões de exercício conforme apresentaremos no Capítulo 6, você poderá preparar seu filho e o cérebro dele para ser saudável e otimizadamente receptivo à aprendizagem sobre o mundo social e estará pronto para substituir comportamentos desafiadores por estratégias novas e adaptativas. Da mesma forma, conforme descreveremos no Capítulo 7, dieta e nutrição precisam ser consideradas, especialmente tendo em vista os crescentes índices de problemas gastrintestinais observados em muitas crianças com TEA e os recentes avanços na compreensão de como intestino e cérebro conversam entre si. Encontram-se disponíveis abordagens de senso comum para assegurar uma dieta nutricionalmente apropriada para seu filho e caminhos a serem percorridos para tratar os problemas gastrintestinais comuns na comunidade autista.

Os avanços na aplicação da tecnologia ao TEA são amplamente discutidos nos dias atuais, mas aconselhamos um equilíbrio entre as promessas da tecnologia e devida cautela sobre os riscos que ela implica. Examinamos as medidas que você pode adotar para apoiar seu filho com a tecnologia ao mesmo tempo que evita armadilhas.

Por fim, os avanços científicos forneceram caminhos para apoiar seu filho à medida que ele se desenvolve na adolescência e amadurece na idade adulta. Essa transição pode ser tão intimidadora quanto o primeiro dia dele no jardim de infância; felizmente, você pode dar alguns passos claramente definidos para enfrentar esse período. Estão incluídos passos simples para enfatizar a boa higiene e aspectos práticos da vida diária e ajuda para apoiar o envolvimento do seu filho na comunidade. Também estão incluídos passos concretos no período da adolescência em torno da definição de uma tutela ou suporte financeiro, se apropriado para a sua família, que facilite o período de transição e reduza o estresse dessa etapa da vida. Todos os passos concretos que discutiremos neste livro são baseados na integração dos novos avanços na ciência do autismo.

O QUE O FUTURO RESERVA PARA O AUTISMO?

Não podemos prever o futuro com perfeita clareza, obviamente, mas podemos considerar as tendências nos avanços científicos feitos no último quarto de século e levantar hipóteses bem embasadas por meio das quais podemos agir. Na psicologia, há uma máxima de que o melhor previsor do comportamento futuro é o comportamento passado, e podemos estender isso para a ciência da psicologia e médica. Os progressos que obtivemos em nossa compreensão do autismo são surpreendentes comparados ao que se acreditava que fosse possível. A cada dia, obtemos novas perspectivas das causas específicas do autismo, adquirimos confiança em nossos tratamentos embasados empiricamente e elaboramos novas maneiras de aumentar o acesso e as oportunidades de aprendizagem para as famílias afetadas pelo transtorno. Apenas 10 anos atrás, nem mesmo conhecíamos quais genes estavam relacionados ao autismo. Agora, temos uma lista confirmada de mais de 200 genes específicos que estão associados a esse transtorno (no Cap. 3, abordaremos em mais detalhes esse assunto). Apenas 10 anos atrás, os tratamentos com base comportamental não eram reembolsados pelas companhias de seguro dos Estados Unidos, deixando o único tratamento para autismo cientificamente validado fora do alcance financeiro da maioria das famílias (no Cap. 5, discutiremos as intervenções). E, apenas 10 anos atrás, não tínhamos ideia do que estava acontecendo no cérebro de indivíduos com autismo; agora, conhecemos o circuito cerebral e as mudanças relevantes que contribuem para os desafios (e os pontos fortes) que indivíduos com autismo apresentam (discutiremos o cérebro no Cap. 4). Essa trajetória de avanços sem dúvida vai continuar nesse mesmo ritmo acelerado. Ao longo deste livro, destacaremos as mais recentes pesquisas e daremos dicas sobre quais são os próximos passos para que você se mantenha na vanguarda do que a ciência do autismo tem a oferecer.

Esperamos que você extraia deste livro uma perspectiva esperançosa, porém bem fundamentada, de como o TEA se desenvolve e de como ele pode mudar com o tempo. Com essa visão renovada da ciência, esperamos que você se liberte de qualquer autoacusação ou desesperança que possa existir e, em vez disso, se capacite e esteja preparado para dar os passos necessários para criar a melhor vida possível para seu filho e sua família.

1
UMA NOVA COMPREENSÃO DO TRANSTORNO DO ESPECTRO AUTISTA

O transtorno do espectro autista (TEA) foi inicialmente descrito na década de 1940 como um transtorno único da infância. Os sintomas característicos descritos na época provavelmente são familiares para você: as crianças observadas então, assim como as crianças de hoje com autismo, tinham dificuldades substanciais com as interações sociais e a comunicação e uma gama restrita de interesses e comportamentos. Essas características clássicas fixas são vistas em comportamentos como contato visual reduzido, expressões faciais limitadas e formas incomuns de interação com as outras pessoas. Você pode ter observado que, juntamente com interesses em geral limitados e muitas vezes intensos, muitas crianças com TEA também são altamente sensíveis a certos toques, texturas, sons ou visões – e preferem a mesma rotina todos os dias.

Embora essas características ainda sejam essencialmente as mesmas que usamos para descrever o autismo nos dias atuais, temos, agora, uma compreensão mais complexa sobre o caminho de vida para aqueles com TEA. Os sintomas raramente são perceptíveis durante os primeiros 6 meses de vida e costumam surgir em torno dos 8 a 12 meses. Contudo, para cerca de um terço das crianças que irão ter autismo, o desenvolvimento é aparentemente normal até o fim da primeira infância, seguido por perda de habilidades no mesmo período. Independentemente da época do desenvolvimento, a severidade do transtorno varia de modo considerável – alguns indivíduos vivem e trabalham de forma independente; outros não conseguem. Alguns desenvolvem habilidades de linguagem adequadas; outros nunca a desenvolvem. Para a maioria, os desafios são contínuos ao longo de toda a vida, mas toda criança faz progressos e adquire habilidades, embora com ritmos muito variados. Em outras palavras, é certo que nem tudo o que dissermos sobre autismo vai se aplicar ao seu filho.

Na verdade, embora por décadas os cientistas tenham tratado esse transtorno como uma condição única, isso já não faz mais sentido. As crianças com autismo diferem tanto umas das outras que é vital tomarmos os princípios gerais que iremos abordar e, então, adaptá-los ao seu filho individualmente. Sem dúvida nenhuma você já iniciou esse processo; faremos mais sugestões à medida que avançarmos. Por enquanto, é importante entender que a ciência concorda com a intuição de muitos pais de que existem vários tipos diferentes de autismo.

Essas diferenças podem ser enormes. Os pais cujo filho não sabe falar ou fazer operações matemáticas irão questionar como ele pode ter a mesma condição que uma criança que resolve um problema de álgebra ou consegue explicar a tabela periódica dos elementos.

Da mesma forma, embora as causas sejam apenas parcialmente conhecidas, estamos seguros agora de que há mais de uma causa para esse transtorno. De fato, a visão científica mais recente é a de que o TEA é um conjunto de várias condições relacionadas, com características identificáveis e parcialmente compartilhadas. Essa nova compreensão abriu caminho para ganhos importantes no entendimento das causas – e nova esperança para tratamentos efetivos para crianças com TEA.

Embora este livro explique muitos avanços recentes em nossa compreensão do TEA, alguns dos mais significativos para os resultados que podemos esperar para crianças com o transtorno – e os mais importantes para os pais estarem cientes – são apresentados a seguir.

O AUTISMO SE ESTENDE AO LONGO DE UM ESPECTRO

Vamos começar com a ideia de que o autismo ocorre ao longo de um espectro, um conceito que, em geral, é atualmente aceito por pesquisadores e clínicos. Antes de nos aprofundarmos no que pretendemos dizer quando usamos a palavra "espectro", como foi que partimos da ideia de autismo como um transtorno único para chegarmos à noção de um espectro?

A evolução do diagnóstico

Os clínicos usam um sistema comum para diagnosticar saúde mental e transtornos do desenvolvimento. O *Manual diagnóstico e estatístico de transtornos mentais* (DSM) é um guia para diagnosticar uma ampla gama de condições que afetam a saúde mental e o desenvolvimento. Elaborado logo após a Segunda Guerra Mundial para padronizar a terminologia psiquiátrica, e atualmente publicado pela American Psychiatric Association (APA), o manual tem sido revisado de modo significativo com o passar dos anos e, agora, inclui condições que afetam o desenvolvimento do cérebro e o comportamento em crianças. Ele está atualmente em sua quinta edição (DSM-5), que foi publicada em 2013. Destinado a guiar os clínicos, o DSM lista os critérios que devem ser satisfeitos para tornar um diagnóstico válido; outros fatores que devem ser levados em conta, tais como outros diagnósticos a serem considerados; e informações atuais sobre os transtornos, como sua prevalência, causas conhecidas e seus aspectos fisiológicos. Os critérios listados geralmente incluem parâmetros para quais sintomas ou comportamentos devem estar presentes, por quanto tempo e quando tiveram início. Porém, o padrão de comportamentos também deve causar prejuízos significativos no funcionamento social, vocacional ou educacional. Em outras palavras, por definição, os comportamentos devem estar causando prejuízos na vida da criança. Se eles não resultarem em desafios nesses domínios, não serão definidos como um transtorno no DSM.

O autismo como uma entidade independente foi incluído pela primeira vez como uma entrada em 1980, na terceira edição do DSM (DSM-III), com a denominação "autismo infantil". Em 1987, a APA publicou uma edição revisada (DSM-III-R), na qual o termo "transtorno autista" foi apresentado com alguns critérios mais formalizados com base em novas análises estatísticas. Em 1994, foi publicado o DSM-IV. O transtorno autista permaneceu, mas uniu-se a condições associadas sob o termo abrangente de "transtornos invasivos do desenvolvimento" (TID). A designação incluía transtorno autista, síndrome de Asperger e TID não especificado (esses três subgrupos se transformaram no futuro "espectro"), além da síndrome de Rett e do transtorno desintegrativo da infância. Outros termos associados, como transtorno de aprendizagem não verbal, (TANV), foram excluídos por não serem considerados cientificamente rigorosos. Assim, por quase duas décadas, de 1994 a 2013, tentamos estudar e tratar o autismo dentro de três subcategorias oficiais: transtorno autista, síndrome de Asperger e TID.

Entretanto, como detalharemos em seguida, esse esforço para criar subtipos fracassou. Em 2013, o novo DSM-5 eliminou as subcategorias, tais como síndrome de Asperger *versus* transtorno autista, e criou um único transtorno do espectro autista – desse modo, ampliando os critérios para autismo e simplificando a tarefa diagnóstica do clínico. Os critérios atuais abrangem essencialmente o que já mencionamos – desafios de comunicação e interação social e comportamentos restritos e/ou repetitivos que aparecem no início da vida e causam prejuízos significativos.

Por que foi feito isso? Embora os primeiros anos seguintes à identificação do TEA pelo psiquiatra Leo Kanner na década de 1940 tenham focado na descrição das semelhanças no TEA, com o passar do tempo, a ampla gama de desafios, pontos fortes e variabilidade tornou-se aparente – culminando na tentativa malfadada no DSM-IV de criar subcategorias formais. Várias descobertas convenceram o campo da psiquiatria a abandonar os diagnósticos separados para síndrome de Asperger e TID. Um fator importante foi que não havia tratamentos específicos para os diferentes subgrupos. Ou seja, não havia diferenças padronizadas em como uma criança diagnosticada com síndrome de Asperger e outra diagnosticada com transtorno autista seriam tratadas.

Mais importante ainda, descobriu-se que, na verdade, os clínicos especializados não eram muito fidedignos na determinação de quais crianças deveriam ser designadas a qual subclassificação diagnóstica. Um achado decisivo em 2012 que ajudou a solidificar a importância de conceituar o autismo como um transtorno de espectro, e não como três subgrupos distintos, ilustra isso. O achado envolvia a avaliação de práticas diagnósticas para 2 mil crianças em 12 centros universitários na América do Norte, onde as pesquisas clínicas estavam realizando avaliações diagnósticas para autismo exatamente da mesma maneira. Em cada localidade, os clínicos especializados nessas instituições de destaque usaram ferramentas diagnósticas com padrão de excelência para avaliar o autismo e administraram uma bateria de testes padronizada para qualificar outras características, como cognição e linguagem. Para assegurar que todos estivessem de fato conduzindo avaliações da mesma maneira e seguindo as diretrizes apropriadas do DSM-IV, todas elas foram gravadas em vídeo. A análise final mostrou que não havia diferenças nos tipos de crianças no estudo – nenhum dos locais viu mais crianças com deficiência intelectual, ou mais crianças com déficit na linguagem, irritabilidade, problemas motores, ou alguma das outras centenas de variáveis –, embora os clínicos tenham chegado a índices radicalmente diferentes das subclassificações. Um dos locais apenas diagnosticou crianças com transtorno autista. Outro local diagnosticou mais da metade das crianças com síndrome de Asperger. Outro, ainda, não diagnosticou nenhuma criança com TID. Em outras palavras, os clínicos concordaram que todas essas crianças satisfaziam os critérios diagnósticos para o termo abrangente "autismo", mas não conseguiram entrar em um acordo quanto à subclassificação. A mensagem final foi a de que mesmo os principais diagnosticadores na América do Norte falharam no uso consistente e efetivo das subclassificações baseadas no comportamento. Por fim, também não foram encontradas diferenças biológicas convincentes entre os subtipos.

POR QUE EXISTE UM ESPECTRO?

O espectro autista inclui essas antigas subcategorias, além de variação na severidade e no perfil dos sintomas. Os cientistas acreditam que o autismo ocorre ao longo de um espectro porque as características centrais assumem diversas formas, e temos agora evidências de que os déficits principais no transtorno se desenvolvem por muitos caminhos causais distintos, envolvendo diferentes sistemas biológicos e diferentes contribuições genéticas e ambientais. Portanto, para aumentar nossa compreensão da ciência por trás do autismo, estudamos, atualmente, o espectro inteiro, e, conforme iremos discutir, essa abordagem já valeu a pena por seus achados biológicos mais claros.

Reconhecendo que existe um amplo espectro, os cientistas podem usar imagem cerebral, genética e outras abordagens científicas inovadoras para entender sua variabilidade. Por sua vez, as informações que obtemos nos ajudam a elaborar planos de tratamento que irão beneficiar uma população diversificada no espectro e planejar intervenções inovadoras e que, por fim, serão mais individualizadas para determinada criança.

Um modo de entender as diferentes faces, ou subtipos, do autismo envolve a genética. As informações genéticas têm sido úteis para fazer o mesmo para outras condições, como deficiência intelectual e déficit de aprendizagem. Pouco mais de um século atrás, considerava-se que todas as crianças com deficiência intelectual tivessem a mesma condição. No entanto, sabemos, agora, que deficiência intelectual, assim como TEA, é um transtorno comportamentalmente definido com muitas causas. Gradualmente, foi ficando mais claro, por exemplo, que algumas deficiências intelectuais ocorriam em famílias e algumas não, sugerindo que havia causas diferentes. Com o tempo, foram descobertas muitas causas de deficiência intelectual devido a um único gene, a ponto de hoje serem conhecidas mais de mil dessas condições raras. Entretanto, outros tipos de deficiência intelectual não têm causas por único gene.

Um exemplo bem conhecido de uma causa por único gene é o transtorno genético denominado fenilcetonúria, ou PKU. Antes da identificação dessa mutação genética, as crianças com PKU eram simplesmente diagnosticadas com deficiência intelectual com base em seus sintomas. No entanto, a descoberta de que o gene associado à PKU é responsável pelo processamento da fenilalanina no corpo acabou conduzindo a um caminho simples para prevenir a PKU. Os bebês podem fazer um teste do pezinho no nascimento, e, quando este for positivo, a prevenção desse subtipo de deficiência intelectual é uma simples questão de retirar da dieta do bebê muitos alimentos que contêm fenilalanina. Embora seja improvável que a história termine assim para o TEA, a lógica é similar – os subgrupos biológicos e causais não serão óbvios na superfície, porém ainda há muito a ser aprendido para ajudar as crianças em vários pontos ao longo do espectro.

Para nos debruçarmos sobre a genética por um momento, desde os primeiros estudos de gêmeos, na década de 1970, já sabíamos que a genética desempenha um papel no autismo. A partir de então, já foram identificadas muitas contribuições genéticas para o transtorno. Conforme discutiremos no Capítulo 2, cerca de mil genes diferentes e regiões genômicas estão implicados no autismo. Embora eles não determinem quem terá TEA da mesma forma que o fazem para alguns dos mil tipos de deficiência intelectual, os achados sugerem que o autismo é provavelmente mais bem entendido como um conjunto de muitas condições relacionadas e que existem diferentes caminhos para o desenvolvimento dos sintomas do que chamamos de autismo. Descobrir quais efeitos esses genes têm em comum, se houver algum, será um importante objetivo para pesquisas futuras. Nos próximos capítulos, nos aprofundaremos no que se sabe sobre as influências genéticas e ambientais no TEA.

Severidade e nível de prejuízo

Até que os cientistas consigam identificar com precisão certos subtipos com base na biologia, nos genes e nas causas ambientais, pais e clínicos podem obter informações sobre como ajudar cada criança em particular entendendo em que ponto a criança se localiza ao longo do espectro. O ponto no qual uma criança específica se localiza no espectro depende em grande parte da gravidade da condição, bem como do nível de desenvolvimento da criança e da sua idade cronológica. De modo muito geral, se as características definidoras de autismo forem consideravelmente severas e restritivas em uma criança, e ela tiver um nível de desenvolvimento muito inferior ao padrão para sua idade cronológica (digamos, um nível de desenvolvimento de 3 anos em uma criança de 12 anos), a criança se localiza no extremo do espectro e necessitará de muito suporte e intervenção. Mas, como demonstraram pesquisas recentes, esse próprio suporte e intervenção podem acabar melhorando a condição da criança e reduzir a quantidade de suporte que ela precisa na vida diária para seguir em frente.

Gostamos da ideia de um espectro, pois ela pode nos ajudar a focar no perfil individual, nos pontos fortes específicos e nos desafios da criança. Essa atenção individualizada permite que sejam feitos planos para incorporar os pontos fortes que uma criança tem, tais como processamento visual ou memorização mecânica, a fim de compensar os desafios no processamento social ou as dificuldades com transições.

Além desses sintomas específicos para autismo, pesquisas feitas nos últimos 20 anos nos mostram que existe uma gama de outras condições frequentemente associadas ao transtorno, e estas também irão afetar o tipo de tratamento e suporte que a criança precisa. É por isso que é tão importante que pais e clínicos identifiquem tais fatores em cada criança que está sendo diagnosticada. Não são apenas os sintomas nucleares que precisam ser considerados para produzir um bom resultado para a criança, mas também essas outras condições.

MUITAS OUTRAS CONDIÇÕES AFETAM CRIANÇAS COM TEA

Um dos aspectos mais óbvios no qual as crianças com autismo diferem entre si são as outras condições que frequentemente ocorrem paralelas ao transtorno. Elas podem ser físicas e comportamentais. A razão para essas frequentes sobreposições, embora elas representem uma pista potencial importante para as causas, de modo geral, não é bem conhecida. No entanto, a forte sobreposição destas tem feito parte da motivação para a crescente visão científica contemporânea de que o TEA e várias das condições listadas aqui constituem uma família de comorbidades relacionadas e associadas a alterações específicas, ainda a serem identificadas, no desenvolvimento inicial do cérebro e no crescimento.

Deficiência intelectual

A primeira a ser entendida é a *deficiência intelectual* – um termo que substitui outros mais antigos e estigmatizantes, como "retardo mental". Basicamente, significa que as habilidades intelectuais do indivíduo não são tão desenvolvidas quanto às da maioria das pessoas com a mesma idade e que, além disso, as habilidades do indivíduo para a vida prática (o que o clínico do seu filho chamaria de habilidades "adaptativas") também são menos desenvolvidas. Estas incluem habilidades como tomar banho e manusear dinheiro sem ajuda. Cerca de um terço das pessoas com TEA também tem deficiência intelectual. Tal deficiência pode variar de leve (talvez não óbvia para um leigo) a severa. Se o seu filho se enquadra nesse último grupo, então suportes especiais adicionais estarão envolvidos para ajudá-lo. Voltaremos a isso no Capítulo 5.

Transtornos da linguagem e da comunicação

Outra condição que comumente está associada ao autismo é o desenvolvimento da linguagem com atraso ou reduzido. Os déficits de linguagem variam desde uma linguagem mínima ou linguagem falada inexistente, que ocorre em cerca de 15% das crianças com TEA, passando por crianças que têm fala incomum, como a repetição de palavras ou frases automatizadas, ou a repetição do que alguém acabou de dizer (denominada "ecolalia"), até aquelas crianças cuja fala não é significativamente prejudicada. Outros tipos de uso de linguagem atípica incluem a utilização de palavras inventadas (denominadas "neologismos"), ou o emprego de inversões de pronomes, como referir-se a si mesmo na terceira pessoa ou trocando "você" por "eu" ao fazer uma pergunta. Por exemplo, uma criança que pergunta "Você quer um copo de leite?" pode, na verdade, querer dizer "Eu quero um copo de leite". Outras crianças podem ter dificuldades somente ao se expressarem em palavras (denominada "linguagem expressiva"), mas podem conseguir entender melhor a linguagem (denominada "linguagem receptiva"). Crianças que têm pouca linguagem falada podem se beneficiar do uso da tecnologia, como um *tablet* ou outros aparelhos, para se comunicar e aprender. Felizmente, com terapia, todas as crianças são capazes de aprender a se comunicar, seja por meio de palavras, seja por outros meios.

TDAH

O transtorno de déficit de atenção/hiperatividade (TDAH) é uma síndrome comum, também com um espectro de severidade, que descreve indivíduos que são extremamente desatentos, incapazes de se manterem focados ou organizados, ou então que são extremamente hiperativos (como se sempre estivessem ligados em um motor) ou impulsivos. Cerca de metade das crianças com TEA tem problemas substanciais com desatenção ou hiperatividade e satisfariam os critérios para um diagnóstico de TDAH. A partir do DSM-5, em 2013, os clínicos podem diagnosticar e tratar os dois transtornos. Para algumas crianças, os problemas com hiperatividade e dificuldade na regulação do comportamento podem exacerbar as dificuldades sociais existentes, porque, com o tempo, os pares podem ficar frustrados e se afastarem de uma criança que é impulsiva e hiperativa. Isso restringe ainda mais as oportunidades da criança com TEA de praticar e aprender habilidades sociais. Se o seu filho se encontra nesse grupo, seus clínicos assistentes podem recomendar medicações para TDAH (além da conhecida Ritalina [metilfenidato], encontra-se disponível uma dúzia de outras formulações que podem ser úteis). Sabemos agora, a partir de estudos recentes, que crianças com TEA que também satisfazem os critérios para TDAH podem, de fato, se beneficiar com tais medicamentos. Se o problema principal aqui não for hiperatividade, mas atenção, o clínico também pode recomendar o treinamento de habilidades especiais relacionadas a esta, para ajudar, por exemplo, com o trabalho escolar. O estilo de vida potencial e as propostas de tratamento alternativas para TDAH e TEA se sobrepõem fortemente, embora os dados coletados sobre o que funciona revelem alguma diferenciação entre essas condições também. Os pais que estiverem interessados podem encontrar mais informações sobre TDAH no livro *Getting Ahead of ADHD*, de Joel Nigg.

Problemas emocionais

Crianças com TEA podem também experimentar complicações emocionais. Vivemos em um mundo social, e, se você tem dificuldades de passar por situações sociais, não é difícil imaginar que estaria suscetível a se sentir ansioso e triste. Como poderíamos prever, com frequência vemos índices mais altos de ansiedade e transtornos do humor, como depressão, naqueles com TEA – particularmente em adolescentes e adultos que têm maior percepção das suas diferenças. Indivíduos com linguagem limitada ou dificuldades de compreensão das próprias experiências emocionais terão problemas em contar às pessoas sobre seus sentimentos de ansiedade ou tristeza. Mas você pode ser capaz de identificar isso no comportamento do seu filho, por exemplo, se ele é excessivamente receoso ou perde o interesse em atividades de que as crianças costumam gostar. Se o seu filho se encontra nesse grupo, um plano comportamental que leve em conta a ansiedade ou as questões de humor pode ser útil, assim como métodos para reduzir o estresse e melhorar o enfrentamento relacionado ao estresse, habilidades que seu clínico pode recomendar como parte do tratamento do seu filho.

Questões médicas

As preocupações médicas que ocorrem com mais frequência do que esperaríamos com TEA, mais uma vez por razões pouco conhecidas, incluem convulsões, dificuldades com o sono e distúrbios gastrintestinais (GI). Embora ainda haja muito a ser aprendido, como discutiremos em seções posteriores neste livro, essas condições médicas recentemente forneceram novas pistas para as causas de autismo. Por exemplo, a epilepsia é diagnosticada em surpreendentes 20% das crianças com TEA – muitas vezes, sua incidência na população em geral. Isso levou ao achado interessante de que muitos dos mesmos genes implicados no TEA estão implicados na epilepsia. Por exemplo, o gene *SCN2A* é o manual de instruções para a produção de uma proteína incluída nas paredes de nossas células cerebrais que controla a passagem de íons pela parede das células. Essa passagem de íons é o que determina como uma célula funciona e se comunica. Uma disrupção do gene *SCN2A* pode facilitar em excesso ou muito pouco a passagem dos íons. Ocorre que a passagem *excessiva* dos íons origina epilepsia no início do desenvolvimento, enquanto *muito pouca* passagem leva a convulsões posteriormente no desenvolvimento – e ao TEA.

Problemas para dormir são comuns no autismo. Mais da metade dos pais de crianças com TEA relata que seu filho tem algum tipo de problema de sono, e um quarto dos pais relata que seu filho não dorme o suficiente. Não é nenhuma novidade para os pais que esses problemas de sono ocorrem comumente no transtorno, pois há muitos anos eles relatam aos seus médicos essas dificuldades.

No entanto, avanços científicos recentes mostraram que intervenções comportamentais para melhorar a higiene do sono têm efeitos significativos na aprendizagem e na redução de comportamentos problemáticos. Discutiremos essas técnicas práticas para melhoria do sono no Capítulo 6. E, além disso, a melhora no sono do seu filho também tem um impacto positivo na sua capacidade para dormir.

A filha de Silvia, em idade escolar, tinha dificuldades para dormir, e sua família estava recebendo apoio de um especialista em sono. Ela tinha autismo e deficiência intelectual e havia experimentado problemas de sono significativos por toda a sua vida. Além disso, dormia apenas duas horas por noite e, algumas vezes, passava um dia ou dois sem dormir, o que também interferia no sono de todos os outros na família. Nas semanas seguintes à intervenção no sono, que incluía uma combinação de treinamento comportamental e prescrição de melatonina, Silvia foi ficando menos pálida, a vibração em seus olhos castanhos emergiu de suas grandes pálpebras, e até mesmo sua postura estava muito mais ereta. Ela disse que havia esquecido depois de 9 anos como era dormir uma noite inteira. Silvia sentiu-se revitalizada e se envolveu no mundo como não fazia havia quase duas décadas. As intervenções no sono que foram adaptadas para indivíduos com autismo podem ser muito eficazes, e os efeitos positivos se estendem além de simplesmente uma boa noite de sono para o seu filho.

De modo similar ao que ocorre com o sono, os problemas GI são comuns no TEA. E isso não é uma coincidência, e sim um forte indício das causas do transtorno. Falaremos em mais detalhes sobre os problemas GI no Capítulo 7. Apenas para dar uma ideia, nos dias atuais, estamos fazendo progresso na compreensão da relação entre problemas GI e autismo. Isso ocasionou uma rápida mudança na prática clínica. Até recentemente, os clínicos costumavam desvalorizar as queixas GI, considerando-as apenas de interesse secundário ou incidental. Você pode estar entre os pais aos quais foi dito "Precisamos focar no autismo" ou "Não tenho certeza do que podemos fazer quanto a isso". Entretanto, tornou-se evidente que as queixas GI impactam significativamente o comportamento – crianças com tais queixas têm comportamentos mais problemáticos e desafiadores do que aquelas sem queixas. E isso faz sentido. Se você se sente desconfortável, ou com dor, estresses ou frustrações superáveis podem rapidamente se tornar insuperáveis. Com o tempo, a comunidade médica começou a levar a sério os comentários dos pais, e, atualmente, as intervenções GI para crianças com esses problemas são incorporadas aos planos de tratamento.

Em suma, deficiência intelectual e de linguagem, TDAH, sono, problemas GI e outras condições associadas complicam o planejamento para seu filho, mas também fornecem pistas científicas úteis que transformaremos em dicas práticas ao longo deste livro. O objetivo é capacitá-lo a criar mais facilmente o plano individual "mais adequado" para o seu filho.

O AUTISMO PODE SER DIAGNOSTICADO MAIS CEDO DO QUE IMAGINÁVAMOS

Uma das primeiras perguntas que você provavelmente ouviu do seu médico foi "Quando você começou a ficar preocupado?". A resposta a essa pergunta irá variar para diferentes pais e crianças. Por mais surpreendente que possa parecer, até recentemente, no final da década de 1980, TEA não era diagnosticado com confiança antes do fim da idade pré-escolar, ou mesmo da metade da infância. Os clínicos simplesmente não sabiam muito acerca das primeiras manifestações de autismo. Isso mudou com os estudos inovadores conduzidos na década de 1990, mais uma vez surgindo das colaborações entre pais e cientistas, revelando que os sintomas do transtorno, na verdade, podiam ser detectados antes do primeiro ano de vida. Entretanto, demanda tempo traduzir esses avanços científicos para a comunidade, motivo pelo qual há uma defasagem entre o conhecimento científico e as práticas clínicas disponíveis para as famílias. Em consequência, foi somente na década passada que vimos os clínicos aplicarem essas informações à prática.

Esses primeiros estudos, conduzidos por um de nós (Dawson) há 25 anos, abriram novos caminhos. Os cientistas obtiveram com os pais vídeos do primeiro aniversário de crianças em idade escolar diagnosticadas inequivocadamente com autismo; eles compararam esses vídeos com os de crianças em idade escolar que se desenvolveram de maneira típica sem o transtorno. A festa do primeiro aniversário apenas serviu para fornecer aos cientistas algo que eles valorizam muito: um contexto relativamente padronizado no qual observar o comportamento. A maioria das festas de primeiro ano, em algum momento, tem a criança sentada à mesa, com os amigos e a família reunidos a sua volta. Tipicamente, canta-se "Parabéns pra você", surge um bolo com as velas acesas, e, então, há muitas palmas. Os vídeos foram codificados por estudantes universitários que não faziam ideia de quais crianças tinham desenvolvido autismo mais tarde. Eles foram treinados para simplesmente classificar a frequência dos comportamentos sociais básicos, tais como fazer contato visual ou olhar para os rostos. Embora os primeiros estudos tenham sido muito pequenos, alguns comportamentos-chave forneceram excelente (se não perfeita) acurácia na distinção de quais crianças posteriormente seriam diagnosticadas com TEA e quais não seriam: olhar para a pessoa que disse o seu nome, gesticular, como apontar e mostrar, e prestar muita ou pouca atenção às pessoas na festa (isto é, o quanto olhavam para elas). Esse estudo, e outros como este, demonstrou que o autismo começa a surgir de forma muito precoce na vida e indicou comportamentos que os clínicos podem usar para rastreio e diagnóstico precoce. Isso abriu perspectivas para idealizar a intervenção precoce como uma abordagem para prevenir o desenvolvimento completo do transtorno quando o cérebro é mais "plástico" (ou receptivo a *inputs*) na sua formação. Esse achado, por sua vez, trouxe nova esperança para a eficácia da intervenção precoce. Discutiremos mais sobre isso no Capítulo 4.

Contudo, outras descobertas recentes complicam o quadro. Não é que as habilidades sociais estejam ausentes no início do desenvolvimento. Na verdade, é exatamente o contrário. Com frequência, bebês que mais tarde terão autismo em geral começam fazendo contato visual regular, respondendo normalmente quando seu nome é chamado e prestando atenção às outras pessoas. Então, entre cerca de 6 a 8 meses, eles se desviam: começam sutil e gradualmente a prestar cada vez menos atenção às pessoas. Para alguns bebês, no entanto, os sintomas não são pronunciados até os 12 meses, ou ainda mais tarde. Esses novos achados indicam que o início começa de forma típica, porém muda na primeira infância.

Essa "regressão" precoce ou afastamento da rota esperada do desenvolvimento social parece ser a norma no autismo, não a exceção. Em geral isso ocorre no primeiro ano. No entanto, acrescentando uma peça importante ao nosso quebra-cabeça, em uma minoria das crianças que terão o transtorno, essa regressão acontece em torno dos 18 a 24 meses de idade. Isso pode ocorrer de forma gradual ou muito rápida. Esse padrão pode incluir a perda da linguagem e das habilidades sociais previamente adquiridas ou simplesmente a incapacidade de progredir, ou um platô no desenvolvimento.

Ao estudarmos o desenvolvimento inicial de bebês posteriormente diagnosticados com TEA, aprendemos que o curso inicial e o padrão de início dos sintomas são muito variáveis entre as crianças. Também descobrimos que os bebês posteriormente diagnosticados com autismo apresentam outros sintomas precoces, como dificuldades com a alimentação, o sono e o desenvolvimento motor. E algumas crianças acabam tendo apenas sintomas muito leves de TEA, enquanto outras requerem apoio por toda a vida. No entanto, na época em que uma criança tem 18 a 24 meses, o *diagnóstico* do transtorno tende a ser estável.

ALGUMAS CRIANÇAS DEIXAM DE RECEBER O DIAGNÓSTICO

Algumas características podem surgir no primeiro ano (apesar de muitos erros diagnósticos ainda ocorrerem nessa idade), e o diagnóstico de TEA pode ser feito com confiança em torno dos 2 anos de idade, embora mesmo nessa época seja importante observar que todas as crianças apresentam pelo menos alguma melhora depois que começam a receber terapia. Além disso, talvez cerca de 10%

delas percam totalmente seus sintomas de autismo ao atingirem a idade escolar – ainda que essas crianças costumem apresentar alguma outra dificuldade no desenvolvimento neurológico, como TDAH, ou problemas emocionais, como ansiedade, que possivelmente provocou o "falso positivo" no começo da vida. Quando uma criança é muito nova – nos primeiros 2 anos de vida – é impossível saber se o seu transtorno acabará sendo leve ou severo. O ponto importante é que você deverá fazer o que puder para ajudar seu filho a atingir seu pleno potencial.

Um impulsionador para melhorar os resultados do seu filho é a intervenção precoce – uma descoberta empolgante. Como discutiremos posteriormente neste livro, intervenções para autismo baseadas no comportamento provocam, nos dias atuais, grande entusiasmo porque realmente funcionam. No entanto, elas podem ser onerosas e difíceis de obter – em outros capítulos exploraremos algumas ideias novas para apoiar esse progresso dependendo da sua situação.

A PROPORÇÃO ENTRE OS SEXOS É MENOR DO QUE SE ACREDITAVA

O autismo é diagnosticado em meninos quatro vezes mais frequentemente do que em meninas. Uma especulação era que isso se devia a mutações genéticas associadas aos cromossomos sexuais, porém está ficando cada vez mais claro que não é assim tão simples. Ao contrário, pelo lado genético, as descobertas recentes indicam que mulheres com TEA tendem a ter índices mais altos de mutações genéticas raras, ou variantes (discutidas melhor no Cap. 3), do que homens com o transtorno, mas essas variantes estão espalhadas por todo o conjunto de genes (o genoma) e não estão associadas aos cromossomos sexuais. De fato, quando consideramos crianças com TEA que têm essas mutações raras, a proporção entre os sexos cai de 4:1 para aproximadamente 1:1. Além disso, algumas variantes genéticas raras que as mães transmitem para seus filhos e filhas parecem causar autismo apenas nos meninos. Essas descobertas são interessantes por duas razões. Uma delas é que os achados são consistentes com a teoria da proteção feminina (que é mais difícil para meninas adquirirem TEA); em outras palavras, para uma menina desenvolver o transtorno, ela precisa de mais disrupção genética do que um menino. Esse "fator de proteção feminino" associado ao TEA também é visto em alguns outros transtornos no desenvolvimento do cérebro e pode estar relacionado à maneira como os hormônios sexuais influenciam diferentemente o desenvolvimento do cérebro em meninos e meninas antes do nascimento. A outra razão é que isso se soma à ideia de que há muitas rotas para o autismo – mutações genéticas raras são uma delas, e os meninos parecem ser mais sensíveis a determinado número dessas mutações. Outra razão é que possivelmente as rotas mais comuns envolvam combinações complexas de genes e ambientes, conforme discutiremos ao longo do livro.

Novos avanços em nosso conhecimento também sugerem que o autismo tem aparência diferente no cérebro de cada sexo e pode produzir comportamento diferente nas meninas. Ou seja, dada a mesma causa subjacente de TEA, os comportamentos podem parecer diferentes ou ser mais leves em meninas do que em meninos.

Novas pesquisas também sugerem que o autismo é mais frequentemente esquecido ou mal diagnosticado em meninas – talvez porque os clínicos esperam que esteja mais presente nos meninos, ou devido a outras diferenças em como meninas e meninos com TEA se comportam – e que isso explica, pelo menos em parte, a proporção entre os sexos de 4:1 do transtorno. Os sintomas específicos que as meninas exibem podem diferir em como eles são expressos ou em sua severidade. Alguns estudos sugerem que as meninas são melhores em "camuflar" seus sintomas quando comparadas aos meninos. As implicações aqui são que precisamos prestar mais atenção a problemas comportamentais sutis para assegurarmos que não estamos deixando de fazer diagnósticos em meninas com TEA.

QUE TIPO DE "CIÊNCIA" USAMOS PARA AUMENTAR NOSSA COMPREENSÃO DO TEA?

Ao longo deste livro, discutiremos resultados de avanços científicos recentes no autismo. Vamos extrair os conceitos-chave e os resultados de diferentes tipos de estudos científicos. Cada um destes tem seus pontos fortes e suas fragilidades, fornecendo peças do quebra-cabeça que pretendemos integrar para você ao longo deste livro. Destacamos vários delineamentos desses estudos no quadro das páginas 23 e 24 para que, enquanto examina os novos achados que surgem na literatura científica, você saiba um pouco dos fundamentos que servem como base para as nossas sugestões. Reunimos achados de todos os tipos de abordagens, desde metanálises até ensaios controlados randomizados e estudos prospectivos, para lhe apresentar o que a nova ciência nos diz sobre TEA e, o que é mais importante, os passos que você pode dar para realizar mudanças que funcionem melhor para a sua família.

ONDE NOSSA NOVA VISÃO DO TEA DEIXA AS CRIANÇAS – E OS PAIS?

O conhecimento crescente e a nova ciência do autismo levantaram questionamentos sobre como pensar o TEA. Uma questão é filosófica – o que é autismo?

É um transtorno a ser tratado ou uma variação natural no desenvolvimento a ser apreciada? Ou ambos? Muitos familiares e profissionais envolvidos no atendimento a indivíduos com o transtorno visam a intervir para reduzir ou minimizar os sintomas nucleares que definem o TEA, de modo a reforçar a oportunidade para essa criança de moldar seu próprio destino e atingir seu potencial. Por exemplo, se uma criança exibe comportamentos repetitivos, como movimentos motores incomuns, um objetivo do tratamento poderia ser reduzir a frequência de tais movimentos e possibilitar à criança maior flexibilidade nas escolhas comportamentais.

Diferentes tipos de estudos de pesquisa científica

- *Metanálise.* Uma metanálise é uma abordagem na qual todos os estudos que se ocupam de uma questão comum são combinados em uma análise para chegar a conclusões consistentes sobre essa questão. Essa abordagem, quando bem feita, supera o problema aos quais estudos únicos estão propensos, os achados casuais, particularmente em amostras pequenas. A metanálise aumenta enormemente a confiança na estimativa de um efeito porque pode ajustar melhor esses achados dos estudos individuais. Um uso comum de metanálises é determinar o grau de eficácia de um tratamento. Porém, assim como os resultados de um estudo individual são menos confiáveis se forem pequenos ou se forem usados métodos fracos, a confiabilidade de uma metanálise também depende do tamanho, da qualidade e do número de estudos individuais que estão sendo revisados. Dito isso, de modo geral, os achados fornecerão uma compreensão mais definitiva de um tópico do que as descobertas a partir de um único estudo.
- *Revisão sistemática.* Revisões sistemáticas são similares a estudos metanalíticos na medida em que reúnem toda a literatura sobre uma questão usando regras rigorosas, porém fornecem menos compreensão do efeito quantitativo de determinada intervenção ou variável em estudo. No entanto, como as metanálises, elas reúnem os achados principais entre os estudos, esclarecendo padrões que um estudo individual não consegue.
- *Ensaios controlados randomizados.* Ensaios controlados randomizados são uma forma poderosa de isolar e examinar o efeito de um tratamento. Seu poder provém de pessoas designadas aleatoriamente para um grupo de tratamento ou com placebo. Quando bem feito, o placebo é disfarçado para que as expectativas dos participantes ou dos experimentadores não possam influenciar os resultados. O poder da randomização é estatístico – isso significa que, quando o estudo tem êxito, sabemos com certeza que o tratamento causou a melhora e que a melhora não é devida a algum fator não medido na situação. O tratamento

a ser estudado pode ser algo como uma intervenção comportamental de 2 anos, uma abordagem nutricional de 6 semanas ou até uma dose única de medicação. Nesse tipo de estudo "duplo-cego" (isto é, nem o cientista, nem os sujeitos do estudo sabem em que grupo está cada pessoa), pode ser excluído qualquer viés consciente ou inconsciente que algum dos envolvidos no estudo possa ter. A randomização também permite a exclusão de outras diferenças sistemáticas que poderiam influenciar os resultados. A principal vantagem desse tipo de modelo experimental é que ele pode mostrar que uma coisa causou outra, não apenas que as duas simplesmente apareceram juntas, que é o que demonstram os estudos correlacionais.

- *Estudos prospectivos.* Para melhorar nossa compreensão de como o autismo se apresentava no começo do desenvolvimento, os cientistas se baseavam em estudos retrospectivos, em exames dos eventos e em informações do que aconteceu no passado. Mais recentemente, estudos prospectivos têm sido usados para lançar luz sobre o transtorno. Neles, os indivíduos com autismo são acompanhados por um período. Eles são importantes porque um evento anterior ou "fator de risco" é uma pista para uma causa e porque nos ajudam a prever o que aconteceria a diferentes crianças, mesmo quando não estamos certos da causa. Por exemplo, em um estudo prospectivo, os irmãos menores de uma criança com autismo (os quais sabemos que têm mais probabilidade de desenvolvê-lo do que a população em geral) podem ser acompanhados desde o nascimento, e seus padrões de comportamento ou exposição a experiências são medidos. Então, alguns anos depois, eles podem ser avaliados para TEA, e aquelas medidas anteriores podem talvez informar ou prever resultados diagnósticos. Embora esse tipo de modelo de estudo não prove a causação, ele ainda é mais poderoso do que simplesmente verificar a presença de comportamentos e sintomas de TEA em um único ponto no tempo. Nesse caso, não seríamos capazes de determinar o que ocorreu primeiro.

- *Estudos de toda a população.* Estudos baseados na população inteira se revelaram valiosos no exame das ligações entre exposições e autismo ou da presença de fatores genéticos e autismo, pois eles podem detectar efeitos sutis que um estudo menor não identificaria. Na maioria dos estudos do transtorno, os participantes são recrutados na comunidade local ou em uma clínica. Essa abordagem local tem a vantagem de que as crianças podem ser avaliadas em profundidade, mas a desvantagem de que os resultados podem não ser generalizados para toda a população de crianças com TEA. A capacidade computacional e as grandes bases de dados permitiram que os cientistas examinassem os dados de grupos muito maiores de indivíduos com autismo, desse modo, aumentando a probabilidade de os resultados serem generalizados para todos os indivíduos com o transtorno. A sua desvantagem é que os indivíduos não podem ser avaliados em profundidade, portanto pode haver erros diagnósticos e outras limitações.

No entanto, como em toda a psiquiatria, é essencial distinguir "ajudar alguém a atingir seu verdadeiro potencial" de "levar alguém em direção à conformidade com as normas sociais". Sensíveis a esse risco, muitos defendem a visão do TEA como uma representação das diferenças que fazem parte da variação natural em aspectos de ser humano, uma posição que favorece um foco na celebração da neurodiversidade. Assim, eles encorajam esforços para focar na aceitação do autismo e reduzir a incapacidade associada a este por meio da adaptação do ambiente. As pessoas com essa perspectiva podem perguntar: "O que há de errado em fazer movimentos motores incomuns, especialmente se tais movimentos ajudam a criança ou o adulto a se sentir menos estressado? Deveríamos ajudar as outras pessoas a aceitarem essas diferenças. A não ser que elas estejam causando danos".

A ideia de que o autismo é uma diferença que deve ser aceita foi defendida por muitos, incluindo adultos com o transtorno, ou pessoas autistas, que é o termo que alguns autodefensores prefeririam usar. Essa perspectiva é particularmente importante quando os indivíduos já estão funcionando muito bem – por exemplo, muitos desses adultos são capazes de se engajar na comunidade e ter sucesso em uma variedade de contextos como parte da vida cotidiana, embora não sem os desafios associados ao TEA, tais como sensibilidades sensoriais ou dificuldade de compreensão das pistas sociais. Esses indivíduos não querem que seus desafios sejam mal compreendidos pelos outros e, por isso, defendem a crescente aceitação das diferenças que fazem parte do autismo, assim como os suportes necessários para que tenham sucesso. O que chamamos de TEA é experimentado como parte da sua personalidade e identidade – não algo do qual eles querem ser "curados".

Ao mesmo tempo, muitas pessoas com autismo estão sofrendo consideravelmente. Elas não são capazes de se engajar na comunidade mais ampla sem tratamento significativo e suporte, como, por exemplo, ter um cuidador constante e dispositivos de comunicação aumentativa, o que as torna vulneráveis a sofrimento grave caso estes não sejam acessíveis. Assim, aumentar sua capacidade de cuidarem de si e de tomarem suas próprias decisões informadas por meio do aumento de suas habilidades é visto como um objetivo vital por muitos indivíduos, famílias e cuidadores, assim como pela comunidade de tratamento de saúde mental.

O modo como você acabará pensando sobre o autismo do seu filho (e como seu filho, em última análise, pensará sobre isso) será uma decisão pessoal, provavelmente influenciada pela natureza do transtorno do seu filho e pelas perspectivas pessoais e culturais. Aqui, a ciência não pode fornecer uma resposta definitiva para as questões de valor. Não há uma resposta "certa" ou "errada". A sua visão do TEA será moldada pela sua experiência e pela do seu filho em particular. De qualquer forma, sua atitude cuidadosa, de aceitação e encorajamento em relação ao seu filho irá ajudar ele e outros a se sentirem valorizados e mais confiantes.

Portanto, como pai, o que você pode fazer com essa nova compreensão do autismo? A primeira coisa é reconhecer que, como este se estende ao longo de um espectro, cada criança tem desafios e atributos únicos, e, assim, os suportes e intervenções serão individualizados. O autismo não é um tipo de diagnóstico em que "uma intervenção serve para todos". Uma criança pode se beneficiar de um plano de tratamento intensivo individual, enquanto outra pode ser mais bem atendida em um contexto grupal. Uma criança pode se beneficiar de terapia da fala, enquanto outra pode querer falar incessantemente. A noção de um tratamento e de um plano de intervenção individualizados pode parecer uma sobrecarga à primeira vista, mas avanços científicos recentes forneceram um roteiro para a elaboração de um plano individual a ser construído com seu filho. O roteiro incluirá componentes das evidências científicas mais recentes, descrevendo o que é útil, suportes que se apoiam nos pontos fortes, ao mesmo tempo abordando as dificuldades do seu filho, e medidas para manejar problemas médicos que ocorram concomitantemente. A segunda coisa que você pode fazer, levando em conta nossa nova compreensão do TEA, é informar-se sobre o que a ciência nos diz sobre o que é autismo, como as crianças se desenvolvem e o que podemos fazer para ajudar cada criança com o transtorno a viver a vida que ela deseja viver. Esse passo lhe proporcionará o conhecimento de que você precisa para filtrar todas as informações e desinformações que estão disponíveis. Também o ajudará a entender como seu filho pensa. Entendendo como seu filho aprende e se desenvolve, você estará na melhor posição para apoiá-lo. A terceira coisa será montar seu próprio roteiro baseado nessas informações que você reuniu sobre o que é autismo e que tipos de ajuda podem ser incluídos em um pacote de tratamento. Esta é a hora de ser otimista. Então, vamos começar.

2
QUAIS AS CARACTERÍSTICAS ESSENCIAIS QUE DEFINEM O ESPECTRO AUTISTA?

No Capítulo 1, focamos nas diferenças significativas entre indivíduos com autismo, pois compreender que este se estende ao longo de um espectro é essencial para obter os melhores resultados para uma criança específica. Mas também é importante saber o que todos os indivíduos com TEA têm em comum. O que consideramos a "essência" do autismo? Quais são as características compartilhadas pelos indivíduos, justificando o fato de essas crianças serem todas vistas como parte de um espectro? O DSM-5 lista as características básicas que definem o transtorno como incluídas em duas categorias: (1) deficiências na comunicação e na interação social e (2) presença de interesses e comportamentos restritos e repetitivos. Se o seu filho está no espectro, sem dúvida você está familiarizado com os sinais externos dessas características. Porém, desvendá-las para obter uma compreensão do que está acontecendo na mente e no cérebro do seu filho para produzi-las pode lançar muito mais luz sobre como ajudar a criança.

DEFICIÊNCIAS NO DESENVOLVIMENTO SOCIAL

Há dois elementos principais que ajudam a explicar por que crianças com autismo têm dificuldades em se relacionar socialmente com outras pessoas. Um deles tem a ver com o quanto a criança está interessada no mundo social, o que denominamos "motivação social". De modo geral, indivíduos com o transtorno tendem a ser menos interessados e prestam menos atenção às informações sociais. Estas têm menor valor para eles. O segundo elemento é a habilidade de processar ou entender as informações sociais, como a habilidade de ler com precisão pistas sociais, como as expressões faciais. Uma combinação de estudos observacionais de imagem cerebral dos últimos 10 anos construiu um quadro mais claro de como a mente funciona de forma diferente no autismo no que tange a esses dois componentes críticos do engajamento social. E, embora na teoria cada um devesse impulsionar o outro, por duas razões apoiamos a crença de que a motivação social é a chave e pode contribuir para as dificuldades no processamento da informação social. Uma das razões é que trabalhar a partir dessa perspectiva levou a formas efetivas de ajudar crianças com TEA. A outra é a informação que obtivemos a partir de estudos da atividade cerebral.

Diferenças na motivação social

Comecemos pelo quadro clássico. Quando Leo Kanner descreveu pela primeira vez o TEA, ele apresentou 11 estudos de caso de crianças que havia visto na sua clínica. Descreveu que uma delas apresentava "relutância em brincar com crianças e em fazer coisas que as crianças da sua idade em geral se interessam em fazer". Ele retratou uma segunda criança fazendo referência às declarações da sua mãe, por exemplo, "ele predominantemente ignorava outras pessoas. Quando tínhamos convidados, ele simplesmente não prestava atenção". Da mesma forma, para uma terceira criança, Kanner relatou: "ele não demonstrou interesse no examinador ou em qualquer outra pessoa". Para todas as crianças em seus pioneiros relatos de caso, ele mencionou a atenção reduzida ao mundo social.

Esta é uma maneira muito simples de os cientistas inicialmente estabelecerem esse elemento do autismo: imagine uma sala vazia com uma mesa simples no centro. Sentada à mesa está uma criança de menos de 2 anos com TEA, e sentado no lado oposto está um estudante de pós-graduação. Juntos, eles estão brincando tranquilamente com massinhas de modelar. De tempos em tempos, a partir de quatro localizações precisamente determinadas, duas diagonalmente atrás da criança e duas diagonalmente atrás do aluno, um segundo aluno apresenta diferentes tipos de sons, todos no mesmo volume. Estão incluídos sons como um cronômetro de cozinha, um despertador e uma buzina de carro, representando sons não sociais, e som de palmas, uma voz chamando o nome da criança e tapas nas pernas, representando sons sociais. Um terceiro experimentador, observando por trás de um espelho, está contando o número de vezes em que a criança presta atenção aos vários sons. Esse experimento básico foi repetido com a localização dos sons por toda a sala, e a ordem da apresentação foi alternada e balanceada para controlar a influência da localização ou da própria ordem com dezenas de crianças com TEA, atraso no desenvolvimento e desenvolvimento típico. Quando o número de vezes em que elas se viraram na direção dos sons foi somado entre todas as crianças, aquelas com menos de 2 anos com autismo haviam prestado atenção aos estímulos sociais muito menos do que seus pares da mesma idade – e isso parece valer para todos com o transtorno, abrangendo todas as muitas diferenças discutidas no Capítulo 1.

Mas essa abordagem não está propensa ao erro? Afinal, ela depende de atores e codificadores humanos. Para confirmar essa observação, novas tecnologias foram mais além. Adotando a mesma tecnologia de rastreamento ocular que os pilotos da força aérea usam para identificar e localizar alvos quando voam vertiginosamente pelo céu, os cientistas podem agora usar câmeras especialmente calibradas e algoritmos matemáticos complexos para rastrear para onde as crianças com TEA olham todas as vezes em que lhes são apresentadas imagens estáticas ou dinâmicas em monitores de vídeo. Um achado surpreendente se manifesta aqui quando indivíduos com autismo veem imagens e filmes envolvendo rostos humanos. Aqueles com TEA prestam atenção ao rosto – mas não à mesma parte do rosto que outras crianças. Crianças com desenvolvimento mais típico nessa situação focam principalmente nos olhos. Achamos que isso ocorre porque os olhos comunicam a maioria das informações sobre o que a outra pessoa está notando e sentindo. Crianças com autismo tendem a olhar para os olhos com a mesma frequência que para alguma outra parte do rosto. Elas podem olhar para o queixo ou a boca com a mesma frequência. Embora não seja literalmente verdade, é quase como se o rosto aparecesse para elas como uma forma geométrica complexa, em vez de um rosto. Em uma sala contendo uma variedade de objetos e pessoas, crianças com desenvolvimento típico irão focar a maior parte da sua atenção nas pessoas, mas aquelas com o transtorno podem passar a mesma quantidade de tempo olhando para os objetos na sala. Qual seria a razão para isso? Tanto a baixa motivação social quanto as deficiências no processamento da informação social provavelmente estão em jogo. O que veio primeiro pode ser uma situação semelhante ao problema típico do ovo e da galinha.

O que está acontecendo no cérebro?

Entretanto, uma razão para suspeitarmos de que a baixa motivação social é primordial é que estudos de imagem cerebral com indivíduos com autismo tendem a encontrar atividade reduzida em partes do cérebro que apoiam a motivação – especialmente quando esta é de natureza social.

Cientistas usaram imagem por ressonância magnética estrutural (MRI) para examinar o tamanho e a forma das estruturas no cérebro e imagem por ressonância magnética funcional (fMRI) para examinar quais partes do cérebro estão ativas quando uma pessoa está engajada em uma tarefa. Uma maior atividade cerebral é inferida com base na quantidade de sangue que está fluindo para uma parte particular do cérebro durante uma atividade. Com base nas medidas de MRI e fMRI, aprendemos que o cérebro de uma pessoa com TEA é diferente. Essa diferença envolve a complexa interação entre estruturas distintas e regiões incluindo a amígdala, uma estrutura em forma de amêndoa situada no interior do nosso cérebro; o estriado ventral, localizado acima da amígdala, mas ainda abaixo da camada cortical; e regiões da parte evolutivamente mais avançada do nosso cérebro, o córtex pré-frontal. A amígdala marca informações como salientes e biologicamente relevantes para nós, alertando-nos para prestar atenção a essas coisas que são cruciais para nossa sobrevivência.

Por exemplo, quando você está passeando por um bosque no parque e se depara com uma cobra tomando sol ao longo da trilha, sua resposta de alarme é o resultado, em parte, da sua amígdala lhe dizendo para prestar atenção a esse objeto em seu caminho. A amígdala está estreitamente ligada ao estriado ventral, que é uma parte do cérebro que está ativa durante todas as atividades gratificantes – desde apaixonar-se até inalar cocaína, assim como em atividades relativamente habituais, como receber um elogio por um trabalho bem feito. O córtex orbitofrontal, que apresenta densas conexões com a amígdala e o estriado ventral, está em grande parte envolvido na integração dos *inputs* da amígdala e do estriado ventral para guiar ações voltadas a objetivos e responder ao *feedback* dinâmico do ambiente.

No TEA, em média, a amígdala difere no tamanho (é maior em alguns estudos e menor em outros), tem conexões atípicas com outras estruturas cerebrais e apresenta atividade reduzida ao responder a imagens de estímulos sociais, como rostos e olhos. (Essas alterações cerebrais são pequenas e muito sutis para serem vistas em determinada criança, pelo menos com a tecnologia atual, portanto não existe um teste de rastreio cerebral para autismo neste momento.) Na mesma linha, ao realizarem tarefas em que a recompensa é de natureza social, como receber elogio de um estudante universitário carismático, ou de natureza não social, como receber um prêmio em dinheiro, indivíduos com TEA geralmente apresentam atividade reduzida no estriado ventral durante recompensas sociais, porém níveis normais de atividade desses circuitos de recompensa quando esta for um objeto de interesse para a pessoa. Assim, o elemento motivacional alterado aqui parece ser específico para a informação social, não para a motivação em geral, com base nos estudos de exame cerebral. O que parece estar acontecendo no cérebro no TEA é que os estímulos sociais não são marcados como salientes, e, assim, os circuitos neurais que atribuem recompensa a rostos, vozes, gestos e ouros estímulos sociais não são ativados.

Não é difícil imaginar, então, que, se o cérebro de uma criança não marca a informação social como relevante ou motivadora desde muito cedo na vida, ela não vai dar atenção a esses estímulos durante o desenvolvimento. Se ela não estiver prestando atenção a estímulos sociais como rostos ou olhos ou interações entre duas pessoas, irá perder a rica trama das informações específicas do nosso mundo social, como interpretar expressões emocionais, responder a perguntas, cumprimentar alguém e ter uma conversa. Aos poucos, a criança não conseguirá adquirir ou perderá a habilidade até mesmo de ler detalhadamente informações sociais como as expressões faciais. É por isso que alguns bebês e crianças pequenas inicialmente parecem estar se desenvolvendo de forma típica: apenas depois que as oportunidades perdidas de aprender socialmente começam a se acumular para produzir sintomas observáveis é que eles são diagnosticados.

> O cérebro de crianças com autismo parece ser conectado de modo a torná-las menos motivadas pelos aspectos sociais do seu mundo do que as crianças típicas.

Esta é uma analogia que pode ser útil: imagine que um de nós (Bernier), como pesquisador clínico, não acha o futebol motivador. Eu naturalmente ignoro as notícias de esportes e tenho tendência a "me desligar" quando as conversas se voltam para o futebol. Em consequência, deixo escapar todas as pistas e informações que as conversas sobre esse esporte revelam, incluindo aspectos básicos como as regras do jogo e quem está jogando – e, mesmo quando realmente percebo essas informações, não tenho lugar na minha mente para armazená-las, então não avalio a sua importância. No entanto, o incentivo de um amigo para memorizar as regras do jogo e assistir a algumas partidas cria uma dinâmica diferente. Agora, sabendo alguma coisa sobre o jogo e assistindo às partidas com uma companhia que torna isso mais divertido, começo a achar interessante e, em consequência, aprendo mais ao prestar atenção. Por fim, pela associação das boas experiências com o amigo, minha motivação para aprender sobre futebol aumenta ainda mais. Esse exemplo simples da intervenção de um amigo resulta na melhora dos conhecimentos sobre futebol da mesma forma que intervenções com base comportamental podem melhorar a motivação e o processamento social em um "ciclo virtuoso" para crianças com TEA. Ou seja, o padrão inverso também pode funcionar. Imagine uma criança que não se engaja em interações sociais, mas adora futebol. Podemos usar seu amor pelo esporte para promover oportunidades e experiências sociais nas quais as habilidades sociais podem ser praticadas e desenvolvidas, e, com o tempo, as associações com a recompensa do futebol podem ser conectadas às interações sociais.

> A integração do interesse especial de uma criança às interações sociais pode proporcionar oportunidades para melhorar a motivação e o processamento social.

Apesar do fato de que a maioria das crianças com autismo demonstrou interesse reduzido na informação social, muitas delas são afetuosas e gostam de estar com as pessoas. Muitas gostam de compartilhar seus interesses especiais com os outros, além de realizar atividades como brincadeiras que simulam lutas e jogos musicais. Passar um tempo com seu filho realizando as atividades preferidas dele é uma boa maneira de aumentar sua motivação e seu interesse pelos outros.

Diferenças no processamento da informação social

Ao aumentarmos a motivação de uma criança para prestar atenção às informações sociais, podemos melhorar o processamento de informações sociais, a capacidade do cérebro de interpretar pistas do mundo social e dar sentido a essas informações. Um exemplo simples que destaca como as intervenções comportamentais podem provocar o aumento da atenção às informações sociais se refere ao aumento do contato visual. Fazer contato visual é essencial para a aprendizagem sobre o mundo social. Uma forma de ensinar o contato visual é encorajá-lo por meio de recompensas. Digamos que uma criança adore bolhas de sabão, mas não faz bom contato visual. Um intervencionista que trabalha com contato visual poderia segurar um recipiente com sabão próximo ao seu rosto. Quando a criança (de modo acidental ou intencional) faz contato visual, o intervencionista imediatamente a recompensa soprando algumas bolhas. Essa associação é repetida inúmeras vezes. Com o tempo, o intervencionista pode aumentar a distância entre o recipiente e seu rosto, mas ainda recompensar o contato visual soprando as bolhas. Mais uma vez, depois de centenas de associações como essas, a criança aprende a associar essa interação social, o contato visual, com as recompensas e pode, então, começar a usar isso para facilitar a comunicação (p. ex., "Eu gostaria de algumas bolhas, por favor").

Entretanto, prestar atenção ao mundo social não é suficiente. Mesmo crianças que começam a prestar atenção nele podem achar a informação social difícil de processar algumas vezes. A informação social, como conversar e expressar emoções, é inerentemente complexa, dinâmica e multissensorial. A ciência mostrou que as partes do cérebro utilizadas para processar a informação social, convenientemente denominadas "cérebro social", são diferentes no TEA, e isso ajuda a explicar como as crianças com o transtorno processam (ou falham em processar) pistas sociais importantes.

> Ao tornar o mundo social mais gratificante, de forma que seu filho tenha mais probabilidade de prestar atenção à informação social, você pode proporcionar a ele mais oportunidades de aprender sobre o mundo social, mas isso pode não ser suficiente, já que este é tão complexo.

O mundo social é dinâmico, desafiador e acelerado. Considere as complexidades existentes em um simples cumprimento de uma motorista de ônibus a uma criança que vai para a escola. O ônibus chega até a parada, e há uma dúzia de rostos, todos com diferentes expressões, espiando pelas janelas, e mais uma dúzia de rostos parcialmente encobertos, olhando de cada canto no interior do ônibus. São muitos os sons das diferentes vocalizações, variando em tom, intensidade, frequência e ritmo, provenientes do interior do ônibus. Esses sons precisam ser separados do ronco do motor e do ruído dos freios enquanto informações adicionais, como o cheiro do combustível e o bafo do ar quente do radiador, também precisam ser reguladas. A porta se abre, e, do banco do motorista, no alto dos degraus, a motorista diz "Vamos lá, Raphe, eu não tenho o dia todo" enquanto aponta para o fundo do ônibus com o polegar. Ao mesmo tempo, suas sobrancelhas estão arqueadas, seu nariz está franzido, e seus lábios estão apertados e rígidos. As palavras que ela diz precisam ser ouvidas e interpretadas e, em seguida, mapeadas de acordo com suas expressões faciais e sua linguagem corporal. Essa mensagem curta deve ser separada do resto dos sons e imagens no ônibus e considerada no contexto das atividades, nesse caso, ir para a escola passar o dia. Todo esse processamento complexo e sua interpretação precisam acontecer imediatamente em uma interação rápida e dinâmica. Para a maioria dos indivíduos, aprender a fazer isso é "automático" – as crianças simplesmente aprendem quase por osmose, da mesma maneira que aprendem uma língua estando entre as pessoas. Mas, no TEA, isso não acontece.

Você pode imaginar que, se isso não for automático, o turbilhão de uma informação social como essa rapidamente se torna avassalador para tentar processar.

Reconhecimento facial

Pesquisas recentes sugerem que, de modo similar aos desafios com a motivação social, as dificuldades com o processamento da informação social são centrais para o TEA. Uma evidência notável que surgiu nos últimos 10 anos provém do registro de sinais elétricos oriundos do cérebro com o uso de eletrodos (detectores) inócuos no couro cabeludo. Em indivíduos com desenvolvimento típico, esse método revela que as pessoas reconhecem um rosto como, de fato, um rosto, e não outra coisa, dentro de menos de 200 milissegundos – apenas uma fração de segundo! Isso é quase tão rápido quanto a própria percepção consciente. O cérebro criou uma habilidade especializada de reconhecimento de padrões para identificar rostos humanos. Em indivíduos com autismo, esse reconhecimento é mais demorado, sugerindo uma fragilidade sutil, porém importante, no sistema de reconhecimento facial do cérebro.

Entretanto, há outro aspecto: se um indivíduo com TEA é instruído a prestar atenção aos rostos (e auxiliado com uma pista visual sobre onde o rosto irá aparecer), essa demora é, em grande parte, eliminada. Isso enfatiza que, no autismo, está envolvida alguma combinação de motivação (prestar atenção a rostos como relevante) e processamento (reconhecer rostos como rostos com suficiente rapidez). A boa notícia é que achados animadores como esse apontam o caminho para o treinamento comportamental que pode ajudar crianças com autismo a "desenvolverem" sua habilidade de processamento de rostos. E indicam que direcionar a atenção de uma criança para rostos melhora a sua habilidade de processá-los. Assim, reforçando a atenção a rostos, como em nosso exemplo anterior com as bolhas de sabão, podemos aumentar a atenção a estes. Isso, em teoria, deve criar um "ciclo virtuoso", à medida que a criança presta atenção a um rosto com mais frequência e, então, colhe os frutos positivos desse comportamento.

Movimento biológico

Rostos são obviamente fundamentais para nossa vida social. Mas é claro que eles não são toda a história. Outros tipos de processamento da informação também são cruciais para as habilidades de processamento da informação social do cérebro. Outra parte da história é o que os cientistas chamam de "movimento biológico". Movimento biológico significa movimentos que são característicos dos animais vivos, sobretudo de humanos e socialmente significativos – andar, dançar, estender a mão para cumprimentar alguém ou realizar movimentos impactantes de *kung fu* (este último, no entanto, não faz parte do nosso repertório). Assim como o cérebro dedicou módulos para o processamento de rostos, cientistas descobriram recentemente que ele também tem um módulo distinto (uma parte do lobo temporal) especializado em processamento do movimento biológico.

Essa descoberta foi feita usando o que é denominado exibições de pontos de luz. Estas são como desenhos animados: são essencialmente filmes em que pontos de luz são mostrados sobre um pano de fundo preto, representando movimentos cotidianos, como andar de bicicleta, ou apresentados aleatoriamente pela tela, mas não há pessoas reais (ou animais) representadas – apenas padrões de pontos em movimento. Notavelmente, a maioria das pessoas reconhece com rapidez padrões de movimento de característica humana *versus* outros padrões. Quando esse experimento é realizado com o uso de MRI, os cientistas conseguem identificar uma atividade específica em um circuito cerebral ancorado em uma área do cérebro denominada sulco temporal superior (STS). A atividade cerebral nessa área é reduzida em indivíduos com TEA. No entanto, de modo semelhante aos achados no processamento facial, aqui as notícias são boas também. Conforme discutiremos no Capítulo 3, a atividade cerebral nessa região aparentemente pode ser normalizada por meio da prática comportamental, mais uma vez mostrando-se promissora para abordagens de tratamento voltadas para as dificuldades sociais em indivíduos com autismo.

> Quando sabemos onde a atividade no cérebro é diferente naqueles com TEA, podemos planejar intervenções que orientam essa atividade para o normal por meio da prática comportamental – como prestar atenção em rostos humanos e reconhecê-los.

Teoria da mente

Uma terceira parte essencial da habilidade do cérebro para processar a informação social é denominada "teoria da mente" – a capacidade de entender que outras pessoas têm pensamentos e sentimentos que são distintos dos nossos. Uma história usada por estudos agora clássicos com crianças envolve três delas; nós as chamamos de Josh, Anne e Olivia. Josh colocou uma bolinha de gude em uma de duas cestas. Sua amiga Anne observou-o colocar essa bolinha na cesta à esquerda. Anne, então, sai, e, sem seu conhecimento (e por razões que permanecerão misteriosas), Josh muda a bolinha para a cesta à direita. Olivia estava observando essa atividade e o vê fazer isso. Agora, Anne retorna para recuperar sua bolinha de gude. Pergunta-se à Olivia "Onde você acha que ela irá olhar?". É claro que você, leitor, sabe que Anne procurará a bolinha na cesta da esquerda, onde ela viu Josh colocá-la. Crianças com desenvolvimento típico também sabem isso em idade muito precoce. O motivo pelo qual você (e a maioria das crianças) consegue sabê-lo é que você construiu uma *teoria da mente*. Esta é uma forma elaborada de dizer que você reconhece implicitamente que Anne tem suas próprias percepções, distintas das suas; portanto, Anne agirá baseada em suas próprias crenças e conhecimento, não baseada nas suas. Essa habilidade se manifesta em crianças em torno de 4 anos e meio de idade com desenvolvimento típico. Pré-escolares menores e em torno de 2 anos irão responder que Anne procurará a bolinha de gude na cesta à direita porque é onde ela está, e elas sabem disso, portanto, acreditam que Anne também saberá – elas ainda não entendem que os outros têm perspectivas diferentes das suas. O mesmo vale para muitas crianças com mais de 5 anos no espectro. Se Olivia tiver TEA, ela pode dizer que Anne olhará na cesta à direita mesmo que tenha 8 anos. Crianças muito pequenas e aquelas com autismo também terão dificuldade para entender jogos como esconde-esconde, que requerem uma compreensão da teoria da mente. Até mesmo mentir requer uma teoria da mente, e não causa surpresa que muitas pessoas com autismo não mentem. Esta é uma característica maravilhosa na maioria das situações. No entanto, a habilidade de contar "mentiras inofensivas" nos ajuda a navegar por muitas situações sociais, como quando a Tia Mary pergunta se você gosta do seu chapéu engraçado.

Embora indivíduos com TEA tenham dificuldades com tarefas como esta muito depois dos 5 anos de idade, vários deles podem aprender a realizá-la com precisão no curso do seu desenvolvimento. Muitas crianças com autismo são capazes de racionalizar a resposta apropriada usando a lógica concreta sem se basearem em uma teoria da mente, mas, para outras crianças com o transtorno, a experiência social pode motivar a construção da habilidade de realizar essas tarefas corretamente.

Embora a tarefa de Josh, Anne e Olivia seja fácil para adolescentes e adultos com TEA, a teoria da mente ainda não é típica mesmo em adultos com autismo. Essa dificuldade é identificada usando-se testes adequados à idade para adultos. Uma das tarefas é denominada "Lendo a mente pelos olhos". Nesse teste, você vê uma série de figuras de rostos com apenas uma parte do rosto visível – os olhos. Em torno de cada par de olhos, encontram-se quatro palavras relacionadas a emoções, como "desconfiado", "com ciúmes", "em pânico" e "zangado". Parece difícil, mas, de fato, a maioria dos adultos consegue realizá-lo com facilidade. Por sua vez, adultos com TEA tendem a ter dificuldade nessa tarefa e a ser menos precisos do que a maioria das outras pessoas.

A imagem do cérebro usando MRI sugere que nossa "mente social" usa uma área do cérebro denominada junção temporoparietal (para os neurocientistas, esta é uma área tão famosa e importante para a função social, a atenção e outras habilidades que eles a chamam pela abreviação afetiva JTP). A JTP está próxima ao STS, que, conforme explicamos anteriormente, está envolvido no processamento do movimento biológico. Como revelado por um estudo divertido, quando adultos britânicos com TEA eram solicitados a estimar a probabilidade de que a rainha achasse importante manter um diário, eles apresentaram ativação reduzida nessa região. Os adultos típicos apresentaram ativação da JTP em resposta a essa questão devido à exigência de que o leitor não só considerasse a perspectiva de outra pessoa como também a perspectiva de uma pessoa que não representava o cidadão britânico médio.

Como o DSM-5 diminui o risco de sobrediagnosticar o autismo

Déficits em comunicação e interação social são centrais para o diagnóstico de TEA, conforme disposto no DSM-5. É por isso que o DSM-5 requer que as crianças demonstrem déficits em todos os domínios dos desafios sociais listados (reciprocidade social, comunicação não verbal e relacionamentos) para que sejam diagnosticas com o transtorno. A quarta edição

> do DSM (DSM-IV) inadvertidamente criou oportunidades para o sobrediagnóstico incluindo esses desafios, mas distribuindo-os entre os prejuízos sociais e os déficits de linguagem. A quinta edição torna os critérios mais representativos do pensamento atual sobre autismo e mais acurados porque restringem a possibilidade de "contabilizar" um déficit mais de uma vez, o que poderia resultar em sobrediagnóstico. No DSM-IV, um clínico podia, por exemplo, citar desafios com a conversação no domínio da linguagem (déficits em conversações) e no domínio social (déficits na reciprocidade social) e acabar concluindo que a criança estava em um ponto mais severo no espectro do que realmente estava e que, portanto, deveria ser diagnosticada.

O que o teste com a bolinha de gude, o misterioso teste dos olhos e estudos relacionados como este nos dizem sobre o TEA? Como você provavelmente imagina, eles revelam que pessoas com autismo com frequência têm dificuldade para entender o que outra pessoa está pensando, sentindo e pretendendo. Isso nitidamente afetará suas respostas sociais e, algumas vezes, as fará parecer "desligadas". Assim, se o seu filho com o transtorno não consegue lhe oferecer um lenço de papel ou lhe dar um abraço quando você está triste, isso não se deve a maldade, frieza ou indiferença, mas a uma simples ausência de processamento ou compreensão. Se a sua filha não responde de forma apropriada à conversa casual do caixa no mercado, isso provavelmente ocorre porque ela não entende por que esse funcionário está falando com ela ou qual é realmente a intenção implícita dele (ser simpático). Felizmente, muitos indivíduos com autismo aprendem a prestar atenção e a entender o mundo social. Muitas terapias comportamentais bem estudadas podem ajudar a ensinar conceitos como emoções e tomada de perspectiva.

> Respostas sociais que podem parecer "desligadas" podem com frequência ser atribuídas ao fato de que aqueles com TEA não entendem plenamente o que os outros estão pensando ou sentindo – a ausência do que denominamos "teoria da mente".

INTERESSES E COMPORTAMENTOS RESTRITOS E REPETITIVOS

O cérebro social é obviamente uma parte importante da história do autismo atualmente, e temos, agora, um conhecimento mais profundo do cérebro social que não tínhamos há apenas 10 anos. Isso abriu possibilidades animadoras para ajudar crianças com TEA a atingirem seus objetivos e potencial. No entanto, os estilos de processamento da informação no transtorno também se estendem além da informação social, como, sem dúvida, você está ciente. O segundo domínio que se encontra na essência do diagnóstico de TEA se refere a interesses e comportamentos restritos e repetitivos. É importante entender que uma gama de comportamentos e diferenças relacionados a interesses excessivamente focados (ou pensamento inflexível) está incluída nesse domínio e que nem todas as crianças com autismo manifestam todos eles. É por isso que o DSM-5 requer a presença de apenas dois dos quatro domínios de comportamentos restritos ou repetitivos discutidos a seguir para um diagnóstico de autismo.

No seu clássico estudo descritivo, Kanner descreveu o Caso 10 assim: "A rotina diária precisa ser cumprida rigidamente; qualquer ligeira mudança do padrão desencadeava crises de pânico... Ele ficava extremamente perturbado ao ver qualquer coisa quebrada ou incompleta. Ele notou duas bonecas às quais não havia prestado atenção antes. Viu que uma delas não tinha chapéu e ficou muito agitado, perambulando pela sala para procurar o chapéu. Quando o chapéu foi trazido de outro cômodo, ele instantaneamente perdeu todo o interesse nas bonecas". O modo como encaramos isso hoje, essa tendência a focar excessivamente, cria diferenças em quatro domínios: necessidade de rotina, comportamentos estereotipados, interesses restritos e sensibilidades sensoriais.

Pensamento inflexível e a necessidade de mesmice

Muitos de vocês reconhecerão esse padrão em seu ente querido com TEA. O jovem paciente de Kanner, John, tinha tremendas dificuldades com pensamento flexível. O resultado era adesão rígida a horários, dificuldade com transições e rigidez sobre como as coisas eram organizadas. Os cientistas posteriores a Kanner notaram que, além das dificuldades com transições, o pensamento inflexível se estende a dificuldades para pensar de forma abstrata. Um pai nos contou: "Joey é muito concreto. Se está na hora de sairmos, e eu digo 'Vamos pegar a estrada',* ele diz 'Mas isso vai machucar' – e ele não diz isso na forma de uma piada!". O mesmo impasse está refletido na dificuldade de imaginar um plano futuro ou, de forma mais relevante, adaptar-se quando estes são afetados. É por esse motivo que, mesmo que nos pareça trivial algum dia desviar do caminho habitual para a escola a fim de realizar uma tarefa, isso é de fato um grande problema para crianças com autismo. Em consequência, pode ocorrer um total *meltdown*. Isso não significa necessariamente que seu filho esteja sendo manipulador – é que a criança não consegue processar e entender o que está acontecendo, portanto, a situação rapidamente se torna insuportável. Seu cérebro não lhe permite

---

*N. do T.: A expressão correspondente em inglês é *hit the road*, que também significa "bater", "atingir".

pensar de modo flexível, desprender-se dos planos atuais e imaginar um novo plano para atingir o objetivo de ir para a escola.

Há esperança, no entanto, à medida que descobertas recentes estão nos ajudando a entender essa inflexibilidade do pensamento ou insistência na mesmice. Diversos estudos de imagem cerebral em TEA mostraram que o volume e a densidade dos neurônios em partes do cérebro que já mencionamos, como o estriado e os circuitos cerebrais que estão intimamente associados a essa região, incluindo o córtex pré-frontal, são diferentes em indivíduos com o transtorno. Da mesma forma, estudos de imagem funcional do cérebro sugerem atividade reduzida nessas regiões quando indivíduos com autismo estão executando tarefas que requerem pensamento flexível e inibição de comportamentos previamente aprendidos. Essa compreensão pode indicar o caminho para a criação de novos tratamentos que visem esses circuitos cerebrais subjacentes. Ainda não chegamos lá, mas entender a neurobiologia de comportamentos complexos como o pensamento inflexível é o primeiro passo.

Comportamentos estereotipados

"Estereotipado" essencialmente significa repetitivo, e comportamentos estereotipados foram observados como parte do TEA desde a primeira descrição de Kanner. Esses comportamentos incluem maneirismos motores repetitivos, tais como agitar as mãos ou balançar o corpo, e o uso repetitivo de objetos, como alinhar os brinquedos e pegar objetos e deixá-los cair repetidamente. Os comportamentos estereotipados também incluem padrões de fala repetitivos, como a linguagem roteirizada. A linguagem roteirizada pode servir a um propósito não óbvio, como repetir falas de filmes em qualquer lugar e a qualquer momento, ou ser usada funcionalmente. Por exemplo, uma criança usava a frase roteirizada "hora de entrar no ônibus" toda vez que estava pronta para sair da sala. Essa era a sua maneira de comunicar seus desejos. Lamentavelmente, para um de nós (Bernier), a criança dizia isso de forma sistemática, cada vez que estávamos juntos na sala. (Tentei não levar isso para o lado pessoal.) Outro exemplo de padrões de fala estereotipada é observado no jovem que tinha uma gama de interesses, incluindo Harry Potter. Ele também ficava feliz em compartilhar todo tipo de fatos sobre Legos, dinossauros e Pokémon. Ao descrever esses interesses, ele usava inflexão, tom e gramática apropriados, mas, ao mudar o assunto para Harry Potter, falava com sotaque britânico. Entretanto, ele fazia uma transição harmoniosa ao retornar para as inflexões e entonação americanas típicas quando mudava de tópico.

É interessante observar que o mesmo circuito é rompido naqueles indivíduos com outros transtornos marcados por comportamentos repetitivos, como síndrome de Tourette (um transtorno de tique no qual o indivíduo tem um impulso irresistível de repetir um movimento ou som) e transtorno obsessivo-compulsivo (caracterizado por impulsos irresistíveis de limpar, verificar duas vezes ou contar coisas). Embora as experiências de crianças com TEA não sejam as mesmas que as de crianças com esses transtornos, elas parecem estar biologicamente relacionadas. À medida que aprendemos mais sobre os sistemas cerebrais que suprimem esses impulsos e possibilitamos maior flexibilidade, adquirimos uma compreensão que pode dar origem a novas ideias para o tratamento. Não temos nenhuma no momento, mas o conhecimento da neurobiologia proporciona novos caminhos para a exploração do tratamento.

Interesses restritos

Interesses restritos também são comumente observados no autismo, embora nem todas as crianças com TEA os tenham. Eles podem assumir duas formas: interesses que são incomuns em sua intensidade e interesses que são incomuns em seu foco. Aqueles que são incomuns em sua intensidade, denominados interesses circunscritos, se referem a *hobbies* normais, mas que tomam toda a atenção da criança. Ou seja, eles podem ser o assunto sobre o qual a criança deseja falar a respeito o tempo todo ou o objeto com o qual ela deseja brincar toda hora em detrimento das interações sociais ou da exposição a outras experiências. Um exemplo seria o jovem de 13 anos cujo interesse circunscrito era a fotografia. Fotografia é um *hobby* do qual muitos indivíduos desfrutam. Para esse jovem, no entanto, o interesse atrapalhava as interações sociais. Ele gostava de compartilhar todos os fatos sobre cada câmera que conhecia, como o número do modelo e o ano de produção. Outra criança com quem eu (Bernier) trabalhei tinha intenso interesse por vasos sanitários. Ao entrar em um novo prédio, ela encontrava todos os vasos sanitários, examinava-os, observava a marca, o modelo e compartilhava seus achados com seus pais. Este é um exemplo do que chamamos de preocupações incomuns – um interesse em alguma coisa que muitos achariam inusitado. Vasos sanitários, semáforos, embalagens vazias de sabão em pó e alarmes de incêndio são apenas alguns dos exemplos que já encontramos em nossas experiências clínicas.

> Interesses restritos podem ser difíceis de negociar na vida diária, mas também podem ser canalizados para servir a interesses vocacionais ou acadêmicos.

Interesses circunscritos e preocupações incomuns podem ter um impacto significativo na vida familiar. Dependendo da intensidade do interesse, as famílias podem ter que reorganizar sua vida diária a fim de se acomodarem a ele ou ter que lidar com *meltdowns* e birras se ele não puder ser perseguido facilmente. Esses interesses também podem prejudicar a capacidade de uma criança de se envolver com outras (que podem se cansar de ouvir fatos sobre os personagens de Pokémon) e de se engajar em outras atividades fora desse interesse particular. Contudo, interesses especiais podem ser poderosamente benéficos para o indivíduo com TEA. Se canalizados de forma apropriada, eles podem servir a propósitos vocacionais. Poderíamos dizer que nós, como acadêmicos, temos interesses restritos na neurobiologia do autismo. Fomos capazes de mobilizar nossos interesses intensos a serviço do desenvolvimento da área. Mas isso não vale apenas para os acadêmicos. A Microsoft tem um programa para contratar e apoiar indivíduos com autismo. Um jovem empregado pela Microsoft tinha interesse em codificação de computadores e conseguiu usá-lo para manter seu emprego.

Além disso, interesses restritos podem ser reforçadores poderosos para nos ajudar a realizar tarefas penosas. Eu (Bernier) me recordo de ter um interesse intenso em animais míticos quando estava em idade escolar. Eu adorava ler sobre eles, assistir a filmes que os exibiam, desenhá-los e conversar com meus pais sobre tudo que dizia respeito a eles. Meus pais usaram esse interesse para me recompensar por fazer meu dever de casa de matemática (que, na sexta série, eu considerava a tarefa mais penosa imaginável). A oportunidade de assistir com meu pai a um filme que envolvia o minotauro era algo que me fazia prosseguir com os extensos deveres de casa. O conhecimento do poder reforçador de interesses especiais me ajudou a auxiliar crianças com TEA na escola ou na clínica a realizar tarefas penosas inúmeras vezes. Recentemente, usei o interesse de uma criança em Lego Ninjago como um reforçador para ajudá-la na realização da testagem neuropsicológica de que precisava para ajudar a guiar seu programa de educação individualizada (IEP) no ensino fundamental.

Processamento sensorial

O menino que tapa os ouvidos com as mãos quando uma ambulância passa correndo, a menina que não consegue vestir calças com uma etiqueta nas costas, a criança que só come alimentos brancos e o jovem que se distrai com o ruído do ar-condicionado que é imperceptível para o resto de nós, todos estão experimentando o que os cientistas clínicos chamam de "sensibilidades sensoriais". Esses exemplos captam o que poderia ser uma hiper-reatividade ao mundo social. Ou seja, a criança é hiper-reativa aos estímulos sensoriais. Ou, então, o menino que passa as mãos no cabelo de todos a sua volta, incluindo aqueles que estão sentados perto dele no metrô, a menina que leva aos lábios por um momento tudo que pega pela primeira vez, o jovem que observa todos os ventiladores com o canto dos olhos e a criança que regularmente lambe a soleira do vizinho, todos têm uma experiência relacionada, denominada "interesses sensoriais". Estes são exemplos de hiporreatividade – a criança reage com menos intensidade aos estímulos sociais e busca experiências adicionais e, algumas vezes, específicas para estimular a experiência sensorial. Essas características há muito tempo são controversas na pesquisa do autismo, com os cientistas discutindo a sua centralidade. Entretanto, em 2013, o quadro se tornou claro, e a presença de sensibilidades e/ou interesses sensoriais foi acrescentada aos critérios diagnósticos oficiais para TEA no DSM-5. De fato, é surpreendente que 95% dos pais com um filho no espectro irão observar algum tipo de hiporreatividade ou hiper-reatividade aos estímulos sensoriais na criança.

Embora o DSM-5 liste as sensibilidades sensoriais dentro da característica central que envolve o pensamento inflexível (padrões de comportamento restritos e repetitivos), sabemos agora que sensibilidades sensoriais e dificuldades de processamento estão conectadas, uma descoberta apoiada por estudos em camundongos. Embora possa parecer estranho usar um camundongo para estudar autismo, em certas condições, esses animais demonstram comportamentos que os cientistas consideram suficientemente similares a comportamentos autistas em humanos para nos ensinarem alguma coisa útil. Por exemplo, quando um gene denominado *MeCP2* é desativado, os camundongos se engajam em movimentos repetitivos e demonstram problemas sociais (eles passam menos tempo com camundongos desconhecidos, farejando, perambulando ou seduzindo camundongos desconhecidos com menos frequência). Os cientistas acham que esses comportamentos estão possivelmente relacionados ao que acontece em pessoas com TEA. Os pesquisadores também conduziram experimentos nos quais alguns camundongos tinham uma mutação no gene *MeCP2* apenas nas células cerebrais, outros somente nas células do seu sistema nervoso periférico – as células envolvidas, digamos, na sensação sobre a pele ou nos músculos da perna. Os camundongos com a mutação no gene *MeCP2* (*knocked out*) nas células cerebrais apresentaram comportamentos como contração repetitiva dos membros posteriores e dificuldades motoras, mas nenhuma sensibilidade ao toque. Eles também construíram ninhos para os filhotes, pareciam interagir normalmente com outros camundongos e eram semelhantes aos outros em sua disposição para explorar um labirinto ou ter um sobressalto com um ruído alto. Em contraste, os camundongos com *MeCP2* nocauteado perifericamente eram hipersensíveis ao toque, não se adaptaram a ruídos altos, não interagiram com outros camundongos ou fizeram ninhos para seus filhotes e não exploraram labirintos. No entanto, eles também tinham movimento motor normal, sem qualquer movimento repetitivo óbvio. Esse estudo sugere que as mesmas diferenças genéticas podem explicar as sensibilidades sensoriais e o desenvolvimento social.

Os cientistas conduziram o mesmo tipo de experimento em camundongos com mutações no gene *GABRB3*, com resultados similares. Quando os camundongos foram hipersensíveis ao toque, ocorreram déficits sociais. (No entanto, o quadro somente se apresentou em camundongos em desenvolvimento; o que ocorreu nos animais adultos foi diferente. Falaremos mais sobre como o TEA pode mudar no desenvolvimento no Cap. 4.)

> Estudos com camundongos mostraram que tanto sensibilidades sensoriais quanto problemas no desenvolvimento social podem ser causados pela mesma diferença genética no TEA.

Outros estudos em pessoas e animais parecem convergir para o seguinte quadro: enquanto a necessidade de mesmice (repetição, rotina) e as dificuldades com o processamento social parecem ser características distintas do TEA, as sensibilidades sensoriais parecem estar, de algum modo, relacionadas às dificuldades sociais. Por exemplo, estudos mostram que as sensibilidades sensoriais muito cedo na vida estão associadas a dificuldades posteriores com o desenvolvimento social e da linguagem. Isso pode, em parte, se dever à interferência na aprendizagem. Uma criança sensível a ruídos altos pode se retrair de situações com ruídos altos, como atividades ou brincadeiras em grupo, e, sem essa experiência e interação, ela perderá a chance de praticar e desenvolver as habilidades sociais inerentes nesses cenários – criando um tipo de "círculo vicioso".

Estudos como estes identificaram uma conexão em níveis moleculares e comportamentais entre as alterações no processamento da informação sensorial e social no TEA, bem como uma progressão desenvolvimental para essa relação, na qual as sensibilidades sensoriais podem interferir na aprendizagem social, mas não quando essas sensibilidades emergem em idade mais avançada. Isso sugere que ajudar seu filho a lidar com as sensibilidades sensoriais pode reforçar o foco do tratamento na melhoria das habilidades sociais. A questão fundamental para os pais é que, se você chama a atenção do seu clínico para as sensibilidades sensoriais tão logo elas aparecem, elas provavelmente serão tratadas de forma precoce, reduzindo o impacto negativo no desenvolvimento das habilidades sociais do seu filho.

Processamento multissensorial

A conexão entre problemas sensoriais e déficits sociais se torna ainda mais clara quando consideramos o fato de que crianças com TEA não só são vulneráveis a sensibilidades sensoriais como também têm problemas para conectar os *inputs* dos diferentes sentidos e usar essas informações combinadas para tomar decisões ou tirar conclusões. Por exemplo, alguns sons da fala ouvidos por uma pessoa são impactados pelo que o ouvinte está observando. Isso é chamado de efeito McGurk, no qual a experiência que o ouvinte tem das palavras faladas é inconscientemente modificada pelo que ele vê o interlocutor articulando. Dependendo de como se move a boca do interlocutor para articular certos sons, o ouvinte irá experimentar diferentes sons, inclusive quando é ouvido o mesmo som. Curiosamente, estudos mostraram que efeitos como o McGurk estão diminuídos em pessoas com autismo. Ou seja, o ouvinte com TEA é menos impactado do que outros pela informação visual na experiência do som da fala. Da mesma forma, por décadas, foi observado que crianças e adultos com o transtorno têm dificuldades para imitar ações como expressões faciais ou gestos com as mãos ou maneirismos pessoais. A habilidade de imitar requer a integração dos estímulos visuais e dos movimentos do próprio corpo. Se você tem dificuldade para integrar o que vê alguém fazendo e a forma como seu corpo deve se mover para recriar essa ação, igualmente a terá para imitá-la com exatidão.

Em nosso exemplo anterior do jovem entrando no ônibus, fica claro que todos os diferentes estímulos precisam ser processados e integrados. Se componentes desse processamento são retardados ou recebem mais ou menos atenção do que outros estímulos, então a integração multimodal contínua e fácil não será nem contínua, nem fácil. De fato, isso pode parecer devastador, assim como um adulto se sente cansado em um aeroporto lotado ouvindo o anúncio de que seu portão mudou e o embarque está começando – e o novo portão está a meia hora de caminhada. O resultado é que ele se sente confuso e sobrecarregado (o que nas crianças típicas se traduz como *meltdown* e, naquelas com TEA, como "paralisação").

A partir desse exemplo, você pode inferir que, se as experiências sensoriais não estão se integrando bem, então o mundo social se torna particularmente opressor e difícil de lidar. Não é difícil imaginar que crianças com autismo evitem situações sociais, o que provoca atrasos no desenvolvimento das habilidades sociais. Mais uma vez, isso aponta a importância de abordar esses desafios sensoriais para melhorar os déficits sociais e, em última análise, a qualidade de vida para o seu filho. Felizmente, temos algumas ideias de como fazê-lo e iremos abordá-las no Capítulo 5.

COMPORTAMENTOS DESAFIADORES

Comportamentos difíceis, como *meltdowns*, birra, agressão e autolesão, são comuns no TEA, embora não façam parte dos critérios diagnósticos. Eles são a consequência natural de interagir com o mundo enquanto se luta com a constelação de comportamentos que descrevemos até aqui. Mesmo que esses comportamentos não sejam considerados parte dos critérios diagnósticos em autismo, eles ainda são importantes se você é pai ou mãe.

Você provavelmente estará interessado em distinguir tais problemas para abordá-los. Um ataque de raiva de 45 minutos, raro na maioria das crianças, será bastante familiar para muitos de vocês. Outros comportamentos desafiadores, como bater ou chutar outras pessoas, ou comportamentos de autolesão, como bater com a cabeça ou morder o próprio braço, também são raros ou inexistentes em crianças com desenvolvimento típico, embora muito comuns em muitos indivíduos com TEA. (Veja o quadro a seguir para mais exemplos com os quais você pode estar familiarizado.) Esses comportamentos, sejam eles motivados por incapacidade de se engajar em pensamento flexível, dificuldade no processamento sensorial ou dificuldade no processamento da informação social, perturbam ainda mais o enfrentamento, as relações sociais e o pensamento flexível – levando, mais uma vez, a um lamentável ciclo de autorreforço. Falaremos mais tarde acerca do que estamos aprendendo agora sobre como começar a abordar isso.

Os desafios comportamentais aparecem principalmente em crianças com atraso na linguagem ou no desenvolvimento intelectual?

Outrora, achávamos que a resposta a essa pergunta fosse sim. Mas sabemos, agora, que há muito mais envolvido nos problemas comportamentais. Existe alguma verdade na ideia de que os problemas são naturalmente piores quando uma criança tem menos recursos intelectuais ou de linguagem sob seu comando. No entanto, estudos recentes encontraram associações variadas: alguns mostram que as habilidades verbais não se correlacionam de nenhuma forma com a frequência de comportamentos desafiadores. Outros sugerem que processamento sensorial atípico ou padrões de pensamento rígidos estão mais propensos a justificar comportamentos desafiadores do que a habilidade verbal ou cognitiva. Ainda, outros mostram que muitas crianças verbais com TEA que têm habilidades cognitivas apropriadas para a idade também demonstram índices mais altos de comportamentos desafiadores. Obviamente, o que está por trás de comportamentos desafiadores é complexo.

Comportamentos desafiadores comuns no TEA

Os comportamentos desafiadores em si não fazem parte dos critérios diagnósticos do DSM-5. Porém, é importante que os pais os reconheçam como parte do TEA para que eles possam ser abordados apropriadamente, em vez de serem vistos como teimosia ou desafio – uma atitude que pode impedir que você ajude seu filho a superar os desafios centrais de estar no espectro autista. Estes são comportamentos desafiadores típicos que você pode encontrar:

- Birra e *meltdowns*
- Desobediência: recusa em atender a uma demanda ou solicitação
- Comportamento de autolesão, como bater em si mesmo, bater com a cabeça, morder o próprio braço ou dedo
- Comportamento agressivo, como atacar outra pessoa com as mãos ou os pés, morder, atirar ou quebrar objetos
- Fuga: sair correndo e não voltar
- Comportamentos desafiadores menos comuns, incluindo:
  - Escavar e esfregar fezes: escavar se refere a inserir um dedo no reto, e esfregar se refere a esfregar as fezes em objetos, em si mesmo ou nos outros
  - Recusa alimentar: recusar-se a comer alguma coisa
  - Pica: comer coisas que não são alimentos, como unhas, sujeira, lascas de tinta, etc.
  - Ruminação: cuspir o alimento parcialmente digerido e mastigar novamente
  - Vômito induzido: vomitar intencionalmente

Para determinada criança em determinada situação, entender o que está motivando o comportamento desafiador é essencial para a criação de estratégias para manejá-lo. Você praticamente tem que ser um detetive, cavando pistas e juntando as peças para resolver o mistério. Felizmente, existem passos que você pode dar para identificar a raiz desse comportamento. Eles estão baseados em nosso conhecimento dos princípios de aprendizagem descobertos muito tempo atrás pelo psicólogo e filósofo B. F. Skinner. Esses princípios comportamentais, de fato, fornecem a essência para diversos tratamentos apoiados empiricamente para autismo, baseados na análise comportamental aplicada, ou ABA.

ABA como a chave para descobrir o que está por trás do comportamento desafiador

Então, como funciona a ABA? No mundo da psicologia comportamental, determinado comportamento (que chamaremos de B) é precedido por alguma coisa, um antecedente (que chamaremos de A), e seguido por alguma coisa, uma consequência (C). (Essa sequência é frequentemente denominada A-B--C.) Os comportamentos são influenciados por antecedentes ou consequências e podem aumentar ou diminuir em resposta a mudanças em ambos. Portanto, determinando os antecedentes e as consequências que influenciam certo comportamento desafiador, você pode identificar o que precisa mudar para reduzi-lo. Então, você irá sistematicamente mudar esse antecedente ou consequência, monitorar o impacto no comportamento e, se necessário, revisar o antecedente ou consequência que você está mudando até que perceba a alteração no comportamento.

Este é um exemplo da minha (Bernier) clínica: Joe é um adolescente com TEA em uma sala de aula de educação especial reservada. Ele é um dos oito alunos que variam na habilidade verbal e que apresentam diversas necessidades de educação especial. As habilidades cognitivas de Joe estão atrasadas, e ele usa sentenças curtas para se comunicar. Ele ataca seus pares com os punhos pelo menos uma vez por dia na escola, e esses comportamentos desafiadores estão impactando a classe inteira. Usando uma abordagem A-B-C, vamos definir os ataques de Joe com os punhos como nosso comportamento de interesse. Começamos explorando os antecedentes. O que acontece antes que Joe ataque? Fazendo algumas perguntas, descobrimos que o ataque ocorre em todos os momentos durante o dia escolar, mas principalmente durante as aulas de artes e de música, que ocorrem em diferentes horários e dias da semana. O ataque não acontece durante o horário acadêmico estruturado. Joe não tem compreensão do porquê ele ataca. Fazendo algumas observações na sala de aula, percebemos que não há lugares definidos durante as aulas de artes e de música, o nível de estimulação sensorial é muito maior, e os alunos se movimentam mais livremente por todo o espaço, enquanto Joe permanece relativamente parado. Examinamos atentamente as consequências. O que acontece depois que Joe ataca? Duas coisas. Primeiro, ele consegue algum espaço físico dos seus pares, os quais se afastam dele, e, segundo, ele passa algum tempo no espaço silencioso reservado com seu assistente. Levando em conta os antecedentes e as consequências, uma de nossas hipóteses de trabalho pode ser que a estimulação sensorial é excessiva para Joe, e ele está tentando regular a quantidade que recebe. O comportamento de atacar é recompensado, uma vez que leva a redução na estimulação (o espaço silencioso). Assim, é possível intervir modificando o antecedente. Podemos reduzir o grau de estimulação sensorial mudando a estrutura física do espaço de Joe durante a aula, para que os alunos não façam alvoroço perto dele, e encontrar uma localização na qual o ruído e a estimulação visual sejam reduzidos. Podemos também ensiná-lo a nos dizer quando precisa de uma "pausa" da sala de aula estimulante, instruindo-o a erguer a mão em vez de atacar. Retirando-o rapidamente da situação superestimulante quando ele sinaliza, ensinamos a ele que não é necessário agredir para lidar com uma situação difícil.

> Identificar o que acontece antes e depois de um comportamento desafiador pode nos ajudar a modificá-lo. Esta é a base das intervenções na ABA.

Poderíamos monitorar a frequência dos ataques antes da intervenção, conduzir nossa manipulação do antecedente, monitorar a frequência depois que intervimos e verificá-la para garantir que esteja reduzida. Se não estiver, então precisamos revisar a nossa hipótese e considerar uma abordagem de intervenção diferente.

Há um número infinito de antecedentes ou consequências possíveis que podemos examinar e manipular para mudar o comportamento. No entanto, você não precisa ser o Sherlock Holmes para descobrir isso; você só precisa estar disposto a colocar seu chapéu de detetive e tentar. E, além da sua investigação e da manipulação dos antecedentes ou consequências, treinar seu filho para desenvolver habilidades de enfrentamento pode ser fundamental para a redução de comportamentos desafiadores.

> Pesquisas recentes mostram que não se trata de quão bem seu filho se comunica, e sim de suas habilidades de autorregulação e estratégias de enfrentamento, que irão ajudar a desencorajar comportamentos desafiadores.

Mais recentemente, pesquisas sugerem que crianças com TEA se engajam em menos comportamentos desafiadores quando aprendem e usam melhor as habilidades de enfrentamento cotidianas, tais como solicitar uma pausa. Essas novas evidências de pesquisa sugerem que habilidades de autorregulação e a aplicação de habilidades de enfrentamento adaptativas são os ingredientes essenciais para manejar comportamentos desafiadores – e, mais importante que tudo, a habilidade comunicativa.

Autorregulação

Autorregulação é a habilidade de regular efetivamente nosso comportamento, pensamento, atenção e experiências emocionais. Pode incluir inibir um impulso ou controlar uma explosão emocional, mas também pode significar manter-se na tarefa ou aplicar recursos a determinada tarefa. Crianças com TEA têm dificuldades com muitos aspectos da autorregulação. Assim, muitas delas podem ser impulsivas, facilmente distraídas, falhar em dar seguimento a tarefas não gratificantes ou exibir comportamentos muito desafiadores. Embora estudos bem planejados tenham descoberto que crianças com autismo não diferiam dos seus pares em sua resposta emocional do corpo à frustração – isto é, ambos os grupos de crianças demonstram excitação fisiológica aumentada a experiências frustrantes –, aquelas com TEA usam menos estratégias de autorregulação voltadas a objetivos para aliviar essa frustração. Em vez disso, as estratégias tendem a incluir explosões verbais ou *meltdowns*.

No entanto, é importante considerar a autorregulação e sua relação com o TEA segundo uma perspectiva do desenvolvimento. Crianças pequenas têm dificuldade com a autorregulação. Isso faz parte do processo normal do desenvolvimento. Não nos surpreendemos quando uma criança pequena se joga no chão na hora de ir embora de uma festa de aniversário divertida porque isso não é atípico. E faz sentido. A parte do cérebro que nos ajuda a regular nosso comportamento, o córtex pré-frontal, ainda está em construção e aprendendo a lidar com os sinais provenientes de outras partes do cérebro – nesse caso, partes do cérebro que impulsionam e monitoram nossa experiência emocional corporal. Igualmente, as partes do cérebro que servem à linguagem também estão ainda em construção, e dependemos delas para nomear nossos sinais corporais associados à emoção. Portanto, diante da perspectiva do fim da diversão na festa, o cérebro da criança pequena sinaliza uma enxurrada de ativação tanto no cérebro quanto no corpo subjacente, o que nós, como pais, chamaríamos de tristeza. No entanto, a criança ainda não tem um rótulo cognitivo para colocar nos sinais provenientes do seu corpo e cérebro nem a capacidade de escolher como responder a esses sinais. Assim, ela acaba tendo dificuldades para regular a enxurrada emocional que está percorrendo seu cérebro, e o resultado é se jogar no chão e chorar.

Para um indivíduo com TEA, sabemos que o desenvolvimento e o funcionamento do córtex pré-frontal podem ser mais lentos. O córtex pré-frontal é a parte do cérebro que nos ajuda a parar e refletir por um momento sobre as pistas que estamos obtendo do ambiente ou de dentro de nós mesmos ou a escolher quais comportamentos são apropriados para determinada situação. Além disso, como já discutimos, déficits de linguagem são frequentemente comuns no autismo, assim como dificuldade para dar sentido às emoções. Esse circuito cerebral subjacente à linguagem e à nomeação da experiência emocional corporal está intimamente conectado a regiões do córtex pré-frontal, e, assim, o funcionamento atípico deste significa que o seu filho com o transtorno estará agindo como uma criança menor que ele.

> O córtex pré-frontal nos ajuda a decidir como nos comportamos, e essa parte do cérebro se desenvolve mais lentamente em crianças com TEA. Portanto, não causa surpresa que seu filho com autismo tenha crises de birra ou apresente outros comportamentos desafiadores que você geralmente associaria a uma criança menor.

Portanto, quando seu filho de 8 anos com TEA tem crises de raiva e se atira no chão, ou quando tem dificuldades para manejar suas emoções, isso provavelmente é reflexo do fato de que seu córtex pré-frontal ainda está em construção. Mesmo durante a época em torno dos 2 anos de idade, crianças com autismo têm maior probabilidade do que as crianças típicas de ter dificuldades na autorregulação. Isso realça o fato de que já estão presentes atrasos no desenvolvimento do circuito neural subjacente à habilidade de autorregulação. Esse exemplo familiar do *meltdown* de uma criança de 2 anos confrontada com a saída iminente de uma festa de aniversário cheia de doces destaca a importância da habilidade de identificar e nomear a própria experiência emocional e a habilidade de selecionar comportamentos apropriados em resposta a esta. Levando em conta que essas habilidades são desafiadoras para crianças com o transtorno, pois seu córtex pré-frontal é menos maduro, é compreensível que seu filho fique mais facilmente perturbado.

Isso é autismo ou apenas mau comportamento corriqueiro?

Um questionamento que surge regularmente em nossas respectivas clínicas é se um comportamento particular faz parte do autismo ou do desenvolvimento típico ou, ainda, de alguma coisa totalmente diferente. Na maioria dos casos, comportamentos desafiadores resultam de atrasos na autorregulação relacionados às dificuldades da criança com a identificação, a compreensão e o manejo de suas emoções. Billy era uma criança diagnosticada com autismo. Sua mãe descreveu como algumas vezes Billy não percebe quando outras crianças na sua turma de jardim de infância estão chorando. Como voluntária na classe de Billy, ela teve a oportunidade de observar o comportamento do filho em relação ao de seus pares no *playground* e na sala de aula. Ela notou que ele não parece nem mesmo reconhecer se uma criança cai, bate com o joelho e começa a chorar. Em situações assim, Billy simplesmente continua brincando e, em seguida, fica frustrado se o seu amigo machucado não responde a ele, mesmo que esse amigo esteja chorando. Sua mãe contou que, da mesma forma, em casa, ele não percebia se ela estava doente ou triste. Ela se perguntava se isso fazia parte do TEA ou se era apenas alguma coisa relacionada ao seu filho.

A observação da mãe de Billy está refletida em pesquisas científicas conduzidas na década de 1990, quando os cientistas estavam tentando entender os desafios sociais que crianças pequenas com autismo enfrentavam. Em um estudo sobre a percepção das emoções em crianças com o transtorno, um cientista se sentou do outro lado de uma mesa em que uma criança em torno de 2 anos estava brincando com uma bancada de brinquedo, um martelo e pregos. Durante a interação, o cientista simulou bater com o martelo de brinquedo em seu dedo e começar a chorar silenciosamente, adotando uma expressão facial de dor por uns 30 segundos. Essa simples interação foi repetida com dezenas de pré-escolares com autismo, crianças em torno de 2 anos com atraso no desenvolvimento e crianças em torno de 2 anos com desenvolvimento típico. Isso também foi repetido com o genitor ocupando o lugar do cientista. A interação foi gravada para que os codificadores, sem saber a qual grupo diagnóstico as crianças pertenciam, pudessem classificar a quantidade de tempo que elas prestavam atenção e respondiam ao sofrimento do cientista ou do genitor. Constatou-se que as crianças com autismo prestaram muito mais atenção aos brinquedos nessa situação. Elas prestaram muito menos atenção aos atores com dor do que seus pares. Essa falta de atenção ao sofrimento do outro exemplifica as dificuldades com o processamento das experiências emocionais das outras pessoas discutidas anteriormente. Assim, no caso de Billy, sua falta de reconhecimento ou resposta quando outros se machucam ou estão doentes parece fazer parte do TEA e reflete suas dificuldades de entender o mundo emocional.

Sobretudo, essas dificuldades com o processamento da informação social dificultam a aprendizagem das emoções e, portanto, a compreensão da própria experiência emocional. Um dos nossos papéis como pais é ajudar a apoiar a aprendizagem do nosso filho sobre o mundo emocional. Fazemos isso nomeando os comportamentos que observamos em nossos filhos em contextos particulares. Para a criança de 2 anos que grita um "não" e chora quando está na hora de ir embora da festa de aniversário, podemos dizer "Ah, você está tão triste por ter que ir embora porque estava se divertindo muito". Fornecemos um rótulo para que a criança o associe ao sentimento em seu corpo. Com o tempo e exercícios repetidos, podem ser feitas associações entre o rótulo e os sentimentos no corpo e, por fim, as situações em que esses sentimentos surgem. Bem, como você pode facilmente imaginar, se você tiver dificuldade para reconhecer as diferentes experiências emocionais de outras pessoas e para entender as pistas do seu próprio corpo, será difícil saber qual rótulo associar. Acrescente a isso dificuldades no processamento da linguagem e você terá desafios agravando outros desafios. O resultado será o estresse sem as ferramentas necessárias para nomeá-lo ou para escolher uma maneira produtiva de regulá-lo ou reduzi-lo. O estresse, portanto, visto de fora, tem a aparência de agressão e ataque, birra e *meltdowns* e comportamentos de autolesão, como bater com a cabeça ou morder os dedos.

No autismo, uma variedade de situações pode levar ao estresse. Dificuldades com a comunicação podem levar à frustração. Se você está preso fazendo alguma coisa que na verdade não quer fazer, e não é capaz de fazer as pessoas saberem disso, isso será estressante. Se você está em uma situação em que a experiência sensorial é insuportável, com ruídos altos ou sensações desconfortáveis, isso será estressante. Se você tem sofrimento GI ou não dormiu bem ou está tendo uma atividade convulsiva sutil, isso será terrivelmente desconfortável e estressante. Ou, dadas as dificuldades em ser flexível em seu pensamento, se você tinha expectativas de como um evento iria transcorrer, mas não foi assim, você se sentiria estressado também. Todo esse sofrimento, sem as ferramentas adequadas para reconhecer, nomear e identificar a estratégia de enfrentamento apropriada para regulá-lo, é uma receita para o comportamento desafiador.

Felizmente, crianças com autismo podem aprender a lidar com uma variedade de situações, e muitas aprendem a se colocar bem no mundo sem *meltdowns*. Mais uma vez, nessas situações, pode ser útil adotar o papel de detetive para que você possa descobrir por que seu filho está perturbado. Além disso, demonstrando habilidades de enfrentamento, como solicitar uma pausa para seu filho, você pode começar a lhe mostrar as ferramentas de que ele precisa para ser seu próprio detetive. Depois disso, virá a importante tarefa de escolher a estratégia apropriada para manejar esse estresse. Ele pode aprender os A-B-Cs do comportamento para identificar os antecedentes e as consequências do seu comportamento, nesse caso, do seu estresse. Seu filho pode começar a fazer associações entre os rótulos que você usa quando ele tem um *meltdown* devido à mudança de planos e, então, aprender quais são as estratégias de enfrentamento apropriadas para manejar esse sofrimento.

Os recentes avanços científicos no TEA delinearam qual é a essência do transtorno. No núcleo dessa condição incrivelmente heterogênea, vemos a importância da motivação social, a contribuição fundamental do processamento da informação social, os desafios do processamento sensorial e o papel do pensamento inflexível no comportamento que chamamos de autismo. Esse espectro de desafios interage com condições médicas e capacidades cognitivas para produzir o perfil peculiar do comportamento que você vê no seu filho. Em consequência, o TEA de cada criança é único, e, como já sugerimos e discutiremos melhor nos próximos dois capítulos, ele é motivado pelas muitas causas distintas do transtorno e pelas variadas alterações que ocorrem no cérebro no autismo.

PONTOS PRINCIPAIS

➤ As características básicas que definem o autismo são (1) deficiências na comunicação e na interação social e (2) presença de interesses e comportamentos restritos e repetitivos.

➤ Entender como essas características interagem para atrapalhar a aprendizagem pode nos ajudar a contornar as coisas e a estimular a aprendizagem.

➤ Crianças com TEA não carecem de motivação de modo geral; sua falta de motivação é especificamente para o mundo social. Isso pode mudar se o mundo social se mostrar mais gratificante para elas. Existem estratégias para isso.

➤ Crianças com o transtorno variam no que diz respeito ao quanto acham o mundo social gratificante, desde aquelas que o evitam até as que querem muito fazer parte dele, mas o acham confuso e assustador.

➤ Cada criança com autismo é diferente, mas achados recentes da pesquisa genética nos mostram como duas características aparentemente diferentes – como sensibilidades sensoriais e motivação social reduzida – podem aparecer em crianças no espectro porque são causadas pelos mesmos mecanismos genéticos.

➤ Exames de MRI estão nos ajudando a identificar as áreas do cérebro que são diferentes das dos cérebros de crianças típicas – e, por sua vez, estão nos ajudando a planejar intervenções comportamentais que podem mudar essas áreas para "normais" em muitas crianças.

➤ Comportamentos desafiadores não fazem parte dos critérios diagnósticos para TEA, mas é importante reconhecê-los como parte do transtorno para que eles possam ser abordados apropriadamente, em vez de serem vistos como teimosia ou desafio – uma atitude que pode impedir que você ajude a criança a superar os desafios principais de se encontrar no espectro autista.

➤ Entender os desencadeantes e as consequências do comportamento desafiador pode ajudar os pais e os profissionais a identificar o que modificar para reduzi-lo.

3
O QUE CAUSA O AUTISMO?

Uma das perguntas mais comuns – e compreensíveis – que os pais fazem quando seu filho recebe o diagnóstico de TEA é "O que causa o autismo?". Você já deve ter-se deparado com algumas afirmações; lamentavelmente, muitas são mera especulação, e algumas são explicadas de uma forma que acaba aumentando a confusão. Para que sejamos justos, a complexidade do que causa o autismo pode tornar um desafio explicá-lo ou entendê-lo. De fato, nos últimos anos, os cientistas descobriram que o autismo é ainda mais complexo do que pensávamos. Sobretudo, o reconhecimento, agora, é o de que o TEA é um termo abrangente que provavelmente inclui diferentes condições com diferentes causas. Na maioria dos casos, não podemos determinar a causa de autismo para uma criança em particular (exceto em uma minoria dos casos, nos quais pode ser identificada uma mutação genética). O que realmente sabemos, com base na ciência mais recente, é que o transtorno é causado por uma mescla de mutações genéticas raras em um subgrupo de casos e por uma combinação de suscetibilidade genética comum e desencadeantes ambientais em outros casos (provavelmente na maioria).

Você provavelmente já ouviu argumentos sobre "natureza *versus* ambiente". Na verdade, a história das teorias sobre autismo está repleta de argumentos que favorecem uma causa em relação a outra. Com nossos novos conhecimentos, reconhecemos que essas teorias do tipo "ou... ou..." são falsas. Uma interação entre genes e ambiente está quase sempre envolvida.

UMA RÁPIDA RETROSPECTIVA: O SÉCULO PASSADO EM TRÊS PARÁGRAFOS

As teorias iniciais do autismo, nas décadas de 1940 e 1950, basicamente afirmavam que os problemas das crianças podiam ser rastreados até a relação inicial entre pais e filho. Sabemos, hoje, que essa relação é muito importante – de fato, exploramos essa força para ajudar a tratar crianças com TEA. Mas esta não é a causa de autismo. Por exemplo, uma ideia inicial era a de que crianças com o transtorno estavam "se voltando para dentro de si" por não receberem dos seus pais o amor e a atenção de que precisavam – especialmente de suas mães. Você pode imaginar o quanto isso era perturbador para pais que já estavam muito assustados. Este era um caso de confusão entre uma correlação e uma causa. Afinal, às vezes realmente acontece de um genitor se afastar de um filho com TEA para se proteger da sua própria dor emocional. O pai responde dessa forma porque o filho é irresponsivo ou difícil de compreender. Em outras palavras, a causa e o efeito são o oposto do que aqueles primeiros clínicos supunham.

Felizmente, a área avançou. Na década de 1960, uma teoria biológica e genética do autismo já estava conquistando espaço. Um momento decisivo foi a publicação de um estudo de gêmeos em 1977. Naquele estudo pioneiro, os cientistas viajaram pela Inglaterra identificando todos os pares de gêmeos em que pelo menos um deles tinha o transtorno – encontraram 21 pares ao todo. Então, examinaram com que frequência gêmeos idênticos, que compartilham quase 100% do seu DNA, tinham autismo, comparados com gêmeos fraternos, que compartilham cerca de 50% do seu DNA. Os cientistas relataram que ambos os gêmeos idênticos tinham TEA muito mais frequentemente do que os gêmeos fraternos. De fato, nesse estudo em particular, nenhum dos gêmeos dos pares fraternos tinham, ambos, autismo, mas, em 36% dos pares de gêmeos idênticos, os dois tinham. Mesmo com o pequeno tamanho da amostra (pelos padrões atuais), foi impossível conciliar o resultado com a hipótese da "mãe geladeira", o que enfatizou o papel desempenhado pela genética no desenvolvimento do autismo.

Estudos posteriores de gêmeos que usaram definições diagnósticas mais recentes de TEA e superaram algumas das limitações metodológicas daquele primeiro estudo confirmaram esse quadro, identificando que em quase todos os pares de gêmeos idênticos ambos tinham autismo, ressaltando ainda a forte influência genética no transtorno. Desde aquele estudo inicial pioneiro, a história genética assumiu a posição central – algumas vezes, talvez, tendo sido excessivamente enfatizada, já que agora também temos conhecimento das muitas influências ambientais no autismo (embora a paternidade não pareça estar entre elas). Entraremos em detalhes daqui a pouco, mas, por enquanto, é importante entender que os pais não causam TEA, que a genética tem uma participação importante e que os primeiros insultos ambientais também desempenham um papel. Vamos separar os elementos genéticos e os ambientais para maior clareza e, depois, voltaremos a reuni-los no final.

GENÉTICA E AUTISMO

Já mencionamos estudos de gêmeos; estudos de famílias também apoiam um elemento genético (embora as famílias compartilhem tanto os genes quanto o ambiente). Com base em nossas estimativas atuais, o autismo ocorre em aproximadamente 1 em 59 crianças nos Estados Unidos, ou cerca de 1,5%. Mas, se uma família tiver um filho com o transtorno, as chances de que o próximo filho o tenha aumentam para aproximadamente 1 em 5 – ou cerca de 20%. Este é um aumento muito grande – mais de 10 vezes. E, se uma família tiver dois filhos com TEA, as chances de que o terceiro filho o tenha aumenta para cerca de 1 em 3.

Mas o campo não se baseia mais em estudos de gêmeos ou famílias. A revolução na pesquisa genética na última década nos possibilitou focar diretamente nos genes em estudos moleculares e laboratoriais.

> Aproximadamente 1,5% das crianças norte-americanas desenvolve autismo – um número que aumenta para 20% quando a família já tem um filho com autismo e para 33% quando a família já tem dois filhos com autismo.

No entanto, esse é um esforço complicado precisamente porque o autismo é conhecido como uma doença "complexa". Diferentemente de condições "simples" como a doença de Huntington, na qual uma única mutação genética é a causa (como a maioria de outros traços e condições), o TEA costuma ser causado por uma combinação de fatores, que pode ser distinta para diferentes indivíduos. Sabemos que o autismo, assim como muitos outros transtornos complexos, está associado à mutação em genes específicos (embora estes sejam raros), a alterações estruturais nos cromossomos que influenciam o funcionamento genético e a uma combinação de variações em múltiplos genes, bem como a contribuições de vários fatores ambientais específicos.

Centenas de genes com risco para autismo já foram identificados até o momento, e uma hipótese racional é a de que 1.000 diferentes genes e eventos genéticos possam desempenhar um papel importante no transtorno na população inteira. Alguns desses genes são muito raros, mas, quando presentes, é altamente provável que resultem em TEA – nesses casos raros, estamos muito confiantes a respeito do que causou o autismo da criança. Outros genes são comuns, porém desempenham apenas um papel pequeno no peso da balança. (Além disso, certas mutações raras estão associadas a índices mais altos de determinadas condições médicas, como convulsões ou problemas GI. Pode ser importante ter essa informação para que você esteja atento a essas condições e garanta que elas sejam tratadas rapidamente.) É por isso que a testagem genética é atualmente recomendada quando uma criança tem o transtorno, embora ainda seja raro ter um teste genético positivo mesmo que uma criança tenha autismo.

As pesquisas mais recentes dos diferentes tipos de fatores genéticos e o risco de autismo

Como a história genética vem evoluindo tão rapidamente nos últimos cinco anos, vale a pena que você obtenha um panorama básico dos achados mais recentes e entenda o rumo que esse trabalho provavelmente tomará. Os cinco tipos mais estudados de fatores genéticos que podem aumentar o risco para autismo são mutações de um único gene *de novo*, alterações cromossômicas *de novo*, mutações herdadas, efeitos "poligênicos" e um efeito denominado mosaicismo.

Mutações de um único gene *de novo*

Algumas vezes, ocorre uma alteração inesperada em um código genético que impede que o gene produza a proteína que ele deveria criar. Essas mutações são como funciona a evolução – tentando randomicamente diferentes mudanças –, mas algumas delas são prejudiciais. Às vezes, elas causam alterações nas proteínas necessárias para o desenvolvimento sadio do cérebro e, portanto, aumentam o risco para autismo.

O achado recente surpreendente é que muitas dessas alterações de único gene não são herdadas – ou seja, elas não estão no DNA dos pais. Em vez disso, o TEA parece envolver alterações novas que surgem no óvulo ou no esperma dos genitores em algum ponto da vida ou no bebê durante ou logo após a concepção. Essas mutações são designadas como espontâneas ou *de novo* por essa razão. Esses tipos de mutações, na verdade, ocorrem em todos os humanos e, em geral, são ineficazes. No entanto, quando afetam um gene envolvido no desenvolvimento cerebral, podem aumentar o risco para autismo ou outros transtornos no desenvolvimento.

Alterações cromossômicas *de novo*

As modificações que acabamos de mencionar alteram a sequência do DNA e impactam um único gene. Algumas vezes, no entanto, a alteração genética é feita em uma porção do cromossomo em vez de em um único gene. Como um lembrete rápido, cromossomos são as estruturas com longas fitas de informação localizadas no núcleo de cada célula que fornecem o código para nossos genes. Há muitos genes localizados em cada cromossomo. Normalmente, temos 23 pares de cromossomos, e cada par contém centenas de milhares deles. Uma pequena parte do cromossomo pode estar faltando ou ser duplicada, e isso perturba a forma como operam os genes localizados nessa região. Algumas dessas disrupções são herdadas, como discutiremos a seguir, mas, novamente, no TEA, muitas dessas alterações estruturais não o são; elas também são *de novo*.

> Alterações espontâneas nos genes (aquelas que não são transmitidas pelos pais) algumas vezes afetam o desenvolvimento do cérebro e aumentam o risco de autismo. Assim, as pesquisas estão investigando por que essas mutações ocorrem, na esperança de descobrir como preveni-las.

Este é um exemplo de uma alteração cromossômica identificada de forma precoce em crianças com TEA que não havia sido transmitida por nenhum dos pais. Um dos eventos genéticos mais comumente associados no autismo é uma alteração estrutural em uma área particular do braço curto do nosso 16º cromossomo. Essas alterações estruturais são denominadas "variações no número de cópias" e incluem minúsculas deleções ou duplicações no cromossomo. Em outras palavras, as variações deixam pedaços do DNA faltando ou replicados e inseridos no cromossomo. Nessa região em particular, existem aproximadamente 30 genes. Portanto, o cromossomo afetado nessa localização altera diversos genes, dependendo do tipo de alteração estrutural. Essas alterações são encontradas em apenas 1% de todos os indivíduos diagnosticados com o transtorno (e podem causar outras condições além de autismo). Um por cento – portanto, é muito raro. A maioria das mutações genéticas é ainda mais rara, encontrada em apenas 1 em 500 crianças com TEA ou menos. Isso lhe dá uma ideia do quão raro é cada um desses eventos genéticos particulares e, assim, do quanto eles podem ser difíceis de encontrar – e o ajuda a perceber que, embora seu médico deva solicitar testagem genética para o caso de um desses eventos estar presente em seu filho, as chances são de que eles não estejam presentes, mesmo que seu filho tenha autismo. A maioria dos casos do transtorno se deve a uma mistura de variações comuns de múltiplos genes (combinadas com riscos ambientais) ou a mutações raras nos genes que ainda não sabemos que estão associadas ao autismo.

Eventos genéticos herdados

Após ler a respeito dessas alterações genéticas *de novo*, você pode perguntar "Bem, por que o autismo ocorre nas famílias?". Ele ocorre em 20 a 30% das famílias, e, algumas vezes, é porque disrupções de um único gene ou alteração estrutural no cromossomo são portadas por pais sem autismo e, então, herdadas pelo filho com o transtorno. Isso se soma à complexidade das causas genéticas de TEA porque significa que nem todos os indivíduos com essas alterações genéticas desenvolvem autismo. Esta, de fato, é a situação mais típica no transtorno.

> Para complicar o quadro genético, nem todas as crianças com alterações genéticas espontâneas desenvolvem autismo – mas, quando desenvolvem, frequentemente depende do sexo biológico.

Além disso, com algumas dessas variações de único gene herdadas, ter ou não ter TEA depende do seu sexo biológico. Ou seja, para alguns desses únicos genes que foram associados ao autismo, quando uma menina tem essa alteração genética, ela não terá autismo, mas, se um menino tiver a mesma alteração genética, ele terá maior probabilidade de tê-lo.

Voltemos às alterações estruturais nesse 16º cromossomo. Depois de identificar inicialmente as alterações que eram *de novo* neste, os cientistas começaram a encontrar essas disrupções em pais de crianças com esses eventos. Acontece que eles nem sempre surgiam apenas no filho com o transtorno e, algumas vezes, eram herdados de um dos pais.

Efeitos poligênicos: os mais complexos de todos

É provável que, para muitos indivíduos com autismo, a condição se origine não da disrupção de um gene ou região cromossômica específica, mas da variação em vários genes diferentes. Ou seja, nesse "modelo poligênico", vários genes afetam uma gama de comportamentos e habilidades associados ao TEA, tais como a motivação social e a habilidade de pensar flexivelmente. A variação nesses genes resulta em uma variedade de comportamentos nesses domínios. A ideia aqui é a de que o autismo não é uma condição do tipo "ou tudo ou nada". De fato, muitos dos traços associados ao transtorno, como sociabilidade, flexibilidade, habilidades de linguagem e atenção, variam na população total. No ponto extremo desses traços, está o espectro autista. Notavelmente, alguns desses traços, como memória excepcional, interesses altamente focados e atenção a detalhes, podem ser vistos como traços positivos que, se aplicados corretamente, são benéficos para a humanidade. É por isso que também valorizamos a neurodiversidade e reconhecemos que, embora o TEA tenha seus desafios, existem muitos aspectos dele que contribuem para a nossa sociedade.

Mosaicismo

Outra fonte de complexidade na genética do autismo, e uma nova teoria sobre o que pode estar contribuindo para a variabilidade que vemos nele, é o conceito de mosaicismo. Normalmente, cada célula no corpo tem o mesmo DNA – o que muda é como o DNA é expresso. Mas, no mosaicismo, algumas células dentro do corpo têm uma sequência de DNA diferente devido a erros de cópia que ocorrem durante a divisão e replicação celular. Quando esses erros ocorrem no desenvolvimento, eles impactam o grau de mosaicismo. No TEA, o que as pesquisas atuais estão encontrando é que mutações *de novo*, mutações herdadas e outras mutações que já discutimos podem ocorrer em forma de mosaico – e a extensão do mosaicismo pode ser crucial para o desenvolvimento do transtorno e a forma como ele aparece. O que isso sugere é que a quantidade de mosaicismo que um indivíduo tem – quantas células contêm essas mutações – pode ser a chave para o aparecimento ou a severidade do autismo.

Muitos eventos genéticos diferentes = diferentes causas em diferentes crianças

Em suma, sabemos, no momento, que existem muitos genes e eventos genéticos para TEA; alguns são muito raros, talvez únicos, e outros são muito comuns, significando que ocorrem na população em geral e, portanto, trabalham em consonância para aumentar o risco para o transtorno. Ainda não sabemos exatamente o que esses genes fazem, mas eles provavelmente influenciam o desenvolvimento de autismo de formas diferentes, embora algumas semelhanças provavelmente possam surgir.

A conclusão natural, então, é a de que o autismo não tem a mesma causa subjacente em cada criança – ao contrário, existem subgrupos com diferentes causas. Isso, por sua vez, nos conduz à ideia de que não há tratamento médico ou intervenção única apropriado para todas as crianças com TEA. Dessa forma, temos de ser mais precisos em nossas intervenções. Ao mesmo tempo, sabemos que pode muito bem haver alguns caminhos biológicos comuns que irão unir as diferentes influências, da mesma forma como diferentes cursos d'água convergem para um rio – para que muitas crianças possam se beneficiar de determinada intervenção, mesmo que a causa da sua condição varie.

Como tentamos identificar caminhos biológicos comuns

Pelo lado biológico, temos a expectativa de descobrir que muitas das aparentemente diferentes mutações, em última análise, têm um ou um punhado de caminhos biológicos comuns que afetam o cérebro e contribuem para o autismo, indicando a direção para vários tipos de intervenções, cada uma das quais irá funcionar para muitas crianças.

Recentemente, um de nós (Bernier) acompanhou a descoberta inicial de que o autismo, em alguns casos, estava associado a disrupções *de novo* em um gene particular. Ele e seus colaboradores queriam descobrir se crianças com disrupções nesse gene tinham uma forma ou tipo específico de TEA. Assim, eles fizeram uma segunda leitura no subgrupo de crianças que tinham essa rara mutação em particular (veja os detalhes no quadro a seguir). Ocorre que emergiu um perfil individual. Todas essas crianças tinham características faciais similares: cabeça grande, testa proeminente, olhos levemente alargados e queixo pontudo. Todas elas tinham autismo, mas uma variedade de habilidades cognitivas. Todas apresentavam dificuldades GI (marcadas por constipação), e muitas tinham problemas para dormir significativos. Esse estudo marcou o começo da descoberta de grupos específicos biologicamente definidos dentro do transtorno com implicações clínicas.

> ### Um exemplo da exploração de caminhos biológicos
>
> Pesquisas iniciais mostraram que alguns casos de autismo estavam associados a disrupções *de novo* em um gene denominado *CHD8*. O *CHD8* codifica uma proteína denominada cromodomínio-helicase 8 proteína ligante de DNA, que é essencial para o desenvolvimento normal do cérebro. Esse gene foi descoberto pela varredura do DNA de crianças com TEA, de seus pais e de crianças não afetadas. Eu (Bernier) e meus colegas fizemos o seguimento da nossa identificação do *CHD8* com investigações mais específicas. Primeiramente, obtivemos amostras sanguíneas e, usando técnicas moleculares especiais, fizemos varredura no DNA de milhares de crianças com autismo e de seus pais não afetados, além de milhares de outras crianças sem o transtorno. Encontramos a disrupção no gene *CHD8* somente em crianças com TEA (embora apenas em uma minoria delas, 0,25%, para sermos precisos) e, surpreendentemente, nunca em pais ou em crianças sem autismo. Até aqui, tudo bem. Porém, queríamos descobrir o que isso significava para as crianças.
>
> Depois disso, desejávamos aprender mais sobre o que esse gene faz. Explorando a literatura de pesquisa e revisando o que os biólogos haviam determinado por meio de muitos experimentos, descobrimos que o gene produz a proteína no começo do desenvolvimento fetal, em células encontradas em partes do cérebro que foram implicadas no autismo – áreas que discutimos no Capítulo 1 –, como regiões do córtex frontal. No entanto, não foi surpresa que o *CHD8* também estava expresso em células envolvidas com o modo como o corpo movimenta o alimento no sistema gastrintestinal. (É bastante comum que um gene desempenhe funções diferentes, dependendo de onde ele está localizado no corpo, e que tenha múltiplas funções.)
>
> Talvez o mais interessante para nós seja que alguns de nossos colaboradores fizeram um modelo animal perturbando esse gene em embriões de peixe-zebra e, então, observaram o impacto dessa disrupção no animal. (Peixes-zebra são uma boa escolha aqui, pois podemos manipular facilmente os genes de interesse nessa espécie, que se desenvolvem rapidamente, e estudar naturalmente seu comportamento ou estrutura física.) De forma surpreendente, esses peixes-zebra com disrupções em *CHD8* tinham cabeças muito grandes e dificuldades para processar o alimento no seu sistema GI – de modo similar às crianças humanas.
>
> O gene *CHD8* codifica uma proteína que "liga e desliga" outros genes e afeta o cérebro e outras partes do corpo. Os genes ligados e desligados por ele também foram implicados no autismo. Você pode pensar no *CHD8*

> como o principal interruptor regulador que diz aos genes quando produzir suas proteínas e quando parar de produzi-las. Faz sentido, então, que, se esse interruptor é perturbado, outros genes não saberão quando ligar e desligar, e, assim, as proteínas poderão não ser produzidas quando necessárias ou não parar de ser produzidas quando deveriam.

Procurando caminhos biológicos comuns

Os cientistas avaliaram dezenas de genes associados ao TEA durante esse processo:

1. Identificar os genes por meio da descoberta de disrupções nestes em grandes coortes de indivíduos com TEA.
2. Estudar indivíduos que apresentam essas disrupções nos genes.
3. Examinar como os genes atuam no cérebro.
4. Criar modelos animais para testar o impacto das disrupções.

O gene *SCN2A*, que foi associado ao autismo e estudado de forma muito semelhante ao gene *CHD8* descrito no quadro, desempenha uma função muito diferente no cérebro – ele codifica uma proteína que está inserida nas paredes das células e permite que íons de sódio as atravessem. Isso é muito importante porque é a maneira como os neurônios conversam entre si – é como o cérebro executa seu trabalho no dia a dia.

Considerando-se as funções muito distintas de apenas esses dois genes particulares, é fácil ver que diferentes abordagens podem ser necessárias para tratar das diferentes origens do autismo. E isso é exatamente o que prevemos que irá formar a base da "medicina de precisão" (uma expressão elaborada para tratamento individualizado) para o transtorno no futuro.

O mais animador é que nosso conhecimento dos exatos caminhos biológicos no cérebro envolvidos em tipos específicos de TEA conduziu a ideias para tratamentos médicos que podem corrigir esses caminhos. Até o momento, não temos nenhuma substância aprovada pela Food and Drug Administration (FDA) capaz de corrigir algum dos genes ou caminhos cerebrais perturbados que causam autismo. Porém, tais substâncias estão sendo testadas atualmente em ensaios clínicos; para os próximos anos, há uma possibilidade real de novas substâncias para pelo menos um subgrupo de crianças com o transtorno com base nesses tipos de descobertas.

> Conhecer mais sobre os caminhos biológicos que produzem autismo pode, em algum momento, levar à criação de medicamentos capazes de ajudar pelo menos algumas crianças com TEA.

Outra via para entender os caminhos biológicos envolvidos no autismo é estudar uma grande população com a alteração genética no 16º cromossomo, descrita anteriormente. Um grupo de cientistas, incluindo Bernier, realizou um estudo. Eles criaram um *website* de boas-vindas para que as famílias tomassem conhecimento do estudo e se comunicassem com conselheiros e clínicos genéticos em todas as regiões dos Estados Unidos. Rapidamente, centenas de famílias estavam interessadas em participar. Os cientistas fizeram avaliações cuidadosas de todas as famílias, e o resultado foi que apenas cerca de 23% dos indivíduos com essas alterações estruturais tinham autismo. Em vez disso, as crianças e os adultos tinham dificuldades que variavam desde transtornos da linguagem e da fala até deficiência intelectual e problemas médicos ou psiquiátricos não observáveis. Logo, ficou claro que, para esse tipo particular de evento, a presença da alteração estrutural não era por si só suficiente para resultar em TEA.

> Até o momento, sabemos que algumas alterações genéticas podem resultar em autismo – mas, às vezes, as mesmas alterações resultam em outros problemas ou em nenhum. A ciência está explorando as outras peças desse quebra-cabeça.

Essencialmente, isso significa que, embora algumas alterações genéticas pareçam resultar em TEA, a maioria resulta em uma variedade de desfechos que vão desde autismo até outros tipos de desafios ou, talvez, nenhum.

Então, o que está causando essa confusa variedade de resultados? Sabe-se menos sobre isso, mas as pesquisas mais recentes estão fornecendo pistas, e as pistas apontam para múltiplos genes agindo em conjunto ou para o conceito de mosaicismo discutido anteriormente e, também, para o fenômeno da epigenética e para a interação entre genes e fatores de risco no ambiente.

EPIGENÉTICA

Apesar de todo o progresso genético, por que ainda achamos que o autismo está igualmente relacionado aos ambientes? Para entender isso e o quadro completo do transtorno, precisamos examinar outro conceito essencial: "epigenética". Epigenética significa que experiências (ou "ambientes") podem criar alterações estáveis e duradouras – embora potencialmente reversíveis – na expressão genética. É assim que o ambiente molda o desenvolvimento, características e o TEA. Ironicamente, ou, talvez, inevitavelmente, dada a forma como o corpo funciona, faz isso afetando os genes. Isso faz sentido, na verdade, já que o corpo requer proteínas e enzimas produzidas pelo gene para cada função, incluindo a operação do cérebro. Expressão genética se refere a se um gene está "ligado ou desligado", ou seja, se essas proteínas são produzidas ou não. Essas alterações duradouras na biologia nos ajudam a entender de uma nova maneira a importância da vida pregressa e do estresse constante, da dieta, dos exercícios e de outras influências.

Um importante propulsor dessa crescente compreensão é um domínio chamado "epigenética comportamental". "Epigenética" é uma palavra com muitos significados. Algumas pessoas a usaram simplesmente para se referir ao vasto leque de mudanças comportamentais "no topo" do genoma que ocorrem durante o desenvolvimento. Mas, aqui, pretendemos um significado biológico específico. Esse significado se refere a alterações biológicas estáveis específicas em que o corpo forma um marcador químico para fixar à molécula de DNA, alterando a sua expressão em uma célula ou em um tipo de célula particular. Essa alteração é mantida ao longo do tempo (p. ex., durante a divisão celular). Essa definição é consistente com a atual definição usada pelo National Institute of Health (NIH).

> Muitas alterações epigenéticas são causadas por experiências, tanto biológicas quanto psicológicas, que "marcam" e são lembradas em nossa biologia.

Existem diferentes tipos de alterações epigenéticas, e cada uma influencia o comportamento e a saúde. A metilação do DNA, o tipo mais comum de alteração epigenética, ocorre quando uma molécula de metil se fixa ao DNA, "desligando" o gene nessa célula e alterando os efeitos biológicos dele – inclusive no cérebro. A remoção da molécula de metil pode voltar a ligar o gene. Algumas alterações epigenéticas são pré-programadas em nosso DNA (como a diferenciação das células em neurônios, células cutâneas, etc., durante o desenvolvimento). Elas também podem ser causadas por alterações aleatórias (assim como as mutações genéticas podem ocorrer aleatoriamente). No entanto, uma alteração epigenética significativa também pode ser causada por experiências. Dessa forma, nossas experiências podem literalmente "marcar" e serem lembradas em nossa biologia. Este é o nosso foco aqui.

Algumas experiências no modo de vida que podem levar à alteração epigenética

- Dieta e nutrição: o que você come
- Exposição a poluentes: ao que você é exposto
- Sono: quando e o quanto você dorme

- Estresse: estressores físicos e emocionais
- Exercício: quando e como você se exercita
- Aprendizagem e memória

Portanto, para que uma condição como TEA realmente se desenvolva, em geral são necessárias duas coisas: (1) nossos genes (nosso DNA) e (2) expressão ou regulação genética ambientalmente modulada. A regulação genética depende de inúmeros fatores, incluindo outro DNA em um ponto distinto no genoma de uma pessoa, além de diferentes tipos de efeitos epigenéticos, como a metilação do DNA. Alterações epigenéticas como a metilação do DNA podem ser causadas por experiências biológicas e psicológicas, incluindo nutrição, exposição à poluição, estresse, aprendizagem, etc. Diversas experiências no modo de vida como estas são descritas no quadro anterior.

Interação genótipo x ambiente (IGA)

No âmbito da biologia, os genes não determinam quem você é; a interação dos genes com o ambiente é que molda nosso desenvolvimento. Em uma análise estatística, essa interação entre DNA e experiência é denominada "interação genótipo x ambiente", ou IGA. Você encontrará muitos estudos sobre IGA caso se aventure na literatura médica ou psicológica atual. Uma das formas como a IGA concretiza seus efeitos é por meio da alteração epigenética. A alteração epigenética está para o DNA como os botões de controle estão para os circuitos eletrônicos no rádio do seu carro. O rádio toca coisas muito diferentes quando você muda o balanço entre baixos e agudos, o volume ou a estação. Depois que você muda as definições, o novo volume permanece assim até que você toque no botão novamente. No entanto, a eletrônica subjacente não mudou. Da mesma forma, uma alteração epigenética acontece em um gene em resposta a um evento e, então, permanece ali, no DNA, por um período, até que alguma coisa aconteça para revertê-la. A alteração epigenética original pode ter sido devida a um acontecimento – digamos, uma gravidez muito estressante, ou exposição a pesticidas em casa, ou a chumbo na escola, ou uma dieta muito saudável ou nada saudável. A alteração tem, então, certa estabilidade. Assim como o volume do rádio não muda até que alguma coisa aconteça (até que você toque no botão novamente), a expressão genética alterada pela marca epigenética depois de uma experiência pode permanecer assim até que outro acontecimento a reverta ou se some a ela. Por exemplo, aparentemente, algumas alterações epigenéticas causadas por estresse podem ser revertidas por exercício aeróbico (veja o Capítulo 6).

É provável que a maioria das doenças complexas e dos comportamentos relacionados a condições como TEA esteja relacionada à IGA. Chamamos de IGA porque a mesma alteração epigenética não acontece a todos que têm uma exposição ou experiência específica. O efeito é uma interação entre a experiência e outras características da pessoa, incluindo o DNA.

Para simplificar, doenças complexas e transtornos como autismo raramente são causados por genes isoladamente, mas, em geral, por conjuntos específicos de genes no contexto de experiências desenvolvimentais específicas. Essas experiências atuam como desencadeantes que realizam o potencial nos genes. O que é herdado pode com frequência ser um risco ou uma vulnerabilidade, em vez de uma condição completa.

> O que a pessoa herda é frequentemente uma vulnerabilidade a uma condição, e são determinadas experiências desenvolvimentais que realizam o potencial.

Isso faz sentido se você refletir a respeito – quando alguém vai para o trabalho doente, nem todos ficam doentes, mesmo que tenham sido expostos. As diferenças genéticas em nossa propensão a pegar resfriados são inevitavelmente parte da razão. Contudo, a propensão genética a pegar um resfriado não vai garantir que você o pegará – se você evitar a exposição, lavar suas mãos e estiver bem nutrido, poderá evitar a maioria dos resfriados, mesmo que seja geneticamente vulnerável. A vulnerabilidade, em si, é uma combinação de propensão genética, risco e proteção ambiental e exposição particular ao desencadeante da doença.

Algumas alterações epigenéticas são, na verdade, geneticamente acionadas – é assim que as células se diferenciam no desenvolvimento, por exemplo (assim, as células do cérebro ou as células do estômago têm o mesmo DNA – o que é diferente é a sua epigenética). Alterações epigenéticas também podem acontecer devido a alterações aleatórias, assim como já vimos com as mutações genéticas *de novo*. Porém, nosso interesse aqui está no fato de que alterações epigenéticas significativas também acontecem por meio de experiências durante o desenvolvimento.

A gama de experiências que agora sabemos que podem moldar o desenvolvimento, o cérebro e o comportamento infantil é impressionante. Isso inclui quando um bebê tem um nascimento difícil, resultando em perda de oxigênio no cérebro (hipóxia), estresse psicológico no genitor ou no filho, nutrição, exposição à poluição, contato físico e outros.

É aqui que vemos o processo do qual os genes dependem e por meio do qual interagem com seu ambiente durante o desenvolvimento. A epigenética é uma prova biológica de que os genes não definem as pessoas deterministicamente.

Em vez disso, em âmbito biológico, os genes sempre interagem com o ambiente por meio de mecanismos epigenéticos. Essa interação dinâmica é o que molda nossos traços, incluindo o autismo.

Como consequência, a história da epigenética também suscitou novo interesse em como podemos, por fim, identificar novos agentes terapêuticos e, nesse meio tempo, como cada um pode usar o ambiente para ajudar a guiar o crescimento e o desenvolvimento do seu filho. Relevante para o tema deste livro, em particular, é que sabemos que as alterações epigenéticas, em alguns casos, podem ser revertidas por novas experiências que podemos controlar, como o exercício (veja o Capítulo 6).

> O autismo se torna mais provável quando uma combinação de muitos fatores genéticos e ambientais atinge um limiar.

CONTRIBUINTES AMBIENTAIS PARA O AUTISMO

Muito foi aprendido ainda em anos recentes sobre as experiências mais importantes ou os ambientes que interagem com nossa base genética para influenciar o desenvolvimento do autismo. Os principais fatores de risco ambientais para TEA frequentemente são modificáveis, o que é uma ótima notícia porque suscita novas ideias de como preveni-lo ou ajudar crianças com ele a desenvolverem ao máximo o seu potencial. Porém, também aponta para a necessidade de evitarmos superestimar a força que tem o ambiente. Como na maioria dos genes, os fatores de risco ambientais, como regra, influenciam a *probabilidade* de desenvolvimento de autismo, mas essa não é a única causa. E, da mesma forma que acontece com os genes, esses efeitos são inespecíficos – a maioria dos insultos ambientais, assim como a maioria dos marcadores genéticos, também está associada a outras condições.

> Com transtornos como o autismo, temos que evitar exagerar a força do ambiente, pois esses fatores de risco apenas influenciam a probabilidade de desenvolvimento do transtorno e não são a única causa em determinado caso.

O mesmo quadro, na verdade, vale para a maioria das doenças modernas, seja asma, doença cardíaca ou mesmo câncer: sabemos que existem fatores genéticos que aumentam o risco de um indivíduo, e fatores ambientais também, mas nenhum deles isoladamente fornece uma explicação completa. O que importa é o quadro global, e isso é importante ter em mente – se você for pai/mãe, cientista pesquisador ou clínico.

Fatores que entram em jogo antes da concepção e antes do nascimento

Certos fatores ambientais aumentam o risco relativo de ter um filho com autismo. Mais uma vez, no entanto, os fatores de risco influenciam a *probabilidade* de desenvolvê-lo, mas essa não é a única causa.

Aqui está um exemplo que demonstra uma forma simplificada de pensar sobre isso. No momento em que este livro é escrito, o autismo é diagnosticado em pouco mais de 1,5% das crianças (1,69%, ou 1 em 59) nos Estados Unidos. Com base nessa estimativa de prevalência, podemos dizer que a chance geral de desenvolvimento de TEA para determinada criança é de aproximadamente 1,5%. Para crianças cuja mãe é obesa durante a gravidez, o risco (chance) de ter o transtorno é cerca de 1,5 vez mais alto. Portanto, isso se traduz em uma chance de aproximadamente 2,25%. Embora haja muitos erros estatísticos nesse tipo de exemplo, ele oferece uma maneira de pensar sobre o risco aumentado real que esses fatores conferem em contraste com os grandes valores do risco relativo.

A tabela a seguir mostra o risco relativo de vários fatores de risco ambientais associados ao autismo e à correspondente estimativa bruta do risco.

A vasta maioria das crianças nascidas com esses fatores de risco não desenvolve TEA (provavelmente devido à vulnerabilidade genética variável), mas, como a taxa de cada um desses fatores é mais alta em grupos de crianças com o transtorno, consideramos isso um fator de risco – e, potencialmente, uma pista para como o autismo se desenvolve, embora não saibamos se ele é causal ou se algum terceiro fator não medido explica a aparente associação.

Fator de risco ambiental	Risco relativo	Estimativa do risco real (baseado na estimativa da prevalência atual)
Idade paterna avançada	1,32	1,98%
Idade materna avançada	1,29	1,93%
Obesidade materna	1,47	2,2%
Diabetes pré-gestacional	1,3	1,95%
Diabetes gestacional	1,4	2,1%
Intervalo entre gestações < 12 meses	1,9	2,85%
Prematuridade (nascido com menos de 36 semanas)	1,31	1,9%

(Continua)

(Continuação)

Fator de risco ambiental	Risco relativo	Estimativa do risco real (baseado na estimativa da prevalência atual)
Apresentação pélvica	1,47	2,2%
Pré-eclâmpsia	1,5	2,25%
Sofrimento fetal	1,4	2,1%
Parto induzido	1,1	1,65%
Cesariana	1,23	1,8%

Idade parental mais avançada

Há muito tempo, os cientistas perceberam que a idade está associada a transtornos que impactam o desenvolvimento do cérebro, como TEA e deficiência intelectual, em duas direções – quando os pais são muito jovens ou quando são mais velhos do que a média. No caso do autismo e de muitas outras condições desenvolvimentais, a idade parental mais avançada é fortemente enfatizada. Um exemplo bem conhecido de idade parental mais avançada que aumenta a probabilidade de uma condição é a síndrome de Down. A probabilidade de uma mulher de 20 anos ter um filho com síndrome de Down é de aproximadamente 1 em 2.000. Ela aumenta para cerca de 1 em 30 quando a mãe tem 45 anos na época em que a criança nasce. Com o TEA, a relação com a idade parental agora também está clara – a idade parental avançada está associada a um risco aumentado de autismo de 30 a 40%. Isso significa que, embora o risco geral para o transtorno seja de 1 em 59, ou um pouco mais de 1,5%, ele aumenta para cerca de 2% para pais com mais de 35 anos. A estimativa vale tanto para a idade da mãe quanto para a do pai.

> O risco pode aumentar com a idade parental porque mutações genéticas *de novo* parecem ser mais prováveis à medida que envelhecemos.

Por que o risco aumenta com a idade parental? As mutações genéticas *de novo* discutidas anteriormente parecem ser um dos motivos – elas parecem mais prováveis à medida que envelhecemos. Lembre-se de que essas mutações *de novo* podem surgir no espermatozoide ou no óvulo (ou logo após a concepção). Verifica-se que mutações *de novo* são mais prováveis de surgir dos segmentos de DNA transmitidos pelo pai – e são mais prováveis à medida que o pai for mais velho. Isso faz sentido se refletirmos a respeito. Milhões de espermatozoides são gerados todos os dias, e isso significa que são muitas as oportunidades de erro quando o DNA é copiado. Portanto, faz sentido que, se ocorrer uma alteração *de novo*, isso poderá acontecer durante o processo de geração do espermatozoide.

Obesidade e diabetes maternos

Obesidade e diabetes maternos são outros fatores de risco que estamos percebendo que influenciam o desenvolvimento cerebral dos filhos e o risco para condições como autismo e outras. Embora não apresentem a mesma força de associação entre TEA e idade parental, vários estudos analisados em conjunto demonstraram que tanto a obesidade materna quanto o diabetes gestacional aumentam o risco para autismo. O risco de desenvolver o transtorno é aproximadamente 1,5 vez maior (dito de outra forma, 50% mais alto) para uma criança com uma mãe que foi obesa durante a gravidez do que para uma cuja mãe tinha um índice de massa corporal normal. O risco de desenvolver TEA para uma criança cuja mãe teve diabetes pré-gestacional ou diabetes gestacional é 1,3 ou 1,4 vez maior, respectivamente, em comparação com uma criança cuja mãe não teve nenhuma forma de diabetes. Mais uma vez, esses efeitos, por si só, não vão decididamente causar autismo (a maioria das mães obesas ainda não terá filhos com o transtorno), mas eles se combinam com outros fatores para aumentar as chances de tê-lo.

Estamos cada vez mais aprendendo que a saúde do pai pré-concepção também pode influenciar a saúde do filho e, possivelmente, o risco de TEA. Portanto, embora atualmente saibamos mais sobre os efeitos da saúde da mãe, prevemos que também saberemos mais sobre o papel da saúde do pai. Além disso, muito está sendo descoberto sobre os mecanismos epigenéticos que entram em jogo relacionados à fisiologia e à dieta das mães e dos pais. Fique atento aos desenvolvimentos cada vez mais interessantes e, talvez, promissores nessa área.

Tempo entre as gestações

Outra consideração pré-natal identificada como um fator de risco é o tempo entre as gestações. Uma revisão sistemática de 2016 de diversos estudos que examinaram o tempo entre as gestações encontrou consistentemente que intervalos de menos de 12 meses aumentam o risco para autismo.

Medicamentos durante a gravidez

Estudos metanalíticos que examinaram a exposição *in utero* a certos tipos de medicamentos identificaram associações entre estes e TEA. O risco mais bem estabelecido com um medicamento é para valproato. Esse medicamento é usado para tratar epilepsia, bem como transtorno bipolar e enxaquecas. Um estudo no Reino Unido encontrou que mulheres que tomaram valproato ou outro medicamento para tratar epilepsia durante a gravidez tiveram filhos com índices mais elevados de comportamentos associados ao autismo. Um grande estudo baseado na população examinou todas as crianças nascidas na Dinamarca por um período de 10 anos, comparando o número de crianças expostas a valproato *in utero* que acabaram apresentando o transtorno e o número de crianças não expostas que foram diagnosticadas. Os dados mostraram que as crianças expostas ao medicamento tinham uma probabilidade aproximadamente quatro vezes maior de receber um diagnóstico de autismo do que aquelas que não foram expostas. A taxa de risco permaneceu a mesma quando os cientistas computaram a idade parental, a idade gestacional e um diagnóstico de epilepsia para a mãe.

Evidências adicionais de que valproato é um fator de risco para autismo provêm de estudos animais. Depois de expostos a ácido valproico *in utero*, os camundongos apresentaram anormalidades sociais e comportamentos repetitivos, assemelhando-se a alguns dos desafios observados em humanos diagnosticados com TEA. É interessante notar que pesquisas recentes mostraram que a prole dos camundongos expostos acabou tendo os mesmos efeitos comportamentais, enfatizando os efeitos epigenéticos de exposições tóxicas sobre nossa bagagem genética.

Inibidores seletivos da recaptação da serotonina, ou ISRSs (como Prozac), também foram estudados porque indivíduos com autismo têm níveis alterados de serotonina no sangue, levando à suspeita de que tomar ISRSs na gravidez pode causar o transtorno. Entretanto, baseados em diversos estudos que examinaram essa relação, cientistas concluíram que o uso de ISRSs durante a gravidez não parece estar causalmente relacionado a risco aumentado de TEA nos filhos.

Suplementação com ácido fólico pode ser protetiva – mas não exagere

Gestantes são apropriadamente aconselhadas a ingerir quantidades suficientes de ácido fólico, com frequência por meio de suplementos, pois isso previne problemas sérios, em particular defeitos no tubo neural. Isso também poderia proteger contra efeitos mais sutis como autismo? Embora o estudo da suplementação de ácido fólico no transtorno ainda seja relativamente limitado, uma revisão sistemática dessa literatura revelou que, quando as mães fazem suplementação com ácido fólico durante a gravidez, o risco para desenvolvimento de TEA parece decrescer também. No entanto, alguns estudos e revisões recentes introduzem um alerta essencial: a suplementação excessiva pode *aumentar* o risco. Além disso, mesmo que você não suplemente em excesso, o benefício em relação à prevenção de autismo poderá depender do genótipo particular ou do padrão metabólico, tanto seu quanto do seu filho. Portanto, embora ácido fólico durante a gravidez seja, sem dúvida, recomendável, essa prática requer consulta médica cuidadosa no que tange à dosagem total na sua dieta e seus suplementos.

Exposições a poluentes no início da vida

Os poluentes químicos (denominados tóxicos) constituem um importante risco à saúde – até mesmo um contribuinte substancial para os índices de mortalidade no mundo inteiro. É por isso que os governos impõem alguns limites a essas substâncias químicas. No entanto, está muito claro, com base em recentes crises de saúde pública e novas histórias sobre chumbo e outros tóxicos entre 2015 e 2017 nos Estados Unidos e em outros países, que muitas autoridades públicas, escolares e outras não têm conhecimento da ciência relevante. Esse fato, juntamente com as declarações algumas vezes alarmantes feitas na mídia, nos convenceu de que é importante que você saiba como realmente nos posicionamos em relação a autismo e poluição química.

Primeiramente, precisamos reconhecer a plausibilidade da preocupação. O risco não é simplesmente de um derramamento de óleo ou exposição especial – como a exposição à poluição "em segundo plano" hoje em dia é essencialmente universal, temos que nos preocupar com a exposição à poluição supostamente de "nível baixo" ou "rotineira". O risco para bebês em desenvolvimento antes e depois do nascimento, mesmo nesse nível de exposição "em segundo plano" a agentes tóxicos, é com frequência subestimado por duas razões:

1. O risco tóxico é, com frequência, avaliado em relação aos resultados da saúde física em animais adultos, embora a criança em desenvolvimento seja mais sensível a exposições tóxicas, mesmo a "pequenas" exposições, do que os adultos devido ao seu metabolismo mais acelerado.

2. O cérebro se comunica consigo mesmo e se desenvolve por meio da sinalização química (os hormônios e neurotransmissores são, afinal de contas, traços de substâncias químicas, e a transmissão neural também se baseia em metais-traço), portanto, seu desenvolvimento é extraordinariamente sensível a aportes químicos. Sabemos, agora, que o cérebro em desenvolvimento responde à exposição a substâncias quí-

micas tóxicas em níveis de exposição que não causam doença física ou mesmo sintomas físicos.

O contexto é desafiador para a pesquisa em saúde pública. A revolução química no século XX resultou em uma explosão de produtos químicos que ingressaram nos ambientes das crianças. Mais de 80.000 substâncias químicas estão em uso comercial. O *perfil neurotóxico* (isto é, o quanto eles interferem no funcionamento cerebral das crianças) é desconhecido para quase todas elas. Menos de 1.000 dessas substâncias químicas têm perfis neurotóxicos bem caracterizados, e mesmo para estas os efeitos em crianças pequenas geralmente são pouco estudados.

Entretanto, sabemos que muitas das substâncias que são bem estudadas e têm efeitos neurotóxicos conhecidos mesmo em baixas doses são comuns no ambiente, portanto, a maioria das crianças experimenta alguma exposição. Essas substâncias tóxicas representam uma dor de cabeça para os líderes políticos, um grande desafio para as empresas e uma preocupação significativa para os pais. Grupos de defesa já lançaram o alerta e tentaram obter uma regulação melhor, mas as políticas públicas atuais falham em fornecer proteções adequadas.

De quais substâncias químicas tóxicas estamos falando? No caso do autismo, duas classes principais foram propostas como contribuintes potenciais no início da vida: metais pesados (especialmente chumbo e certos tipos de mercúrio) e poluentes orgânicos (os quais podem, por exemplo, imitar os hormônios). A tabela a seguir oferece uma referência prática para o leque aparentemente confuso dessas substâncias químicas.

Lamentavelmente, é muito difícil manter nossos filhos inteiramente livres de exposição a substâncias potencialmente neurotóxicas. Eles colocam para dentro do seu corpo substâncias químicas tóxicas quando levam à boca brinquedos e outros objetos, comem alimentos com pesticidas, bebem água com chumbo ou outras substâncias tóxicas, respiram a poluição do ar e absorvem substâncias químicas através da pele. A rota principal depende do poluente particular envolvido. Ao mesmo tempo, o efeito dessas substâncias químicas no desenvolvimento das crianças é notoriamente difícil de estudar porque, obviamente, não podemos realizar um experimento padrão ouro de atribuição aleatória, como é possível com a dieta ou exercícios. A pergunta que os pais mais fazem diante de um quadro complicado como esse é "O quanto devo me preocupar?" e, em particular, "O que eu posso fazer?". Queremos evitar o alarme, mas manter prudência, e vamos tentar atingir um equilíbrio aqui destacando o que sabemos e algumas recomendações básicas para proteger seu filho.

Exemplos de substâncias químicas neurotóxicas conhecidas de uso comum

Poluente	Associação com problemas no desenvolvimento infantil
Metais	
Chumbo	Definida
Mercúrio	Definida
Cádmio	Provável
Manganês	Suspeita
Poluentes orgânicos	
PCBs	Definida
BPA	Provável
Pesticidas organofosforados	Provável
PBBs	Provável
BHP	Suspeita

No caso do TEA, muitas dessas substâncias químicas não foram estudadas ou não apresentaram nenhum efeito no transtorno quando estudadas. Mas há exceções importantes. Revisões acadêmicas recentes, embora todas elas salientando as evidências limitadas e, portanto, diferindo sobre quais substâncias químicas ou grau de risco devem ser enfatizados, concordam que as substâncias tóxicas presentes no ambiente desempenham um papel na etiologia do autismo e que é essencial estudar melhor essas exposições. O momento da exposição pode ser muito importante – estudos recentes tentam esclarecer quando na gravidez ou na pós-gravidez ocorrem os efeitos mais importantes. Isso parece variar dependendo do tipo de poluente.

Material particulado na poluição do ar

Os poluentes no ar são inespecíficos – incluem metais e material particulado. Mas o material particulado é um foco especial na literatura sobre TEA. Embora tenha havido alguma controvérsia, uma abrangente revisão de 2016 de estudos de pesquisa confirmou que a poluição atmosférica particulada aumenta o risco de autismo. Esses cientistas examinaram todos os estudos que mediram a exposição parental a material particulado próximo à concepção e durante a gravidez e a exposição na infância no começo do desenvolvimento, antes de ser recebido o diagnóstico do transtorno. Os efeitos eram muito claros. Sobretudo, esses achados apontam não só o período da gravidez como também o período perinatal e o desenvolvimento inicial depois do nascimento como períodos de risco potencial para essas exposições. Uma revisão particularmente cuidadosa em 2015 ajudou a esclarecer que a controvérsia provém da falha em diferenciar o momento da exposição. Nesse estudo, o risco mais potente para TEA na prole estava relacionado à exposição da mãe grávida à poluição particulada no terceiro trimestre. Isso faz sentido desenvolvimentalmente devido ao rápido amadurecimento cerebral que acontece para o bebê no último trimestre.

Metais

Um resumo da literatura em 2017 encontrou os seguintes estudos de metais e as possíveis ligações com autismo, com o número de estudos entre parênteses: chumbo (25), alumínio (11), arsênico (6), berílio (5), cádmio (17), cromo (11), manganês (14) e níquel (13). (O resumo ignorou o mercúrio, o que discutiremos em seguida.) Essas exposições no ambiente são ameaças potenciais ao desenvolvimento inicial porque podem perturbar o crescimento do cérebro e a sinalização celular neste de diferentes maneiras. Elas fazem isso em parte por meio da sinalização epigenética. Um estudo recente demonstrou isso expondo camundongos a níveis de chumbo similares aos que a maioria das crianças é exposta – níveis que estão estatisticamente associados a problemas no desenvolvimento neurológico nelas. Foi constatado que os animais tinham comportamento alterado, e isso se devia a novos sinais epigenéticos em seus cérebros. Assim, mais uma vez, não estamos falando de exposições especiais como acidentes industriais. Mesmo baixas quantidades, o que é rotina em nosso ambiente nos dias de hoje, podem afetar o desenvolvimento da criança. Para os metais, os efeitos principais parecem ser da exposição precoce pré-natal.

> O quanto um agente tóxico particular é um fator de risco potente vai depender, até certo ponto, de a exposição ter ocorrido durante um período de desenvolvimento rápido do cérebro.

No caso do TEA, essa revisão e outras encontram dificuldades devido à ampla variação na metodologia, o que dificulta a reunião dos resultados entre os estudos para obter estimativas confiáveis dos efeitos na população. Essa revisão em particular concluiu que as melhores evidências de uma associação eram para chumbo e cádmio. Outras metanálises também concluíram que a exposição a chumbo está associada ao autismo. Entretanto, é possível que o efeito seja modulado pelo sexo da criança (meninos podem ser mais sensíveis). Recentemente, o risco do chumbo voltou a ganhar o noticiário devido a exposições no fornecimento de água em escolas. Mas é importante perceber que, mesmo que tenhamos regulamentado o chumbo no combustível automobilístico e nas tintas, ainda existe muito dele em nosso ambiente devido a todos os seus usos anteriores (e usos atuais, como em alguns brinquedos, em combustível de avião e, agora, nos encanamentos d'agua residenciais). Quase todas as crianças no mundo têm uma quantidade mensurável de chumbo (assim como outras substâncias químicas) em seus corpos. Um de nós (Nigg) conduziu um estudo com 300 crianças da população em geral que tiveram exposição a chumbo na média para a nação; 297 delas (99%) tinham níveis de chumbo detectáveis em seu sangue.

Mercúrio

O mercúrio é um metal, mas um caso especial devido a sua formulação, comportamento e ação no corpo, que são um pouco diferentes daquelas da maioria dos outros metais. As exposições a mercúrio inorgânico provêm de muitos usos correntes, incluindo a poluição das chaminés de várias indústrias e da cadeia alimentar (p. ex., peixes de águas poluídas). Observe, no entanto, que isso vale para o mercúrio inorgânico – que é diferente do composto organomercúrico denominado timerosal, usado como conservante em algumas vacinas –, que não tem associação demonstrável com TEA (falaremos sobre vacinas em seguida). O mercúrio orgânico *está* associado ao transtorno e parece ter uma das associações mais robustas entre todos os tóxicos. A revisão e metanálise mais detalhada e abrangente foi conduzida em 2017 e relatada por Jafari e colaboradores. Eles constataram que os resultados dependiam do tecido estudado (fornecendo pistas para o metabolismo como um problema para o autismo), mas crianças com TEA tinham níveis acentuadamente mais altos de mercúrio em suas células vermelhas do sangue (mais que o dobro do que as crianças neurotípicas), bem como níveis moderadamente aumentados no sangue total e nas poucas amostras cerebrais *post-mortem* disponíveis. De forma curiosa, os níveis no cabelo e na urina não eram diferentes do normal. Isso foi interpretado como evidência de que o mercúrio desempenha um papel importante no autismo, provavelmente porque crianças com o transtorno têm desintoxicação e excreção de mercúrio anormais. Esta é uma possibilidade importante e aponta o caminho para futuros estudos enzimáticos e genéticos para verificar se isso é verdadeiro.

Poluentes orgânicos persistentes e pesticidas

Você provavelmente já ouviu muito sobre essa classe de tóxicos (p. ex., bisfenol-A [BPA]), os quais estão todos listados no quadro anterior. Embora estudos isolados tenham encontrado associações de BPA e outros poluentes orgânicos com autismo, essas evidências ainda não foram acumuladas até um ponto decisivo. Em contrapartida, pelo menos uma revisão importante no ano de produção deste livro concluiu que as evidências eram cada vez mais convincentes para exposições a pesticidas. A limitação: esses efeitos podem estar restritos a exposições relativamente altas, não à exposição geral em segundo plano que a maioria das crianças tem. No entanto, é prudente que se tomem providências para reduzir a exposição desnecessária a *sprays* contra insetos e produtos relacionados durante a gravidez e enquanto a criança é pequena.

Complicações no parto e logo depois

Até o momento, falamos principalmente sobre os efeitos pré-natais (com exceção de exposições à poluição que também podem ser pós-natais para afetar o risco de autismo). Agora, passaremos aos efeitos durante o parto e logo após. As complicações perinatais incluem eventos como prematuridade ou bebês nascidos significativamente mais além do prazo previsto ou complicações associadas ao parto, como hipóxia (falta de oxigênio), trabalho de parto prolongado, parto por cesariana e sofrimento fetal.

Em um estudo recente, em 2017, cientistas avaliaram e revisaram sistematicamente 17 estudos examinando a associação entre uma lista abrangente de complicações perinatais e TEA. Combinados, os estudos incluíram mais de 37.000 indivíduos com o transtorno e aproximadamente 13.000 indivíduos para comparação. Os fatores perinatais para os quais foi identificada forte associação com autismo incluíam prematuridade, apresentação pélvica, pré-eclâmpsia, sofrimento fetal, parto induzido e parto por cesariana.

A partir dessa revisão, pode ser calculado o risco relativo para desenvolvimento de TEA após cada um desses fatores perinatais. Por exemplo, o risco para crianças nascidas antes de 36 semanas de idade gestacional é estimado em 1,3, o que sugere que estas têm chance 30% maior de desenvolver autismo. Embora esse número de 30% pareça grande, isso significa que o risco aumenta de 1,5%, que é aproximadamente o risco para a população em geral, para 1,8%. O que foi observado nesses estudos incluídos na metanálise é que há outros fatores perinatais que com frequência ocorrem concomitantemente à prematuridade, sugerindo que esta pode, na verdade, ser um marcador de outras complicações perinatais. O risco relativo para crianças com apresentação pélvica foi de 1,47, um aumento no risco de 47%, o que significa um risco real de cerca de 2,2%. O risco relativo associado à pré-eclâmpsia foi de 1,5, sugerindo aumento de 50%, e o risco relativo associado a sofrimento fetal foi de 1,4. Parto induzido com substâncias como pitocina também foi associado significativamente a risco aumentado para TEA, com risco relativo de 1,1, ou risco aumentado de 10% para aquelas crianças expostas. Mais uma vez, esses efeitos não são específicos; o risco de TDAH, por exemplo, também é aumentado.

> Embora diferentes fatores perinatais aumentem ligeiramente o risco de autismo, não sabemos se o risco sobe quando uma gestante tem mais de um desses fatores.

O parto por cesariana aumenta o risco de autismo?

Essa possibilidade tem preocupado muitos pais e cuidadores. Mais uma vez, cientistas recentemente (em 2014) conduziram um estudo especificamente focado na cesariana, em que combinaram e revisaram 13 estudos publicados relacionados ao autismo. Eles constataram que crianças com o transtorno tinham maior probabilidade de ter nascido por cesariana do que crianças sem o transtorno. Os resultados reunidos sugeriram que as chances de desenvolvê-lo após cesariana eram 1,23 vez maior do que as chances após parto vaginal. Este é um pequeno aumento no risco. Assim como os outros fatores de risco, a vasta maioria das crianças nascidas por cesariana não desenvolve TEA (provavelmente devido à vulnerabilidade genética variável), mas, como o índice de cesarianas é mais alto em grupos de crianças com o transtorno, consideramos este um fator de risco – e, potencialmente, uma pista de como o autismo se desenvolve, embora não saibamos se este é um fator causal ou se algum terceiro fator não medido explica a aparente associação. É importante observar que esse pequeno risco aumentado para TEA deve ser considerado no contexto de outros riscos associados a essa gravidez e parto. Ou seja, o risco de morte ou outro dano significativo associado à não realização de cesariana pode ser muito alto em determinada situação e justificar o pequeno aumento no risco para autismo no bebê.

Outras complicações perinatais

Outras complicações perinatais não parecem estar associadas ao risco de autismo. Elas incluem extração a vácuo durante o parto, parto vaginal depois de um parto prévio por cesariana, anestesia durante o parto, trauma físico durante o nascimento e uma variedade de disrupções placentárias (p. ex., placenta prévia, infartos da placenta). A tecnologia reprodutiva artificial também não foi associada ao transtorno pelo estudo metanalítico.

Inflamação ou função imune é um caminho compartilhado?

Função imune

Um mecanismo essencial que pode conjugar muitos dos fatores de risco ambientais (e possivelmente genéticos) é inflamação e função do sistema imune.

Quase todos os fatores de risco ambientais que discutimos aumentam a inflamação sistêmica, entre outros efeitos, e isso, por sua vez, pode perturbar a saúde do cérebro. Por exemplo, existe uma ligação substancial entre resposta inflamatória e tóxicos ambientais e obesidade. Essas respostas inflamatórias, contudo, estão tipicamente relacionadas a alterações epigenéticas. Além disso, sem levar em conta os riscos ambientais, desafios substanciais do sistema imune foram associados ao autismo. Por exemplo, infecções durante a gravidez (que desencadeiam atividade imune e inflamação na mãe que se alastra para o feto) parecem elevar o risco para o transtorno no filho. Como outro exemplo, doença autoimune (como hipotireoidismo) também está correlacionada a autismo. Embora a resposta inflamatória a dieta ou tóxicos possa não ser tão forte quanto é em resposta a infecção, ela ainda pode ser suficiente para justificar a ligação entre vários "insultos" ou "estressores" precoces e o risco de TEA de uma criança. Portanto, destacamos um pouco mais as evidências de inflamação primária.

A associação de infecção materna com o risco de autismo foi estabelecida em uma revisão sistemática publicada em 2016 que examinou 15 grandes estudos que incluíam mais de 40.000 crianças com o transtorno. O risco é mais pronunciado para mães que requerem hospitalização devido a infecção (sugerindo que inflamação mais grave está relacionada a maior chance de desenvolvimento de TEA). Além disso, o risco parece depender do tipo, do momento e do local da infecção. Diferentes tipos de infecções resultam em diferentes respostas imunes, sugerindo que o tipo de resposta imune pode ser um fator contribuinte.

> Infecções em gestantes estão associadas a maior risco de autismo.

Além de estudarem pessoas, os cientistas usaram animais para estudar como a disrupção imune e inflamação associada influenciam o comportamento. Isso é feito por meio de manipulação experimental da ativação imune materna em roedoras grávidas, comparando-as com roedoras não desafiadas desse modo, e, depois disso, observando o comportamento nos filhotes. Esses estudos sugerem que os filhotes apresentam elevadas dificuldades sociais e comportamentos repetitivos. Embora seja obviamente difícil generalizar do comportamento social em roedores para o comportamento social em humanos, sabemos que algumas das bases bioquímicas desse comportamento são compartilhadas entre as espécies. Assim, eles são considerados evocadores dos sintomas de autismo infantil humano. Portanto, mesmo que o comportamento de roedores seja apenas uma contrapartida distante para o comportamento humano, a demonstração de que comportamentos complexos como as interações sociais podem ser influenciados por exposições à inflamação *in utero* em animais apoia a possibilidade geral de que a inflamação contribui para TEA.

Somada às evidências científicas de que uma disrupção no sistema imune durante a gravidez é um fator de risco para autismo é a observação de que história familiar de doença autoimune foi associada ao transtorno. Uma revisão focando nessa linha de pesquisa sugere que crianças cujas mães têm história de transtornos autoimunes, incluindo artrite reumatoide e doença celíaca, estão em risco aumentado para desenvolvimento de TEA. Como todos os fatores de risco ambiental que já discutimos, quando esses fatores ocorrem em uma mãe, eles aumentam o risco, mas não garantem que a criança vai ter autismo. O que está motivando essa associação? Mais pesquisas são necessárias para entendermos melhor essa relação. É possível que a vulnerabilidade genética comum esteja subjacente ao TEA e a transtornos autoimunes, ou, no caso de artrite reumatoide, é possível que haja alguma exposição pré-natal a anticorpos ou a ambiente fetal alterado resultante do transtorno materno.

Outras exposições

Vacinas

A controvérsia sobre vacinação continua a ocupar as manchetes enquanto escrevemos. A ideia de que vacinas da primeira infância, como a vacina para caxumba, sarampo e rubéola (MMR), estão associadas ao autismo já foi testada de muitas maneiras. Este é provavelmente um dos temas mais polêmicos e controversos que temos em relação às causas do transtorno. Vamos tentar resolver isso aqui.

Primeiro, uma análise recente (2017) de todos os estudos que testaram a ligação entre TEA e vacinas usando muitos métodos concluiu que *não há associação entre vacinas e autismo*. Isso significa que, se aqui houver um sinal, ele é muito tênue para que pesquisas científicas detectem. Portanto, é seguro concluir que, para a vasta maioria dos indivíduos, as vacinas não causam o transtorno. No entanto, não podemos excluir a possibilidade de que, em casos raros, uma criança tivesse uma condição genética ou médica subjacente (talvez desconhecida) e que uma imunização tenha desencadeado o início dos sintomas dessa condição subjacente. Nessa situação, a imunização pode ter desempenhado um papel contributivo, mas não foi unicamente a causa. Se esse tipo de evento acontecesse, porém muito raramente, ele não seria detectável em um estudo da população. Certamente, dadas as alegações empíricas apaixonadas, é difícil excluir isso. No entanto, como o início do autismo e a exposição à vacina com frequência ocorrem ao mesmo tempo, pode ser feita uma "correlação ilusória", mesmo que não exista conexão causal.

O que seria uma boa conclusão equilibrada sobre esse tópico? Os pais precisam pesar os riscos *versus* os benefícios de um tratamento médico, seja para eles, seja para seu filho. Entretanto, uma forma de pensar sobre isso é que os benefícios da vacinação na prevenção de doenças prejudiciais como sarampo (não apenas para o filho de alguém, mas para todos na comunidade) são comprovados. Diante disso, o risco aparentemente muito pequeno de um efeito adverso de uma vacinação, na grande maioria dos casos, argumenta a favor da vacinação das crianças. Em outras palavras, se houver raras complicações relacionadas ao autismo, mas não soubermos o porquê, a probabilidade de nosso filho experimentar doença séria ou morte devido a uma doença caso ele não seja vacinado é maior do que o risco leve (mesmo que mais divulgado) de uma reação relacionada ao transtorno. De modo geral, aconselhamos você a manter um programa regular de vacinação para o seu filho.

O QUE VOCÊ DEVE FAZER COM ESSAS INFORMAÇÕES?

Diversos passos práticos são sugeridos por todas essas informações. Colocamos em ordem as perguntas e diretrizes comuns.

Você deve fazer testagem genética para seu filho com autismo?

A esta altura, muitos de vocês estão se questionando se deveriam fazer testagem genética para seu filho. A resposta é "sim!". De fato, testagem genética é, agora, o padrão para crianças com autismo, conforme descrito pelas diretrizes da American Academy of Pediatrics (AAP). Embora para a maioria de vocês o teste genético não vá descobrir nada e, mesmo que o faça, não vá afetar o plano de cuidados para seu filho, ele irá gradualmente ajudar os médicos a aprender mais sobre o TEA e, em alguns casos, pode afetar os cuidados clínicos – e mais genes serão identificados a cada ano. Também há um valor científico. Para muitos genes, grupos familiares se formaram para conectar famílias e ligá-las a cientistas que estão focados em entender como o gene funciona e como os tratamentos podem abordar sua disrupção. Por fim, há uma chance de que, se você tiver um teste genético positivo, possa ser elegível para futuros ensaios clínicos específicos para esse gene e seu filho.

Você deve receber aconselhamento genético se tiver um filho com autismo e estiver grávida?

O aconselhamento genético pode fornecer informações úteis para pais que estão esperando um bebê, mas, dado o estado da ciência na genética do autismo, as informações consistirão principalmente em riscos estimados para a maioria dos pais. Essas estimativas podem ser assim resumidas: na população em geral, ter um filho com TEA aumenta o risco de um segundo filho ter o transtorno em aproximadamente 1,5%, ou cerca de 20%. Mesmo que já tenha feito testagem genética para seu filho com o transtorno e tenha sido encontrado um evento genético *de novo*, o risco para ter um segundo filho com TEA permanece nesse risco de cerca de 20% baseado na população. Contudo, se um evento genético foi encontrado para seu filho, e ele foi herdado da mãe ou do pai, então o risco de esse efeito ser transmitido ao seu segundo filho é de 50%. Isso não quer dizer que seu segundo filho vai necessariamente ter o transtorno, mas que o evento genético pode ser transmitido. Conforme mencionado, disrupções genéticas não significam necessariamente que o autismo irá se desenvolver.

Como você pode evitar exposições ambientais e o quanto você deve se preocupar?

Para muitos desses fatores de risco ambientais e outros que já foram estudados por cientistas, sabemos, agora, que há, de fato, um efeito no autismo, embora algumas vezes ele seja muito pequeno no nível médio geral. No entanto, esses fatores com muita frequência estão altamente relacionados e ocorrem ao mesmo tempo para a mesma criança. Portanto, suspeitamos de que a combinação de múltiplas condições relacionadas à gravidez é o que aumente o risco. Por isso, a redução de algum deles pode ser útil. Como você faz isso? Se você é uma mãe com problemas de obesidade, entenda que você tem muita companhia. As dietas da nossa cultura não ajudam. Algumas evidências sugerem que suplementação com ômega-3 extra (óleo de peixe) durante a gravidez pode compensar os riscos provenientes da obesidade. Outros estudos sugerem que a ingestão de gorduras totais é a culpada e que a quantidade de peso ganho durante a gravidez pode afetar o risco. Portanto, trabalhe com seu médico o ganho de peso ideal em relação ao seu peso corporal inicial e o índice de massa corporal, discuta o valor da suplementação dietética extra e modifique sua dieta para um nível saudável de gordura com o assessoramento dele. Essas providências devem reduzir o risco. Por fim, sabemos que o estresse também é inflamatório – se o caminho compartilhado de todos esses riscos for inflamação, então reduzir o estresse durante a gravidez protegerá parcialmente contra a amplificação destes. Fazer o melhor que você puder em relação a essas precauções provavelmente será útil. E entenda que essas contribuições são apenas prováveis – para a maior parte dos casos de autismo, no momento, não é possível rastrear uma causa específica.

> A redução do estresse durante a gravidez, quando possível, pode prevenir inflamação, que é um fator de risco para autismo.

O conhecimento que adquirimos quanto às causas e aos riscos do autismo nos possibilitou avançar consideravelmente. Esses ganhos fizeram cair por terra as primeiras teorias sobre o papel dos pais no desenvolvimento de TEA em seus filhos. Agora, podemos ver que alguma vulnerabilidade genética específica ou geral combinada com uma variedade de estímulos ambientais provavelmente direciona as crianças para uma gama de riscos para o transtorno durante a gravidez e no início da vida. Esses ganhos possibilitaram uma compreensão do mecanismo que determina o risco de autismo em nível genético e cerebral, o que permitiu que cientistas e clínicos começassem a trabalhar em novas abordagens concebidas especificamente em torno da biologia de um indivíduo. E essa compreensão nos forneceu informações que orientam as medidas que podemos tomar para mitigar esse risco.

PONTOS PRINCIPAIS

➤ Se você está planejando engravidar:
- Não deixe de tomar as vitaminas pré-natais recomendadas, começando antes do plano de conceber.
- Se possível, distancie suas gestações em pelo menos 12 meses.
- Se você estiver tomando um medicamento associado a risco para autismo, como antidepressivos, discuta suas opções com seu médico.

➤ Se você está grávida:
- Busque cuidados pré-natais.
- Tenha nutrição (incluindo o monitoramento da proporção adequada de gordura) e descanso apropriados.
- Discuta a suplementação com ômega-3 e a dosagem de ácido fólico com seu médico. Reduza a ingestão de gordura, se necessário, com acompanhamento médico.
- Planeje sua rota ideal de ganho de peso com seu prestador de cuidados.
- Engaje-se em atividades que reduzam os níveis de estresse, tais como exercícios, ioga e meditação.
- Reduza a exposição a tóxicos – minimize a ingestão de peixes de água doce, mantenha sua casa limpa, considere testar sua água ou instalar um filtro de água eficiente, pondere gastar dinheiro extra para comer somente frutas e vegetais orgânicos. (Veja dicas no Capítulo 7.)
- Evite cigarros, álcool e drogas recreativas.

➤ Se você tem um bebê:
- Vacine seu filho contra doenças infantis graves; se você tem dúvidas sobre vacinas, discuta-as com o pediatra do seu filho, mas recomendamos que siga em frente com a vacinação.

- Esteja alerta para as formas de reduzir exposições à poluição – água, poeira da casa, alimentos. Se você mora em uma área com altos níveis de poluição do ar, como, por exemplo, próximo a uma rodovia, considere formas de melhorar a qualidade do ar na sua casa com filtros de ar.

➤ Se seu filho é diagnosticado com autismo:
- Peça que seu médico solicite testagem genética para seu filho. Se o seu filho tiver uma condição genética identificável, pergunte ao médico se existe alguma condição médica associada, como problemas GI, à qual seja preciso ficar atento.
- Considere associar-se a uma rede *on-line* de pais cujos filhos também tenham essa condição genética.

4
COMO O CÉREBRO SE DESENVOLVE DE FORMA DISTINTA NO AUTISMO?

Conforme discutimos no Capítulo 1, autismo é um transtorno do desenvolvimento. Isso significa que alguma coisa é diferente no cérebro e em como ele evolui. Identificou-se que diversas regiões e circuitos cerebrais se desenvolvem de forma distinta nos indivíduos com autismo. Como há uma ampla variação individual, esses aspectos do cérebro ainda não podem nos auxiliar a fazer diagnósticos, mas nos ajudam a entender os desafios e os pontos fortes que são característicos do autismo.

Uma descoberta importante dos últimos anos é que o desenvolvimento do cérebro é muito dinâmico, mudando rapidamente com o tempo em resposta a diferentes tipos de experiências. Os cientistas usam o termo "neuroplasticidade" para se referir a como o cérebro se altera de forma drástica para se adaptar ao desenvolvimento e às suas experiências. Ele faz isso com muito mais frequência do que se acreditava anteriormente. Podemos usar esse conhecimento para nos auxiliar a proporcionar experiências, como intervenções, que irão ajudar a moldar o curso do desenvolvimento cerebral e comportamental das crianças com TEA, agora e ao longo de suas vidas. Vamos começar com o que já sabemos sobre o cérebro no autismo.

O CÉREBRO NO AUTISMO

Durante as três últimas décadas, os cientistas conduziram milhares de estudos que pintam um quadro complexo das diferenças estruturais e funcionais do cérebro em indivíduos com o transtorno. Revisões sistemáticas cuidadosas desses estudos revelam a emergência precoce de diferenças no tamanho, na forma e na organização do cérebro; diferenças nas conexões entre as regiões cerebrais; e diferenças no funcionamento das regiões cerebrais associadas a comunicação social, processamento da informação social, funcionamento executivo e comportamentos repetitivos – tais como a amígdala e o córtex pré-frontal, que discutimos no Capítulo 2.

Diferenças na estrutura do cérebro

Uma revisão sistemática publicada em 2017 de 52 estudos de imagem cerebral conduzidos desde os anos 2000 nos fornece um bom resumo. Todos foram estudos que usaram MRI, uma abordagem por imagem poderosa, relativamente não invasiva (se você chamar de não invasivo ficar deitado e imóvel dentro de um tubo), que oferece uma boa representação da anatomia interna e das conexões entre partes do cérebro e no seu interior, tanto no tamanho quanto na atividade aparente. Apresentamos, aqui, os principais achados sobre o desenvolvimento da estrutura cerebral que emergiram da revisão:

- Associação entre autismo e *um maior volume de células no córtex*, especialmente nas regiões frontal e temporal. Conforme introduzido no Capítulo 2, o córtex é a parte do cérebro associada a como pensamos, tomamos decisões e coordenamos nossas ações. Os lobos frontais, especificamente, estão envolvidos na nossa memória de trabalho, na habilidade para inibir nossas ações e no planejamento motor, enquanto os lobos temporais estão envolvidos no processamento das emoções, linguagem, aprendizagem e memória, incluindo a interpretação dos sinais sociais (como as expressões faciais). O volume maior pode parecer um contrassenso – isso não deveria significar que as crianças têm melhores habilidades nessas áreas? No entanto, aparentemente, esse volume maior contribui para o funcionamento ineficiente nessas áreas. Durante o desenvolvimento, o cérebro expande de forma excessiva seu crescimento para permitir uma nova aprendizagem, depois, aos poucos, poda as conexões desnecessárias ou ineficazes. O fracasso dessa poda pode levar a um cérebro maior, porém menos eficiente e adaptável.

- *Variação incomum na espessura do córtex*. Ou seja, quando medimos de dentro para fora, a espessura do cérebro é atípica no TEA. Esta é uma medida cerebral estrutural diferente, mas é semelhante à ideia de volume celular e consistente com a ideia de poda insuficiente que resulta no cérebro menos eficiente.

- *Alterações no cerebelo*, uma estrutura do cérebro associada ao equilíbrio e à coordenação motora, assim como ao funcionamento cognitivo. Alterações nessa estrutura podem impactar o desenvolvimento de habilidades motoras, aprendizagem e habilidades cognitivas.

- *Tamanho geral reduzido, mas volume aumentado dentro de regiões particulares do corpo caloso*, uma estrutura que liga os dois lados do cérebro. As ligações entre as regiões do cérebro permitem a comunicação eficiente entre os circuitos cerebrais, portanto, as ligações atípicas podem resultar em comunicação cerebral demorada e problemática.

- *Alterações no desenvolvimento da amígdala,* uma estrutura associada à aprendizagem emocional.
- *Alterações no desenvolvimento do hipocampo,* que está envolvido na aprendizagem e na memória.
- *Alterações no desenvolvimento dos gânglios da base,* que estão envolvidos no controle dos movimentos físicos. Alterações no desenvolvimento de todas essas três estruturas sugerem que a aprendizagem emocional, a memória e as habilidades motoras podem estar perturbadas.

> Uma recente revisão de pesquisas nos mostrou quais regiões do cérebro são alteradas no autismo e, portanto, onde devemos concentrar pesquisas futuras.

O que todas essas diferenças significam? Estamos trabalhando nisso, mas as diferenças estruturais vistas entre os estudos nos dão alguma direção sobre quais regiões vale a pena investigar. Além disso, essas regiões cerebrais estão todas conectadas em circuitos. É possível que apenas um pequeno número de circuitos-chave esteja ligado ao transtorno, mas que eles envolvam várias regiões, portanto, saber quais regiões estão afetadas pode nos ajudar a identificar os circuitos relevantes.

Diferenças funcionais em regiões com diferenças estruturais

Também sabemos que as regiões que apresentam diferenças estruturais funcionam de forma diferente no TEA. Um achado fundamental é que ocorre atividade reduzida nos circuitos cerebrais durante tarefas que envolvem consciência social e compreensão. Dois exemplos significativos:

- Em grupos de crianças com o transtorno, o núcleo *accumbens*, uma estrutura associada a motivação e recompensa, está menos ativo quando responde a recompensas sociais, como elogios e sorrisos, do que a recompensas não sociais, como dinheiro. Em crianças com desenvolvimento típico, a ativação para sinais sociais é pelo menos tão alta quanto aquela para sinais monetários. Embora não saibamos com certeza a direção do efeito (crianças com autismo têm menos ativação cerebral porque estão menos interessadas em pistas sociais, ou elas têm menos interesse em pistas sociais porque têm menos ativação cerebral?), esses achados se enquadram na ideia geral do processamento menos eficiente de um tipo particular de informação no transtorno.

> As regiões do cérebro que se "iluminam" quando uma criança típica é exposta a sinais como expressões faciais e linguagem corporal são menos ativas em crianças com TEA, ou seja, aquelas que se encontram no espectro frequentemente têm respostas sociais incomuns porque não estão obtendo a mesma quantidade de informação pela comunicação não verbal.

- Outro exemplo é o sulco temporal superior, ou STS (ele é tão intensamente discutido entre os cientistas que tem sua própria sigla). Conforme discutido no Capítulo 3, na maioria das crianças, o STS se torna ativo quando elas estão observando movimentos biológicos, mas, em crianças com autismo, ele não responde tão vigorosamente a sinais não verbais ou implícitos, como gestos, rostos e tom de voz. Mais uma vez, podemos usar esse tipo de resultado para nos ajudar a entender o desafio e as dificuldades do seu filho. Se ele não está recebendo essa informação de maneira clara em sua mente, então é claro que será difícil para ele responder como o resto de nós. Faz sentido associar esses achados cerebrais a comportamentos que você está vendo em seu filho, tais como dificuldade para lidar com encontros sociais, compreender a perspectiva do outro e usar contato visual ou gestos para se comunicar, pois isso nos ajuda a entender que esses desafios não são intencionais ou prejudiciais. Esses desafios sociais estão baseados em diferenças na forma como o cérebro processa a informação.

Diferenças nas redes e nas conexões

Os circuitos que conectam as regiões do cérebro podem ser o ponto onde está a ação real. Outra revisão importante em 2017 concluiu que o autismo está associado a uma organização mais frágil entre as regiões do cérebro. Especificamente, o que vemos é que as conexões *entre* o lobo frontal e o lobo parietal, que estão na parte posterior superior do cérebro, apresentam menos organização do que as conexões entre regiões *dentro* do lobo frontal. Essas conexões de longo alcance mais fracas entre as regiões estão relacionadas a déficits nas habilidades sociais porque o processamento da informação social requer processamento rápido e eficiente de informações em diferentes partes do cérebro. A lógica é que, se aquelas regiões cerebrais responsáveis pelo processamento da informação social não estão bem conectadas, será difícil entender o mundo social.

Imagine o conjunto de fios que se encontra atrás da sua mesa ligando seu computador, impressora, *mouse*, teclado, *modem*, *drive* externo e todas as outras partes dos sistemas computacionais de hoje em dia. Eles podem estar organizados de maneira eficiente, tornando mais fácil limpar, modificar e acrescentar ou remover componentes e mantendo os sinais funcionando perfeitamente. Ou essas conexões podem estar desorganizadas, circulando em várias direções e aumentando a probabilidade de problemas. No caso do autismo, todos esses fios conectando os diferentes aparelhos não estão organizados de forma efetiva.

Indo mais longe: digamos que eu (Dawson) esteja nadando na praia e que uma pessoa que está na areia se levante rapidamente, olhe para o oceano com uma expressão alvoroçada, estenda os braços com o dedo indicador apontado e grite "Olhe!". Eu preciso consolidar rapidamente essa informação proveniente das diferentes partes do meu cérebro que a processam – circuitos de percepção facial (a expressão facial e o olhar da pessoa), circuitos de movimento corporal (levantar-se rapidamente e apontar), circuitos de linguagem (ela está gritando um alerta), onde eu estou (o oceano), o contexto (a praia), o que estou fazendo (executando um impressionante salto mortal na água) – e decidir precisamente o que fazer com ela. Certos circuitos cerebrais precisam consolidar com rapidez todas essas informações antes de traduzi-las efetivamente para diferentes circuitos cerebrais a fim de ajudar a orientar o meu comportamento em resposta a isso. Nesse exemplo simples, se essas informações não forem reunidas de modo eficiente *entre* os distintos circuitos neurais, a ação que eu escolher pode ter consequências desastrosas (eu poderia ser comido por um tubarão enquanto acenava para aquelas pessoas na praia por achar que elas estivessem aplaudindo minhas proezas na natação).

Pontos fortes e função cerebral

Curiosamente, as diferenças que vemos no funcionamento do cérebro de indivíduos com TEA, como as hiperconexões *dentro* dos circuitos cerebrais, também podem contribuir para que eles tenham pontos fortes em habilidades que não dependem das regiões afetadas ou conectadas. Aproximadamente 10% de todos os indivíduos com o transtorno têm habilidades específicas, ou habilidades de genialidade – que excedem as outras habilidades da criança e, algumas vezes, da população em geral. Essas fortes conexões no interior dos circuitos neurais podem explicar essas habilidades. Por exemplo, o lobo occipital é especializado em processos visuais. Se regiões dentro do lobo occipital estiverem fortemente conectadas, podemos observar pontos fortes em habilidades que dependem do processamento visual. Acontece que, com frequência, vemos os pontos fortes visuais como habilidades aprimoradas no TEA. Um exemplo fácil disso remete às revistas de atividades da sua juventude, nas quais você tem que identificar objetos escondidos dentro de uma figura. Indivíduos com autismo costumam ser capazes de identificar essas figuras escondidas em segundo plano mais rapidamente e mais precisamente do que seus pares em desenvolvimento típico. Embora não esteja claro se a hiperconectividade do circuito cerebral visual explica essas habilidades específicas, os cientistas estão trabalhando arduamente para entender melhor a relação entre as conexões cerebrais e o comportamento no transtorno.

> O circuito cerebral no TEA é como o conjunto de fios na sua escrivaninha: conexões frágeis e desorganizadas retardam as transmissões (p. ex., criando dificuldades na comunicação social no transtorno), enquanto conexões incomumente fortes dentro de certos circuitos criam sinalização extra-aguda (produzindo as habilidades de genialidade vistas em 10% dos indivíduos no espectro).

Diferenças que predizem sintomas posteriores

Pesquisas pioneiras recentes estão produzindo dados indicadores de que podemos ser capazes de perceber sinais na estrutura e no funcionamento do cérebro que predizem TEA antes do aparecimento de qualquer sinal externo. Por exemplo, certas diferenças no crescimento da área da superfície do cérebro dos 6 aos 12 meses de idade parecem prever o "crescimento exagerado" no cérebro que acontece dos 12 aos 18 meses. Variações nesses padrões de crescimento estão associadas aos desafios sociais que vemos no transtorno. Um estudo recente sugeriu que as conexões funcionais entre as regiões do cérebro aos 6 meses de idade podem antecipar o surgimento posterior de autismo. É muito cedo para usar esses achados ao diagnosticar crianças, mas eles levantam a possibilidade fascinante de, um dia, identificarmos bebês que podem vir a ter o transtorno utilizando um rápido teste de rastreio e, depois, um exame cerebral para obter mais informações. Aqueles que tiverem resultado "positivo", mesmo que não tenham surgido sintomas, poderão, então, receber intervenções baseadas no comportamento que podem evitar a manifestação de sintomas.

Como essas diferenças operam para resultar em TEA?

Todos esses achados nos fornecem hipóteses focadas sobre o desenvolvimento do cérebro no transtorno. Os cientistas sugerem, agora, quatro principais teorias sobre os mecanismos por trás do desenvolvimento deste: a hipótese do cérebro social, a teoria da conectividade, a hipótese da motivação social e a teoria da excitabilidade neuronal.

- Segundo a *hipótese do cérebro social*, a disrupção das estruturas e regiões responsáveis pelo processamento da informação social explica o desenvolvimento do autismo. Os achados dos estudos estruturais, funcionais e de conectividade apoiam essa hipótese.

- Segundo a *teoria da conectividade*, disrupções fundamentais na conectividade deixam as habilidades intactas em alguns domínios, mas criam desafios para a realização de tarefas mais complexas que requerem a integração de múltiplas regiões do cérebro. As diferenças estruturais e funcionais que são observadas em regiões particulares, de acordo com essa teoria, são efeitos consequentes dessas fracas conexões. Os estudos da conectividade apoiam essa teoria.

- Segundo a *hipótese da motivação social*, o TEA resulta de uma disrupção inicial na atribuição de relevância e recompensa aos estímulos sociais, deixando esses bebês desatentos ao seu mundo social. Achados de diferenças estruturais e funcionais em partes do cérebro associadas à recompensa, como regiões dos gânglios da base, fornecem apoio para essa perspectiva. Assim como na teoria da conectividade, as diferenças estruturais e funcionais observadas em regiões particulares são efeitos consequentes da experiência limitada de prestar atenção ao mundo social (isto é, subuso).

- Segundo a *teoria da excitabilidade neuronal*, aqueles que desenvolvem o transtorno apresentam diferenças na probabilidade de resposta das células cerebrais ao *input* em regiões associadas ao processamento da informação social.

Nenhuma dessas teorias explica todos os dados, mas cada uma incorpora e explica muitos dos achados de imagem cerebral. É possível que mecanismos distintos estejam envolvidos em diferentes crianças. Considerando-se as diversas causas de autismo, faz sentido que uma teoria sobre o cérebro no TEA não se aplique a todos os indivíduos.

As diferenças não podem ser o destino

No começo deste capítulo, observamos que, agora, sabemos que o cérebro é plástico – que o desenvolvimento do cérebro é dinâmico, mudando em resposta a muitas experiências diferentes. Isso significa que, assim como algumas experiências podem perturbar o desenvolvimento de forma que produza características de autismo, outras experiências, incluindo intervenções, são capazes de oferecer a promessa de mudanças positivas na estrutura e no funcionamento do cérebro. Podemos ver esse potencial com o conhecimento de como o cérebro se desenvolve.

> A plasticidade do cérebro torna possível que intervenções e outras experiências criem mudanças positivas no cérebro daqueles com TEA.

O DESENVOLVIMENTO DO CÉREBRO

O cérebro não é construído no nascimento – ele se desenvolve drástica e rapidamente antes de ocorrer o nascimento. Células cerebrais de diferentes tipos são produzidas em uma velocidade incrível nos primeiros quatro meses e meio de gravidez. Em alguns momentos, a velocidade pode atingir 250 mil novas células cerebrais por minuto! Quando o bebê nasce, seu cérebro contém 100 bilhões de neurônios, que é quase toda a quantidade que ele virá a ter (lembre-se do princípio do desenvolvimento exagerado e, então, da poda para maior eficiência, assim como um artesão agrega mais argila do que o necessário e, depois, remove o excesso para atingir a forma desejada).

Migração e diferenciação das células

Logo após seu nascimento (e ainda durante a gravidez), as células começam a migrar e a se diferenciar em diversos tipos (esta é uma das coisas obtidas pelos sinais epigenéticos, discutidos no Cap. 3, e é por isso que todas as células do nosso corpo têm o mesmo DNA, apesar de terem funções diferentes). Alguns neurônios se tornarão grandes, sendo concebidos para enviar sinais rapidamente das regiões motoras do cérebro para o resto do corpo, a fim de controlar o movimento, enquanto outros servirão como estações, traduzindo as informações que chegam do nosso sistema sensorial e retransmitindo esses sinais para partes do cérebro dedicadas a processar essas informações. Portanto, experiências e insultos nesse ponto do desenvolvimento têm efeitos particulares diferentes das experiências ou insultos em outro ponto no desenvolvimento.

Maturação celular

A maturação celular começa após e continua até a idade adulta. Durante o estágio de maturação celular, as estruturas celulares que reúnem informações de outras células, os dendritos, e as estruturas celulares que se projetam em outras células, os axônios, se desenvolvem para facilitar a comunicação entre as células e os circuitos dentro do sistema nervoso. Esse processo é altamente dependente das experiências na vida e da época em que elas ocorrem. Por exemplo, músicos que começam a tocar violino no começo da vida têm maior número de dendritos, representando maior maturação, naquelas regiões do cérebro associadas ao movimento dos dedos do que músicos que começam durante a adolescência ou que tentam tocar um instrumento em idade mais avançada. Isso quer dizer que não podemos aprender a tocar violino? É claro que não, mas as células cerebrais subjacentes à habilidade para realizar essa tarefa não serão tão maduras quanto seriam se tivéssemos começado a tocar com 4 anos de idade. Sabemos, a partir de estudos animais, que o cérebro é mais receptivo às experiências durante os primeiros anos de vida do que posteriormente, e é por isso que nós, como adultos, somos um pouco menos adaptáveis e temos mais dificuldade para aprender novas habilidades do que as crianças.

Poda sináptica

Já mencionamos a poda como outro processo crucial. Sinapses são as conexões feitas entre os neurônios. À medida que as células se diferenciam e maturam, elas começam a fazer conexões com outros neurônios, e o fazem de forma incrivelmente rápida. O cérebro está preparando a estrutura para ser capaz de fazer as coisas e está se aprontando para que a experiência o ajude a moldar como o fará. É como se uma cidade estivesse sendo construída em um dia com uma rede de comunicação detalhada – primeiro, as casas são construídas (células e neurônios); depois, elas são interligadas para comunicação (rede elétrica e telefônica). O cérebro faz muito mais do que uma cidade faz, mas a analogia pode ajudar. Porém, também é como se qualquer fio elétrico ou telefônico que não é usado simplesmente derretesse e desaparecesse – economizando energia e interferência na rede. Assim é o cérebro; no curso do desenvolvimento, essas sinapses – as conexões – são mantidas somente quando são usadas. O resto é podado, deixando apenas as conexões usadas regularmente. Isso torna o cérebro "menos barulhento" e mais eficiente.

Sempre ocorre alguma poda em todos os cérebros, assim como nossos sentidos se desenvolvem. Um exemplo drástico provém de experimentos no sistema visual de animais, que mostram que há crescimento significativo de sinapses dentro dos circuitos visuais do cérebro na fase inicial do desenvolvimento. Mas, quando, experimentalmente, a luz é impedida de atingir o cérebro após o nascimento (p. ex., confinando o animal no escuro ou impedindo que seus olhos se abram), essas sinapses são podadas, e as sinapses restantes fortalecidas focam em outros estímulos sensoriais, como a audição ou o tato.

Outra poda ocorre especificamente como uma resposta à experiência da pessoa, sendo um excelente exemplo o processamento facial. Os bebês são capazes de buscar rostos desde o nascimento e conseguem reconhecer, por exemplo, caras de macacos e rostos humanos – muito melhor do que conseguem as crianças mais velhas e os adultos. Essa habilidade diminui em torno dos 6 meses de idade, pois o cérebro aprendeu que distinguir caras de macacos não é importante e poda essas sinapses.

Igualmente, ao nascerem, os bebês conseguem discriminar todos os fonemas (as unidades mais simples da fala) de todas as línguas da Terra; o cérebro desenvolveu uma sinapse para todos os mundos possíveis. Mas, aos 6 meses de idade, as crianças reconhecem apenas aqueles aos quais estão expostas e, agora, aprenderão sua língua nativa com mais eficiência. Sobretudo, não é a simples exposição aos estímulos que mantém intactas as sinapses relacionadas à língua. *Os sons da fala têm que ser acompanhados pela interação social.* Portanto, ouvir uma língua estrangeira na televisão em segundo plano não é suficiente para manter essas sinapses. Os sons precisam ser socialmente significativos ou salientes para o desenvolvimento do cérebro continuar a ativar esses caminhos neurais e manter as sinapses funcionando. O cérebro é inteligente!

MOLDANDO O CÉREBRO

Esses estudos de maturação celular, formação e poda de sinapses apontam para o incrível poder da experiência para moldar o cérebro humano "plástico". A experiência precoce para alguns comportamentos é essencial, e o momento em que ocorre é importante, mas sabemos, agora, que nunca é tarde demais. Mas, embora fique cada vez mais difícil à medida que amadurecemos, podemos, por exemplo, aprender novas línguas mesmo na idade adulta. *O cérebro é mais plástico do que pensamos durante o desenvolvimento e mesmo durante a idade adulta.* Não só podemos continuar aprendendo durante toda a idade adulta – e aprender significa que as conexões entre os neurônios estão ficando mais fortes, as células estão se tornando mais maduras e os caminhos não utilizados estão sendo podados – como estudos científicos mostraram que o cérebro consegue se reorganizar para compensar um acidente vascular cerebral (AVC), uma lesão cerebral traumática e a amputação em graus variados. Pessoas com um braço amputado já relataram experimentar sensações táteis provenientes da mão que não está mais presente. Da mesma forma, cientistas que usaram fMRI descobriram que vítimas de AVC compensam sua lesão por meio de mudanças na organização do cérebro. Quando adultos sadios movimentam seus dedos, tipicamente vemos a ativação em partes características e bem conhecidas do córtex motor ligadas à mão. Quando uma vítima de AVC que perdeu o uso de uma das mãos passa por reabilitação e recupera o uso, exames do cérebro mostram que os movimentos dos dedos estão recrutando outras partes do cérebro. O cérebro criou um circuito alternativo para a nova aprendizagem necessária durante a reabilitação.

> Esse tipo de plasticidade pode ser aplicado a uma ampla gama de habilidades, incluindo as habilidades sociais.

Um terceiro exemplo da plasticidade do cérebro vem dos motoristas de táxi. Os motoristas de táxi desenvolvem fortes habilidades espaciais enquanto circulam pelas ruas da cidade para levar seus passageiros com rapidez de um local para outro. Cientistas fizeram exames de imagem do cérebro de taxistas de Londres e identificaram que eles tinham a região posterior do hipocampo significativamente maior – uma região importante para a orientação espacial. Esse crescimento estava diretamente correlacionado ao tempo em que os motoristas vinham operando táxis. Não foram observadas diferenças em outras estruturas cerebrais. Em outras palavras, o cérebro desenvolveu redes para se adaptar, apoiar e possibilitar a extensa aprendizagem pela qual esses motoristas passaram. A estrutura dessa parte do cérebro associada à circulação mudou com o tempo por meio da experiência e da aprendizagem.

Considerando que a ciência já nos mostrou que a aprendizagem altera o cérebro e que o cérebro pode responder à experiência, faz muito sentido concluir que abordagens de tratamento que mudam o comportamento também irão mudar o cérebro – o cérebro não é o destino, mas, em grande parte, reflexo das experiências, e pode se modificar com novas delas. *Assim, é um erro pensar que seu filho com autismo tem uma condição com "conexões fixas" imutáveis. O cérebro tem muitos "fios flexíveis" que podem se modificar com a oportunidade de aprendizagem certa.*

Intervenções comportamentais que ajudam no autismo

Acreditamos que a plasticidade do cérebro seja o motivo pelo qual as intervenções baseadas no comportamento, que melhoram as habilidades de comunicação social e reduzem os comportamentos desafiadores ou disruptivos, são efetivas para TEA. Sabemos que essas intervenções, coletivamente chamadas de ABA, funcionam. (Discutiremos essas intervenções no Cap. 5.) A nova ciência do transtorno também mostrou que terapias baseadas no comportamento, na verdade, podem mudar a função cerebral; veja o quadro a seguir.

Cerca de uma década atrás, um de nós (Dawson), junto com colegas, conduziu um ensaio controlado randomizado de uma intervenção naturalista baseada no comportamento denominada Early Start Denver Model, ou ESDM. Nesse estudo, 48 crianças em torno dos 2 anos de idade foram avaliadas de forma abrangente e, depois, designadas aleatoriamente para receber 2 anos de terapia ESDM administrada em casa por cerca de 25 horas por semana ou de intervenção comparativa. Essa intervenção comparativa envolveu avaliação, recomendações e encaminhamentos para intervenções na área comportamental. Depois do primeiro ano de intervenção, as crianças se submeteram a outra avaliação abrangente para verificar suas habilidades cognitivas e adaptativas e seus sintomas de TEA e, posteriormente, passaram por outra avaliação depois do segundo ano.

> **ABA: tratamentos comportamentais que tiram proveito da plasticidade do cérebro**
>
> ABA significa "análise comportamental aplicada". A maioria dos tratamentos baseados empiricamente usa os princípios da ABA, mesmo intervenções baseadas no jogo, como a ESDM. Os princípios da ABA incluem as regras que regem como ocorre a aprendizagem. Por exemplo, o reforçamento positivo está baseado no princípio de que, quando um comportamento é seguido por uma recompensa, ele terá mais probabilidade de ser repetido. Igualmente, quando retiramos uma recompensa depois de um comportamento, esse comportamento tende a se extinguir ou a enfraquecer com o tempo. Assim, terapias ABA são aquelas que usam esses princípios para promover comportamentos desejados (como a interação social) e reduzir comportamentos problemáticos (como explosões agressivas).

Após a intervenção, as crianças que receberam ESDM obtiveram ganhos na cognição, na linguagem e na habilidade adaptativa e tiveram menos sintomas severos do transtorno. Nesse primeiro ensaio controlado randomizado abrangente dessa intervenção baseada no comportamento, vimos ganhos nas habilidades cognitivas das crianças e na habilidade de evoluir por conta própria em situações cotidianas como se vestir, interagir com outras pessoas e se comunicar. Esse estudo significou um ponto alto para os achados repetidos de muitos estudos menores de intervenções baseadas no comportamento, demonstrando a sua eficácia.

> Os benefícios de intervenções comportamentais não cessam quando a intervenção termina. Depois de receberem tratamento intensivo, as crianças com TEA se submeteram a exame do cérebro, exibindo a mesma atividade cerebral que crianças típicas enquanto recebiam informação social.

Esse estudo também examinou a atividade cerebral para verificar o efeito da intervenção comportamental no cérebro. Foi usada eletrencefalografia, ou EEG, para examinar as mudanças relacionadas à intervenção no funcionamento do cérebro. Enquanto era registrada a atividade elétrica transitória do cérebro, por meio de eletrodos colocados no couro cabeludo (com EEG), os pesquisadores mostraram às crianças imagens de rostos e de brinquedos comumente encontrados e, então, realizaram o mesmo procedimento com crianças com desenvolvimento típico. Eles compararam a atividade cerebral em resposta a rostos (sinal biológico) *versus* objetos. Os cientistas identificaram atividade cerebral aumentada (e respostas mais rápidas aos rostos) nas crianças com desenvolvimento típico e nas crianças com autismo que receberam 2 anos de terapia ESDM, comparadas às crianças com o transtorno que receberam a intervenção baseada na comunidade. Ou seja, a atividade cerebral das crianças que receberam ESDM era similar à das crianças com desenvolvimento típico quando recebiam informação social. A atividade cerebral mudou e se tornou mais típica, refletindo as mudanças positivas no comportamento adquiridas por meio de intervenção intensiva.

Esse efeito da intervenção comportamental no cérebro também foi observado com o uso de outros tipos de estudos de imagem. Cientistas realizaram fMRI em um grupo de 10 crianças em idade pré-escolar com TEA antes e depois da realização de uma intervenção baseada no comportamento de 16 semanas, denominada treinamento de respostas pivôs (PRT). As crianças assistiram a exibições de pontos de luz com movimento biológico (um corpo em movimento) e de pontos de luz misturados durante o exame de MRI. Elas, então, receberam 7 horas de intervenção com PRT por semana, durante 16 semanas. Depois do período de intervenção, elas assistiram às mesmas exibições durante o exame de MRI. Um grupo comparativo de crianças com desenvolvimento típico também completou o paradigma da fMRI para medir como era a ativação cerebral esperada. As crianças com TEA apresentaram inicialmente ativação cerebral diferente em resposta ao movimento biológico simulado, mas, após a intervenção, a ativação refletia a das crianças do grupo de comparação com desenvolvimento típico.

Embora o estudo do impacto da intervenção comportamental no cérebro ainda seja relativamente novo, esses estudos pioneiros em autismo destacam a eficácia da intervenção na mudança do comportamento e do cérebro. *É possível modificar a forma como o cérebro funciona por meio da intervenção.*

O CÉREBRO ADOLESCENTE

Você vai notar, no entanto, que os estudos pioneiros que acabamos de mencionar foram conduzidos em crianças pequenas com o transtorno. O que isso significa quando nossos filhos ficam mais velhos? O cérebro continua a amadurecer durante a adolescência, mas há mudanças importantes que acontecem durante esse período e que têm implicações para o desenvolvimento do seu filho. De fato, a adolescência é um período peculiar em termos de desenvolvimento do cérebro.

Há muito tempo, os cientistas achavam que a maior parte do desenvolvimento cerebral estava concluída em torno dos 5 ou 6 anos de idade. Novos conhecimentos do desenvolvimento do cérebro demonstram que isso está muito longe de ser o caso e que ocorrem importantes mudanças específicas durante a adolescência. Para entender o desenvolvimento do cérebro adolescente, usamos um termo especial: mielogênese. Esse estágio crucial do desenvolvimento cerebral se inicia no período pré-natal e continua até a idade adulta.

Mielogênese se refere à criação de mielina. A mielina é como um *upgrade* de fibra óptica. Ela acelera a transmissão do impulso nervoso – a comunicação cerebral dentro e entre os circuitos e redes. A transmissão mais rápida e mais eficiente dos sinais entre as células se traduz na compreensão mais rápida e mais eficiente da informação e em uma resposta mais precisa.

O momento de ocorrência é crucial aqui. O cérebro não se mieliniza uniformemente. Em vez disso, no desenvolvimento típico, diferentes partes do cérebro são mielinizadas em momentos distintos no desenvolvimento. E essa diferença no momento de ocorrência em diferentes regiões cerebrais é o que precisamos para entender o comportamento adolescente e tem implicações para seu filho com TEA. As partes do cérebro que são mielinizadas em primeiro lugar são aquelas associadas a processos básicos, tais como aqueles que regulam a respiração, excitação, visão, audição, o sistema motor e sensorial. As últimas partes que mielinizam são aquelas associadas ao funcionamento executivo, tais como nossa habilidade para inibir comportamentos e ter múltiplas ideias na memória de trabalho, além de comportamentos sociais complexos, como a empatia. Portanto, isso significa que as partes do cérebro que se desenvolvem mais rapidamente estão associadas ao modo como avaliamos o risco, controlamos nosso comportamento ou entendemos ideias sociais complexas.

Um claro exemplo do desenvolvimento diferencial de estruturas e regiões cerebrais distintas provém de pesquisas que examinam o comportamento de exposição a risco em adolescentes. Usando imagens cerebrais de indivíduos com desenvolvimento típico durante a infância e a adolescência, cientistas examinaram as áreas mielinizadas no cérebro e encontraram diferenças marcantes. Eles descobriram que partes do cérebro associadas à recompensa e às emoções eram mielinizadas na adolescência antes de partes do cérebro associadas ao controle do comportamento e à avaliação de risco, as quais atingiam a maturação posteriormente. *Isso significa que o cérebro irá responder mais fortemente e mais eficientemente a comportamentos gratificantes e arriscados do que a ideias complexas sobre as consequências posteriores ou as perspectivas de outras pessoas.* Isso não quer dizer, obviamente, que os adolescentes não são capazes de inibir impulsos, mas que as estruturas mais desenvolvidas que envolvem o processamento das emoções e dos desejos podem, algumas vezes, controlar estruturas menos maduras que nos ajudam a manejar nosso comportamento.

Muitos desses ganhos na mielinização estão acontecendo durante a adolescência. Porém, também ocorrem outras alterações nesse período: mudanças nos sistemas neurotransmissores, elevações nos hormônios, que podem diferencialmente impactar sistemas cerebrais, e poda adicional, que reduz o número de conexões entre os neurônios e aumenta a eficiência da comunicação entre as células cerebrais.

Então, o que significa esse conhecimento das mudanças desenvolvimentais na estrutura e na função cerebrais durante a adolescência? Algumas coisas devem ser consideradas para seu filho:

1. *Oferecer oportunidades relativamente seguras para um comportamento arriscado pode ser uma abordagem altamente efetiva para ensinar novas habilidades.* Isso faz sentido, uma vez que os circuitos cerebrais responsáveis pelas emoções e pela recompensa maturam mais rápido do que partes que ajudam a impedir o comportamento impulsivo ou a julgar se alguma coisa é arriscada. Portanto, atividades como fazer escaladas (usando as medidas de proteção apropriadas) ou participar de trilhas com cordas são capazes de satisfazer o desejo por risco e proporcionar um espaço para ensinar habilidades do funcionamento executivo, como planejamento e memória de trabalho, o que pode acelerar a maturação desses circuitos.

2. *A plasticidade aumentada no cérebro durante a adolescência oferece outra ótima oportunidade para focar no aprimoramento das habilidades sociais por meio de abordagens comportamentais ensinadas em contextos naturais como a escola, onde boa parte do mundo social do seu filho está sendo construída.* Esses esforços para ensinar novos comportamentos podem proporcionar maior retorno do investimento.

3. *Também precisamos estar em sintonia com a experiência da criança com o mundo adolescente e ter consciência do fato de que vemos índices aumentados de depressão e ansiedade em nossos filhos com autismo.* Conforme mencionamos no Capítulo 2, à medida que nossos filhos adquirem nova compreensão do mundo social, eles, algumas vezes, se sentem isolados, sozinhos e sem as habilidades para lidar com os relacionamentos do mundo adolescente. Faz sentido que a consequência seja depressão e ansiedade. Sua função como pai é estar atento a isso, entendendo que depressão e ansiedade podem ser mais difíceis de identificar no seu filho. Algumas crianças com TEA não têm as habilidades da fala para se comunicar; outras podem não ter linguagem suficiente para descrever esses tipos de sentimentos; outras, ainda, podem não ter uma ampla variedade de emoções para que você consiga perceber as mudanças. Igualmente, alguns sintomas de ansiedade podem ficar mascarados em crianças com autismo devido à existência de rituais, comportamentos repetitivos ou esquiva de situações. Entretanto, ficando atento a alterações no sono, nos hábitos alimentares, no nível de energia ou prestando atenção ao aumento da irritabilidade ou à perda de interesse em atividades que seu filho anteriormente gostava de fazer, você pode identificar sinais de depressão. Da mesma forma, se você está achando que seu filho está evitando situações

que previamente não eram evitadas, ou se percebe aumento nos comportamentos repetitivos ou ritualísticos, pode fazer sentido considerar ansiedade. Intervenções e suportes muito efetivos para depressão e ansiedade se encontram disponíveis. Se você começar a ver esses sintomas surgirem e estiver preocupado, contate o médico do seu filho e compartilhe suas observações.

Por fim – e mais importante –, as pesquisas mais recentes, conforme descreveremos em seguida, nos mostram que a estrutura e o funcionamento do cérebro podem mudar em resposta a intervenções muito mais tarde do que jamais imaginamos. O cérebro é resiliente, plástico e altamente receptivo às intervenções e aos suportes que colocamos em ação para ajudar nossos filhos. E podemos colocar em ação esses suportes e intervenções para fazer essas mudanças na estrutura e na função do cérebro e, assim, no comportamento ao longo do desenvolvimento.

PLASTICIDADE DO CÉREBRO AO LONGO DA VIDA

Um exemplo perfeito do dinamismo do cérebro ao longo da vida provém de um estudo da percepção facial em adultos com TEA, conduzido por um de nós (Dawson) e uma pesquisadora associada (sua aluna Susan Faja). Eles desenvolveram um programa de treinamento informatizado que instruía os indivíduos a como olhar e recordar objetos, como rostos e casas. Eles designaram aleatoriamente adultos com o transtorno que tinham dificuldades com a percepção facial para se submeterem ao programa de treinamento com foco no desenvolvimento de *expertise* em rostos ou em casas. Os adultos foram, então, testados quanto ao desenvolvimento de suas habilidades para reconhecer rostos e, depois, também se submeteram a uma sessão de teste com EEG, na qual viam imagens de rostos e casas. Após o programa de treinamento informatizado, os adultos que aprenderam habilidades de percepção facial apresentaram melhora nas medidas padronizadas de memória para rostos, e os adultos que desenvolveram *expertise* em casas apresentaram melhora nas medidas de memória para casas. O programa de treinamento atuou claramente no nível comportamental. Quando examinadas as respostas de EEG dos adultos ao olharem para centenas de figuras de rostos e casas, apenas os adultos que se submeteram ao treinamento para rostos apresentaram mudanças na atividade elétrica cerebral ao olharem para imagens destes.

Os milhares de estudos do cérebro no TEA nos mostram que, no transtorno, existem diferenças estruturais e funcionais que começam a surgir muito cedo no desenvolvimento, bem antes de aparecerem os desafios que seu filho com autismo tem. Mas eles também nos dizem que podemos alterar esse desenvolvimento do cérebro para ajudar seu filho a construir as habilidades para ser mais bem-sucedido nas interações sociais, no manejo da ansiedade, na redução daqueles comportamentos desafiadores e na aprendizagem de habilidades cotidianas. *E podemos fazer a diferença nesses aspectos para indivíduos com TEA ao longo da vida.*

PONTOS PRINCIPAIS

➤ O cérebro muda muito mais rapidamente em resposta ao desenvolvimento e às suas experiências do que se imaginava. Saber que mudanças ocorrem, e quando, nos ajuda a entender onde o desenvolvimento pode dar errado no transtorno e onde e como podemos prevenir ou melhorar os sintomas.

➤ Ainda não sabemos o suficiente para usar nosso conhecimento do desenvolvimento do cérebro no autismo para diagnosticar TEA, mas avanços recentes nos dizem onde concentrar as pesquisas futuras. Ou seja, atualmente, não existe um exame cerebral que possamos usar para diagnosticar o transtorno, mas a expectativa é ter uma ferramenta como estar no futuro.

➤ As diferenças no cérebro que predizem TEA surgem antes de aparecerem os sintomas externos. Cientes disso, podemos imaginar que uma ferramenta de rastreio rápido seria capaz identificar o potencial para o transtorno em bebês muito pequenos, os quais poderiam, então, se submeter a um exame do cérebro. Assim, quando esses resultados confirmassem essa vulnerabilidade, poderiam ser usadas imediatamente intervenções comportamentais capazes de prevenir a progressão dos sintomas.

➤ Tratamentos como ESDM e PRT, que utilizam técnicas da ABA, são eficazes porque estão baseados em como aprendemos. Eles ajudam as crianças com o transtorno a reverter déficits em habilidades sociais e a controlar os interesses restritos e os comportamentos repetitivos que estão interferindo em suas vidas.

➤ A adolescência é acompanhada de rápido desenvolvimento do cérebro, oferecendo novas oportunidades para crescimento, particularmente o crescimento social, em ambientes naturais, como a escola.

5

QUAIS AS MELHORES PRÁTICAS PARA AJUDAR UMA CRIANÇA COM AUTISMO?

Nosso conhecimento atual do autismo resultou em ferramentas específicas para ajudar indivíduos com o transtorno. Como existem muitos caminhos que podem levar a resultados positivos para seu filho, é provável que um deles funcione para você. Entretanto, encontrar o caminho certo pode ser confuso. Algumas "soluções" populares podem atrasá-lo em vez de ajudá-lo, ou, na melhor das hipóteses, podem não ser efetivas. Caminhos novos, não testados e potencialmente prejudiciais são propostos todos os dias. Embora a internet forneça capacitação por meio do acesso inigualável à informação, ela também introduz muito ruído e desinformação. Nosso objetivo neste capítulo é guiá-lo para tratamentos e serviços que têm evidências científicas comprovadas quanto a sua eficácia.

Outro objetivo deste capítulo é ajudá-lo a focar no quanto é importante que as avaliações do seu filho e os planos de tratamento baseados nestas se concentrem consistentemente na individualidade dele. Tudo o que foi explicado nos Capítulos 1 a 4 destacou o fato de que o autismo não é uma condição única. Para a obtenção dos melhores resultados é essencial que seu filho ou sua filha seja visto e tratado como alguém com TEA que também tem características únicas que devem ser consideradas no planejamento do tratamento.

Além dos desafios de encontrar o caminho certo, a realidade é que o caminho a seguir raramente é fácil. Mesmo quando sua família está em um caminho realista e válido com uma boa chance de sucesso, muito trabalho árduo está evolvido. Todos experimentam altos e baixos e aparentes retrocessos. Nem todos com quem você fala têm a mesma ideia sobre qual é o caminho certo a seguir. O progresso pode ser dolorosamente lento às vezes, enquanto em outros momentos pode ser rápido e emocionante.

Existe uma metáfora familiar no mundo dos transtornos do desenvolvimento que diz o seguinte: ter um filho se assemelha um pouco a planejar e entrar em uma jornada. Ao antever a jornada, você pensa sobre aonde quer ir, planeja cada parte dela e imagina com entusiasmo o seu destino. Ter um filho com um transtorno do desenvolvimento é como descer de um avião no seu destino planejado e descobrir que você aterrissou em outro lugar. É inesperado, desorientador, confuso e até mesmo assustador e pode deixar muitos pais com uma sensação de profunda perda, pelo menos inicialmente. Toda a sua preparação não se aplica à situação atual. Isso é duplamente verdadeiro quando você considera as diversas formas distintas que o autismo assume. Você pode se sentir ainda mais perdido quando percebe que as orientações que se aplicam a outras crianças com TEA podem não se adaptar bem à realidade do seu filho. Portanto, com este capítulo, esperamos ajudá-lo a tirar vantagem do seu conhecimento do autismo como um espectro que inclui uma ampla variação e a encontrar o nicho no qual seu filho pode obter a melhor ajuda possível.

PASSO 1: OBTENDO UMA AVALIAÇÃO

Para a maioria das pessoas, ter um profissional próximo é um complemento necessário aos próprios esforços. Uma avaliação diagnóstica profissional deve lhe dizer se o seu filho de fato tem TEA, mas também quais as necessidades individuais que seu filho, em particular, tem. A ciência recente no autismo tem destacado que, devido ao fato de que nem todas as crianças com o transtorno se desenvolvem da mesma maneira, é importante realizar avaliações atualizadas periodicamente à medida que seu filho cresce e se desenvolve.

Foi apenas no ano 2000 que um grupo de parâmetros sintetizados da prática se reuniu para definir os alertas que indicam que uma avaliação é importante e justificável. Embora já não sejam a "nova ciência", eles reforçam os sinais em que é importante prestar atenção. Se você estiver lendo este livro antes de ter obtido uma avaliação diagnóstica para seu filho, ou se está preocupado com um segundo filho, veja o quadro a seguir.

> **Sinais de alerta de que uma avaliação profissional é uma boa ideia**
>
> Estes são os principais comportamentos para ficar alerta:
> 1. Seu filho não está balbuciando ou usando gestos regularmente (diariamente) aos 12 meses de idade.
> 2. Seu filho não está falando pelo menos palavras isoladas aos 16 meses de idade.
> 3. Seu filho não está usando linguagem espontânea de frases com duas palavras aos 24 meses de idade.
> 4. Seu filho perdeu a linguagem ou as habilidades sociais previamente adquiridas.

Conforme mencionado anteriormente, os avanços na pesquisa do autismo ainda não forneceram testes biológicos diagnósticos para o transtorno. Isso significa que ainda não há testes genéticos, ensaios sanguíneos ou abordagens de exame cerebral que possamos usar para diagnosticá-lo de forma confiável. Um diagnóstico de TEA é feito com base na observação do especialista em situações de teste padronizadas, combinada com a coleta minuciosa da história e de entrevistas com os pais. As informações a seguir o ajudarão a se certificar de que você está obtendo a melhor avaliação que a ciência tem a oferecer no momento.

Como uma avaliação pode levar ao tratamento individualizado

Para garantir que seu filho receba tratamento apropriado e *individualizado*, é importante primeiramente determinar que as dificuldades sociais com os pares, o contato visual limitado, os rituais ou as dificuldades com transições de uma atividade para outra exibidos pelo seu filho são realmente devidos ao autismo, e não a outro transtorno. Uma criança com um transtorno de ansiedade pode não participar de atividades sociais e apresentar determinados comportamentos ritualizados para ajudar a reduzir a ansiedade – mas o plano de tratamento seria muito diferente do que seria para TEA. Igualmente, uma criança com TDAH pode ter dificuldades sociais seguindo um padrão de amizades frustradas devido a interações impulsivas e desreguladas – mas ela precisa de um plano de tratamento diferente do que se *também* tivesse autismo. Além disso, o quadro pode mudar com o desenvolvimento, portanto é aconselhável que seu filho seja reavaliado caso surjam novas preocupações comportamentais.

Depois de determinar que os sintomas do seu filho se enquadram melhor em um diagnóstico de autismo, e não outro diagnóstico, a determinação do perfil específico é fundamental para que um plano de tratamento individualizado possa ser preparado. Como já enfatizamos, cada criança com TEA é única, e essa variabilidade entre as crianças com o transtorno precisa ser levada em consideração. Não existe um plano de tratamento que seja apropriado para todas. Um bom clínico não dirá simplesmente "Seu filho tem autismo; portanto, vamos escolher este plano de tratamento". De fato, o que é mais importante em relação à avaliação é entender os pontos fortes e fracos específicos do seu filho para que o plano de cuidados seja único para ele. Em consequência, uma avaliação bem-sucedida não só determinará o rótulo diagnóstico apropriado como também destacará o perfil único dos pontos fortes e fracos apresentados pelo seu filho.

> Um aspecto fundamental da individualização do plano de tratamento para o seu filho é incorporar os pontos fortes e fracos dele.

Como você escolhe um profissional qualificado?

Quando o desenvolvimento de uma criança precisa ser avaliado, obviamente é importante sempre garantir que o profissional que está realizando essa avaliação seja apropriado em termos de treinamento, credenciais, experiência e *expertise*. Pode ser ainda mais importante no autismo que esse profissional tenha a formação e a educação apropriadas – como a de um psicólogo, psiquiatra, neurologista ou pediatra do desenvolvimento licenciado –, além de experiência suficiente para se manter atualizado com os avanços recentes na área. Idealmente, isso significa alguém que se especializa em TEA, o que representa ter realizado formação adicional ou educação focada especificamente em autismo e transtornos do desenvolvimento, aliada à experiência no trabalho direto com indivíduos com o transtorno. Por fim, preferencialmente, você vai querer alguém com *expertise* no processo diagnóstico. Você pode fazer algumas perguntas simples para averiguar o quanto o clínico está familiarizado e atualizado com o processo diagnóstico e o planejamento de tratamento para autismo:

- "Que experiência você tem com autismo?" Você vai querer ouvir que o profissional fez algum treinamento recente específico para o transtorno e que, no momento, tem uma prática clínica ativa na área do autismo. Ouvindo a respeito dos treinamentos atuais ou da prática ativa, você poderá se assegurar de que seu clínico está se mantendo atualizado com informações sobre TEA.
- "Como é seu processo de avaliação diagnóstica?" Você vai querer que o profissional descreva o processo, além de ouvir que ele usa os componentes essenciais de uma boa avaliação, conforme descrito a seguir.
- "Como você se mantém atualizado quanto ao seu treinamento em autismo?" Você vai querer ver seu clínico discutindo artigos atuais e revisões da literatura científica e participando de conferências ou cursos de educação continuada focados no transtorno.

O que você deve esperar durante uma avaliação hoje?

Embora haja alguma flexibilidade sobre o quanto a avaliação é abrangente, dependendo do caso particular do seu filho, parâmetros de prática recentes e consenso científico relatam a concordância de que os componentes essenciais de uma boa avaliação para TEA atualmente incluem os listados a seguir.

1. Uma revisão da história do desenvolvimento (o desenvolvimento inicial do seu filho na área social, de comunicação e comportamental, a história médica e os marcos no desenvolvimento). Avanços científicos recentes destacaram a importância que os déficits sociais precoces têm para a especificidade do diagnóstico, portanto um conhecimento minucioso das habilidades sociais e comunicativas precoces é fundamental.

2. Entrevista e classificações sobre o funcionamento atual, sintomas, pontos fortes e fracos. Às vezes são usados questionários para reunir informações de uma variedade de pessoas que conhecem a criança que está sendo avaliada. A elaboração recente de diversas ferramentas de classificação tem auxiliado na rápida coleta de informações importantes sobre os sintomas relacionados ao autismo segundo múltiplas perspectivas, o que a ciência indica ser essencial para o quadro diagnóstico.

3. Observação direta do seu filho usando as avaliações diagnósticas geralmente utilizadas para TEA.

4. Testes secundários ou complementares. Estes podem incluir testagem psicológica para avaliar o desenvolvimento intelectual, da linguagem, cognitivo e funcional ou examinar as dificuldades de ocorrência concomitante, como problemas do sono e gastrintestinais ou questões médicas associadas (como convulsões). Conforme observamos anteriormente, a testagem genética é o padrão atual, embora seja relevante para o tratamento apenas em casos relativamente raros. Também tenha em mente que existem avaliações que não são clinicamente úteis nesse caso, como MRI para uma criança que não apresenta convulsões ou outros sinais neurológicos.

É comum que cada um desses componentes da avaliação seja fornecido por um especialista nessa área (p. ex., patologista da fala e da linguagem, geneticista, neurologista, gastrenterologista). Assim, a avaliação diagnóstica envolve múltiplos profissionais com diferente *expertise* e, por isso, costuma ser chamada de "avaliação multidisciplinar" (veja a tabela a seguir). Este é talvez um dos avanços principais na avaliação de autismo que tem sido impulsionado por achados científicos recentes. A contribuição fundamental dos problemas GI aos desafios comportamentais, o índice de transtornos genéticos associados ao transtorno e a importância do reconhecimento de convulsões ressaltam a importância de incluir no processo diagnóstico outros profissionais especializados.

Profissionais comumente envolvidos na avaliação e no tratamento de uma criança com autismo

Tipo de profissional	Tipo de avaliação
Pediatra	Avaliação comportamental, testes médicos iniciais, incluindo rastreio genético prévio.
Psicólogo	Avaliação comportamental e cognitiva.
Psiquiatra	Avaliação de comorbidades psiquiátricas, como TDAH e ansiedade, e medicamentos necessários para tratá-las.
Médico geneticista	Testagem genética, especialmente se estiverem envolvidas síndromes genéticas específicas.
Neurologista	Epilepsia, transtornos convulsivos, dificuldades para dormir.
Gastrenterologista	Problemas GI.
Patologista da fala e da linguagem	Atrasos na fala, dificuldades de articulação, problemas de alimentação, uso social da linguagem.
Terapeuta ocupacional	Dificuldades motoras e de coordenação, jogo funcional, problemas sensoriais.

São muitas as formas de reunir informações sobre a história da criança e suas dificuldades, e há muitas maneiras de observar diretamente o comportamento de uma criança. Para coletar a história e obter conhecimento do padrão de desafios presentes, uma entrevista com um cuidador ou vários cuidadores é realizada por um clínico com *expertise* em autismo. Às vezes, esse processo de entrevista acontece com um dos pais e, outras vezes, pode exigir entrevistas com vários membros do restante da família e incluir um ou dois professores.

Recentemente, pais e outras pessoas com conhecimento profundo de crianças com TEA se revelaram valiosos para aumentar nosso conhecimento científico do transtorno. Relatos de pais e professores nos ajudam a identificar padrões em crianças no espectro que, como pesquisadores, podemos estudar para obter uma compreensão que produza informações sobre a causa e o tratamento. Como pai ou mãe, você é especialista no seu filho. Você sabe quando ele está muito bem e quando precisa de apoio para enfrentar o dia. Você sabe por quanto tempo esse padrão de desafios persistiu, quando houve mudanças, e é capaz de descrever comportamentos que podem ou não acontecer durante uma curta interação de 45 minutos com um médico e que não seriam vistos durante essa observação direta do seu filho. Obviamente, tais informações são essenciais para a obtenção de um quadro completo do seu filho quanto aos seus pontos fortes e fracos e suas necessidades individuais.

> Sua *expertise* como pai ou mãe, e a *expertise* coletiva de outros pais e professores, é fundamental não só para o planejamento do melhor tratamento para crianças específicas como também para aumentar nosso conhecimento científico do TEA, observando e descrevendo padrões em crianças no espectro.

A observação direta pelo clínico é essencial porque um clínico especializado é capaz de identificar os sintomas ou comportamentos que passarão despercebidos em entrevistas isoladas. Conforme discutido anteriormente neste livro, hoje os clínicos não estão apenas tentando determinar se uma criança tem ou não autismo, mas também quais qualificadores são relevantes para esse diagnóstico, quais diagnósticos além do autismo contribuem para o quadro e quais os pontos fortes e fracos observados em seu filho. O relatório resultante da avaliação irá descrever quais ferramentas e processos de avaliação o seu profissional usou para definir o diagnóstico e especificamente quais resultados dessas abordagens apoiariam a justificativa para sua conclusão. Essas ferramentas de avaliação evoluíram nos últimos anos para ajudar os clínicos a diagnosticar o TEA com rapidez e precisão. Antes da elaboração de instrumentos padronizados, como os listados no quadro a seguir, havia pouco consenso na tomada de decisão diagnóstica, mas essas ferramentas permitiram maior padronização e confiabilidade para os clínicos chegarem às mesmas conclusões sobre a mesma criança. Dessa forma, o relatório irá fornecer recomendações baseadas no perfil particular do seu filho. São esses resultados e recomendações que vão guiar a sua tomada de decisão ao elaborar o pacote de cuidados da sua família.

Ferramentas diagnósticas atuais e comumente usadas para autismo

Nenhuma ferramenta específica é efetiva isoladamente. A seguir, apresentamos algumas das ferramentas diagnósticas comuns que têm forte apoio científico:

- Entrevista Diagnóstica para Autismo – Revisada (ADI-R). A ADI-R é uma entrevista semiestruturada com o cuidador. É longa e não costuma ser usada em contextos clínicos, mas é uma abordagem poderosa para reunir sistematicamente informações sobre crianças e adultos com habilidades cognitivas acima de 18 meses de idade. Frequentemente usada em contextos de pesquisa.

- Escala de Observação para o Diagnóstico de Autismo, Segunda Edição (ADOS-2). A ADOS-2 é uma observação semiestruturada (interação clínico-criança) que envolve diversas tarefas interativas. Há vários

módulos baseados na linguagem e na idade, cada um deles com diferentes atividades. A ADOS-2 leva de 30 a 60 minutos para ser aplicada e requer *expertise* para administrar e codificar com precisão.
- Escala de Classificação de Autismo na Infância, Segunda Edição (CARS-2). A CARS-2 é uma medida em que os clínicos classificam uma criança quanto a frequência, peculiaridade, intensidade e duração dos comportamentos, tais como comunicação e desenvolvimento social, baseados em observações e informações reunidas durante a avaliação.
- Escala de Avaliação de Autismo de Gilliam, Terceira Edição (GARS-3). A GARS-3 é uma escala de avaliação que pode ser realizada por professores, pais ou clínicos em cerca de 10 minutos e que avalia a frequência de comportamentos associados ao autismo.

PASSO 2: ELABORANDO SEU PACOTE DE TRATAMENTO

O cuidadoso processo de avaliação disponível para pais e filhos atualmente é muito benéfico para fornecer informações suficientes para adaptar o tratamento a cada criança em particular. Porém, com toda a franqueza, ele apresenta desafios para os pais. Fazer tudo o que seu filho idealmente precisa o mais rápido possível pode ser um trabalho em tempo integral e, muitas vezes, uma grande sobrecarga. A maioria dos pais sente muito estresse ao tentar absorver todas as novas informações recebidas e elaborar um plano de tratamento que será útil para seu filho. E, para a maioria das famílias, não há como escapar do fato de que cabe aos pais construir e levar adiante esse plano de tratamento. Há muito suporte a sua disposição, mas até acessá-lo pode ser mais uma tarefa para realizar. Portanto, nesta seção, lhe diremos o que observamos clinicamente ao longo dos anos que possibilita que muitos pais cumpram a tarefa, ao mesmo tempo que mantêm a sanidade e a saúde, tanto sua quanto da sua família.

Se o que propomos parecer assustador, por favor, tenha em mente que temos evidências científicas de que sua persistência, ativismo e atenção trarão benefícios para seu filho. O autocuidado que muitos ignoram, assim como o popular "Coloque primeiro a sua máscara de oxigênio", e colocam em uma posição muito baixa na lista de prioridades provou melhorar os resultados para a criança no espectro e apoiar os pais quanto ao que enfrentarão nos próximos anos.

A seguir, apresentamos algumas diretrizes baseadas no que vimos funcionar para inúmeras famílias após uma avaliação que indica que seu filho tem TEA.

Faça perguntas – incansavelmente, se for preciso

É muito raro um pai ou mãe que passe pelo processo de avaliação e sair dele tendo em mente claras orientações de procedimento. Mesmo depois de examinar em detalhes o relatório diagnóstico com seu clínico durante a entrevista de devolução, é possível que a única coisa que se lembre de ter ouvido é a palavra "autismo". Tudo o que o clínico diz depois disso pode se tornar um borrão na sua memória. Se isso vale para você, você pode reler o relatório no dia seguinte e perceber que tem perguntas – muitas perguntas.

Portanto, comece revisando o relatório cuidadosamente e faça um acompanhamento com o clínico se tiver alguma pergunta ou discordar de alguma das conclusões. Não importa o quanto você ache a pergunta sem importância. É preciso entender cada parte desse relatório, pois você será o principal defensor e coordenador do tratamento do seu filho. Não hesite em solicitar uma segunda sessão de devolução para que tenha seus questionamentos respondidos frente a frente.

O relatório que você recebeu do responsável pelo diagnóstico do seu filho descreverá as principais recomendações, ou as coisas que você poderia fazer, para ajudar seu filho e família. Assegurar-se de que você entende plenamente cada recomendação de tratamento e por que seu clínico propôs isso é muito importante. Isso o ajuda a considerar qual é a prioridade para esse componente do tratamento e se há outras maneiras de ajustá-lo ou modificá-lo, em conjunto com o clínico, para beneficiar seu filho ao máximo.

Organize seus materiais de tratamento: esta não é uma tarefa difícil

Organizar-se no início, mesmo que você ainda se sinta em choque e esteja cheio de questionamentos sobre o que o futuro reserva, vai poupá-lo de intermináveis aborrecimentos posteriormente. Vamos examinar a experiência de uma família. A mãe de Joey, Ellen, fez cópias do relatório do seu filho e as compartilhou com todos os professores e médicos com quem seu filho tinha contato. Ela se preocupou em conhecer esse relatório em seus mínimos detalhes para que pudesse focar os pontos fortes e os desafios do seu filho e fosse capaz de explicar como as recomendações de tratamento se baseavam nesses pontos fortes e se voltavam para os desafios. Para ela, e para os cuidadores do seu filho, o relatório se tornou extremamente útil – pois ela tinha domínio do seu conteúdo. Ela montou uma pasta-arquivo com uma seção dedicada à papelada associada a cada parte específica do pacote de tratamento e a organizou por cores correspondentes a cada recomendação de tratamento do relatório. Ela usou esse sistema de coordenação por cores na pasta-arquivo de três furos para o tratamento de seu filho. Ela a chamou de "pasta-arquivo do circo com três palcos" (portfólio). Para Ellen e para você, manter a ação em todos os três cenários requer estabelecer prioridades.

> Tratar o TEA ao longo do tempo é complicado. Não se surpreenda se você precisar manter arquivos com muita papelada – possivelmente no que um pai ou mãe chamaria de "pasta-arquivo do circo com três palcos".

Priorize recomendações e tarefas – você não pode fazer tudo ao mesmo tempo

Uma forma de se sentir menos sobrecarregado e garantir que você está investindo seu tempo e energia em algo proveitoso é priorizar cada parte do plano de tratamento. Seu clínico pode ajudá-lo a fazer isso. Não é possível fazer tudo ao mesmo tempo, e nem faz sentido. A ciência nos mostrou que há momentos nos quais você precisa se concentrar na primeira parte antes de se beneficiar da segunda. Por exemplo, quando Molly chegou com seus pais, Richard e Diana, uma preocupação-chave era que Molly tinha tantos problemas com comportamentos disruptivos que era incapaz de prestar atenção e responder ao fonoaudiólogo. A ciência evidenciou por diversas vezes que um comportamento disruptivo pode impedir que uma criança consiga adquirir novas habilidades. No caso de Molly, seus pais e o clínico decidiram que a prioridade mais alta era abordar o comportamento disruptivo de Molly para que, desse modo, ela pudesse trabalhar no desenvolvimento de habilidades para a comunicação social.

Ellen, a mãe de Joey, numerou cada recomendação e elencou as prioridades com seu clínico, pois sabia que não poderia lidar com tudo ao mesmo tempo. Ela destacou partes do relatório que queria garantir que todos os que trabalhavam com seu filho conhecessem. Além disso, ela identificou membros importantes da família que poderiam ajudá-la com diferentes aspectos do dia de Joey, como o transporte até os vários compromissos do filho. Isso possibilitou que ela tivesse algum tempo durante o dia para ela mesma e para outras responsabilidades.

Nem todos conseguem ser tão organizados assim, mas a abordagem de Ellen para se organizar exemplifica os principais enfoques de um pacote de tratamento, cujo gerenciamento cabe aos pais, na medida do possível. Após o recebimento das informações necessárias para o tratamento do seu filho, é importante organizá-las e coordená-las, incluindo também um tempo para cuidar de si.

Torne-se o coordenador do tratamento do seu filho – ou o moderador

Um desafio-chave é que seu filho provavelmente irá trabalhar com muitas instituições e pessoas. A avaliação de Joey deu lugar a recomendações envolvendo seu programa na escola, abordagens de tratamento na comunidade e componentes no centro local para autismo. As diferentes instituições e os prestadores de serviço não trabalhavam necessariamente em conjunto. Manter a documentação e as informações sobre esses diferentes tratamentos organizadas era um desafio para Ellen, assim como é para muitos pais. No entanto, é incrivelmente útil investir esforços para fazê-lo, pois isso o ajuda a facilitar a comunicação entre todas as pessoas envolvidas no tratamento do seu filho. Pode até parecer muito trabalho, mas essa comunicação é fundamental. Se todos os diferentes profissionais estiverem focados nos mesmos objetivos, a ciência nos diz que as chances de sucesso são maiores. Seu médico pode ajudar a estabelecer uma linguagem consistente (como termos instrucionais ou objetivos definidos similarmente) que todos possam usar com seu filho para ajudá-lo a solidificar as ideias em todos os contextos. A ciência nos mostra que isso é especialmente relevante para o TEA devido às dificuldades que as crianças com o transtorno apresentam em estender as habilidades aprendidas em um contexto para outros contextos. Ter objetivos que estão sendo abordados em algum nível entre os ambientes, incluindo sua casa, irá ajudar seu filho a amplificar e solidificar essas habilidades.

Pesquisas também evidenciam que o simples ato do contato regular entre os cuidadores e os profissionais da equipe de tratamento já melhora os resultados.

Seja um defensor do seu filho – isso faz a diferença

Você sem dúvida tem defendido seu filho desde que ele nasceu, mas agora o alcance dessa função precisa se expandir. Uma das preocupações mais comuns que os pais nos relatam é a constante luta para obter acesso aos tratamentos recomendados para seu filho. E temos evidências de nossos anos de prática clínica que mostram que ser um defensor efetivo é a chave para perceber o potencial para o tratamento do TEA. Isso faz sentido. A ciência aponta que as crianças que recebem intervenção têm melhores resultados, mas são as crianças cujos pais defendem efetivamente que conseguem ter acesso a esses serviços. Assim, estas são as crianças com os resultados mais satisfatórios.

Tudo isso parece muito bom no papel, mas onde você encontra todos esses serviços? As listas de espera são muito longas, ou o seguro não cobre os custos. Frequentemente, a escola não é capaz de fornecer os recursos recomendados. O ativismo em favor do seu filho é o caminho. A seguir, apresentamos um exemplo.

As adaptações incluídas no programa de educação individualizada (PEI) para Tim não incluíam algumas das recomendações feitas na sua avaliação. O médico explicou à mãe de Tim, LaTonya, que o menino tinha dificuldades significativas com sua velocidade de processamento lenta, especialmente para entender o que as pessoas lhe diziam. Portanto, as recomendações para a escola incluíam que os professores modificassem a forma como falavam sobre suas tarefas, mudassem sua cadeira de

O que a ciência nos diz sobre o transtorno do espectro autista 113

lugar para que se distraísse menos e reduzissem as instruções verbais, mas nenhuma delas fazia parte do PEI vigente. LaTonya inicialmente não tinha certeza se valia a pena lutar por essas coisas, até que entendeu que a forma peculiar como seu filho aprendia requeria esse tipo de suporte para que ele tivesse sucesso na escola.

É importante observar aqui que a compreensão de LaTonya do que seu filho precisava especificamente e do porquê foi o que possibilitou que ela lutasse efetivamente por ele. Ela conseguiu persuadir a escola a acrescentar essas medidas ao plano. Essa compreensão também a motivou a encontrar uma nova fonoaudióloga para ajudar a família a aprender a falar de forma que fosse mais fácil para Tim acompanhar em casa.

> Advogar em defesa do seu filho com autismo significa ser firme, persuasivo, persistente e educado. Você não está sendo "exigente" quando reivindica o que seu filho precisa e merece, e tentar obter isso não representa retirar recursos de outras crianças.

Ao realmente entender as necessidades do seu filho, você pode pensar criativamente sobre como atendê-las e ser persuasivo ao comunicar como essas necessidades podem ser supridas. Se o resultado da avaliação do seu filho indicou desafios nas principais habilidades sociais relacionados ao seu diagnóstico de TEA, e a recomendação foi terapia baseada na ABA em virtude de este ser o principal tratamento apoiado empiricamente para os desafios do seu filho, então você pode usar esse conhecimento para se comunicar com os profissionais da área, a escola do seu filho, sua organização de defensoria regional, sua companhia de seguro e outras partes interessadas.

Seja persistente – isso não é o mesmo que ser "exigente"

Não hesite em ligar para o clínico do seu filho e pedir explicações adicionais até sentir que realmente entende a justificativa por trás do plano de tratamento do seu filho. E não tenha medo de continuar reivindicando aquilo de que seu filho precisa. Você estará apoiado no conhecimento do que ele precisa e merece essa ajuda. Você não está tentando tirar os recursos de outras crianças que também precisam. Simplesmente exponha o seu caso, de forma educada e firme.

Persistência é a parte mais importante de ser um defensor eficiente. Jill, mãe de Randy, de 6 anos, é membro do conselho consultivo de um centro para autismo. Ela compartilhou conosco que seu único conselho a todos os pais é que sejam persistentes. Quando Randy tinha 2 anos, Jill e seu marido, Jerry, tinham uma profunda sensação de que alguma coisa não estava certa com o desenvolvimento de Randy, mas não tinham certeza do que estava acontecendo. O pediatra também não tinha certeza, mas seguiu em frente e solicitou uma avaliação para TEA. A clínica de atendimento para a qual Jill foi encaminhada alertou que a espera por uma avaliação diagnóstica poderia demorar até 9 meses! A resposta persistente de Jill foi ligar para a clínica todas as manhãs quando abria, às 8 horas, para perguntar se havia algum cancelamento naquele dia. Sua persistência valeu a pena após 13 dias de ligações consecutivas. Houve um cancelamento naquele dia, e ela conseguiu ocupar o horário. Ela teve a sorte de poder sair do trabalho sem avisar com antecedência; obviamente nem todo mundo pode, e essa estratégia específica não funcionará para todos – mas a ideia é não desistir. Você nunca sabe quando um pouco mais de persistência irá render frutos.

Cuide de si – isso *pode* ser feito

Muitos estudos de pesquisa enfatizam que o estresse associado à paternidade de uma criança com autismo supera o estresse de pais de uma criança com outras incapacidades ou condições médicas crônicas. Esse estresse pode afetar seu casamento e seu desempenho no trabalho e aumentar as chances de você se sentir deprimido e ansioso. É por isso que queremos destacar a importância de cuidar de si mesmo em seu trabalho como coordenador. Percebemos que para a maioria dos pais isso fica em último lugar na lista de prioridades. Quando Ellen diz a sua amiga "Como posso tirar um tempo para mim? Não tenho tempo suficiente nem para administrar os compromissos de Joey", ela está falando por muitos pais. No entanto, cuidar de si é absolutamente indispensável para ser eficaz para seu filho. O autocuidado se traduz de diferentes formas para cada pessoa, e está além do alcance deste capítulo, ou mesmo deste livro, abordar o tema em profundidade, mas ele pode incluir folgas periódicas, 1 hora por semana de massagem, um horário dedicado a exercícios ou um avô ou amigo com quem contar. Veja o quadro a seguir.

Métodos apoiados cientificamente para reduzir o estresse

- Dormir o suficiente.
- Comer bem.
- Praticar exercícios.
- Praticar meditação e *mindfulness*.
- Fazer ioga.
- Praticar atividades espirituais.
- Passar algum tempo com os amigos.
- Passar algum tempo em contato com a natureza.
- Reduzir o tempo olhando para telas de computador.

> **Recursos e informações sobre redução do estresse**
>
> - https://www.cdc.gov/violenceprevention/about/copingwith-stresstips.html. O Centers for Disease Control and Prevention oferece um bom resumo das estratégias básicas para ajudar você e seus filhos a prevenir ou a lidar com muito estresse.
> - www.unmc.edu/wellness/_documents/FreeRelaxApps.pdf. A University of Nebraska Medical Center disponibiliza uma ótima lista de aplicativos para relaxamento que estão gratuitamente disponíveis para *download*.
> - https://medlineplus.gov/stress.html. O Medline Plus, parte da U.S. National Library of Medicine, fornece um bom recurso sobre estresse psicológico com informações, dicas, instruções e *links*.
> - www.apa.org/helpcenter/stress/index. A American Psychology Association oferece uma página detalhada que descreve o impacto do estresse no corpo e fornece dicas úteis sobre gerenciamento do estresse.
> - https://health.gov/myhealthfinder/topics/health-conditions/heart-health/manage-stress. O *site* do U.S. Department of Health and Human Services fornece informações relacionadas a abordagens para gerenciamento do estresse.
> - www.medicinenet.com/stress/article.htm. O MedicineNet do WebMD compartilha informações referentes a estresse e gerenciamento do estresse.

PASSO 3: AVALIANDO OS TRATAMENTOS

O relatório sobre seu filho listará uma variedade de recomendações que incluirão um ou mais tratamentos ou intervenções para se apoiar nos pontos fortes do seu filho e ajudar a abordar seus pontos fracos. Isso é ótimo, pois você poderá contar com seu clínico para ajudar a separar os milhares de tratamentos para TEA que são discutidos na internet daqueles que a ciência sugere como apropriados. Mas ainda será importante que você faça o seu dever de casa com os tratamentos propostos. A leitura deste livro o ajudará a dar início a esse dever de casa. Os tipos mais comuns de intervenções que serão recomendados ou considerados como parte do seu pacote de tratamento incluem tratamentos baseados no comportamento; abordagens medicamentosas; profissões da saúde associadas, tais como terapia da fala, fisioterapia e terapia ocupacional; intervenções baseadas na escola; e intervenções que se enquadram na categoria denominada tratamentos complementares ou alternativos. Aqui, vamos equipá-lo para escolher o melhor deles e avaliar o restante.

Tratamentos baseados no comportamento

Os tratamentos amparados no comportamento são atualmente os únicos tratamentos baseados empiricamente (ou seja, baseados na ciência) para abordar os sintomas "nucleares" do autismo – os desafios na comunicação social e os comportamentos repetitivos/restritos. Tratamentos baseados no comportamento são aqueles que se fundamentam nos princípios da ABA. Conforme observado no Capítulo 4, esses princípios incluem as regras que governam como se dá a aprendizagem. Por exemplo, reforço positivo se refere ao princípio de que, quando um comportamento é seguido por uma recompensa, com todas as outras coisas sendo iguais, há mais probabilidade de que ele seja repetido. Igualmente, quando nenhuma recompensa é oferecida após um comportamento, este tende a desaparecer com o tempo. As terapias comportamentais usam esses princípios simples de aprendizagem para promover habilidades de comunicação social e reduzir comportamentos problemáticos, até que, um dia, os novos comportamentos de alguma forma se tornem, até certo ponto, automáticos ou naturais para a criança. Os princípios podem ser simples, e o tratamento pode realmente funcionar – mas a aplicação requer grande habilidade, pois você deve saber o que é motivador para determinada criança e quais estratégias serão mais efetivas.

Além disso, isso é muito desafiador para os pais porque são comercializadas muitas variações dessa ideia (referidas por suas misteriosas siglas). Pior ainda, alguns tratamentos afirmam ser baseados no comportamento, mas não incorporam aspectos fundamentais dos princípios comportamentais e, portanto, não têm validade científica. O caminho para superar isso é basicamente ignorar a denominação e descobrir quais são os elementos exatos do plano dos terapeutas. Porém, dito isso, alguns nomes bem conhecidos merecem ser lembrados. Aqui está o que você quer ver: os tratamentos baseados no comportamento mais bem estudados e válidos para crianças em torno dos 2 anos de idade e pré-escolares (ou seja, intervenção precoce) são ABA tradicionais, tais como o ensino por tentativas discretas (DTT), o Modelo Denver de Intervenção Precoce (ESDM) e o treinamento de respostas pivôs (PRT). O Autism Speaks (*www.autismspeaks.org*) é um recurso que oferece um catálogo atualizado de informações referentes a evidências que apoiam tratamentos específicos baseados no comportamento. Listamos outros recursos no final do livro.

> Se os tratamentos com denominações comerciais não estiverem disponíveis para seu filho, você pode escolher um programa que tenha todas as características das intervenções comprovadas.

O programa deve usar medidas formais

Mas e se esses "nomes" comerciais não estiverem disponíveis localmente? Você ainda pode avaliar o plano examinando os componentes para garantir que o programa disponível tenha elementos similares aos contidos nos tratamentos comprovados. O primeiro desses elementos é o uso de medidas formais – o terapeuta deve realmente usar coleta e análise de dados para avaliar e monitorar o progresso do seu filho. Peça para ver essas medidas. Todos os programas comportamentais baseados em evidências começam elaborando um plano de tratamento detalhado, no qual o terapeuta define objetivos ou metas específicos que a terapia deve atingir. Um exemplo de um objetivo é "Ao entrar na sala de terapia, Johnny irá olhar para o terapeuta e dizer 'Oi' em 80% das vezes". O plano de tratamento foca nos objetivos que a criança deve ser capaz de atingir dentro de um período relativamente curto. Ele é composto por vários objetivos ou metas em diversos domínios (p. ex., habilidades sociais, de linguagem e com brinquedos e jogos). Depois que a terapia se inicia, o terapeuta diariamente coleta dados que monitoram o progresso em direção a um objetivo, tal como a frequência, a intensidade e a duração de um comportamento-alvo (p. ex., contato visual). Se não é feito progresso, o terapeuta deve modificar o objetivo ou mudar a estratégia que está sendo usada para atingi-lo. Pergunte por quanto tempo uma estratégia de tratamento específica será testada antes que seja modificada com base nas medidas. Quando as habilidades são atingidas, novos objetivos são instituídos para que o progresso possa ser contínuo.

O programa deve estar baseado em uma avaliação individualizada das habilidades do seu filho

O segundo componente é que o plano de tratamento deve estar baseado em uma avaliação individualizada das habilidades específicas da criança – ou seja, deve ser adaptado às necessidades particulares e ao nível de desenvolvimento do seu filho. Tenha cuidado com qualquer tratamento que supostamente funciona para todas as crianças com TEA e não possibilita individualização. Para elaborar os objetivos e as medidas dos resultados essenciais para tratamentos baseados no comportamento, é necessária uma avaliação individualizada das habilidades do seu filho. Por exemplo, para atingir o objetivo de reduzir as birras, o terapeuta, em primeiro lugar, mede a frequência, a duração e a intensidade destas. Voltar a medi-las posteriormente irá comprovar se elas realmente diminuíram. Da mesma forma, para elaborar uma abordagem de tratamento que reduza essas birras, o terapeuta precisará identificar coisas que acontecem antes das birras, denominadas antecedentes, para precipitá-las e entender as consequências – as coisas que sucedem as birras e com frequência as reforçam e as perpetuam. Tudo isso é explorado como parte dessa avaliação individualizada.

Os objetivos definidos devem seguir a sequência desenvolvimental normal

Outros componentes das intervenções eficazes baseadas no comportamento incluem sensibilidade à sequência desenvolvimental normal. Em outras palavras, aprendemos muito sobre o desenvolvimento infantil ao longo dos anos e conhecemos a progressão das principais habilidades. Por exemplo, as crianças aprendem a se voltar para o mundo social e para outras pessoas antes de aprender a dividir a atenção com outra pessoa. Quando as crianças aprendem a dividir a atenção com outras pessoas, elas conseguem aprender a linguagem mais efetivamente. E assim por diante. A incorporação desse conhecimento de sequências de desenvolvimento assegura que os objetivos do tratamento não estejam focados em competências que requerem primeiramente o domínio de habilidades fundamentais para se estabelecerem ou que seriam aprendidas de modo muito mais eficiente se habilidades precursoras já estivessem estabelecidas. As intervenções comportamentais precoces mais embasadas empiricamente usam um "currículo" que descreve uma ampla gama de objetivos em múltiplos domínios (social, linguagem, motor, brinquedos, etc.) segundo o nível do desenvolvimento. Seguir esse currículo assegura que os comportamentos sejam ensinados de forma apropriada ao desenvolvimento, que é construído passo a passo.

Um exemplo simples se refere a Michael, filho de Meredith, que foi diagnosticado logo após os 24 meses. Michael não usava nenhuma palavra para se comunicar quando foi diagnosticado. Ele também não reagia quando as pessoas chamavam seu nome e raramente prestava atenção aos rostos das pessoas. Antes de a terapeuta de Michael focar em ensiná-lo a usar as palavras, ela o ensinou a prestar atenção aos outros, a usar gestos e a se engajar em interações sociais que apoiariam o uso da linguagem. Primeiro, ela o ensinou a responder ao seu nome e a prestar atenção ao terapeuta e aos pais; em seguida, começou a ensiná-lo as palavras para os objetos. Você pode se certificar de que seu terapeuta está considerando a sequência do desenvolvimento normal simplesmente pedindo a ele que forneça uma justificativa para os objetivos que estão sendo priorizados. A resposta do terapeuta deve fazer referência à progressão dos objetivos baseando um no outro.

A terapia deve ser prazerosa

Outro componente essencial é que, em sua maior parte, a terapia deve ser agradável para a criança. Provavelmente, haverá momentos nos quais a criança será resistente, sobretudo quando novos objetivos forem introduzidos, mas um terapeuta qualificado deve ser capaz de tornar a terapia divertida e envolvente. O terapeuta deve ser sensível às necessidades e às preferências específicas da criança, tais como ficar facilmente perturbada se o ambiente for muito barulhento ou estimulante.

O programa deve evoluir gradualmente de um ambiente terapêutico para ambientes em casa e na comunidade

O terapeuta deve incorporar estratégias que permitam a transição gradual e cuidadosa das habilidades aprendidas de um ambiente altamente acolhedor, como a sala de terapia, para ambientes naturais, como a própria casa, a sala de aula e a área de recreação. Isso significa que no início do tratamento comportamental o terapeuta incluirá objetivos que possam determinar o quanto a criança é capaz de ampliar a habilidade aprendida para diferentes situações, pessoas e ambientes. Por exemplo, o terapeuta deve pedir que você use estratégias similares em casa e relate se a criança é capaz de usar a habilidade aprendida na sala de terapia em casa. Certifique-se de que seu terapeuta trace um plano possível para expandir as habilidades aprendidas para ambientes naturais e com menos suportes. A ideia é que, com o tempo, essa estrutura seja lentamente removida para que seu filho possa praticar e dominar essas habilidades com menos estímulos, menos pistas e mais distrações.

Como parte do programa de tratamento de Michael, ele era consistentemente recompensado se olhava para o rosto da sua terapeuta quando ela chamava seu nome. Durante as várias tentativas iniciais, ele recebeu estímulos físicos para voltar seu rosto para o dela. Não havia distrações na sala, e ele era imediatamente recompensado com cócegas (no seu caso, seu reforçador ou recompensa principal, que a terapeuta e os pais descobriram durante a avaliação comportamental individualizada). Durante várias semanas (e muitas, muitas tentativas), os estímulos físicos foram removidos para que Michael fosse recompensado com cócegas cada vez que fizesse contato visual sem que estes guiassem seu rosto para o dela. Então, quando ele adquiriu domínio sobre isso, distratores adicionais foram incorporados ao ensaio, e seu nome era chamado enquanto ele estava brincando ou envolvido em outra atividade. A terapeuta, então, procedeu à transição para outros ambientes, como sua casa, o parque e uma loja, e, em seguida, aumentou as distrações nesses ambientes incluindo outras pessoas. A cada progressão, o ambiente se tornava cada vez mais natural, portanto, Michael estava dominando o uso de suas habilidades no mundo cotidiano – foi ficando mais instintivo para ele.

Você deve se envolver profundamente no programa

As crianças passam a maior parte do seu tempo em casa, e cada interação nesse ambiente é uma oportunidade de aprendizagem. Algumas terapias, como ESDM, fornecem livros com instruções práticas para os pais, por meio das quais eles podem aprender estratégias para promover a interação social, a linguagem e a aprendizagem durante atividades do dia a dia, tais como as rotinas na hora das refeições, na hora do banho ou na hora de dormir. Seu terapeuta deve possibilitar que você faça parte da terapia e orientar como você pode usar estratégias similares para atingir os objetivos do seu filho em casa. O terapeuta deve também priorizar objetivos que sejam importantes para você e sua família. Você deve se sentir não só parte da equipe de tratamento, como também no comando.

O programa deve ser flexível de outras maneiras para atender às necessidades do seu filho

Para muitas crianças com TEA, as terapias baseadas no comportamento serão um componente essencial do pacote de tratamento. Elas são flexíveis para que possam ser adaptadas ao que seu filho precisa e àquilo com que sua família consegue lidar. As terapias podem ocorrer em casa ou na escola; podem focar nas habilidades ou ser abrangentes; podem ser de curta duração ou durar muitos anos; podem variar em intensidade, desde 1 hora até 40 horas por semana; e podem variar em seus resultados específicos, desde a linguagem até o comportamento e tudo o que houver entre eles. Sejam quais forem as opções escolhidas, se você garantir que o tratamento contém os componentes essenciais destacados na avaliação do seu filho e é voltado para os objetivos estabelecidos para ele, a incorporação de tratamentos baseados no comportamento ao seu pacote de tratamento poderá ser muito efetiva.

> Outras terapias podem proporcionar ao seu filho as habilidades necessárias para obter o máximo da ABA e de outras intervenções específicas para TEA.

Profissões da saúde associadas à terapia

Fonoterapia, terapia ocupacional e fisioterapia também são componentes frequentemente recomendados de um pacote de tratamento para indivíduos com autismo.

Fonoterapia

Levando em consideração os desafios centrais na comunicação social inerentes ao TEA, faz sentido que a fonoterapia seja parte do pacote de tratamento do seu filho. Os fonoaudiólogos combinam seu conhecimento de comunicação verbal e não verbal para ajudar a promover o desenvolvimento de habilidades desse domínio em seu filho. A fonoterapia pode ser conduzida em um cenário individual ou em pequenos grupos ou díades. O benefício da instrução em pequenos grupos é que seu filho pode praticar as habilidades de comunicação social com um par, situação na qual essas habilidades são fundamentais. Os fonoaudiólogos também podem abordar outros desafios relacionados à fala que seu filho com TEA pode ter. Algumas crianças com o transtorno têm dificuldades de articulação ou com componentes motores da fala. Isso pode afetar o desenvolvimento da linguagem falada, além de outros comportamentos motores orais envolvidos na mastigação e na deglutição. Assim, muitos fonoaudiólogos terão competência para tratar problemas com a alimentação, tais como engasgos, alimentação seletiva e outros. Um fonoaudiólogo pode usar instrução especializada para abordar esses desafios, o que pode ter um impacto significativo no sucesso da comunicação social. Como você pode imaginar, quando, graças às habilidades que seu filho está aprendendo na terapia, outras crianças conseguem entender sua fala, elas são mais receptivas e, em consequência, reforçam o uso dessas habilidades. O efeito desse reforço é o aumento da prática dessas habilidades e, por fim, um resultado mais bem-sucedido. Assim, tratar os déficits da fala ou da linguagem torna-se parte importante do seu pacote de tratamento.

Fisioterapia e terapia ocupacional

De modo semelhante, os desafios da motricidade fina e ampla podem afetar a aprendizagem e o desenvolvimento do seu filho. Muitas crianças com TEA têm dificuldades com movimentos motores amplos, como ser desajeitadas ou não muito coordenadas, além de desafios com as habilidades motoras finas, como manusear canetas ou usar instrumentos como tesouras. Fisioterapia e terapia ocupacional são abordagens de tratamento bem apoiadas para abordar esses desafios. A melhora nas habilidades motoras amplas ajuda seu filho a se entrosar nas atividades rotineiras na escola ou na área de recreação. Ser incapaz de correr, brincar de pega-pega ou pular em uma casinha inflável com seus pares reduz suas oportunidades de se envolver com eles, de praticar as principais habilidades sociais trabalhadas na terapia e, por fim, de construir a competência social que serve como o fundamento para a aprendizagem. Você deseja diminuir todas as barreiras para o engajamento do seu filho com seus pares e com o mundo social. Se ele tem dificuldades com os desafios motores, garantir que ele tenha as habilidades motoras apropriadas, por meio de fisioterapia ou terapia ocupacional, pode aumentar consideravelmente sua capacidade de se envolver com os outros.

Outro domínio de desafios frequentemente visto no TEA é em aversões ou interesses sensoriais. Dada a ocorrência comum dessas sensibilidades sensoriais, a presença de aversões ou interesses foi acrescentada aos critérios diagnósticos na mais recente revisão do DSM, o DSM-5. Às vezes, essas sensibilidades sensoriais se tornam problemáticas. Randy, o filho da superativista Jill, tinha sensibilidade no paladar e lambia tudo que encontrava, incluindo a soleira do seu vizinho. Marco, outra criança vista na minha (Bernier) clínica, era incapaz de tolerar não só ruídos altos, como o alarme de incêndio da escola, mas também sons particulares, como o zumbido das luzes na sua sala de aula. Ele também tinha dificuldades com aversões táteis, e havia apenas um grupo limitado de roupas que conseguia usar, tornando-se agressivo quando sua pele era tocada de leve. Para Marco, a terapia ocupacional era importante para reduzir suas aversões sensoriais. O terapeuta ocupacional trabalhou com ele o uso de fones de ouvido para reduzir os sons do ambiente e usou uma variedade de exposições a fim de treiná-lo para se adaptar às sensações táteis. Sem essa terapia ocupacional, teria sido difícil para Marco responder de modo mais efetivo a outros aspectos do seu pacote de tratamento. Para a família de Marco, o caminho certo incluía abordar não só seus déficits na comunicação social por meio de terapias baseadas no comportamento como também suas sensibilidades sensoriais por meio da terapia ocupacional.

O QUE VOCÊ PRECISA SABER SOBRE MEDICAMENTOS

Atualmente, não existem medicamentos para tratar os sintomas principais de TEA (embora alguns novos medicamentos estejam a caminho). Entretanto, revisões sistemáticas e metanálises de ensaios clínicos indicam que eles podem reduzir algumas das outras dificuldades que seu filho enfrenta, tais como hiperatividade, agressividade ou problemas de humor. Abordar essas dificuldades pode ajudar seu filho a se beneficiar melhor dos tratamentos específicos para o autismo.

Revisões sistemáticas indicam que há medicamentos eficazes na redução de alguns dos comportamentos disruptivos desafiadores que vemos no TEA, como automutilação e agressão. Às vezes, esses comportamentos podem interferir drasticamente na aprendizagem de outras habilidades, portanto, eles precisam ser abordados de forma imediata e direta. Medicamentos como risperidona e aripiprazol se mostraram efetivos na redução desses comportamentos. No entanto, efeitos colaterais como ganho de peso e sonolência estão associados a medicamentos eficazes na redução desses comportamentos. Assim, é importante que eles sejam usados em conjunto com esforços baseados no comportamento e em consulta com um médico especializado no transtorno.

Revisões sistemáticas também mostram que medicamentos podem ser úteis na redução de sintomas associados a depressão, ansiedade e TDAH. Mais uma vez, esses medicamentos não são direcionados aos sintomas de autismo, mas ajudam a manejar os sintomas de transtornos associados. Tratá-los pode ser absolutamente fundamental para melhorar os resultados de alguns indivíduos com TEA e vai ajudá-lo a seguir no caminho certo. Assim como acontece com os medicamentos usados para reduzir comportamentos desafiadores, os efeitos colaterais dessas substâncias devem ser levados em consideração. Elas precisam ser combinadas com outros tratamentos apoiados empiricamente para esses transtornos, como TCC ou suporte comportamental, e um médico especializado em TEA será um aliado importante no seu caminho.

Intervenções baseadas na escola

Para a maioria das crianças com TEA, as intervenções baseadas na escola serão um componente fundamental para o pacote de tratamento. Seu filho passa muitas horas por dia na escola, e há muitas oportunidades para praticar as habilidades essenciais de comunicação social que ele precisa dominar. As leis relacionadas à educação do seu filho e as ferramentas e os métodos pelos quais essa educação é ministrada estão estabelecidos há muitos anos, portanto, o que discutimos a seguir não focaliza novas pesquisas ou avanços, mas representa, a partir de anos de trabalho com as famílias, nossa melhor recomendação sobre o que considerar em relação à experiência escolar, tão importante para seu filho.

Assim como acontece com as terapias comportamentais, existem muitos termos e siglas que tornam confuso encontrar o caminho certo com sua escola. Vamos começar com um fundamental: IDEA.

IDEA é a sigla para Individuals with Disabilities Education Act e consiste na encarnação atual de uma lei inicialmente aprovada em 1975, quando os serviços educacionais para crianças com TEA e outras incapacidades mudaram drasticamente. Antes de 1975, menos de 25% das crianças com incapacidades recebiam educação dentro das escolas públicas. Muitas famílias eram direcionadas para ambientes institucionais, nos quais o programa educacional era limitado e, na realidade, basicamente ensinava as crianças com incapacidades a obterem sucesso nesses mesmos ambientes. Em 1975, o congresso norte-americano aprovou o Education for All Handicapped Children Act, determinando atendimento escolar para crianças com incapacidades. Com essa lei, todas as crianças desde o nascimento até os 21 anos ganharam acesso a oportunidades educacionais dentro do sistema escolar público, com a diretiva de que suas necessidades educacionais precisam ser atendidas. Embora a lei federal tecnicamente não exija que os estados participem, ela oferece incentivos por meio de recursos financeiros quando esses estados atendem determinadas exigências. Essa lei de 1975, também denominada Lei Pública 94-142, foi renomeada IDEA em 1990. Desde então, a lei já recebeu diversas emendas para se adaptar a mudanças nas leis estaduais e federais, mas a sua intenção permaneceu a mesma: identificar crianças cujas incapacidades interferem na sua aprendizagem e oferecer educação pública adequada e gratuita (EPAG) em ambiente menos restrito (AMR).

Vamos abordar estas duas siglas: EPAG e AMR. A IDEA determinou EPAG para crianças com incapacidades. A palavra "gratuita" já é autoexplicativa, mas, de forma não surpreendente, o que é adequado para uma pessoa pode não ser para outra. A lei define "adequado" como aqueles serviços que são apropriados para que uma criança progrida nas séries escolares. Isso não necessariamente significa os melhores serviços possíveis. Muitas escolas vão além do adequado com muito sucesso, enquanto outras usam abordagens para atendê-lo e falham miseravelmente. Nossos anos de experiência trabalhando com famílias mostraram que a qualidade pode ser altamente variada mesmo dentro dos distritos escolares e depende da equipe e da administração. Como você pode imaginar, isso se tornou uma fonte de frequentes conflitos entre as famílias e as escolas.

Outra fonte de atrito entre pais e escolas é o conceito de AMR. O foco aqui está em assegurar que crianças com incapacidades estejam recebendo educação nos contextos mais normativos, em salas de aula com seus pares em desenvolvimento típico, nas quais o ambiente é apropriado para a aprendizagem da criança. Isso é abordado com as seguintes perguntas: a criança pode receber educação adequada no ambiente geral da sala de aula com um suporte adicional? Se for usado um ambiente mais restrito, como a criança pode ser integrada o máximo possível e ainda receber instrução adequada? Um componente-chave aqui é que uma criança não pode ser colocada em um ambiente inadequado só porque é mais barato.

Uma disposição fundamental da IDEA é que os estados são obrigados a identificar e avaliar crianças com incapacidades que requerem serviços educacionais especiais para garantir sua educação adequada. Essa obrigação diz respeito a todas as crianças, não apenas àquelas dentro do sistema escolar público. Isso inclui aquelas que estão em escolas particulares, em educação domiciliar ou desabrigadas. Depois que uma criança é identificada, a autoridade de educação local (em inglês, *local educational authority* – LEA), que é o distrito escolar local, deve avaliá-la para determinar se os serviços estabelecidos pela lei são necessários. Essa avaliação deve ser suficientemente abrangente para determinar se a incapacidade da criança interfere na aprendizagem. Um diagnóstico por si só não determina se são necessários serviços ou suportes de educação especial. A incapacidade deve interferir no processo educacional. Sobretudo, o progresso educacional representa mais do que simplesmente aprendizagem na sala de aula. Ele inclui a aprendizagem na sala de aula, mas também o aprendizado em outros contextos, como educação física e serviços de transição para emprego, escola vocacional ou educação pós-secundária. Assim como a avaliação diagnóstica do seu filho, essa avaliação baseada na escola tem duplo propósito: (1) determinar se a criança tem direito aos serviços e (2) identificar pontos fortes e fracos para elaborar o PEI.

O PEI oferece um plano educacional específico para seu filho e identifica os objetivos educacionais, a métrica para definir esses objetivos e o progresso em direção a eles e os serviços e suportes que serão fornecidos para atingi-los. Semelhante a outras intervenções, à medida que nosso conhecimento da força dos suportes comportamentais aumentou, a incorporação de objetivos específicos mensuráveis e comportamentalmente definidos se tornou cada vez mais sofisticada nos PEIs atuais. O PEI é elaborado por um time que inclui os pais, os professores, os outros funcionários da escola e a criança. Os outros funcionários da escola podem incluir um psicólogo escolar, um assistente social escolar ou um membro da administração. Outros profissionais também podem fazer parte da equipe, incluindo aqueles que trabalham com a criança fora da escola, como o terapeuta comportamental ou o psicólogo. A equipe trabalha em conjunto para construir objetivos que devem ser mensuráveis, claramente definidos e relacionados ao resultado da avaliação. Todas as acomodações, serviços e suportes precisam ser descritos no documento do PEI, sendo que a quantidade e a duração de cada serviço devem ser explicitamente especificadas. A especificação clara de cada um dos objetivos, métrica e suportes possibilita que o progresso seja medido e assegura que todos na equipe entendam o que será fornecido. É fundamental que você examine cuidadosamente o documento do PEI para se certificar de que entende cada componente e que está satisfeito com o plano.

A IDEA estipula que os serviços de educação especial iniciem aos 3 anos de idade, mas também fornece programas até os 3 anos de idade. Esses serviços precoces são denominados serviços de intervenção precoce Birth to Three. Assim como existe variabilidade em serviços para programas educacionais após os 3 anos de idade, também há grande variabilidade nesses programas que se estendem do nascimento aos 3 anos. Apesar disso, a intenção é fortalecer o desenvolvimento de crianças com incapacidades e aumentar a competência parental para atender às necessidades dos seus filhos. Ademais, igualmente aos programas de educação especial, após a identificação e a avaliação, é construído um plano individualizado. Nesse caso, o plano é denominado Plano de Serviço Familiar Individualizado, ou IFSP.

Mesmo que seu filho não se qualifique para os serviços oferecidos pela IDEA, existem outros recursos que podem ser acionados com o amparo de outras leis federais. Por exemplo, a Americans with Disabilities Act, de 1990, e a Seção 504 da Rehabilitation Act, de 1973, proíbem a discriminação com base na incapacidade e estipulam que todos devem ter igual acesso aos serviços. Portanto, se for determinado que seu filho com TEA não precisa de serviços especiais para progredir na escola, mas necessita de outras modificações para acessar sua educação, essas leis garantem o acesso a recursos como currículo acadêmico modificado, assento em uma localização especial na sala de aula ou saída em horário diferenciado, para evitar aglomerações.

Uma mensagem fundamental aqui é que você pode e deve fazer parte do programa educacional de seu filho. Por meio do envolvimento ativo na construção do PEI, que pode incluir levar algum relatório de testagem relevante de outros avaliadores ou profissionais para compartilhar com a sua equipe, você pode garantir que o plano da escola atenda às necessidades do seu filho. Além disso, ao manter uma comunicação ativa e direta com a escola, você se assegura de que está sendo feito progresso, que mudanças no PEI estão sendo feitas quando necessário e que a escola e outros membros da equipe de tratamento do seu filho estão trabalhando em conjunto. Por fim, há processos em andamento para assegurar que os interesses do seu filho estejam em primeiro plano. Eles incluem sua autorização para uma avaliação do PEI, requerimentos de notificação da escola, que asseguram que todas as mudanças em um PEI devem ser apresentadas por escrito aos pais, recursos de mediação específicos ou audiências do devido processo para facilitar a solução de problemas entre os membros da equipe do PEI e permissão para avaliações externas a serem incluídas no preparo do PEI.

TRATAMENTOS COMPLEMENTARES E ALTERNATIVOS

Para complicar ainda mais sua tarefa como coordenador e defensor do tratamento para seu filho, você tomará conhecimento de vários tratamentos alternativos para TEA e, sem dúvida, irá se perguntar se vale a pena incluí-los no plano de tratamento do seu filho. Uma descrição detalhada de cada tratamento preencheria vários livros. Portanto, aqui vamos nos ater a lhe apresentar algumas diretrizes para avaliar esses tratamentos quando você se deparar com eles. Você deve, é claro, consultar a equipe de tratamento do seu filho e prestar atenção às evidências de pesquisa, à medida que forem sendo disponibilizadas.

O que é "alternativo"?

Muitas pessoas nos Estados Unidos usam abordagens de atenção à saúde que não pertencem ao que é considerado "cuidado médico padrão". Referimo-nos a estes como tratamentos de medicina complementar e alternativa (MCA). Ou seja, eles são complementares às intervenções estabelecidas e podem ser usados adicionalmente ou como apoio, ou são intervenções alternativas e servem para substituir as intervenções estabelecidas. Também são tão amplamente usados que até o NIH tem uma agência que focaliza neles: o National Center for Complementary and

Integrative Health (NCCIH). Outra expressão empregada para descrever essas intervenções é "medicina integrativa". Muitos cursos de medicina bem estabelecidos agora têm uma divisão de medicina integrativa que oferece meditação, suplementos alimentares e outros tratamentos que não fazem parte do atendimento médico tradicional.

O apoio empírico para tratamentos de MCA varia desde relativamente forte, como o uso de meditação para reduzir o estresse, até inexistente. Da mesma forma, os tratamentos podem variar de relativamente baratos e benéficos até extremamente caros e muito prejudiciais. Alguns são relativamente novos, portanto, não há evidências científicas, enquanto outros já foram muito pesquisados e são reconhecidamente ineficazes.

Um exemplo poderia ser o uso de melatonina como uma ferramenta efetiva para melhorar o sono de crianças com TEA. Durante muitos anos, esse suplemento foi considerado um tratamento de MCA, mas, atualmente, foi incluído nos procedimentos convencionais, com revisões sistemáticas de muitos ensaios indicando que é eficaz como uma abordagem para melhorar o sono no autismo. Como tal, a melatonina foi promovida de tratamento não estabelecido para uma categoria que é apropriadamente prescrita para crianças com TEA em algumas circunstâncias. (*Cuidado: embora não precise de receita médica, a melatonina é um hormônio, com particular risco para crianças pequenas e adolescentes – use com orientação médica.*)

Princípios para a consideração de novos tratamentos

Quando você ouve falar de um novo tratamento, seus pensamentos quanto a se ele deve fazer parte do plano de tratamento para seu filho podem ser esclarecidos pelas perguntas a seguir.

O tratamento parece fazer sentido?

Essa pergunta é às vezes difícil de responder, portanto, é importante encaminhá-la ao seu médico ou ao diagnosticador do seu filho. Para obter a resposta, você pode perguntar:

- "O que o tratamento faz?"
- "Os defensores do tratamento baseiam a abordagem em uma fundamentação teórica, e, em caso afirmativo, a teoria faz sentido?"
- "Como o tratamento aborda os sintomas de TEA do meu filho?"
- "Para quem o tratamento é destinado, e para quem ele não funciona?". Nenhum tratamento funciona para todos. Qualquer tratamento que supostamente funcione para todos deve imediatamente levantar suas suspeitas.

Se a resposta para a primeira pergunta é que o tratamento não parece fazer sentido, então você pode ir adiante e não o incluir como parte do seu pacote de tratamento. Se, no entanto, pelo menos à primeira vista, ele parece fazer sentido, há algumas perguntas adicionais a considerar.

O tratamento é eficiente?

A eficácia pode ser difícil de ser determinada, mas as respostas estão disponíveis se você procurar. As evidências baseadas em estudos científicos controlados estão publicadas em alguma revista científica revisada pelos pares ou, melhor ainda, em uma metanálise ou revisão sistemática de múltiplos estudos? Estas são as melhores evidências disponíveis, e este é o tipo de evidências que apoia intervenções existentes baseadas nos princípios da ABA, medicação para abordagem de comportamentos particulares ou condições que ocorrem concomitantemente ou abordagens de profissões da saúde associadas. Por sua vez, as evidências são baseadas em informações espalhadas boca a boca ou em estudo de caso? Tenha cautela com tratamentos nos quais as evidências são baseadas em testemunhos ou não podem ser comprovadas cientificamente pelo apoiador. Estes são ótimos exemplos de intervenções que não têm nenhuma evidência de eficácia. Realisticamente, as evidências da eficácia de um tratamento estarão em um *continuum*, no qual algumas abordagens apresentam muitas evidências, e outras, menos.

O tratamento é seguro?

Quais são os efeitos colaterais? Quais são os custos? O tratamento é potencialmente prejudicial? Investir nesse tratamento impede que você se engaje em um tratamento mais eficaz, tendo, assim, o fracasso como resultado?

Mapeando suas respostas

O próximo passo é mapear as respostas a essas perguntas em uma grade (veja o esquema a seguir). O primeiro passo é ter uma noção se o tratamento faz sentido. Se fizer, você pode seguir em frente e avaliar sua eficácia e segurança. A interação entre estas três perguntas (Faz sentido? É eficaz? É seguro?) pode ajudá-lo a guiar sua tomada de decisão. É claro que os tratamentos recomendados que se localizarem no quadrante superior direito da figura, como intervenções baseadas no comportamento e profissões da saúde associadas, são aqueles que têm fortes evidências em apoio a sua eficácia e segurança e devem formar a maior porção do seu pacote de tratamento. Como já discutimos, os medicamentos usados para abordar comportamentos desafiadores, embora efetivos, também têm efeitos colaterais. Esses tipos de medicamentos se enquadrariam no quadrante inferior direito: fortes evidências de eficácia, mas informações indicam a presença de efeitos colaterais.

A intervenção faz sentido?
- O que o tratamento faz?
- Existe uma teoria por trás da abordagem?
- Como o tratamento aborda os sintomas de autismo do seu filho?
- Quem ele pretende ajudar?
- Para quem ele não funciona?

NÃO, ela não parece fazer sentido. → Não incluir como parte do seu pacote de tratamento.

SIM, ela parece fazer sentido.

O quanto a intervenção é segura?	O quanto a intervenção é eficaz?	
	Evidências limitadas	Fortes evidências
Fortes evidências	Você pode usar com cautela e monitorar de perto sua eficácia.	Este é o tratamento recomendado. Como sempre, continue a monitorar a segurança e a eficácia para seu filho.
Evidências limitadas	Você deve evitar esse tipo de tratamento.	Você pode considerá-lo, mas tenha extrema cautela e monitore de perto sua segurança.

O tratamento é adequado para a sua família?

Essa pergunta não se baseia em qualquer evidência ou informação científica. Ela não requer nenhuma pesquisa ou consulta com seu médico. Essa questão depende da sua percepção sobre se o tratamento vai ou não funcionar para a sua família. Nem todas as intervenções irão funcionar em todas as famílias, portanto, é fundamental encontrar a mais adequada. A ciência mostra que, se o tratamento não for adequado, o indivíduo ou a família não vão investir nele (p. ex., o indivíduo não vai tomar o comprimido sistematicamente, ou ele e a família não vão comparecer à sessão de terapia), e, se isso acontecer, o tratamento simplesmente não será efetivo.

Por exemplo, ter um profissional entrando em sua casa dia sim, dia não, é incompatível com a cultura da sua família? Talvez a ideia de ter um terapeuta comportamental sentado na sua sala com seu filho três tardes por semana não seja viável para a sua família. Em caso negativo, considere alternativas que atinjam os mesmos objetivos. Idealmente, você pode identificar outro local no qual a intervenção possa ocorrer com a mesma frequência e intensidade e as mesmas oportunidades de ampliação das habilidades aprendidas para o ambiente natural do seu filho. Da mesma forma, o tratamento é financeiramente acessível? Algumas intervenções podem ser muito caras, e há outras necessidades familiares a considerar. Se uma intervenção não for acessível, pode haver maneiras de atingir esses objetivos com uma combinação de diferentes abordagens menos dispendiosas. Nesse caso, o custo do tratamento pode ser um fator decisivo.

Quando uma intervenção for apropriada para a sua família, vocês estarão comprometidos com ela. Manter-se comprometido com os regimes de tratamento pode ser cansativo, mas, para que um tratamento seja efetivo, ele deve ser administrado da forma apropriada. Se você acha que não pode administrá-lo apropriadamente, você não irá colher os benefícios e não será capaz de determinar se ele está realmente funcionando. Portanto, a escolha dos componentes de um pacote de tratamento que você apoie e consiga manter é um passo importante para que esse tratamento se realize.

INTEGRANDO TUDO

Você já obteve uma avaliação. Você já identificou os pontos fortes e fracos do seu filho e, a partir disso, identificou abordagens de tratamento para se basear nesses pontos fortes e abordar esses desafios. Em seguida, você já recebeu a função desafiadora de ser especialista em comunicação, coordenador dos serviços e um defensor incansavelmente persistente. Você se tornou um especialista da noite para o dia em tratamentos para TEA e avaliou detalhadamente as várias opções disponíveis. Baseado em tudo isso, você montou um pacote de tratamento que se apoia fortemente em práticas baseadas em evidências, priorizou as abordagens e promoveu a comunicação e integração dos objetivos entre os profissionais e a escola, e então você começa... E agora?

Então, você observa o que acontece. Você terá que prestar atenção e examinar o impacto das intervenções. As habilidades estão melhorando? Ou estão permanecendo as mesmas? Há efeitos colaterais? Há consequências não intencionais para o resto da família? As respostas para essas perguntas determinam quando revisar seu pacote de tratamento. Haverá vezes em que as habilidades parecerão melhorar e, então, chegarão a um platô e, em seguida, melhorarão novamente. Quando a melhora fica estagnada e o platô se estende, é hora de mudar o pacote. Isso pode significar outra avaliação com um profissional para examinar os pontos fortes e fracos do seu filho. Pode significar uma simples consulta com seu médico. Ou pode significar que é hora de acrescentar outro tratamento recomendado.

Poderá haver ocasiões em que seu filho atinja os objetivos estabelecidos. Quando isso acontecer, será hora de estabelecer novos objetivos, continuar usando as abordagens que estão funcionando e descartar aquelas que não foram efetivas. Ou, para tornar as coisas mais complexas, estratégias ineficazes previamente testadas podem ser mais apropriadas agora, e, portanto, você pode reintroduzi-las. O importante é continuar avaliando e revisando seu pacote de tratamento.

Assim como não existe um tratamento que seja eficaz para todas as crianças com autismo, também não existe um tratamento que seja eficaz por toda a vida de uma criança. A sua função, como coordenador, será observar atentamente quando ocorrerem mudanças e determinar quando são necessários ajustes no tratamento. À medida que seu filho progride na escola, diferentes desafios poderão emergir, requerendo diferentes abordagens. Ao passo que seu filho faz a transição para a adolescência, as mudanças neurodesenvolvimentais que ocorrem durante esses anos poderão exigir novas estratégias e abordagens. E, conforme seu filho evolui para a idade adulta, você poderá enfrentar novos desafios que demandam novas soluções.

Ao levar a nova ciência do TEA em sua jornada, você será capaz de se assegurar de que está no caminho certo. E, quando se desviar, e todos nós fazemos isso, você conseguirá retomar esse caminho. Aplicando o que sabemos sobre as abordagens baseadas em evidências e a nova ciência da dieta, do exercício e do sono, você poderá ajudar seu filho a atingir seu potencial.

PONTOS PRINCIPAIS

➤ Garanta que o profissional ou a equipe que conduz a avaliação diagnóstica do seu filho informe e oriente o desenvolvimento do seu pacote de tratamento individualizado. As recomendações precisam ser específicas para os desafios e pontos fortes individuais do seu filho.

➤ O consenso científico é o de que a avaliação diagnóstica deve envolver tanto uma entrevista com o cuidador quanto a observação direta do seu filho e pode incluir componentes adicionais quando necessário, tais como a avaliação das habilidades cognitivas e um exame neurológico.

➤ Seu papel como coordenador do pacote de tratamento é administrar seus componentes, promover a comunicação, ser persistente em seu papel como defensor e cuidar de si mesmo. A ciência mostrou que pais de crianças com TEA têm níveis de estresse aumentados. O estresse aumentado está associado a piores resultados, portanto, o autocuidado é essencial para reduzir o estresse e melhorar os resultados.

➤ As intervenções com eficácia comprovada baseadas em estudos científicos que podem fazer parte do seu pacote de tratamento incluem terapias baseadas na ABA; terapias da fala, ocupacional ou física; e medicamentos para abordar sintomas relacionados, como comportamento disruptivo, hiperatividade ou ansiedade.

➤ Existem centenas de tratamentos complementares e alternativos propostos para tratar TEA com evidências limitadas ou sem evidências empíricas. Uma abordagem útil para avaliar esses tratamentos é equilibrar o risco e a força das evidências. Um tratamento arriscado requer evidências muito fortes. Um tratamento seguro e saudável, por sua vez, requer um nível mais baixo de evidências para justificar a sua experimentação. Posteriormente, neste livro, discutiremos em mais detalhes alguns desses tratamentos, como aqueles que abordam os problemas do sono.

6
EXERCÍCIO, SONO E TEA

A ciência agora reconhece que o cérebro é maleável e "plástico". Isso significa que o cérebro pode, a um nível surpreendente, "reinventar-se" com a aprendizagem, a experiência ou a estimulação certa. Também sabemos agora que alterações na expressão genética (isto é, alterações epigenéticas) no cérebro o ajudam a realizar esse processo. Os limites dessa habilidade permanecem como fronteiras abertas para investigação, mas as possibilidades trazem esperança. Em consequência, estamos experimentando uma explosão do interesse científico na possibilidade de promovermos habilidades como comportamentos sociais, atenção e função executiva e até mesmo autorregulação e controle comportamental, estimulando alterações na expressão genética no cérebro. Até onde podemos ir com mudanças no estilo de vida que também possam estimular alterações epigenéticas? O exercício e o sono, duas importantes atividades do estilo de vida que afetam a saúde geral, são relevantes para promover justamente as partes do cérebro que fortalecem a autorregulação e a função executiva, habilidades cognitivas fundamentais que impactam o funcionamento cotidiano, o que pode ajudar a melhorar os resultados e aumentar a qualidade de vida no TEA. Fazer exercícios e dormir o suficiente é obviamente bom para a saúde geral e para todas as crianças. Porém, para crianças com TEA, essas atividades podem ter benefícios específicos aos quais vale a pena prestar atenção para entendê-los e considerá-los para seu próprio filho. E o sono é particularmente crítico para indivíduos com autismo. Como você provavelmente sabe, por sua experiência pessoal e pelo que a literatura científica nos diz, a maioria dos indivíduos com TEA enfrenta problemas do sono em algum momento em sua vida.

EXERCÍCIO

Os benefícios do exercício e das atividades físicas estão bem estabelecidos para a saúde geral, o humor e o gerenciamento do estresse. Esses benefícios estão cada vez mais popularizados na mídia. Por exemplo, no início deste ano, o *Washington Post* publicou uma matéria sobre o exercício como "medicamento" – destacando que ele pode ser uma intervenção efetiva para muitas condições de saúde. Mas qual é o benefício real para crianças, em particular para aquelas com TEA? O quão importante é essa opção de estilo de vida em particular? Com o advento de estudos que combinam exercício e imagem cerebral, estamos aprendendo o que exatamente o exercício pode fazer pelo crescimento do cérebro. E estudos recentes começaram a determinar até que ponto o exercício pode ajudar crianças com TEA há pouco tempo. Embora este seja apenas o começo, o futuro provavelmente trará mais evidências positivas.

Uma série de achados particularmente interessante para o TEA nos últimos anos mostra que, para crianças em desenvolvimento, algumas formas de exercício expandem as conexões cerebrais, o córtex frontal e substâncias químicas no cérebro (como serotonina e dopamina) que apoiam a autorregulação e o funcionamento executivo. Esses achados surpreendentemente específicos em crianças em desenvolvimento típico despertaram grande entusiasmo sobre a possibilidade de o tipo certo de exercício ajudar no TEA. Vamos examinar mais a fundo essas evidências, avaliá-las e identificar que tipo de exercício é melhor com base nas descobertas dos últimos cinco anos.

O que entendemos por "exercício"?

Primeiramente, vamos discutir: o que entendemos por "exercício"? Embora o exercício seja altamente benéfico, o que chamamos de "atividade livre" tem seus próprios benefícios inerentes independentes de qualquer exercício. Achados recentes confirmam que a atividade livre ajuda as crianças a construírem solução de problemas, habilidades de enfrentamento, imaginação e aprendizagem autodirigida. Para crianças pré-escolares, a maior parte da atividade livre envolve atividade motora ampla e, assim, é ideal para o desenvolvimento. Entretanto, para crianças em idade escolar, a atividade livre costuma ser menos ativa, embora continue a ser igualmente importante por outras razões. Sabemos que iniciar, organizar e manter a atividade livre, elaborar atividades imaginativas ou se engajar em atividades com outros pares pode ser difícil para muitas crianças com TEA. No entanto, com estrutura e orientação, formas saudáveis de atividade livre podem ser demonstradas e, dessa forma, ensinadas. Gradualmente, o suporte pode ser removido para que a atividade livre possa acontecer de forma mais independente para uma criança com TEA.

Os esportes, da mesma forma, têm um conjunto de benefícios diferentes. Eles podem proporcionar exercício, embora isso varie de acordo com a prática. Também podem oferecer oportunidades naturais para praticar e melhorar as habilidades sociais e, para crianças com TEA que são boas em esportes, proporcionar inclusão na comunidade e interação com os pares. Para algumas crianças com TEA, essas oportunidades podem ajudar a promover uma autoimagem positiva para compensar suas dificuldades nas interações sociais em geral. No entanto, para outras que não são tão talentosas, ou que têm dificuldades com as habilidades motoras ou com a aceitação dos pares, os esportes podem ser uma experiência extremamente frustrante e infeliz. Como muitas outras coisas que estão envolvidas na ajuda a crianças com autismo, é importante saber com o que cada criança ou adolescente específico consegue lidar ou desfrutar. Mais adiante neste capítulo, daremos alguns exemplos de como diferentes tipos de experiências com esportes podem proporcionar exercícios, ao mesmo tempo que também reforçam as habilidades sociais que crianças com o transtorno precisam desenvolver.

> Exercícios, esportes e atividade livre proporcionam benefícios particulares, e, no que se refere ao preparo físico, é importante saber o que irá funcionar melhor especificamente para seu filho com TEA.

De qualquer maneira, esportes que envolvem muita espera podem não ser suficientes para o cérebro ou para o preparo físico ou não ser adequados para seu filho com autismo. Alguns esportes são ótimos para o preparo físico: raquetebol, basquete, futebol, dança com atividade elevada, ciclismo, corrida – nesses esportes, há muitos exercícios vigorosos e, frequentemente, desafio mental. Por sua vez, apenas jogar beisebol, golfe ou futebol americano pode não proporcionar forma física suficiente, a não ser que seja acompanhado por um regime de prática que reforce a forma física. Além do mais, o aspecto social desses esportes pode não ser gratificante ou ser desafiador demais para seu filho, reduzindo a probabilidade de o esporte ser uma empreitada bem-sucedida.

Tenha em mente que os hábitos de atividade física das crianças podem se manter com elas até a idade adulta. Se você jogou futebol durante sua infância e adolescência, poderá muito bem procurar uma liga de futebol adulto para jogar. Porém, para a maioria dos adultos, esportes em equipe são logisticamente desafiadores. É por isso que a maioria dos adultos em nossa sociedade se mantém em forma por meio de exercícios individuais. Para todas as crianças, o exercício é um bom hábito a ser incentivado desde cedo, não só porque o treinamento cardiovascular e de força/flexibilidade será fundamental para a saúde adulta, mas também porque, na infância, o desenvolvimento cognitivo e o motor trabalham em conjunto. No cérebro, extensas conexões ligam centros motores, como o cerebelo e o córtex motor, a áreas envolvidas na atenção e no funcionamento executivo, como o córtex pré-frontal e os gânglios da base. Alguns psicólogos acreditam que, para obter os melhores resultados cognitivos e de autorregulação para crianças, o exercício deve incluir desafio cognitivo, aprendizagem motora complexa e coordenação em condições do mundo real – ou seja, o desenvolvimento de habilidades motoras gerais somado ao desafio aeróbico. Outros acreditam que o importante é combinar esforço físico com desafio cognitivo, como no campo de futebol ou na quadra de basquete. Para pré-escolares, isso pode ocorrer naturalmente por meio de corrida, escalada, jogos de organização ou lutas corporais durante a atividade livre. Mas, para crianças maiores, poderá ser necessária uma atividade organizada, seja individualmente, seja com um parceiro ou time. Podem estar incluídas atividades como escalada em rocha, dança, basquete ou artes marciais. Mais uma vez, aqui você terá que usar o julgamento para equilibrar atividade livre e atividade estruturada, engajamento mental e emocional e estímulo da forma física. Se o seu adolescente está fazendo escalada em rocha (com um supervisor qualificado) durante a atividade livre, sua atividade livre e o exercício ideal podem ser a mesma coisa. Por sua vez, se o seu filho de 10 anos está usando o tempo de atividade livre para construir um modelo com Lego ou para ler, então, além disso, ele pode precisar fazer um passeio de bicicleta ou praticar algum esporte.

Além disso, se o seu filho com TEA tem experiência em uma atividade esportiva, essa vivência proporciona uma oportunidade estruturada para praticar e desenvolver habilidades sociais. Isso continua a ser fundamental durante toda a vida de um indivíduo. Cedo na vida, uma atividade com exercícios em grupo proporcionará um terreno fértil para construir novas habilidades sociais interativas e recíprocas. Em idade mais avançada, o exercício proporciona a oportunidade de permanecer engajado na comunidade. Isso se torna cada vez mais essencial para adultos com autismo, que podem terminar a escola e precisar de atividades na comunidade que sejam gratificantes e bem-sucedidas. Pense no incentivo aos exercícios e às habilidades baseadas no esporte como algo semelhante a dar ao seu filho em idade escolar um talento como tocar piano ou a oferecer ao seu filho jovem adulto um trabalho. Ter uma habilidade quando criança ou um trabalho quando adulto promove oportunidades para interações sociais, o que, para o TEA, é absolutamente fundamental para o desenvolvimento permanente. Por sua vez, todas as oportunidades sociais, desde que sejam bem-sucedidas e apropriadamente apoiadas, podem criar as bases para redes neurais mais fortes subjacentes às habilidades sociais.

Escolhendo o melhor exercício

Antes de focarmos nos benefícios do exercício relacionados ao TEA, é importante colocá-los no contexto das diretrizes a seguir.

1. Esportes em grupo devem ser considerados opcionais, e as decisões tomadas quanto a inscrever seu filho em um programa esportivo específico devem estar baseadas nos seguintes pontos, nesta ordem:
   - *A habilidade do seu filho para atender às demandas sociais, comunicativas e organizacionais do esporte com os recursos que estão disponíveis.* Isso pode limitar as opções para seu filho, mas reivindicar o suporte específico de que ele precisa pode abrir mais oportunidades.
   - *A habilidade do seu filho para praticar o esporte.* Se o seu filho está progredindo particularmente em um esporte, encoraje-o. Se ele o detesta, deixe-o fazer outra coisa. Muitas crianças com autismo gostam da estrutura de algumas artes marciais. Outras gostam de esportes individuais, como corrida. Algumas crianças têm o interesse muito limitado em esportes. Os interesses especiais que seu filho tem podem interferir no desenvolvimento da disposição para os esportes, mas o uso desses interesses como recompensa pela participação pode aumentar a probabilidade do seu filho experimentar novas atividades.
   - *O nível do exercício vigoroso (respiração mais forte, frequência cardíaca elevada).*
2. Sempre ofereça ao seu filho com TEA tempo suficiente para formas saudáveis de atividade livre (ativa ou não), acrescentando o exercício no topo da atividade livre, se necessário. Considerando que muitas crianças com autismo frequentemente têm dias cheios de intervenção, acrescentar exercícios pode ser excessivo e inapropriado.
3. O principal é praticar exercícios, o que pode ser feito de muitas maneiras diferentes. Mantenha-se aberto.

Exercício, epigenética e o cérebro

O exercício é um fator do estilo de vida com alguns dos efeitos epigenéticos mais claros. Um programa de atividade física continuado, em qualquer idade, causa alterações epigenéticas significativas por todo o corpo, tanto em localizações óbvias, como no coração e nos genes musculares, quanto no cérebro. Os efeitos no crescimento do cérebro, em estudo durante os últimos anos, têm agora uma literatura suficientemente grande para serem considerados definitivos. Eles foram confirmados em revisões científicas detalhadas em 2013 e 2014 e em revisões adicionais em 2016 e 2017.

Os efeitos epigenéticos no cérebro ainda estão sendo estudados, mas as evidências até o momento são muito positivas. Estudos animais sugerem que o exercício desencadeia alterações epigenéticas que alteram especificamente a atividade em genes que influenciam o crescimento de novos neurônios e ampliam as conexões neurais dendríticas. Em linguagem simples, isso significa que o exercício pode exercer efeitos que fazem o cérebro crescer e se tornar mais eficiente. Ainda mais encorajador em relação ao TEA é que isso aparentemente acontece em áreas particulares do cérebro, como o hipocampo, os gânglios da base e o córtex pré-frontal, que, conforme discutido em capítulos anteriores, foram implicados no TEA e são fundamentais para a aprendizagem, a autorregulação e o funcionamento executivo. Nesses estudos animais, os camundongos se exercitam vigorosamente ou não e, a partir disso, são examinados quanto ao crescimento cerebral, à expressão genética e às alterações epigenéticas. Esses estudos animais comprovam que crianças que se exercitam terão os mesmos benefícios? É um pouco de exagero dizer isso, mas, na verdade, não melhora muito mais do que isso no que se refere aos efeitos que gostaríamos de ver em um modelo animal. Portanto, esses estudos, embora preliminares, são muito encorajadores. Vamos examinar os efeitos do exercício em crianças em três áreas relevantes para o TEA: aprendizagem, atenção e sintomas do transtorno, especificamente.

Exercício e aprendizagem/atenção

Crianças com TEA podem enfrentar uma variedade de obstáculos à aprendizagem acadêmica, desde dificuldades com transições e problemas para manejar as interações sociais até dificuldades com atrasos intelectuais. Para algumas crianças com autismo, esses desafios resultarão em problemas acadêmicos. No entanto, como mencionamos brevemente no Capítulo 1, a maioria das crianças com autismo também tem problemas com atenção e função executiva e dificuldades associadas ao TDAH, que representam alguns dos maiores obstáculos à aprendizagem acadêmica. Portanto, um ponto importante para darmos atenção em relação ao exercício é se ele ajuda as crianças com suas tarefas acadêmicas e, em particular, com a parte da função executiva do sucesso acadêmico.

Felizmente, estudos desenvolvimentais do exercício infantil usaram os resultados acadêmicos como foco principal (em parte porque os programas de educação física na escola fazem desta um lugar natural para realizar experimentos seguros e controlados). Apesar disso, a ressalva é que a literatura sobre ensaios randomizados de muita alta qualidade, do tipo que fornece a prova de fogo dos benefícios do exercício, ainda é pequena. Assim, temos que fazer inferências a partir de estudos que apresentam vários limites. No entanto, somente no ano passado, incontáveis revisões de dados em outros estudos de crianças em desenvolvimento típico destacaram o importante achado de que o exercício traz benefícios significativos e positivos para a aprendizagem, a memória e as habilidades do funcionamento executivo. Uma importante monografia publicada em 2014 pela Society for Research in Child Development concluiu que, de modo geral, exercícios ao ar livre levaram à melhora no desempenho acadêmico em crianças – mais do que aulas adicionais ou tempo de estudo equivalentes. Em outras palavras, as políticas escolares para cortar as aulas de educação física são um erro. A ciência indica que as escolas devem converter as aulas de educação física em aulas de preparo físico e mantê-las em aplicação nas escolas. Precisamos, sem dúvida, de um maior número de ensaios randomizados para adquirir confiança nesse assunto, mas, se tentarmos visualizar o futuro, o quadro mais provável é que o exercício melhora a aprendizagem, a atenção e o funcionamento executivo em crianças com desenvolvimento típico, e, portanto, é plausível supor que ele auxilia diretamente nos desafios frequentemente associados ao TEA, desenvolvendo autorregulação no cérebro.

No entanto, até a década de 2010, não tínhamos dados diretos que identificassem se o TEA melhoraria com exercícios. Agora, esses dados finalmente estão emergindo, embora lentamente.

Exercício e sintomas centrais do TEA: habilidades sociais e comportamentos repetitivos

Mais de uma dezena de estudos até o momento focaram em avaliar se crianças com TEA se beneficiam de um programa de exercícios. Infelizmente, esses estudos são muito pequenos e repletos de inconsistências e limitações metodológicas, portanto, ainda não representam uma literatura "madura" que permita conclusões confiáveis. No entanto, podemos identificar algumas tendências que são importantes. Um resumo estatístico de 2016 de todas as pesquisas encontrou 22 estudos pequenos avaliando o impacto do exercício na cognição em 579 pessoas entre 3 e 35 anos de idade com TEA ou TDAH. Essencialmente, apenas seis desses estudos foram conduzidos com crianças com TEA, totalizando 128 crianças, e, embora os investigadores tenham determinado que o diagnóstico não impactou o efeito da intervenção nos resultados, a maioria das informações desse resumo provém de estudos de crianças com TDAH, não com TEA. No entanto, com esse alerta em mente, os dados reunidos ainda eram encorajadores: em geral, o benefício do exercício físico é pequeno, porém significativo em aspectos da cognição. Ou seja, intervenções baseadas em exercício têm impacto positivo nas habilidades cognitivas – especificamente na habilidade de manter a atenção ou persistir na tarefa. Considerando os problemas com autorregulação que fazem parte do autismo, esse achado gera esperança.

Entre 2016 e 2017, duas revisões sistemáticas tentaram quantificar as evidências dos benefícios de programas de exercícios como um tratamento para os desafios centrais do TEA, incluindo déficits sociais, comportamentos repetitivos, autorregulação e cognição. Essas revisões focaram em crianças com TEA com menos de 16 anos em um dos estudos e com menos de 21 anos no outro. As revisões revelaram que a vasta maioria dos estudos individuais revisados era falha em algum aspecto. Por exemplo, as hipóteses nem sempre eram declaradas claramente, e os critérios de inclusão não eram claros, porém ambas as revisões concluíram que havia evidências moderadas quanto à eficácia do exercício físico na melhora dos resultados comportamentais (especificamente a redução de comportamentos repetitivos), do funcionamento social-emocional, da atenção e da cognição.

Ressalvas: o que ainda não sabemos

- *Que tipos de exercícios não ajudam o cérebro?* A maioria das pesquisas tem sido sobre exercícios cardiovasculares (aeróbicos) e, frequentemente, em um laboratório, que não envolve um objetivo no mundo real (dessa forma, omitindo a aprendizagem, a motivação e o engajamento que fazem parte dos benefícios holísticos do exercício). E quanto ao treino de força ou outros tipos de exercícios? O trabalho nesse aspecto está apenas começando.
- *Os benefícios são permanentes em crianças?* A maioria dos estudos é com adultos, frequentemente adultos idosos, e a maioria dos ensaios experimentais com crianças tem sido muito limitada.
- *Embora as pesquisas que demonstram os benefícios do exercício na cognição sejam fortes, o quão consistente é o impacto no desenvolvimento de habilidades sociais?* As pesquisas limitadas e frequentemente falhas disponíveis sugerem que existe um benefício potencial, mas precisamos de mais estudos nessa área.
- *Qual é o benefício continuado dos programas de preparo físico (em contrapartida ao benefício no mesmo dia ou na mesma semana) para crianças com TEA?* Isso ainda não foi estudado.
- *Quão grandes são as diferenças individuais?* Diferentes crianças com diversas composições genéticas devem fazer variados tipos de exercícios para maximizar o crescimento do seu cérebro e a atenção? Essa nova área é importante de ser estudada. Como tudo neste livro, a resposta não acabará sendo de aplicação geral. Uma questão particular é se meninos e meninas se beneficiam das mesmas atividades; a maioria dos estudos até o momento tem sido com meninos.

- *Por quanto tempo você deve continuar o programa de preparo físico para ajudar a apoiar seu filho com TEA?* Não sabemos, mas podemos inferir alguns princípios a partir da literatura. Um deles é que até mesmo uma semana pode ajudar – mas, nesse caso, apenas temporariamente. Um esforço mais prolongado provavelmente produzirá benefícios de mais longo prazo. E, mesmo que o exercício cause alterações epigenéticas, o exercício continuado ao longo do tempo é necessário para que haja uma influência perceptível no crescimento. O desenvolvimento do cérebro é como o crescimento dos músculos – requer trabalho físico continuado, sugerindo que você deve manter o esforço por várias semanas ou meses.

Pontos importantes sobre o exercício

- Se o seu filho tem TEA, os benefícios do exercício são ainda mais importantes do que para outras crianças. Os efeitos únicos do exercício nas redes cerebrais e nos padrões de expressão genética que apoiam a maturação da autorregulação requerem que você dê atenção a eles.
- Exercícios e preparo físico têm um ótimo efeito em proteger seu filho de problemas de saúde graves (como obesidade e diabetes), melhorando sua saúde em áreas como a pele, os músculos e os ossos, além da coordenação. Estudos iniciais mostram também que o exercício pode ter efeitos positivos nas habilidades sociais do seu filho, reduzir comportamentos repetitivos e melhorar a autorregulação e a cognição, apoiando o desenvolvimento do cérebro em sistemas subjacentes a essas habilidades. Isso irá melhorar a qualidade de vida do seu filho com TEA.
- Com efeitos epigenéticos envolvidos, os efeitos no desenvolvimento podem ser mantidos mesmo durante os anos em que esse exercício for menos intenso – ainda estamos aprendendo quantos efeitos são de curta e longa duração nesse aspecto.
- Um benefício final apresentado em estudos é que o exercício é um caminho poderoso para criar alterações epigenéticas que podem suplantar eventos negativos ocorridos cedo na vida. Por exemplo, estudos animais relataram que o exercício pode prevenir ou reverter os efeitos epigenéticos de estresse e trauma precoces.
- O exercício pode ser divertido – às vezes, é só uma questão de encontrar o ambiente certo para despertar o interesse da criança; para algumas famílias, é de grande ajuda se exercitar com seu filho – compartilhar um passeio de bicicleta, uma caminhada, uma corrida ou um jogo.
- O exercício pode ser mais benéfico quando combinado com algum interesse especial que seu filho tenha. Basear-se em seus interesses ou preocupações particulares pode promover um estilo de vida físico mais saudável, ao mesmo tempo que capitaliza o que é mais reforçador para

ele. Por exemplo, havia um jovem com quem eu (Bernier) trabalhei cujo amor por monitorar os passos em seu aplicativo o levou ao *hobby* da corrida de longa distância. Ele registrava seus passos ao final de cada dia e fazia um gráfico do seu progresso. A parte da corrida era uma questão secundária para ele, mas lhe trazia excelentes benefícios para a saúde.

Passos de ação para exercícios

Em diversas ocasiões na década passada, cientistas pesquisaram o cenário para crianças em desenvolvimento típico. Sem as diretrizes específicas para TEA, nossa melhor aposta é seguir essas diretrizes gerais, mas destacar sua provável relevância adicional para crianças com o transtorno, que precisam de todo o estímulo que puderem receber para o desenvolvimento social, a aprendizagem, a função executiva e a autorregulação. Dito isso, reconhecemos que algumas dessas recomendações podem ser muito desafiadoras para seu filho atingir. Por favor, não fique desencorajado. Se elas não funcionarem neste momento para a sua família, você deve tê-las em mente para o futuro. A seguir, estão as recomendações gerais mais comuns.

♦ *Ajude seu filho a ter pelo menos 1 hora por dia de exercícios moderados e moderados a intensos (aumento na frequência cardíaca e respiração mais forte).* Não é preciso que seja tudo de uma vez. Isso pode ser feito em um período de 60 minutos, dois períodos de 30 minutos ou quatro períodos de 15 minutos. (Essas diretrizes são dadas pela American Heart Association.) Algumas crianças precisam de mais exercício do que outras. Algumas podem ser mais felizes e mais calmas se tiverem 2 horas por dia, porém mesmo um pouco de exercício vai ajudar em sua saúde e seu humor. Algumas crianças (tenham ou não autismo) podem relutar em se exercitar. Cartões de recompensa, sistemas de fichas ou outros programas de reforço podem ser colocados em prática, do mesmo modo que com qualquer outro comportamento que você gostaria de encorajar. Tabelas autoadesivas expostas na porta da geladeira podem ser um reforçador apropriado para encorajar crianças pequenas a realizar alguma atividade física, da mesma forma que o trabalho voltado para um objetivo pelo período de uma semana ou duas (p. ex., uma atividade com o pai ou um pequeno prêmio) pode ser apropriado para um adolescente com habilidades cognitivas e autorreguladoras suficientes.

♦ *Se realisticamente viável, experimente o exercício principal no começo do dia para que seu filho esteja pronto para o dia escolar.* Embora isso seja difícil de organizar, algumas escolas e famílias têm conseguido. É o ideal! No entanto, obviamente isso não será possível para todos. A maioria das crianças terá que ir à escola e, após, fazer seus exercícios, além do que todos nós esperamos que seja o tempo para recreação. As manhãs do fim de semana geralmente são um bom momento para as famílias saírem para caminhar em um parque ou brincar no *playground*. Fazer isso no começo do dia geralmente promove mais atividade física.

- *Tenha como objetivo que o exercício inclua uma mescla de atividade moderada (caminhar, andar de bicicleta, de patins ou de* skate, *pular corda, brincar no* playground*) e atividade moderada a intensa* suficiente para fazer a criança ficar ofegante ou transpirar (corrida, ciclismo em colinas, natação, dança vigorosa, artes marciais, futebol, basquete, pega-pega, ginástica, calistenia continuada). (Essas recomendações são do British National Health Service.) A atividade deve ser consistente durante um período – não considere atividades que incluam ficar muito tempo sentado ou esperando pela sua vez.

- *Inclua atividades que envolvam a aprendizagem de habilidades motoras e coordenação* – ou seja, algum desafio cognitivo. Embora os benefícios adicionais dessa abordagem ainda não sejam definitivos, é possível que ocorra um crescimento adicional do cérebro. A maioria dos esportes com bola envolve pelo menos alguma aprendizagem motora, embora dança, artes marciais, escalada em rocha, ginástica, *crossfit* ou algum tipo de calistenia , como pular corda, possam envolver aprendizagem muscular mais completa do corpo inteiro. É precisamente porque muitas formas de exercício requerem habilidades motoras e coordenação que crianças com autismo, que têm mais probabilidade de apresentar retardos motores ou desafios menores, com frequência não serão atraídas para exercícios e esportes. Porém, você pode tratar esportes e exercícios como trataria terapias comportamentais para apoiar a construção de habilidades sociais nas quais estas são treinadas e reforçadas. Seguindo os interesses do seu filho na atividade física e reforçando com recompensas a sua participação nessas atividades, com o tempo você poderá promover mais interesse e habilidades no preparo físico.

- *Não faz mal misturar as atividades.* Você não tem que incluir todos os aspectos diariamente. Por exemplo, seu filho pode gostar de correr algumas vezes e jogar futebol ou basquete outras vezes, ou dançar algumas vezes por semana e andar de bicicleta nos outros dias. Entretanto, seu filho com TEA pode ter interesses mais restritos, e não faz mal seguir sua vontade se ele estiver interessado em uma forma específica de exercício. O objetivo aqui é apoiar o preparo físico da forma que for mais apropriada para sua família.

- *Inclua a atividade livre se o exercício for muito estruturado.* Crianças em idade escolar devem ter 1 hora de atividade livre e 1 hora de bons exercícios – serão 2 horas se a atividade livre não for um exercício de moderado a intenso. Para seu filho, como para muitas crianças com autismo, a atividade livre pode não ser uma atividade bem-sucedida. Se um exercício estruturado for a única maneira de engajar seu filho fisicamente, sem dúvida, se concentre nisso.

♦ *Por fim, não seja muito duro consigo mesmo se não conseguir atingir o ideal.* Um pouco de exercício para seu filho é melhor do que nada. Algumas ideias de pais que já passaram por isso podem ser encontradas a seguir.

◆

Ideias para enfrentar o desafio do exercício

Para muitas famílias, adequar-se ao exercício é um verdadeiro desafio, dependendo das necessidades e habilidades do seu filho, do clima, dos custos e da vizinhança. Poderá se revelar necessário ter atividades diferentes no verão e no inverno. Embora os esportes organizados na escola ou na comunidade depois da escola funcionem para muitas famílias, eles não são para todos. Aqui estão alguns exemplos de outras soluções que as famílias encontraram.

- Kim corria enquanto seu filho andava de bicicleta nos finais de semana porque ele adorava andar de bicicleta.
- Michael se matriculou nas aulas de Aikido com sua filha para conseguir apoiar o sucesso dela em uma atividade em grupo e promover suas interações sociais.
- Bill pagou um tempo adicional para que o monitor do seu filho se juntasse a ele no campo durante as partidas de futebol do seu time, de forma que Bill Jr. pudesse praticar habilidades sociais e movimentar seu corpo no campo.
- O pai organizou percursos de obstáculos no *playground* para sua filha com TEA e seu filho em desenvolvimento típico e os monitorava com um cronômetro. A estrutura temporal ajudou sua filha a se manter engajada na atividade e a ficar entusiasmada para bater seu próprio "recorde mundial" de tempo.
- Jennifer matriculou sua filha no programa sem fins lucrativos "Girls on the Run" e descobriu que o exercício ajudou a combater os efeitos colaterais de ganho de peso da sua medicação (veja o Cap. 5 para mais sobre medicamentos).

SONO

O conhecimento da relação entre o sono, outra consideração importante no estilo de vida, e o TEA se expandiu rapidamente. Ocorre que muitas crianças com autismo têm algum tipo de problemas do sono. De fato, uma proporção maior das crianças com o transtorno apresenta problemas para adormecer do que as que não têm. Isso pode não lhe causar surpresa: por anos, os pais têm relatado problemas com o sono de seus filhos com TEA, mas a comunidade científica e médica foi muito demorada para responder. Felizmente, nos últimos 10 anos, tem-se visto um foco considerável nos problemas do sono no autismo e na construção de ferramentas para abordar esses desafios. Parte do avanço para esse foco no transtorno são os ganhos recentes em nossa compreensão da importância do sono de modo mais amplo e da disponibilidade de muitas ferramentas que podem ser adaptadas para melhorar o sono de crianças com TEA. Sobretudo, melhorar o sono pode, de fato, estimular a autorregulação e o desenvolvimento cerebral do seu filho. A ciência tem muito a nos dizer sobre o sono e o desenvolvimento do cérebro, e, nesta seção, vamos explicar o quanto esses achados são importantes para o seu filho com TEA.

> As chances são de que você não durma o suficiente, nem seus filhos. Pesquisas nacionais indicam que 70% dos adolescentes e adultos não estão dormindo o suficiente.

Distúrbios do sono são muito comuns em crianças, tenham autismo ou não. Em uma pesquisa norte-americana recente, mais da metade dos pais relatou que seu filho tinha algum tipo de problema do sono, e um quarto dos pais afirmou que seu filho não dormia o suficiente. Como descreveremos a seguir, os índices de problemas do sono para crianças com TEA são ainda mais elevados. Com base na prevalência de problemas do sono, parte da coocorrência destes e TEA é apenas a sobreposição aleatória de dois problemas comuns. No entanto, vamos nos aprofundar um pouco mais, já que há mais do que aleatoriedade. Existem conexões causais.

Durante o sono, o cérebro cria novas conexões, armazena memórias e recupera as células. Uma descoberta científica surpreendente é a chamada consolidação da memória dependente do sono, ou aprendizagem dependente do sono. Isso significa que é durante o sono que a aprendizagem acontece. Você pode estar bem familiarizado com a queixa comum em TEA de que uma criança parece aprender alguma coisa certo dia, mas depois tem que aprender tudo de novo no dia seguinte. Este é um exemplo de falha na consolidação da memória. O fato é que as crianças não conseguem aprender as coisas se não dormirem! E muitas coisas que podem ser fáceis para uma criança em desenvolvimento típico, como entender expressões faciais ou manter uma conversa, vão exigir esforço cognitivo adicional do seu filho com autismo. Isso significa que, se o seu filho não está dormindo, será ainda mais difícil para ele aprender as habilidades sociais necessárias.

> O sono parece ser a ferramenta número um para o desenvolvimento do cérebro de uma criança.

O sono é igualmente crucial para manejar estresse e emoções e para ter capacidade mental para a atenção focada. A habilidade do seu filho de manejar o estresse de lidar com situações sociais, filtrar estímulos sensoriais e prestar atenção em aula (com frequência tudo ao mesmo tempo) será significativamente impactada pela quantidade e pela qualidade do seu sono.

Enquanto o cérebro está se desenvolvendo, ele usa o sono de várias maneiras distintas no começo da vida. Os bebês usam o sono para generalizar as informações de uma experiência para outra. Seus cochilos desempenham um papel crucial na aprendizagem. Experimentos recentes mostraram que bebês expostos a uma nova aprendizagem se recordam dela se tiraram um cochilo entre os testes, mas isso não ocorre se permaneceram acordados. Os pré-escolares usam o sono para reter coisas específicas que aprenderam durante o dia. Crianças, adolescentes e adultos continuam a usar o sono para consolidar a aprendizagem. Em anos recentes, estudos como os que acabamos de mencionar esclareceram, em animais e humanos, que crianças e adultos aprendem tanto quando estão dormindo quanto quando estão acordados. Assim como os bebês, quando veem novas informações, crianças e adultos as recordam melhor se dormem antes do teste de memória do que se não dormem. Estudos de imagem cerebral usando MRI detectam padrões de ativação cerebral que mostram algo notável: um padrão cerebral particular é ativado quando uma nova informação é vista em vigília, e o mesmo padrão se repete durante o sono. Isso indica que, durante o sono, o cérebro trabalha para consolidar e armazenar o que é aprendido durante o dia.

Atualmente, os cientistas do sono não o veem como meramente útil na aprendizagem da criança – eles o veem como necessário. De fato, alguns estudos recentes sugerem que crianças que dormem mais têm QI mais alto, além de melhor atenção e autocontrole – tudo muito relevante se seu filho tiver TEA! Max é um menino de 10 anos minimamente verbal com autismo que regularmente vem à minha clínica (Bernier) para trabalhar suas explosões agressivas depois de eventos frustrantes, como quando faz transição das atividades preferidas para as tarefas na escola, ou de mudanças inesperadas na sua rotina. Depois de várias semanas de tratamento comportamental, o número de explosões agressivas de Max se estabilizou de uma taxa constante de duas vezes por dia para cerca de duas vezes por semana. Algumas semanas mais tarde, o pai de Max voltou à clínica porque o número de explosões agressivas havia aumentado para duas vezes por dia novamente. Embora não tivesse ocorrido nenhuma mudança inesperada em sua rotina ou programação, uma investigação cuidadosa revelou que Max não estava dormindo bem depois de ter sido um grande dorminhoco. Ele ainda estava seguindo à risca suas rotinas de sono, mas agora ele permanecia deitado na cama por 1 hora antes de conseguir adormecer. Por meio de um trabalho notável de detetive, os pais de Max descobriram que isso estava acontecendo porque uma das persianas estava quebrada, de forma que a luz de um poste na rua estava entrando no quarto. O pai de Max substituiu a persiana, ele voltou a adormecer quase imediatamente, e o número das suas explosões agressivas voltou a cair. O sono estava impactando significativamente o autocontrole de Max.

Sono, genética e epigenética

Nossos ritmos circadianos, os ritmos gerados por nosso cérebro que se aproximam da duração de um dia e uma noite, são regulados por muitos fatores, com a genética desempenhando um papel. Modelos animais nos mostraram que existem vários genes associados aos ritmos circadianos e ao sono. Esses "genes-relógio" ajudam a manter nossos ritmos circadianos e impactam os ciclos de sono e vigília. Alguns estudos sugerem que, no TEA, as raras versões desses genes-relógio são observadas com mais frequência, os genes-relógio podem funcionar diferentemente, e as taxas de mutações desses genes são mais elevadas. No entanto, essa área de pesquisa recém está emergindo, portanto, a verdadeira relação entre sono e TEA no âmbito genético ainda está para ser determinada.

A esta altura, você não deve se surpreender ao descobrir que a regulação do sono, assim como muitas outras funções, depende não só da genética, mas também da sinalização epigenética. Por exemplo, um estudo em 2015 examinou pares de gêmeos idênticos em que um dos gêmeos queria dormir cedo à noite e o outro queria dormir mais tarde. Foi descoberto que os gêmeos tinham diferenças nas marcas epigenéticas em certos genes circadianos – implicando alterações em como esses genes estavam funcionando no cérebro. As evidências para TEA são limitadas, mas um tipo de evidência circunstancial é interessante. Um dos genes envolvidos na síndrome de Rett (relacionada ao TEA) também está envolvido nos ritmos circadianos. O gene é denominado *MeCP2*. Quando os pesquisadores perturbaram os ciclos sono-vigília em camundongos, constataram que a atividade do gene *MeCP2* havia mudado. Isso sugere que a epigenética pode impactar o funcionamento dos principais genes associados a transtornos no desenvolvimento neurológico, como o TEA.

Alguns problemas do sono provavelmente são criados a partir de experiências precoces que perturbam as regulações do relógio circadiano do cérebro por meio da alteração epigenética. Já sabemos, a partir de inúmeras pesquisas, que o ciclo dia-noite desencadeia reações sensíveis à luz em áreas-chave dos cérebros dos bebês que fazem parte do seu desenvolvimento normal, assim, os bebês se adaptam ao ciclo claro-escuro ondem vivem. As alterações epigenéticas fazem essa codificação em seu cérebro jovem. Se as alterações epigenéticas no começo da vida de uma criança podem afetar como a criança dorme, é possível fornecer treinamento ou outras experiências que reverterão um problema de sono atual? Não sabemos com certeza, mas tudo o que aprendemos até o momento sobre epigenética sugere que isso é ao menos possível. Vamos examinar as melhores ideias de como resolver um problema de sono.

Sono e autismo

Não precisamos que estudos de pesquisa nos digam que não conseguimos focar, prestar atenção ou nos concentrar sem um sono reparador. Mas a ciência adiciona um detalhe importante: esse problema com a atenção pode se estender mesmo depois que o sono é recuperado. Você também sabe, pela experiência, que seu autocontrole rapidamente fica instável depois de uma noite insone. Você não consegue lidar tão bem com o estresse e suas emoções ou focar quando está excessivamente cansado. O mesmo vale para as crianças, é claro. Em suma, se o seu filho não está dormindo o suficiente, sua atenção e seu comportamento podem parecer perturbados e desregulados. E se o seu filho tiver TEA? A seguir, estão os fatos relacionados a sono e TEA que devemos ter em mente.

- O sono é ativo, não passivo. Ele é uma parte essencial das conexões no cérebro e da aprendizagem. Crianças com TEA geralmente têm atrasos ou perdas no desenvolvimento do cérebro, bem como problemas de aprendizagem, portanto, é fundamental que elas tentem se recuperar nessas áreas.
- A falta de sono pode exacerbar sintomas existentes que crianças com TEA apresentam. Para obtermos uma boa compreensão do grau dos desafios de uma criança, precisamos garantir que o sono seja adequado.
- A taxa de prevalência de apneia obstrutiva do sono em TEA parece ser similar à da população em geral. A taxa de síndrome das pernas inquietas parece ser um pouco mais alta em TEA (embora seja difícil avaliar). Assim, esses dois transtornos são menos comuns do que outras causas de problemas do sono. Entretanto, eles devem ser avaliados quando o manejo de comportamentos relacionados ao sono se mostrar ineficaz e seu filho ainda apresentar sinais de que não está descansado.
- Crianças com TEA frequentemente têm problemas de comportamento relacionados ao sono que impedem que elas tenham um sono adequado.

Se o seu filho não está dormindo o suficiente, ou não tem sono de boa qualidade suficiente, então você pode esperar desatenção, desorganização, mau humor, birras, irritabilidade e problemas de saúde, desde mais resfriados até reclamações vagas. Pior, o crescimento do cérebro do seu filho pode não acontecer nas condições preferíveis. Se você é como a maioria dos pais, são boas as chances de que seus filhos possam não estar dormindo de forma adequada, simplesmente pela lei das médias – uma porcentagem substancial de crianças (e adultos) não dorme adequadamente nos Estados Unidos! Nossa vida com frequência está sobrecarregada. Mais uma vez, muitas crianças podem ser capazes de tolerar essas situações sem efeitos prejudiciais óbvios. Porém, se seu filho tem TEA, você tem menos margem de erro para "deixar isso acontecer". O sono é uma área sobre a qual pode fazer muito sentido tomar alguma providência.

De quanto sono seu filho precisa?

A necessidade de sono das crianças em desenvolvimento pode surpreendê-lo. A National Sleep Foundation recomenda que até os 2 anos de idade as crianças durmam mais de 12 horas por dia. Muitas delas, é claro, fazem parte disso tirando cochilos. Pré-escolares precisam de 10 a 13 horas (para uma média de 11 horas). Crianças em idade escolar normalmente devem ter 10 horas de sono por noite (algumas diretrizes sugerem 11 horas). Embora possa haver certos indivíduos que se afastam dessas médias, para a maioria de vocês isso significa que, se o seu filho precisa acordar às 7h para ir à escola, ele deve ir dormir às 21h, começando a se arrumar para ir para a cama por volta das 20h30min e desligando as telas e encerrando atividades estimulantes às 20h. Adolescentes precisam de um pouco menos – 9 a 10 horas, dependendo das diretrizes que seguimos. Com a escola começando às 8h ou 8h30min, é necessário dormir cedo.

> Crianças e adolescentes com autismo precisam da mesma quantidade de sono que seus pares típicos, mas, como o TEA pode tornar o sono desafiador, e os benefícios do sono adequado são ainda mais importantes, uma boa noite de sono todas as noites deve ser uma prioridade.

Isso é muito difícil para os adolescentes, cujo relógio biológico está configurado para um ciclo mais tardio que o dos adultos devido à evolução. Essa alteração no relógio do seu corpo não é uma aberração, mas uma fase do desenvolvimento normal na adolescência. A tabela a seguir fornece uma amostra dos horários de sono com base nas diretrizes da National Sleep Foundation (http://sleepfoundation.org).

Sono e adolescentes

Dormir o suficiente durante os anos da adolescência é um desafio especial. Os adolescentes ainda precisam de pelo menos 9 horas de sono, e 10 horas pode ser melhor. No entanto, apenas 30% dos adolescentes têm até mesmo 8 horas de sono por noite. O desafio é particularmente sério, pois os adolescentes naturalmente têm retardo nos relógios circadianos – eles não querem ir para a cama tão cedo quanto os adultos. A evolução nos projetou assim. Idealmente, os adolescentes poderiam ficar acordados até tarde e dormir até tarde – como muitos fazem no verão ou nos finais de semana. Isso é natural para o seu desenvolvimento, mas cria uma situação especialmente difícil se o seu adolescente tem TEA, pois jovens com o transtorno não podem se dar ao luxo de perder o sono. A importância do sono para a aprendizagem e a autorregulação significa que seu filho (que vai precisar de esforço extra para aprender com o mundo social – mesmo coisas que possam não exigir esforço de adolescentes com desenvolvimento típico) estará em desvantagem ainda maior se lidar com o mundo social sem dormir o suficiente.

Exemplo de programação de horários

	Meta de horas de sono	Média	Hora de ir para a cama	Dormir	Acordar
Pré-escolar (3-5)	10-13	11,5	19h	19h30min	7h
Idade escolar (6-13)	9-11	10	20h30min	21h	7h
Adolescente (14-17)	8-10	9	21h30min	22h	7h
Jovem adulto (18+)	7-9	8	22h30min	23h	7h

Em 2014, a American Academy of Pediatrics emitiu um parecer recomendando que turmas do ensino médio não deveriam começar as aulas antes das 8h30min. No entanto, menos de 20% das escolas cumprem essa recomendação atualmente; o horário inicial médio norte-americano é 8h, e algumas escolas começam mais cedo. Em 2015, as reivindicações por mudança aumentaram. Um resumo especializado do problema e recomendações foram apresentados em novembro de 2015 na revista *Perspectives in Psychological Science*, que recomenda atrasar o horário de início das aulas no ensino médio para o mais tarde possível. Alguns municípios estão se movendo ativamente nessa direção, e alguns estados passaram para o horário inicial de 8h30min ou mais tarde na maioria das suas escolas.

Entretanto, é normal que adolescentes, lamentavelmente, tenham dificuldades para dormir à noite e acordar pela manhã. Para alguns, esse padrão não chega a ultrapassar os limites e ser caracterizado como um transtorno de retardo da fase do sono-vigília – mas você precisa de um médico para determinar isso. De acordo com a American Academy of Sleep Medicine (AASM), as características do transtorno de retardo da fase do sono-vigília são (1) dificuldade para adormecer e acordar e (2) sonolência durante o dia.

O que está causando o problema?

Se você sabe que seu filho não está dormindo o suficiente e está manifestando os efeitos negativos disso, você obviamente precisa descobrir por que isso está acontecendo. Para crianças com TEA, os problemas do sono se enquadram em duas classes, descritas a seguir.

1. *Problemas do sono secundários*, como problemas com a hora de dormir. Aqui, o problema geralmente é que o TEA está contribuindo para os problemas do sono! Outras condições médicas que vemos com mais frequência no transtorno também podem resultar em insônia e servem como problemas do sono secundários. Com frequência, vemos problemas GI em TEA, e tanto constipação quanto refluxo podem tornar desconfortável deitar-se e permanecer adormecido. Crianças com TEA têm índices mais elevados de convulsões. Algumas convulsões podem ocorrer com mais frequência durante o sono ou ser exacerbadas pela falta de sono, o que irá impactar a habilidade da criança para adormecer ou permanecer adormecida. Além disso, a ansiedade, que é diagnosticada em até 40% dos indivíduos com TEA, pode levar à hiperexcitação. A hiperexcitação certamente impacta o sono, e algumas medicações ansiolíticas demonstraram ter efeito paradoxal para algumas crianças com TEA e aumentar a insônia.

2. *Problemas do sono primários,* como problemas no ciclo biológico de sono--vigília ou apneia do sono obstrutiva. Aqui, os problemas do sono podem exacerbar os sintomas de TEA do seu filho, como dificuldades para lidar com mudanças nas rotinas, comportamentos repetitivos e reciprocidade social, além de comportamentos associados a fraca concentração, baixa energia e irritabilidade. É claro, algumas crianças têm os dois tipos de problemas.

Os pesquisadores usam três métodos básicos para estudar o sono em crianças, listados no quadro a seguir. Você pode seguir um deles com um profissional, mas, se achar que seu filho tem um problema de sono, nossa recomendação é começar devagar, apenas examinar as rotinas na hora de dormir e a higiene do sono e atacar o problema comportamentalmente. Se as seguintes soluções para problemas do sono secundários não ajudarem, é hora de ir mais além com avaliação clínica e tratamento.

> **Como os problemas do sono são avaliados por um profissional**
>
> - Um questionário curto (um deles é chamado de Children's Sleep Habits Questionnaire [CSHQ]) ou um diário do sono.
> - Um pequeno sensor de movimentos do tamanho de um relógio que é usado no pulso ou no tornozelo. Ele monitora a atividade durante a noite ou por 24 horas e fornece uma medição bruta de quando a criança está adormecida.
> - Polissonografia – isto é, um estudo do sono durante a noite em um laboratório onde a criança é ligada a eletrodos que monitoram a qualidade do sono (ondas cerebrais) e a respiração e outras medidas diretamente. Este é o "padrão ouro", mas é caro e apenas às vezes justificável.
> - Métodos adicionais de monitoramento do sono usando sensores e *smartphones* estão emergindo, mas ainda não são muito confiáveis para fins clínicos. Use-os com cautela com crianças devido a preocupações com os efeitos de telas azuis no sono, que falaremos em seguida.

Problemas do sono secundários: hora de dormir e higiene do sono

Saber qual é o horário de sono ideal para seu filho é a parte fácil. Criar uma rotina calma e bem-sucedida para a hora de dormir é muito mais desafiador para a maioria dos pais. Se você tem um filho com TEA, ele pode ser particularmente resistente em ir para a cama devido a uma dificuldade com transições ou autorregulação e com ficar quieto. E, como está cansado, ele pode escalar e ter uma crise de birra quando você está tentando encerrar o dia com tranquilidade – e você está cansado também! Você tem coisas para fazer, e isso pode ser muito frustrante.

A seguir, estão os problemas comportamentais do sono mais comuns reconhecidos pela AASM. Embora esses problemas não sejam indicadores de TEA, eles são mais comuns em crianças com o transtorno. Portanto, especialmente se o seu filho tem TEA, você poderá reconhecer alguns deles.

- Adormecer é um processo demorado que requer condições especiais. E, sem as condições especiais estabelecidas, a criança leva muito tempo para fazê-lo ou tem outras perturbações do sono. Pesquisas demonstraram consistentemente que mais da metade das crianças com TEA resiste na hora de dormir e tem dificuldade para adormecer.
- As associações de início do sono são altamente problemáticas ou exigentes – isto é, a criança não gosta de ir dormir.

- Parassonias, como sonambulismo e pesadelos, ocorrem em aproximadamente 50% das crianças com TEA.
- Os despertares durante a noite requerem intervenção do cuidador para que a criança volte a dormir, e problemas para levantar-se pela manhã criam desafios para começar o dia.
- Ocorrem problemas para estabelecer limites:
  - a criança tem dificuldade de iniciar ou manter o sono;
  - a criança se atrasa ou se recusa a ir para a cama em um horário apropriado;
  - a criança se recusa a voltar para a cama depois de um despertar noturno.

A primeira linha de defesa para prevenir ou contornar esses tipos de problemas é estabelecer uma "higiene do sono" básica – a rotina comportamental que torna o sono mais fácil, incluindo a rotina na hora de dormir. Vamos examinar isso primeiro.

O essencial de uma boa rotina de higiene do sono é ter um tempo antes de ir para a cama para preparar o corpo para dormir. Isso significa que pelo menos 1 hora antes da hora de dormir seu filho deve evitar luz azul (computador, TV e telas de aparelhos – veja as etapas da ação na página 162), refeições abundantes e exercício. Esse é o limite do tempo. Também há um limite do espaço: reserve a cama somente para dormir. (Para adultos, é aconselhável reservar todo o quarto somente para dormir, mas, para a maioria das famílias, isso não é possível para as crianças, cujos quartos frequentemente funcionam como quarto de brinquedo e sala de estudos. Porém, tente manter a cama somente para dormir.) E você provavelmente sabe que pode ser problemático e prejudicial para a higiene do sono manter uma TV no quarto.

> Telas azuis são uma ameaça à qualidade do sono e devem ser evitadas pelo menos 1 hora antes de ir para a cama. Isso inclui telefones celulares.

O telefone celular ou o *ipad* estão causando os problemas do sono do seu filho?

Crianças com TEA adoram seus eletrônicos – *videogames*, telefones celulares, computadores, *tablets* e TV. Uma hipótese sobre por que as crianças em geral gostam tanto dessas coisas é que as mudanças frequentes na estimulação provavelmente ajudam a manter a dopamina ativa no cérebro. A dopamina é um neurotransmissor no cérebro que está envolvido no sistema de recompensa.

O mesmo pode ser dito sobre crianças com TEA. Infelizmente, esses aparelhos podem interferir no desenvolvimento social, já que é difícil se engajar com os outros tendo o rosto colado a uma tela. Aqui há outra preocupação – a "luz azul" que eles emitem interfere no sono.

Diversos estudos nos últimos anos confirmaram o que muitos clínicos há muito suspeitavam. Crianças e adultos que usam telefones celulares, computadores ou televisão antes de ir para a cama dormem mal. Quando a luz do dia enfraquece, o corpo naturalmente começa a produzir melatonina para se preparar para o sono. Sabemos agora que a luz azul das telas eletrônicas é justamente o comprimento de onda certo para suprimir essa produção de melatonina. Estudos usando amostras de saliva de hora em hora em crianças e adultos confirmam a supressão drástica da melatonina quando a luz das telas está atingindo os olhos. Outros estudos usando *designs* randomizados controlados atestam que o uso da tela eletrônica na hora anterior à ida para a cama causa insônia (i.e., é mais difícil adormecer), alterações nos estágios do sono (como o sono REM) e menos atenção no dia seguinte.

Por exemplo, em 2015, pesquisadores em Boston relataram descobertas surpreendentes sobre o uso de leitores eletrônicos ou *tablets* (ou aparelhos similares) comparados à leitura de um livro impresso durante a última hora antes de dormir. Aqueles que usaram o leitor eletrônico ficaram menos sonolentos, levaram mais tempo para adormecer, tiveram o tempo circadiano retardado (incluindo alterações na melatonina e no sono REM) e estavam menos alerta na manhã seguinte. Estes eram jovens adultos. O mesmo é agora observado em crianças usando um *design* correlacional simples. Em 2015, um grupo diferente (também em Boston) pesquisou mais de 2 mil estudantes da quinta e da oitava séries. As crianças que dormiam próximo a uma tela pequena (incluindo dormir perto do seu *smartphone*), jogavam no computador à noite ou tinham TV no quarto sentiam menos sono e se percebiam menos descansadas.

Abordagens comportamentais para resolver problemas do sono

Os problemas comportamentais do sono listados anteriormente podem ocorrer em qualquer criança, mas parecem ser praticamente epidêmicos em crianças com TEA. Existem tantas possíveis razões para isso quanto há crianças com TEA. Uma razão pode estar relacionada à hiperexcitação e à dificuldade resultante para se aquietar para dormir. Crianças com autismo têm um estado de excitação aumentado comparadas aos seus pares. Esse estado de alta excitação tem inúmeros efeitos que podem tornar difícil adormecer – desde sensibilidades sensoriais até ansiedade e decréscimo na melatonina, que está envolvida no ciclo sono-vigília – e terminar em frustração e associações negativas com a hora de dormir. Um conceito-chave, então, é substituir, com o tempo, as experiências negativas por experiências muito positivas – tornando a hora de dormir uma experiência realmente gratificante para a criança. Para muitas crianças com TEA, essa experiência gratificante pode ser simplesmente uma rotina específica. Considerando que as dificuldades com transições são uma parte essencial do transtorno, as rotinas são o antídoto perfeito para o estresse (e a excitação) na hora de dormir.

> Visto que transições podem ser muito difíceis para crianças com autismo, uma rotina consistente na hora de dormir pode prevenir estresse e tornar mais fácil adormecer.

Uma análise recente de oito revisões diferentes, que capturou 38 ensaios com intervenção para lidar com problemas do sono em TEA, indica que não há uma abordagem que seja efetiva para todos os problemas do sono observados em crianças com o transtorno. A conclusão dessa revisão sistemática, no entanto, é que intervenções comportamentais, com programa de educação dos pais e com melatonina parecem ser o mais eficaz para melhorar os múltiplos tipos de problemas do sono em comparação com outras intervenções (veja o quadro na página 160 para mais informações sobre a melatonina). O que torna isso complicado no TEA são os variados tipos de problemas do sono (dificuldade para adormecer, dificuldade de permanecer adormecido, despertares noturnos, etc.).

A maioria dos profissionais acredita que os problemas do sono devem ser abordados inicialmente com melhoria na higiene do sono. Se os problemas persistirem, então o uso de melatonina deve ser considerado. Em ensaios para indivíduos com TEA, a melatonina apresentou a maior eficácia para reduzir o tempo para adormecer, aumentando a duração do sono e reduzindo a resistência na hora de dormir. As intervenções comportamentais parecem ser mais efetivas para a redução do despertar muito cedo pela manhã e da cama compartilhada. Os programas de educação para os pais são mais eficazes na redução do despertar durante a noite e no aumento na capacidade de se aquietar sozinho. Em todos os casos, o médico deve considerar se alguma questão médica, como apneia do sono, problemas GI ou convulsões, pode estar contribuindo para os problemas do sono.

A razão para a eficácia da educação dos pais e de intervenções comportamentais é provavelmente óbvia para você – implementar um novo horário de sono não é fácil, e você poderá precisar de um programa de manejo do comportamento cuidadosamente planejado para fazê-lo funcionar. Veja os passos de ação para os aspectos básicos a seguir, mas observe que você poderá precisar que um profissional o oriente na criação dos programas comportamentais e na resolução de problemas. A boa notícia: o aconselhamento não precisa ser intensivo. Um estudo recente encontrou melhoras no sono depois que os pais receberam apenas duas sessões de orientação com um especialista para colocar em prática um programa comportamental para o sono.

Quando você precisa de ajuda com problemas comportamentais do sono

Os problemas comportamentais do sono frequentemente não desaparecem sozinhos. Quando eles duram um longo tempo, há risco significativo de que se tornem arraigados. Especialistas podem ajudá-lo a escolher entre os inúmeros programas possíveis de treinamento comportamental formal. Estes incluem:

- estabelecer rotinas positivas perto da hora de dormir;
- usar uma técnica comportamental denominada extinção (não modificada, gradual ou com a presença parental) para reduzir as demandas na hora de dormir.

Você pode trabalhar com um psicólogo ou com um conselheiro treinado em medicina comportamental para montar um programa de intervenção simples. Você pode começar tentando montar um programa sozinho, seguindo os passos de ação na página 162, e, se isso não melhorar as coisas, obtenha orientação profissional.

Você deve tentar o uso de melatonina para seu filho com TEA?

- *O que é melatonina?* Melatonina é um hormônio que regula o ciclo circadiano (sono-vigília) diariamente. O corpo produz mais melatonina quando anoitece para nos preparar para o sono e menos quando o dia começa a clarear para nos preparar para o despertar. A melatonina é amplamente usada para ajudar adultos com insônia. Ela é um hormônio, portanto, embora seja vendida sem prescrição, os riscos de efeitos colaterais são reais.
- *Orientação.* Use melatonina para seu filho somente com supervisão médica e depois que um programa comportamental falhar. Com base nos procedimentos de uma conferência de consenso de especialistas em 2014, a melatonina, se dosada apropriadamente, pode ser segura e eficaz para ajudar as crianças a adormecer ("latência do sono" mais curta) e a dormir por mais tempo. A variação genética no modo como a melatonina é metabolizada leva a melhores efeitos em doses mais baixas para algumas pessoas. Note que muitos comprimidos sem prescrição são de baixa qualidade e podem fornecer uma dose muito alta para crianças.

- *Isso ajuda no TEA?* Foi levantada a hipótese de que níveis anormais de melatonina desempenhem um papel nos problemas do sono observados no TEA. A literatura existente é limitada devido aos pequenos tamanhos das amostras e às evidências inconclusivas. Independentemente disso, no entanto, muitos ensaios de intervenção com melatonina têm sido conduzidos. Os resultados mostram que ela parece ser eficaz na redução do tempo necessário para adormecer, porém sua eficácia na redução dos despertares noturnos e em outros aspectos dos distúrbios do sono é mais variável.

- *Riscos.* Ainda não sabemos o suficiente se o tratamento de longo prazo com suplementos de melatonina é prejudicial para o sistema endócrino em desenvolvimento nas crianças. As preocupações quanto à possibilidade de afetar o desenvolvimento do seu filho são particularmente marcantes com bebês (seus corpos ainda estão aprendendo a adaptar sono e melatonina aos ciclos da luz local) e adolescentes (cujos corpos já estão trabalhando com níveis hormonais rapidamente mutáveis).

- *Efeitos colaterais.* Embora não seja habitual, os efeitos colaterais podem incluir despertares no meio da noite, "ressaca" matinal (sonolência, dor de cabeça, sentir-se "para baixo"), preguiça durante o dia, transpiração excessiva à noite ou durante o dia e cama molhada.

- *O ponto-chave.* A melatonina pode ser um meio útil de ajudar a recuperar seu filho para um ciclo de sono normal, especialmente se ele for diagnosticado com transtorno da fase sono-vigília e os ajustes no comportamento não tiverem funcionado. No entanto, má higiene do sono, depressão ou problemas de saúde podem simular um transtorno da fase sono-vigília, portanto, primeiro estabeleça a higiene do sono e faça um *checkup* com o pediatra. Como a melatonina é um hormônio, e suas interações com as mudanças hormonais normais em crianças em desenvolvimento ainda não são bem entendidas, trabalhe junto com o seu médico.

Etapas da ação para a boa higiene do sono

Princípios básicos

- Sem TV no quarto.
- Desligue e remova a luz azul (todas as telas, incluindo telefones celulares) pelo menos 1 hora antes de ir para a cama; sem uso de telefones celulares na cama.
- Evite refeições pesadas antes da hora de dormir.
- Reserve o quarto, ou pelo menos a cama, somente para dormir; estude em outro lugar.

- Sem exercício vigoroso pelo menos 1 hora antes de ir para a cama; mantenha as coisas calmas e moderadas.
- Crie uma rotina que dure de 40 a 45 minutos.
- Cuide para que a criança continue se movimentando durante a rotina; redirecione quando necessário.
- Conclua com um ritual muito positivo que seja agradável para a criança (p. ex., uma história, uma canção ou uma frase simples que vocês dizem juntos).
- Encerre a rotina com um "boa noite" e a criança sozinha na cama, sonolenta, porém acordada (para que ela não ache que precisa que você esteja presente para conseguir adormecer).

Dicas

- Se o seu filho lhe chamar de volta ou não quiser que você saia do quarto, reduza o envolvimento e o redirecione para dormir.
- Mantenha consistência total, com a mesma rotina e o mesmo horário todas as noites.
- As melhores recompensas são elogio e afeição – seja positivo.
- Use um sistema de pontos ou fichas se for necessário para manter a criança motivada a seguir a rotina. Esse sistema pode ser mais apropriado para um adolescente ou mais efetivo se o seu filho é motivado por recompensas tangíveis.
- Organize o horário por escrito, caso isso ajude a criança a focar no que você quer.
- Conselheiros podem ajudá-lo a criar um plano comportamental mais forte e mais formal, se necessário.

Transtornos de sono primários e TEA

Além de obter um horário de sono regular e de praticar uma boa higiene do sono para abordar seu aspecto comportamental, o sono em si deve ser de boa qualidade. Maus hábitos de sono, como assistir à TV antes de dormir, podem causar insônia e má qualidade do sono depois de adormecer. No entanto, a insônia ou a má qualidade do sono também podem ser causadas por um transtorno de sono primário relacionado a uma condição médica. Se a intervenção comportamental não estiver funcionando, ou se o seu filho tiver os sinais de alerta mencionados anteriormente, então uma consulta com um especialista do sono será uma boa ideia.

Uma revisão recente destacou que, embora a maioria das crianças com TEA tenha problemas comportamentais do sono, os quais foram corroborados por medidas objetivas como actigrafia e polissonografia, às vezes elas têm verdadeiros transtornos de sono primários. Os mais comuns incluem apneia obstrutiva do sono e movimentos periódicos dos membros. Apneia obstrutiva é mais provável em indivíduos com sobrepeso. Movimentos periódicos dos membros ocorrem frequentemente em crianças com síndrome das pernas inquietas; deficiência de ferro pode contribuir para síndrome das pernas inquietas e movimentos periódicos dos membros. Para crianças com TEA que têm dieta limitada, deficiência de ferro pode ser uma possibilidade. Para uma criança específica, a única forma decisiva de identificar um problema do sono primário é a polissonografia.

Sinais de alerta de um transtorno de sono primário

Os sinais de alerta não são diagnósticos, mas podem ajudá-lo a decidir se o seu filho pode precisar de uma avaliação profissional do seu sono. Fique atento aos sinais a seguir no seu filho:

- Ronca frequentemente, mesmo quando não está doente.
- As cobertas com frequência acabam no chão – mesmo quando está frio.
- Metade do corpo fica pendurada para fora da cama enquanto ele dorme (sugerindo muitos movimentos inquietos durante o sono).
- Tem sonambulismo ou terrores noturnos (acorda gritando) mais de uma ou duas vezes por noite.
- Não consegue acordar ou resiste em se levantar apesar de (aparentemente) ter dormido o suficiente.

PONTOS PRINCIPAIS SOBRE O SONO

➤ Telas azuis interferem no sono; limitá-las ajuda no sono e cria mais tempo para atividade livre e exercício.

➤ Tente primeiramente melhorar a higiene do sono do seu filho do ponto de vista comportamental; isso poderá solucionar a questão para ele. Excelentes recursos de autoajuda estão disponíveis *on-line* no *site* da National Sleep Foundation (*https://sleepfoundation.org*).

➤ Se você está tendo dificuldade para obter resultados positivos no comportamento do seu filho em relação à hora de dormir, ou se suspeita de um transtorno do sono, procure avaliação profissional.

Tenha em mente que um modo de vida saudável é sinérgico. Auxilia todas as crianças e ajuda na saúde física e emocional. Se o seu filho tem TEA, sua margem reduzida de erro faz do exercício e da melhoria do sono opções muito atraentes das quais tirar vantagem. E cada passo da ação que você decide dar provavelmente irá reforçar os efeitos dos outros. Exercício e sono são um ciclo virtuoso – um promove o outro. E, quando você ler o próximo capítulo acerca do que sabemos sobre alimentação e TEA, tenha em mente que uma boa dieta também fornece combustível para fazer exercício. Enquanto lê este livro, reflita sobre o que parece ajudar mais seu filho e também o que será mais prático para a sua família. O último capítulo do livro lhe dará a oportunidade de revisar todas essas ideias e escolher as ferramentas cientificamente sólidas que irão funcionar para seu filho.

O estabelecimento de hábitos de sono consistentes e a incorporação de exercícios à vida diária são importantes habilidades na vida para todos, independentemente de você ter um diagnóstico de autismo ou não. A ciência cada vez mais nos diz o que sabemos a partir da nossa própria experiência – que quando fazemos exercícios com regularidade e estamos suficientemente descansados conseguimos lidar com os desafios mais prontamente, nos envolvemos com os outros de forma mais fluida, aprendemos com mais eficiência e sentimos nosso humor mais estável. Embora o estabelecimento dessas habilidades possa ser mais desafiador com seu filho com TEA, empenhar esforços na construção dessa base de habilidades terá impacto duradouro na vida do seu filho.

7
PROBLEMAS GASTRINTESTINAIS E ALIMENTARES, ALIMENTAÇÃO E DIETA NO TEA

Em 1943, quando o psiquiatra Leo Kanner publicou seu trabalho pioneiro descrevendo o autismo, ele observou que muitas das crianças recusavam comida, "vomitavam muito durante o primeiro ano" ou tinham "dificuldades alimentares severas desde o início da vida". Ele afirmava que essas crianças estavam recusando comida devido à ansiedade, como uma tentativa "de manter o mundo externo afastado", uma interpretação que não resistiu à análise científica. Porém, nos últimos 75 anos, os cientistas fizeram grandes esforços para explorar os desafios relacionados à alimentação de indivíduos com TEA e produziram algumas perspectivas importantes sobre como o transtorno está associado a problemas alimentares.

Para começar, estudos sistemáticos confirmaram o que os pais já relataram: crianças com TEA realmente têm problemas GI com mais frequência do que as outras crianças. Segundo resumos de dados e estudos de revisão publicados em 2018, quatro vezes mais. Os sintomas mais comuns são constipação, diarreia e dor abdominal; outros problemas GI, como refluxo, não parecem ser mais elevados do que o normal.

Também está cada vez mais claro que os problemas GI influenciam o comportamento, como você provavelmente está bem ciente a partir da sua experiência com seu próprio filho. Crianças com desconforto GI são mais irritáveis, podem ter dificuldade para dormir e têm mais problemas comportamentais. Essa dificuldade é compreensivelmente ainda mais desafiadora para crianças que têm a fala menos desenvolvida e, portanto, não conseguem comunicar seu desconforto. Crianças com limitações ou retardo intelectual também podem ter mais ansiedade ou confusão quando experimentam esses sintomas. O quadro nas páginas 166-168 destaca alguns dos sinais e sintomas mais comuns que podem indicar desconforto GI. É interessante notar que pesquisas recentes enfatizaram que os genes associados ao autismo estão envolvidos no desenvolvimento do sistema nervoso central (o cérebro) e do sistema nervoso entérico (o sistema nervoso que controla os intestinos). Isso condiz com o conhecimento emergente de que intestinos e cérebro estão mais fortemente interconectados do que se pensava anteriormente – o assim chamado eixo intestino-cérebro. Esses sistemas compartilham substâncias químicas e caminhos, como o neurotransmissor serotonina, que foi implicado no TEA, e têm múltiplas linhas de comunicação direta.

PROBLEMAS ALIMENTARES NO AUTISMO

Crianças com TEA também têm cinco vezes mais probabilidade do que seus pares de ter o que chamamos de problemas alimentares ("comer seletivo"). Esses problemas se tornam especialmente preocupantes quando afetam a habilidade de uma criança de receber os nutrientes necessários ou quando prejudicam o crescimento. Curiosamente, no entanto, um resumo de dados de 881 crianças que encontrou problemas alimentares mais comuns naquelas com TEA não identificou crescimento significativamente inferior ou ingestão diferenciada de energia (carboidratos e gorduras). As crianças com TEA tinham déficits específicos (particularmente ingestão reduzida de cálcio e proteína) que podem ter efeitos negativos na saúde, mas não temos um quadro completo aqui, já que os problemas alimentares não foram estudados tão extensamente quanto outras questões de saúde no TEA. Isso pode ocorrer porque a falha no desenvolvimento ou os declínios no crescimento são mais prováveis de desencadear avaliação adicional por indicadores nacionais de saúde.

> Crianças com autismo são mais propensas a ser comedoras seletivas do que seus pares, mas não parecem ter problemas no crescimento nem ingerir menos carboidratos e gorduras que fornecem energia.

Se o seu filho tem problemas alimentares, é importante discuti-los com seu pediatra. Problemas alimentares podem surgir por muitas razões, incluindo dificuldades na mastigação e na deglutição e sensibilidades às diferentes texturas dos alimentos.

Sinais e sintomas de problemas gastrintestinais para observar em seu filho com TEA

Mesmo em crianças em desenvolvimento típico, filhos e pais raramente concordam sobre quanta dor ou desconforto elas estão experimentando. As crianças frequentemente relatam que a dor GI é muito mais severa do que a descrita pelos pais. E pesquisas sugerem que essa discrepância é muito maior quando a criança é pequena e conhece poucas palavras para descrever os sintomas. Assim, pode ser importante observar as pistas de que seu filho está experimentando dor e desconforto GI. Um relatório de consenso publicado em um suplemento de 2010 da revista *Pediatrics* (da AAP) listou sinais de desconforto GI, incluindo os mais significativos:

Pistas vocais
- Limpar a garganta frequentemente, deglutição.
- Suspirar, choramingar, gemer, gritar.
- Soluçar "sem motivo".
- Falar de forma estereotipada referindo dor no estômago (p. ex., a criança diz "sua barriguinha dói?", ecoando uma pergunta parental).
- Verbalizar dor diretamente referindo-se ao estômago.

Pistas motoras
- Fazer caretas.
- Ranger os dentes.
- Estremecer.
- Comer/beber/deglutir constantemente (comportamento de "pastagem").
- Comportamentos com a boca: mastigar roupas (p. ex., o punho da manga ou a gola da camisa).
- Aplicar pressão no abdômen (p. ex., inclinar o abdômen contra ou sobre um móvel, pressionar as mãos ou esfregar o abdômen).
- Tocar com o dedo na garganta.
- Alguma postura incomum (p. ex., pressionar a mandíbula, virar o pescoço, arquear as costas, posicionar os braços de formas estranhas, fazer rotação do torso ou do tronco de maneiras distorcidas, estremecer ou demonstrar sensibilidade ao ser tocado na área do abdômen).
- Agitar-se (p. ex., perambular, saltar para cima e para baixo).
- Aumento inexplicável nos comportamentos repetitivos.
- Comportamentos autolesivos: morder, bater/dar tapas no rosto, bater a cabeça, aumento inesperado de autolesão.
- Agressão: início ou aumento do comportamento agressivo.

Outras pistas
- Distúrbios do sono: dificuldade para adormecer, dificuldade em se manter adormecido.
- Aumento na irritabilidade.
- Comportamento opositor em resposta a demandas que tipicamente não resultam nesse comportamento.

> Embora os problemas GI não sejam a única causa de muitos desses sinais e sintomas, eles são uma causa possível. Se você ver essas pistas e suspeitar de problemas GI, busque uma avaliação minuciosa com o médico do seu filho. Problemas GI são tratáveis, e as diretrizes para tratá-los em crianças com TEA já foram publicadas.

Às vezes, as crianças desenvolvem medos de alimentos específicos baseadas em uma experiência passada, na qual se engasgaram ou experimentaram desconforto. Fonoaudiólogos, terapeutas ocupacionais e psicólogos mais comumente fornecem terapia para crianças com TEA que têm problemas alimentares. Como a causa dos problemas é diferente para cada criança, o programa da terapia é individualizado. O foco está em diversificar alimentos que a criança irá comer em alguns casos, trabalhar na deglutição em outros, e assim por diante. Esses programas de terapia são tipicamente muito úteis.

Dietas especiais: elas são úteis?

Apesar das claras associações entre TEA e problemas GI e o comer seletivo, os esforços para demonstrar que dietas especiais podem ser úteis para a maioria das crianças com TEA até o momento estão abaixo do esperado. A ideia mais comum tem sido experimentar dietas restritivas que limitam glúten (encontrado no trigo) ou caseína (encontrada em laticínios). Os resultados desses estudos não foram convincentes até o momento. Discutiremos isso em mais detalhes posteriormente. Pesquisas atuais estão investigando outros suplementos, como prebióticos e probióticos. Embora alguns estudos iniciais sejam promissores, eles não são suficientemente replicados ou controlados para inspirar confiança nos resultados.

Esse cenário pode melhorar daqui a alguns anos, mas os desafios de realizar ensaios clínicos dietéticos tornam o progresso lento. O fato de que o autismo tem tantas causas distintas em diferentes indivíduos (veja o Cap. 3) também limita a probabilidade de que uma única intervenção dietética seja efetiva para todos. E só recentemente surgiram evidências sobre como o eixo intestino-cérebro contribui para o transtorno. No entanto, dado o poder dos alimentos e da dieta para influenciar sentimentos, humor e comportamento, além da saúde intestinal, não há dúvidas de que intervenções dietéticas possam ajudar a reduzir comportamentos desafiadores e aumentar a comunicação pró-social. Esta é uma área propícia para mais pesquisas, e vamos fornecer o máximo de diretrizes possíveis ao longo deste capítulo.

A importância da nutrição para o desenvolvimento do cérebro

Conforme explicado no Capítulo 3, o desenvolvimento das crianças é afetado pelos genes e pelo ambiente, e o combustível apropriado é essencial para o desenvolvimento de todas as crianças. No entanto, se o seu filho tem TEA, a nutrição é duplamente importante. Portanto, você vai querer empenhar esforços a favor do seu filho no que diz respeito à dieta.

O que isso significa no mundo de hoje? Não é assim tão fácil identificar o caminho apropriado em meio às mensagens na mídia relativas a quais alimentos ingerir, que tipo de alimentos evitar ou o quanto de gordura ou carboidrato é apropriado – todas elas aparentemente mudam quase diariamente. Mas há alguns pontos fundamentais que podem nos ajudar a nos orientar.

Um deles é que no mundo desenvolvido muitas pessoas são "supernutridas" – ou ingerem muitas "calorias vazias" com grandes quantidades de alimento, mas não recebem nutrição suficiente. Outro ponto é que nosso alimento é frequentemente processado, de forma que são acrescentadas substâncias químicas não alimentares no que consumimos (com frequência para conservar o alimento ou tornar sua aparência mais apetitosa). Esses aditivos permitem que transportemos alimentos para o mundo inteiro por um custo muito baixo, sem deterioração ou perda, nos proporcionando uma dieta mais balanceada e palatável. Porém, isso também acarreta alto custo para a saúde, que se contrapõe aos benefícios, conforme enumerado logo a seguir. Um terceiro ponto, mais positivo, é que a nutrição está se revelando um caminho seguro para a melhora da saúde e do comportamento, e, portanto, pode valer a pena experimentá-la. Na verdade, você pode apoiar a saúde cerebral e física do seu filho (prevenindo condições relacionadas à dieta, como obesidade e diabetes) por meio das mesmas medidas dietéticas. Embora um tratamento dietético possa não ser efetivo na redução dos sintomas para todas as crianças com autismo, ele pode se revelar benéfico para algumas delas. E, para todas as crianças, pode fornecer a base para desenvolvimento e função cerebral sadios.

ALIMENTAÇÃO E O CÉREBRO: O QUE A CIÊNCIA NOS DIZ

Há muito tempo, sabemos da relação entre o sistema GI e o cérebro. Um exemplo claro conhecido há décadas é o erro inato do metabolismo denominado fenilcetonúria (PKU). Trata-se de um transtorno genético raro que resulta na incapacidade do corpo de metabolizar a fenilalanina, um aminoácido comum em muitos alimentos. Com o tempo e a exposição ao aminoácido na dieta, a fenilalanina se acumula no corpo e impacta o funcionamento cerebral. Esse exemplo é particularmente relevante para o TEA, pois, antes da identificação da PKU, crianças com esse transtorno genético eram diagnosticadas com deficiência intelectual e autismo. Porém, quando a fenilalanina é eliminada da dieta, o aminoácido não se acumula no cérebro, e a criança não desenvolve deficiência intelectual. Com base nessa observação, a triagem para PKU de todos os recém-nascidos por meio de um simples teste do pezinho foi iniciada rigorosamente na década de 1960, para que todos os bebês que tivessem resultado positivo pudessem receber intervenção dietética desde o nascimento.

Atualmente, graças a novos e melhores estudos nos últimos cinco anos, temos evidências científicas desses efeitos adicionais modestos, mas significativos, da dieta:

- Aditivos, alérgenos e nutrientes alimentares, particularmente taxas de gordura adequadas, influenciam amplamente a atenção, o temperamento e o comportamento em crianças com desenvolvimento típico.
- A dieta pré-natal influencia o posterior temperamento e desenvolvimento cerebral das crianças.
- Mudança da dieta e suplementação de ômega-3 podem, às vezes, resultar em melhora em crianças com desenvolvimento típico ou em crianças com TDAH que apresentam certos sintomas em comum com algumas crianças com TEA, como impulsividade, desatenção ou desregulação emocional.

Como o alimento se comunica com o cérebro: o eixo intestino-cérebro

Um estímulo ao interesse na contribuição dos alimentos para o funcionamento do cérebro foi a descoberta do microbioma (os microrganismos no corpo humano) e sua relação com o canal de comunicação denominado eixo intestino-cérebro. Sabemos agora que o intestino está conectado ao cérebro por pelo menos quatro caminhos nervosos e endócrinos. Esses caminhos incluem compostos químicos cerebrais, ou seja, neurotransmissores. Isso significa que os assim chamados compostos químicos cerebrais também estão no intestino e que, via eixo intestino-cérebro, os sinais do corpo para o cérebro interagem com o microbioma – incluindo a comunidade de micróbios que vivem permanentemente no intestino. Existem muitos tipos desses micróbios. Um sobre o qual você já deve ter ouvido falar é chamado de probiótico. Essa descoberta estimulou uma obsessão recente por "suplementos probióticos" entre os entusiastas da alimentação saudável – uma "obsessão" que tem algum apoio científico.

Os cientistas agora estudam o microbioma humano para entender seu papel na saúde e no desenvolvimento. Esses organismos microscópicos vivem por todo o nosso corpo, porém a maioria se encontra no trato digestivo. Uma descoberta recente impressionante é que o corpo humano contém mais DNA bacteriano do que humano, bem como mais células bacterianas do que humanas! (Vislumbramos, ainda, que também temos muitos vírus amigos, mas sabemos mais sobre as bactérias, portanto elas são nosso foco.)

Essas bactérias amigas abrangem e vivem por todo o nosso corpo, ajudando no nosso desenvolvimento. Elas e nós evoluímos juntos como um coorganismo simbiótico ao longo de milhões de anos. Não fosse pelas bactérias, não estaríamos aqui. Não fosse por nós, elas não teriam assumido nada parecido com sua forma atual. Não podemos viver sem elas, assim como elas não podem viver sem nós. Elas fazem de tudo, desde nos ajudar a digerir os alimentos até enviar sinais ao resto do corpo para guiar a distribuição de energia.

O intestino e o cérebro "conversam entre si" por meio de caminhos nervosos específicos que somente agora estão sendo entendidos, incluindo o sistema vago, o sistema nervoso entérico, o sistema endócrino (que está relacionado à resposta ao estresse e a outras funções) e o sistema imune. Portanto, disrupções em parte do sistema podem impactar o desenvolvimento e a função em outras partes do sistema. Dito metaforicamente, uma inflamação desencadeada no intestino pode "viajar" até o cérebro e afetar a função cerebral. Isso, por sua vez, pode afetar o humor, a atenção e o comportamento.

As pesquisas mais convincentes sobre a relevância do intestino para o cérebro e o comportamento emergiram nos últimos 10 anos em experimentos animais e, sobretudo, nos comportamentos de animais que imitam ansiedade ou humor humanos. Parece quase certo que efeitos similares também vão valer para a atenção e outros comportamentos. Embora o microbioma seja um "tema quente" hoje em dia e, portanto, possa ser promovido exageradamente, ele sem dúvida nos ajuda a entender o quanto a dieta e a nutrição são vitais para a saúde do cérebro.

> Por meio do eixo intestino-cérebro, uma inflamação no intestino pode levar a disrupções no humor, no comportamento e na atenção.

É importante notar que o crescimento e a saúde do cérebro não dependem unicamente do microbioma. A atividade cerebral está fortemente baseada nos "macronutrientes" dos carboidratos, das proteínas (aminoácidos) e da gordura, especialmente os ácidos graxos de cadeias longas denominados ômega-3. Também depende dos "micronutrientes" das vitaminas e dos minerais, como ferro, zinco e cálcio, que são cruciais para a transmissão neural e a saúde do cérebro.

DIETA DURANTE A GRAVIDEZ E A PRIMEIRA INFÂNCIA: COMO A ALIMENTAÇÃO PODE ALTERAR O RISCO DE AUTISMO E O QUE VOCÊ PODE FAZER A RESPEITO

A dieta pode afetar o crescimento do cérebro diretamente fornecendo (ou não fornecendo) os nutrientes necessários. Porém, os nutrientes também alteram o desenvolvimento desencadeando alterações epigenéticas, tanto durante quanto depois da gravidez. Essas mudanças guiam e apoiam o crescimento do circuito cerebral envolvido na aprendizagem, na memória, no desenvolvimento motor e social. No entanto, a conexão direta entre as alterações epigenéticas geradas pela dieta e o TEA ainda está sendo estudada e pode, às vezes, ser controversa. O campo ainda tem muitas perguntas a serem respondidas:

- O quanto a dieta de uma mulher durante a gravidez afeta a probabilidade de seu bebê acabar tendo TEA? Sua dieta pode proteger contra outros fatores de risco para o transtorno?
- E quanto à dieta do pai antes da concepção? Ela afeta o risco?
- A má alimentação é uma causa direta das alterações epigenéticas que aumentam o risco de TEA, ou é algum outro fator comumente associado a certos hábitos alimentares que explica as aparentes correlações da dieta com o risco?
- Que medidas dietéticas as gestantes podem tomar para compensar outros danos capazes de contribuir para o autismo (e outros riscos de saúde para o bebê)?
- A dieta de uma criança no começo da vida pode compensar os riscos dietéticos pré-natais (ou outros riscos) e atenuar os sintomas de TEA?

Obesidade durante a gravidez

Algumas das melhores evidências que temos de uma ligação entre a saúde dietética e metabólica de uma mãe e o TEA de seu filho provêm de estudos da obesidade durante a gravidez. A obesidade é epidêmica em nossa sociedade; ela não se deve unicamente à dieta, mas a maioria dos especialistas culpa as dietas inadequadas por uma parte significativa de seu aumento. Obesidade na gravidez é um tema difícil – muitas mulheres já se sentiram envergonhadas e culpadas pelas preocupações médicas com seu peso na gestação. Não queremos promover esses sentimentos; muitas mulheres com sobrepeso e obesas têm bebês saudáveis. No entanto, também queremos chamar a atenção para os riscos, os quais também ajudam a fornecer pistas para o TEA. A obesidade na gestação está associada ao risco aumentado de uma criança para múltiplos problemas de saúde, incluindo obesidade, doença cardíaca, asma, transtornos psiquiátricos e transtornos do desenvolvimento neurológico, incluindo autismo. Segundo um recente resumo de dados de outros estudos, o risco de desenvolvimento de TEA é aproximadamente 1,5 vez maior para uma criança com uma mãe que era obesa durante a gravidez do que com uma mãe que tinha índice de massa corporal normal. Parte desse risco pode ser reduzida pelo monitoramento atento do ganho de peso durante a gestação. Outros estudos sugerem que o risco aumenta para mães obesas e que ganham peso em excesso durante a gravidez. A ciência também nos diz que obesidade antes da gestação aumenta a probabilidade de manter uma dieta inadequada em condições de alto estresse, o que inclui a gravidez. Isso significa que o risco de problemas de saúde no bebê, incluindo TEA, é exacerbado.

Agora, um alerta. Muitas das evidências a partir de estudos humanos mostram apenas uma correlação – uma associação, não uma causa direta – entre dieta materna e autismo ou outras questões de saúde. Por exemplo, mulheres em condições de estresse ou com dificuldades econômicas podem mais facilmente ganhar peso em excesso, bem como ter filhos com problemas comportamentais. Assim, temos que considerar a possibilidade de que a obesidade da mãe tenha aumentado o risco de seu filho ter TEA, mas o estresse que ela sofreu pode ter sido a chave. Na verdade, ainda assim, a maioria das mães obesas não terá filhos com o transtorno. No entanto, parece provável que fatores metabólicos envolvendo dieta e obesidade se combinem de algum modo com outros fatores para aumentar as chances de uma criança ter TEA.

Para desvendar a causalidade, estudos animais fornecem algumas informações. Estudos nos quais cientistas induzem obesidade em animais alimentando-os com dietas ricas em gordura (ou seja, uma dieta muito parecida com a do norte-americano típico) apresentam uma gama de efeitos no desenvolvimento do cérebro da prole quando esses animais engravidam. Esses efeitos incluem o aumento da suscetibilidade a comportamentos que imitam ansiedade e depressão, impulsividade e maiores déficits de atenção, além de pior saúde física. Há evidências irrefutáveis a partir desses estudos animais de que esses impactos estão relacionados a alterações epigenéticas que afetam neurotransmissores como a serotonina, que está envolvida na atenção e no humor. Embora a serotonina esteja associada a inúmeros comportamentos, o TEA está na lista.

Infelizmente, sabemos pouco sobre o papel da dieta ou da obesidade paternas, mas suspeitamos, baseados na literatura animal existente sobre os efeitos do estresse e da exposição química paternos, que isso também se provará importante para os resultados comportamentais da criança. Um grande estudo recente sugere que a obesidade paterna realmente aumenta o risco para TEA nos filhos, possivelmente com um efeito ainda maior do que a obesidade materna. Fique atento às pesquisas.

Nutrição e crescimento do cérebro

Alguns micro e macronutrientes também desempenham um papel no crescimento do cérebro e no risco de autismo. Micronutrientes, como zinco, folato, vitamina B12, vitamina A e ferro, e macronutrientes, como ômega-3, operam epigeneticamente e, durante a gravidez, afetam o crescimento do cérebro do bebê e o risco para TEA. Por exemplo, conforme mencionado no Capítulo 3, quando as mães tomam suplementos de ácido fólico durante a gestação, o risco de desenvolvimento do transtorno em seus bebês parece diminuir. Entretanto, alguns estudos e revisões recentes apresentam um alerta importante: a suplementação *excessiva* pode aumentar o risco para TEA. Além disso, o benefício em relação à prevenção do transtorno pode depender do genótipo particular ou do seu padrão metabólico e do seu filho. Entretanto, o saldo das evidências ainda indica que é importante seguir as diretrizes médicas para a suplementação de folato durante a gravidez, pois isso ajuda a prevenir problemas graves, como espinha bífida.

A boa notícia: combater "má" dieta com "boa" dieta

As mulheres que estão esperando um bebê podem sentir uma pressão imensa para proteger seu filho ainda não nascido de qualquer malefício e tentar controlar o que algumas vezes está fora do seu controle. Elas também podem sentir vergonha ou culpa pelo que está fora do seu controle, incluindo o nível de estresse, seu peso corporal e outros fatores. A boa notícia, no entanto, é que, mesmo que haja outros fatores de risco ou suscetibilidade genética, gestantes podem adotar medidas capazes de oferecer alguma proteção. A notícia ainda melhor é que a maioria desses fatores dietéticos protetivos já é recomendada para a saúde geral de todos e recomendada pelos obstetras para todas as gestações. Aqui estão os destaques e os principais passos da ação.

Aumentar os ácidos graxos ômega-3

Um estudo recente em macacos indicou que, se as mães ingeriam uma dieta norte-americana típica rica em gordura, a prole tinha pior saúde física e temperamentos irritáveis. (Ele também demonstrou que esses efeitos estavam relacionados a alterações epigenéticas na placenta e, depois, nos cérebros dos bebês macacos.) Quando as mesmas mães no estudo em macacos foram alimentadas com doses suficientes de ácidos graxos ômega-3, sua prole foi protegida dos efeitos prejudiciais da dieta. Visto que esses experimentos podem designar os animais randomicamente para diferentes condições, eles são capazes de excluir efeitos genéticos simples sobre o comportamento como explicação dos resultados. Outros estudos similares a este em roedores corroboram esses resultados e sugerem que a ingestão materna suficiente de "gorduras boas", como ômega-3, na gravidez pode prevenir os efeitos epigenéticos e de saúde na prole com a dieta típica rica em gordura ou o sobrepeso materno antes ou durante a gravidez. É necessário realizar mais pesquisas que apoiem esses resultados, mas eles podem proporcionar um plano de ação para enfrentar os desafios com a dieta norte-americana rica em gordura.

Reduzir as gorduras saturadas e gorduras trans

É claro que além de aumentar o ômega-3, uma abordagem ainda melhor é reduzir a ingestão das "gorduras ruins". Estas são gorduras que tendem a contribuir para a obesidade e outros problemas de saúde. Todos nós devemos estar atentos a esse consumo.

Tomar vitaminas no pré-natal

Este é um dos primeiros conselhos que um obstetra tipicamente dá a futuras mães: tomar suas vitaminas pré-natais. Como mencionamos, o ácido fólico contido nessas vitaminas é muito importante aqui, apesar de alguns alertas quanto à suplementação em excesso. Considerando os efeitos positivos no crescimento do cérebro, essas vitaminas pré-natais são como ouro.

> Vitaminas pré-natais têm um efeito tão positivo no crescimento do cérebro que devem ser consideradas ouro.

Dieta no início da vida do seu filho

Se você já passou por uma gravidez após estar muito acima do peso ou se acha que teve uma dieta com alto teor de gordura, não é tarde demais para tentar combater os possíveis efeitos. O principal desafio nessa esfera para os pais – para todos nós – é simplesmente encontrar alimentos saudáveis para nossos filhos. Muito frequentemente, os almoços na escola são carregados de açúcar ou alimentos processados com aditivos. No mercado, os alimentos mais baratos geralmente são os mais processados e menos saudáveis. Alimentos frescos e orgânicos, livres de aditivos ou resíduos de pesticidas, geralmente custam mais. Embora ainda não existam soluções milagrosas, há duas medidas a esse respeito que a maioria das organizações já recomenda, apresentadas a seguir.

Amamentação

A forma mais segura e simples para jovens mães combaterem as influências negativas durante a gravidez é a amamentação. Embora nem todas as mulheres consigam lidar com isso, realmente vale a pena tentar. (Se você estiver tendo problemas com a amamentação, os conselheiros podem, às vezes, sugerir abordagens comportamentais que tornarão essa questão mais fácil.) Se você puder amamentar, as recomendações básicas sugerem que você o faça por pelo menos 6 meses. Entretanto, a AAP recomenda que você amamente por 12 meses (introduzindo outros alimentos depois dos 6 meses de idade como complemento, mas não como substituição, ao leite materno). No pequeno número de estudos feitos até o momento, foi encontrada uma conexão entre mais tempo de amamentação e risco mais baixo de TEA e seus sintomas, mas não sabemos se este é um efeito causal ou se é confiável – parte da literatura sugere que não há relação. Porém, a Organização Mundial da Saúde (OMS) mostra que bebês que são amamentados apresentam ganho de peso mais gradual e saudável do que bebês alimentados com fórmulas e encoraja amamentação até os 24 meses de idade. Portanto, esta é uma boa ideia de modo geral, e há uma chance externa de que se una à proteção do seu filho contra o risco de autismo.

Suplementos de ômega-3

A dieta do seu filho pode ser capaz de superar os efeitos epigenéticos negativos da dieta pré-natal, pelo menos em parte, ao mais uma vez ser suplementada com ômega-3. Considerando-se a contribuição do ômega-3 para apoiar a saúde cerebral e abordar as alterações epigenéticas, isso é promissor. No entanto, precisamos observar que há evidências limitadas para sugerir que a suplementação terá um efeito específico na prevenção ou na redução de sintomas de TEA. Revisões sistemáticas de ensaios clínicos randomizados sugerem que a suplementação de ômega-3 como uma intervenção para TEA não é eficaz. Dada a literatura limitada, pode ser que futuros estudos maiores revertam essa conclusão preliminar. Por enquanto, ômega-3 é uma boa ideia em geral, mas não um remédio para o transtorno. Dito isso, felizmente o leite materno transmite muito ômega-3 para os bebês, e os efeitos adversos associados à sua suplementação parecem ser mínimos.

Passos de ação dietética para a gravidez e os primeiros anos de vida que são seguros e podem ajudar

- Se você está grávida ou planejando engravidar:
  - Faça o seu melhor para manter seu ganho de peso dentro da variação recomendada pelo seu médico.

- Aumente sua ingestão de ômega-3 por meio de dieta ou suplementos, tome vitaminas pré-natais e reduza gorduras saturadas e trans (sob supervisão do seu médico).
- Se você acha que o risco de que seu bebê tenha autismo é alto:
  - Considere amamentação (ou amamente com leite bombeado do seio) durante os primeiros 12 meses.
  - Considere a suplementação de ômega-3.

INTERVENÇÕES DIETÉTICAS PARA CRIANÇAS COM AUTISMO

Como o desenvolvimento do cérebro continua até o começo da idade adulta, nunca é tarde demais para "alimentar" o cérebro do seu filho com nutrientes. E, embora tenhamos evidências limitadas de que fazer isso pode melhorar diretamente os sintomas de TEA, existem algumas abordagens de senso comum que agem em nosso favor ao proporcionar um ambiente ideal para que seu filho se beneficie desses tratamentos e intervenções que realmente funcionam. Portanto, se o seu filho foi diagnosticado com o transtorno ou estiver apresentando alguns dos sinais, é prudente examinar sua dieta para se assegurar de que você incluiu todos os pontos.

Entretanto, fazer isso pode ser desafiador, já que você encontrará muitas propostas de intervenções diferentes, as quais variam desde as que não são bem apoiadas, mas têm efeitos adversos limitados, até as que são muito pouco apoiadas e até perigosas. Entre as várias propostas que você provavelmente irá encontrar, estão:

- suplementação de ácidos graxos ômega-3;
- suplementação de nutrientes/vitaminas (p. ex., zinco ou vitamina B12);
- dieta sem glúten e sem caseína (do inglês *gluten-free, casein-free* [GFCF]);
- outras dietas restritivas ou de eliminação (p. ex., "dieta cetogênica");
- evitar aditivos específicos (como corantes alimentares ou açúcar).

A literatura científica relacionada a intervenções dietéticas para TEA ainda está evoluindo, e, no momento da produção deste livro, a maioria dos estudos não havia conseguido mostrar que alterações na dieta têm efeitos positivos nos sintomas do transtorno. Isso se deve, em parte, à falta de estudos bem projetados e ao fato de que o TEA é tão heterogêneo que é difícil encontrar intervenções particulares capazes de beneficiar grupos inteiros de crianças com o transtorno. Note, no entanto, que isso não exclui a possibilidade de que alguns indivíduos com TEA se beneficiem de determinada intervenção.

Uma revisão sistemática recente atualizada de intervenções nutricionais e dietéticas para TEA que foram feitas entre 2010 e 2016 incluiu estudos sobre a suplementação de ômega-3, dieta GFCF, enzimas digestivas (suplementação de enzimas proteolíticas e digestivas) e suplementação de metil B12. Essa revisão chegou às mesmas conclusões que a revisão anterior baseada em todos os estudos entre 2000 e 2010. As evidências até o momento não mostram que suplementos nutricionais ou a dieta GFCF melhorem sintomas de autismo ou queixas GI. Uma revisão similar de ensaios controlados randomizados publicada em 2017 focou unicamente na suplementação e chegou à mesma conclusão. Uma conclusão fundamental dessas revisões, entretanto, é que poucos efeitos adversos estão associados a essas intervenções dietéticas e nutricionais.

O que, então, os pais devem fazer?

Vamos começar com o bom senso: se uma criança está acima do peso, ingerindo calorias vazias ou não obtendo uma boa nutrição, ela ficará mais cansada, indiferente e desmotivada, não vai se sentir bem nem querer se concentrar em alguma coisa que possa ser desafiadora (como prestar atenção ao mundo social no caso de TEA). Você provavelmente já viu isso nos seus próprios filhos ou nos de outros. Se o seu filho está comendo muitas "porcarias" – processadas, cheias de aditivos e contendo açúcar (em toda sua miríade de formas) –, sua energia provavelmente será inconsistente, e seu humor, menos calmo. Só esses efeitos já podem, por sua vez, tornar a autorregulação desafiadora. Portanto, o primeiro passo é manter uma dieta saudável e balanceada. Mas é mais fácil falar do que fazer quando as preferências alimentares do seu filho estão restritas apenas a alimentos brancos, crocantes ou sem um aroma específico. (Vamos tratar disso mais adiante neste capítulo.)

Além dessa ampla prescrição dietética, seguimos as mesmas regras dispostas no Capítulo 6: se uma intervenção faz sentido e é segura, precisamos de menos evidências para aceitá-la do que se ela "não passar no teste" ou for arriscada. Vamos examinar as intervenções comumente propostas que foram listadas anteriormente.

- *Ômega-3: não eficaz em ensaios até o momento para sintomas de TEA, mas relativamente seguro e fácil e capaz de ajudar com problemas secundários como falta de atenção ou humor.* Os ômega-3 são encontrados na maioria dos tipos de peixes, ovos, azeite de oliva, abacate e outros alimentos. Quando estávamos evoluindo, nossa dieta provavelmente incluía muitos alimentos com ácidos graxos ômega-3, portanto, a proporção entre os diferentes tipos de gordura no nosso sangue (ômega-3, ômega-6 e outros) era muito diferente do que é hoje. Nos últimos cem anos, pelo menos no ocidente, a dieta média passou a incluir menos alimentos que contêm ômega-3. Uma solução fácil, então – caso o seu filho goste –, seria aumentar o consumo de ômega-3 servindo mais alimentos que o carregam. Conforme mencionado anteriormente, a literatura não sugere que a suplementação de ômega-3 irá melhorar sintomas de TEA, mas, devido aos seus impactos positivos no desenvolvimento do cérebro, ela ainda poderia ser de grande valor, pois significaria que seu filho poderia viver com menos medicação ou responder mais efetivamente aos tratamentos. Para as crianças, os riscos da suplementação de ômega-3 são que as cápsulas de óleo de peixe podem causar perturbação estomacal, dor de cabeça, insônia, diarreia temporária ou leituras sanguíneas elevadas de certas gorduras. Um ensaio sugeriu que aproximadamente 5% das crianças experimentam um ou mais desses efeitos colaterais. Para preveni-los, dê as cápsulas junto com alimentos e reduza a dose se ocorrerem problemas digestivos. A boa notícia é que quase não há riscos ao acrescentar mais dessas gorduras à dieta do seu filho além de perturbação estomacal ou diarreia em casos de dosagem muito alta.

- *Suplementação de nutrientes/vitaminas: use somente se o seu filho estiver com deficiência.* Ferro e zinco são fundamentais para a sinalização celular e o funcionamento eficiente do sistema nervoso. Seu filho precisa da quantidade certa. Embora estudos animais mostrem que a falta desses nutrientes pode causar efeitos epigenéticos no desenvolvimento, estudos humanos não conseguiram demonstrar que dar suplementação de ferro ou zinco às cegas a todas as crianças com TEA ajude. Além disso, ferro ou zinco em excesso é perigoso. Se o seu filho tem autismo ou sintomas associados a baixos níveis de nutrientes (como síndrome das pernas inquietas, que está associada à deficiência de ferro) e não está ingerindo alimentos nutritivos, pode ser recomendável verificar seus níveis sanguíneos. Um surpreendente número de crianças tem níveis baixos de ferro, especialmente durante períodos de crescimento rápido. Se os níveis sanguíneos indicarem deficiência, convém suplementar, mas somente em conjunto com seu médico. Caso contrário, proceda com cautela ou evite suplementos, pois a superdosagem pode ser perigosa.

A vitamina D não é tão arriscada, mas a história é quase a mesma. Muitas crianças, particularmente em latitudes setentrionais, incluindo o terço setentrional dos Estados Unidos, têm baixa concentração de vitamina D. Porém, mesmo em climas ensolarados, as crianças geralmente estão em ambientes fechados e não tomam sol suficiente. É recomendável verificar os níveis sanguíneos de vitamina D do seu filho e suplementá-la se necessário, mas não há evidências de que a suplementação além desses níveis irá melhorar os sintomas de TEA.

Para a maioria dos outros suplementos com um único nutriente, as pesquisas não demonstraram impacto, ou não temos dados suficientes para tirar conclusões no que diz respeito ao autismo. Portanto, não suplemente zinco, vitamina D, ferro, cálcio ou outros suplementos únicos além da deficiência medida.

- *A dieta GFCF: não eficaz para TEA até o momento e difícil de seguir, mas relativamente segura.* A dieta GFCF, intervenção dietética mais comumente usada para TEA, remove alimentos e bebidas que contêm glúten (proteína contida no trigo, na cevada e no centeio) e caseína (proteína contida no leite e em laticínios) e foi originalmente proposta como tratamento para o transtorno com base na hipótese de que (1) indivíduos com TEA são incapazes de quebrar essas proteínas e têm um intestino com vazamento, que absorve peptídeos associados a essa falha em quebrar as proteínas; (2) esse processo acarreta dor e desafios comportamentais associados; (3) esses peptídeos viajam para dentro do sistema nervoso através do intestino com vazamento e se ligam aos receptores opioides; e (4) isso resulta em alterações no desenvolvimento do cérebro e em sintomas relacionados ao TEA. Inúmeros estudos científicos da dieta GFCF foram conduzidos, e revisões sistemáticas recentes concluem que há poucas evidências de que a dieta melhore os sintomas do transtorno. Dos quatro ensaios randomizados até o momento, os dois estudos que são bem projetados e controlados não demonstram eficácia, enquanto os outros dois estudos, que não são bem controlados e, provavelmente, influenciados pela perspectiva dos cientistas e dos pais participantes, encontram apoio para a dieta. A dieta requer muito esforço para ser mantida, embora haja poucos efeitos colaterais. Quatro estudos pequenos simplesmente não fornecem dados suficientes para apoiar ou refutar o uso da dieta GFCF.

Como você sabe que um estudo de dieta e autismo é confiável?

A seguir, apresentamos as principais considerações para um projeto científico.

1. As medidas são válidas – por exemplo, o autismo foi cuidadosamente definido? A dieta foi cautelosamente medida? Um estudo clínico pode ter medidas muito melhores do que uma pesquisa nacional.
2. Qual o tamanho da amostra e o quanto ela é generalizável? Por exemplo, um estudo de crianças encaminhadas para uma clínica pode ser

enviesado, visto que somente crianças com plano de saúde ou múltiplos problemas chegam para atendimento. Uma pesquisa nacional pode ter generalizabilidade muito maior do que um estudo clínico.
3. O estudo é causal ou correlacional? Como já explicamos, correlação não é causalidade. Diferentes estudos merecem diferentes níveis de confiança.
   a. Um estudo transversal correlacional observa que crianças que têm TEA também têm outras características, como baixos níveis sanguíneos de vitamina D. Porém, isso não prova que um causou o outro. Crianças com o transtorno podem permanecer por mais tempo em ambientes fechados e, assim, têm menos vitamina D, ou um terceiro fator não medido, como viver em uma região com clima escuro ou atenção à saúde limitada, pode explicar os dois pontos.
   b. Um estudo prospectivo controla o que veio primeiro. As crianças podem ser cadastradas antes de ter TEA ou antes de uma exposição, e os resultados são examinados. Por exemplo, as crianças podem ser cadastradas no nascimento, e seu nível de chumbo existente, medido. A exposição subsequente ao chumbo é medida e, depois disso, o resultado para TEA também. Estudos desse tipo produzem resultados mais consistentes do que simples estudos transversais.
   c. "Experimentos naturais" fornecem ainda mais pistas sobre a causalidade. Por exemplo, os pesquisadores podem observar se é mais provável que ocorra autismo após o tabagismo por mães substitutas que não têm relação genética com a criança.
   d. Conforme descrito no Capítulo 1, o ouro para a causalidade é o ensaio controlado randomizado duplo-cego. Designando os participantes aleatoriamente a diferentes tratamentos, como suplementação dietética experimental ou alimento de aparência ou sabor idênticos (com ingredientes distintos), nos quais os participantes (e os observadores experimentais) desconhecem seu grupo de tratamento, as diferenças nos resultados podem ser atribuídas à intervenção dietética, e não a outra coisa.

- *Dieta cetogênica: não eficaz para sintomas de TEA e difícil de implantar, com efeitos colaterais potenciais.* A dieta cetogênica ganhou reconhecimento como um tratamento eficaz para indivíduos com transtornos genéticos específicos e, mais amplamente, para epilepsia (que tem tantas causas diferentes quanto o autismo). A dieta inclui alimentos com alto teor de gordura com proteína para assegurar o crescimento, mas consumo significativamente limitado de carboidratos. O resultado é que o corpo usa a gordura principalmente como fonte de energia. Dado o sucesso da dieta em outras populações, ela se tornou de interesse para a comunidade autista. Até o momento, dois estudos examinaram essa intervenção dietética no TEA. O primeiro estudo relatou redução dos sintomas em crianças com o transtorno que foram tratadas com a dieta, mas, importante lembrar, o estudo não era um ensaio (sem grupo-controle ou randomização ou cego). O segundo estudo era um relato de caso de um único indivíduo que recebeu a dieta, reportando resultados positivos. Portanto, atualmente, não há evidências quanto à eficácia desse tratamento, pois a dieta propriamente dita pode ser difícil de ser estabelecida, e os efeitos colaterais podem ser consideráveis, dadas as modificações significativas na dieta.

- *Evitar aditivos específicos (colorações ou corantes alimentares artificiais, etc.): evidências limitadas de que os aditivos contribuem para sintomas de TEA, mas fácil de evitar com uma dieta saudável.* O grau de evidências associando os aditivos à saúde ou a reações comportamentais é variável, e existem muitos aditivos na nossa alimentação hoje em dia. Estes são alguns dos mais comuns:
  - corantes artificiais;
  - sabores artificiais e realçadores de sabor (glutamato monossódico [GMS] ou glutamato monopotássico);
  - adoçantes artificiais (aspartame, acesulfame K, neotame, sacarina, sucralose);
  - conservantes e estabilizantes (benzoato de sódio, hidroxianisol butilado [BHA], hidroxitolueno butilado [BHT], carragenina);
  - extensores de proteína (p. ex., proteína hidrolisada, texturizada ou modificada).

Há algumas evidências que sugerem que corantes alimentares artificiais e/ou conservantes impactam comportamentos relacionados ao TEA, mas elas estão longe de ser convincentes. A boa notícia é que você pode evitar ou reduzir aditivos alimentares simplesmente focando em alimentos não processados e ricos em nutrientes (produtos frescos, carne fresca, grãos e massas integrais). Algumas dicas fáceis:

- Leia os rótulos e, se encontrar ingredientes com os quais não está familiarizado, não tem em sua cozinha ou não usaria para cozinhar, não compre o alimento.
- Encontre alimentos frescos comprando fora dos corredores do supermercado.

LIDANDO COM O COMER SELETIVO

Os relatos científicos refletem o que os pais relatam: para muitos indivíduos com TEA, o comportamento alimentar é significativamente restrito por categoria de alimentos e textura, e há uma taxa muito mais elevada de recusa de alimentos do que em crianças com desenvolvimento típico. É interessante observar, no entanto, que um estudo encontrou que as preferências alimentares familiares influenciam a seleção dos alimentos muito mais do que o próprio diagnóstico de autismo. Ou seja, quanto menos itens alimentares a família come, menos itens alimentares as crianças com o transtorno comem. Portanto, embora essas crianças ainda tivessem um paladar mais limitado do que aquelas com desenvolvimento típico, quanto maior a variedade de alimentos que os pais comiam, maior a variedade de alimentos que as crianças com TEA comiam.

Um dos mitos mais danosos é que as crianças que não querem comer alimentos saudáveis devem receber "alguma coisa" que comam. A ciência não corrobora isso. O que os experimentos mostram é que, se todas as opções dadas às crianças forem saudáveis, elas escolherão uma dessas opções para comer. Exemplo: os lanches podem ser cenouras, fatias de maçã, nozes ou queijo. As opções para beber podem ser água ou leite (sem bebidas açucaradas). Uma criança pode reclamar no primeiro dia em que as "novas opções" entram em vigor, mas, por fim, ela vai comer – ela não vai morrer de fome. Você pode, de modo prático, apenas oferecer as opções disponíveis. Você não deve depender do "instinto" das crianças para escolher alimentos saudáveis ou para obter os nutrientes de que precisam quando alimentos não saudáveis estiverem disponíveis. Seus corpos são inteligentes, mas evoluíram antes dos alimentos processados. Seus instintos não sabem como filtrar alimentos saudáveis de não saudáveis se eles forem saborosos. Mesmo camundongos ficam desnutridos quando lhes são oferecidos alimentos açucarados junto com alimentos saudáveis. As soluções:

- oferecer opções;
- oferecer apenas opções saudáveis;
- se todas as opções forem saudáveis, as crianças podem, então, comer o que quiserem.

Passos de ação para lidar com problemas GI e alimentares e melhorar a dieta

Você já ouviu tudo isso antes, mas agora seu conhecimento do eixo intestino-cérebro pode destacar a importância de focar a dieta no autismo. Está claro que ocorrem problemas GI mais frequentemente em indivíduos com TEA, e, embora não esteja claro especificamente como isso está relacionado a intervenções dietéticas, a melhora na dieta com abordagens de senso comum auxilia no desenvolvimento do cérebro e do sistema GI.

1. Reduza o *fast food*: cozinhe em casa (e simplifique para evitar ficar maluco) ou compre refeições preparadas de boa qualidade.
2. Ofereça muitas frutas e vegetais frescos.
3. Reduza os alimentos processados.
   a. Use grãos integrais em vez de grãos processados ou refinados.
   b. Reduza *junk food*, refrigerantes ou sucos que incluam algum tipo de açúcar no rótulo.
4. Se o seu filho apresenta constantemente problemas GI ou alimentares, não deixe de discuti-los com seu pediatra, pois esses problemas podem influenciar significativamente o crescimento e a nutrição do seu filho.

As especificidades

- *Mantenha-se fresco.* Mude os hábitos da sua família para mais frutas e vegetais frescos; reduza produtos alimentares embalados ou em caixas.
- *Compre na rua.* Faça as compras fora dos corredores das lojas para evitar alimentos processados.
- *Seja orgânico.* Para evitar resíduos de pesticida, suplementos e aditivos, compre alimentos orgânicos.
- *Sardinhas são suas amigas.* Coma peixes de água fria em profusão para obter ácidos graxos ômega-3 ou escolha um suplemento de óleo de peixe purificado (com rótulo da United States Pharmacopeia [USP]) de alta qualidade com 1 a 2 gramas de ômega-3, pelo menos metade ácido eicosapentaenoico (EPA). (Infelizmente, informações que parecem científicas para vários produtos tipo ômega-3 são frequentes na internet; peça que o vendedor da loja de produtos naturais sugira um produto de alta qualidade.)
- *Monitore os alérgenos.* Evite alimentos alérgenos se o seu filho apresentar alguma reação.
- *Verifique os níveis sanguíneos.* Peça ao seu médico para verificar os níveis sanguíneos do seu filho de ferro, zinco, vitamina D e outros minerais, bem como ômega-3, durante os exames físicos de rotina.

- **Limite o açúcar.** Embora não seja específico para o TEA, o açúcar é um risco importante para a saúde. Limite incisivamente o açúcar adicionado e as bebidas açucaradas.
- **Sem cafeína.** Elimine a cafeína para pré-adolescentes ou crianças em crescimento.
- **Não se preocupe com o resto.** Ignore o emaranhado de outras sugestões dietéticas para TEA.

A boa notícia aqui é que a consequência – entrar em uma dieta saudável com sua família – é uma boa ideia mesmo que você não esteja certo de que isso ajudará com o autismo. Não precisamos de pesquisas sobre o transtorno para seguir essas sugestões; todas elas fazem muito sentido para a saúde de todos. A novidade é o reconhecimento de que esses fundamentos podem apoiar e preparar seu filho para se beneficiar ao máximo de tratamentos que funcionam.

Ao simplesmente direcionar sua família para uma dieta saudável de alimentos frescos preparados (dentro do possível) e comidos em casa, eliminar bebidas açucaradas e alimentos processados e comer frutas e vegetais orgânicos (para evitar resíduos de pesticidas e porque geralmente eles são mais frescos), você pode ganhar muito. Essa abordagem irá aumentar o valor nutricional, evitar aditivos como corantes alimentares e reduzir a ingestão de açúcar para seu filho. Se você incluir muitos peixes de água fria, seu filho também terá o aporte de muito ácidos graxos ômega-3. As principais adições específicas para autismo são para assegurar a ingestão de ácidos graxos ômega-3 e pedir que seu médico verifique os níveis sanguíneos de ferro, zinco e vitamina D do seu filho se houver alguma dúvida sobre esses nutrientes.

8

TECNOLOGIA E TEA
Os mais recentes achados sobre perigos e promessas

Eletricidade, telefones, televisões, computadores pessoais, *smartphones*. Os avanços tecnológicos nos últimos 150 anos mudaram radicalmente todos os aspectos da vida, desde o trabalho até a parentalidade, e as mídias eletrônicas e sociais desempenham agora um papel importante na vida das crianças. Aos 4 anos de idade, a maioria das crianças realiza multitarefas eletronicamente.

Os pais sempre se questionaram sobre o papel da tecnologia na vida dos seus filhos: "Jogar esse *videogame* leva à violência?", "Tem algum problema se eu deixar meu filho assistir à TV todas as noites?". Pensar que o *smartphone* que está enfiado no seu bolso hoje é mais potente do que os computadores do tamanho de uma sala que ajudaram Neil Armstrong a pousar na Lua fala sobre a rapidez com que a tecnologia está mudando e o escopo e o alcance da tecnologia cotidiana atualmente. Talvez não cause surpresa que a internet esteja repleta de especulações sobre as influências da mídia social e da tecnologia nas crianças com TEA, tanto boas quanto más. Os pais compreensivelmente têm muitas perguntas sobre o papel da tecnologia nas vidas dos seus filhos.

Embora os avanços na tecnologia ofereçam uma promessa de novas abordagens diagnósticas e tratamentos para TEA, a interação genuína sempre será a melhor maneira de engajar as crianças e ajudá-las a se desenvolver e aprender. A tecnologia pode oferecer uma forma de ampliar o tratamento, mas não pode substituir as interações reais com outras pessoas. O que a ciência diz sobre tecnologia e TEA? Neste capítulo, esmiuçaremos uma crescente literatura científica para separar fato de propaganda exagerada ou preocupação injustificada, destacaremos o que sabemos sobre tratamentos para TEA associados à tecnologia e revisaremos o que sabemos sobre o tempo diante de telas e o TEA. Vamos focar em tratar as principais indagações que você pode ter, tais como "Quanto tempo de tela é tempo demais?", "*Videogames* vão deixar meu filho desatento ou menos competente socialmente?" ou "Existem ferramentas tecnológicas para ajudar a tratar o autismo do meu filho?". Vamos começar examinando os benefícios e as desvantagens da tecnologia.

TECNOLOGIA: OPORTUNIDADE OU RISCO PARA O AUTISMO?

O potencial informacional, educacional e terapêutico da eletrônica de computadores, amontoado em aparelhos que cabem em nossos bolsos, ou em nossos pulsos, ou mesmo em nossos óculos, é alucinante. E a variedade e o escopo do que os vários dispositivos e ferramentas podem fazer está evoluindo constantemente com novos *hardwares*, *softwares* e plataformas de mídias sociais que continuam emergindo. É difícil manter-se atualizado com o que tudo isso faz, para o bem ou para o mal. O que você precisa saber sobre como a tecnologia interage com seu filho no espectro?

Não há dúvida de que a tecnologia pode impactar comportamentos associados ao TEA, como discutiremos posteriormente neste capítulo. Mas, para começar, é importante ter em mente que a maioria dos aparelhos tem telas com luz azul que podem interferir na produção de melatonina e no sono, conforme descrito no Capítulo 6.

Além disso, a maioria dos aparelhos (e até mesmo alguns relógios) possibilita às crianças acesso à internet, na qual elas podem encontrar de tudo, desde *sites* de relacionamento social até mecanismos de busca, páginas de compras e ofertas de vídeos. Elas podem se comunicar, compartilhar fotos e outros arquivos e bater papo. Pelo lado positivo, as crianças têm acesso a quantidades extraordinárias de informações e oportunidades de aprender e ser educadas *se* elas puderem administrar tudo isso e souberem como navegar na informação. Pelo lado negativo, este é um grande "se" para a maioria das crianças, e o acesso à internet vem acompanhado de riscos adicionais que são preocupações comuns dos pais, exageradas pela mídia e com um nível de risco variado:

- informações que distraem, atraem e podem afetar a atenção e o foco;
- conteúdo violento que pode causar distração ou superestimular, ou inspirar ações nocivas;
- conteúdo sexual pornográfico, explícito ou perturbador que está além do nível de maturidade da criança;
- divulgação de informações pessoais para visualização pública;
- predadores sexuais;
- *bullying* e assédio *on-line*;
- extremistas ideológicos (como grupos terroristas);
- fóruns de comentários repletos de interações desagradáveis, hostis ou humilhantes;
- isolamento social e oportunidades reduzidas de interação pessoal.

Para tornar ainda mais complicadas as preocupações dos pais, os *websites*, os *games* e a mídia interativa são psicologicamente sofisticados, capitalizando algumas das tecnologias de ensino mais poderosas já desenvolvidas e apelativas às necessidades inconscientes. Desde a concepção, seu *feedback* frequente, embora imprevisível ao usuário, os torna inerentemente gratificantes e formadores de hábitos. Essa característica pode ser poderosa para inspirar a aprendizagem engajada. Entretanto, essas ferramentas, que podem ter um verdadeiro valor educacional e de entretenimento (e podem, de fato, proporcionar aos pais uma pausa tão necessária), também têm um lado negativo quando se trata do desenvolvimento sadio do funcionamento cerebral, do autocontrole, do comportamento pró-social, das habilidades sociais e da atenção. Adicionalmente, além de interferir na qualidade do sono, o uso das mídias pode competir com o exercício, a atividade livre e o dever de casa!

Então, o que a ciência nos diz?

O que a ciência nos diz sobre o uso das mídias e o autismo?

O uso excessivo das telas prejudica o desenvolvimento social de forma que piore o TEA? Pode-se pensar que esta seja uma pergunta fácil de responder, mas a literatura sobre isso é variável. Embora um punhado de estudos baseados em amostras e pesquisas menores sugira que crianças com autismo assistam à TV mais precocemente e passem mais tempo usando telas do que seus pares, um grande estudo por todos os Estados Unidos sugere que não há diferença no tempo de tela entre as crianças com TEA e seus pares. No entanto, pesquisas também sugeriram que as crianças com o transtorno que usam a mídia eletrônica o fazem sem interação com os pais ou cuidadores. Ou seja, elas estão assistindo à TV ou usando outras mídias, como YouTube ou *videogames*, sozinhas. Portanto, para elas, o tempo diante das telas e assistindo à televisão é uma experiência menos social do que para outras crianças que fazem isso com a família. Outro estudo encontrou que as taxas de uso da tecnologia variavam por tipos específicos de tecnologia. Por exemplo, adolescentes com TEA tinham taxas mais altas de uso de mídias eletrônicas, além do uso de mídias não sociais, quando comparados com os pares. Embora os resultados gerais referentes ao uso de mídias e TEA sejam complexos, é seguro concluir que o uso das mídias parece ser diferente para crianças com o transtorno do que para seus pares. Esses achados não significam que o uso de mídias eletrônicas esteja causando TEA; em vez disso, sugerem que crianças com o transtorno usam as mídias eletrônicas de forma diferente.

> Para crianças com autismo, o tempo de tela é frequentemente uma atividade solitária, menos orientada socialmente do que para outras crianças.

A exposição às mídias eletrônicas causa autismo?

Estritamente falando, a resposta direta é não. Como discutimos anteriormente neste livro, o TEA surge de uma combinação de múltiplos fatores de risco genéticos e ambientais que influenciam o desenvolvimento do cérebro durante a vida pré-natal e o começo da vida pós-natal. Assim, a mídia eletrônica provavelmente não é um fator causal significativo. No entanto, isso não quer dizer que não seja importante – o uso das mídias pode afetar o desenvolvimento da linguagem, social e emocional e, portanto, pode se associar aos desafios de uma criança que tem TEA.

Vamos explorar um pouco mais a questão de uma conexão causal entre o TEA e o uso da mídia eletrônica. Foi proposta a teoria de que o TEA é causado pela exposição à televisão, e um artigo empírico também faz essa afirmação. No entanto, essas afirmações estão todas baseadas em dados correlacionais – a observação de crianças com TEA que passam mais tempo ou diferentes quantidades de tempo diante das telas. Lembre-se, correlação não é causalidade. Embora seja possível que o tempo de tela excessivo tome um tempo que poderia ser passado com outras pessoas e, portanto, influencie o desenvolvimento social, também é possível que, como bebês e crianças com TEA têm dificuldade com a interação social, eles possam ser mais atraídos para o uso de telas. Por exemplo, pesquisas com crianças em desenvolvimento típico constatam que bebês que são mais ativos e exigentes e têm problemas de sono ou alimentares são mais expostos à TV. Sabemos que bebês que desenvolvem TEA têm temperamentos diferentes de bebês que não o desenvolvem e têm índices mais altos de problemas de sono e alimentares (veja os Caps. 6 e 7). Considerando-se essa relação, bebês que recebem diagnóstico de autismo podem acabar sendo mais expostos à TV do que seus pares.

Um dos trabalhos que afirmam que a TV pode ser uma causa de TEA relatou correlação entre o aumento da prevalência do transtorno e o crescimento no acesso à televisão a cabo por aproximadamente duas décadas na Califórnia e na Pensilvânia, de 1972 a 1989. Embora tenham encontrado elevação nas taxas de TEA e no acesso à TV a cabo, eles identificaram que o aumento no transtorno era mais rápido em condados nos quais mais lares tinham acesso à TV a cabo. Além disso, baseados em relatos de que níveis mais altos de precipitação pluviométrica estão associados a mais tempo assistindo à TV em todas as crianças, eles examinaram a correlação entre as taxas de TEA e a precipitação pluviométrica nos condados em Washington, Oregon e Califórnia e encontraram taxas mais altas do transtorno em condados com mais chuva. Reunindo esses achados, eles concluíram que a exposição à TV pode desempenhar um papel causal no TEA. Embora esta seja uma interpretação, é puramente evidência circunstancial; há incontáveis explicações possíveis para essa correlação. Por exemplo, condados com maior acesso à TV a cabo também podem ter maior acesso a serviços clínicos e maior conhecimento do diagnóstico, resultando em taxas mais altas de TEA. Condados com maior precipitação de chuva podem ter maior concentração populacional (e, portanto, mais serviços e conhecimento), o que também aumentará as taxas de TEA. A preponderância das pesquisas aponta para a interação da genética com a experiência ambiental precoce (*in utero*). Se a exposição à tela desempenha um papel na piora do TEA, o efeito é provavelmente muito pequeno. Até o momento, não temos fortes evidências, nem a favor, nem contra.

O tempo de tela impacta os sintomas de autismo do seu filho?

A questão mais ampla do desenvolvimento socioemocional e da linguagem é um pouco mais complexa devido a uma grande variedade de desafios que um indivíduo com TEA pode ter e aos diversos efeitos que a mídia eletrônica pode ter no desenvolvimento social, emocional, da linguagem e cognitivo. Vamos primeiramente examinar as questões que são mais difíceis de avaliar.

Habilidades sociais

Como o uso de mídias poderia impactar as habilidades sociais? Sabemos que, particularmente para as crianças mais jovens, a aprendizagem da linguagem depende da interação linguística com os cuidadores. Portanto, o fato de o uso de telas tomar um tempo das interações sociais significa que a exposição excessiva pode começar a interferir no ritmo do desenvolvimento precoce da linguagem (e na aprendizagem pré-alfabetização, de acordo com alguns estudos). Sabemos, de fato, que a exposição excessiva à TV no início do desenvolvimento infantil está associada a atrasos socioemocionais em crianças típicas e que há evidências de uma conexão causal, já que estudos observacionais mostram que a TV em segundo plano, por exemplo, perturba as interações sociais entre crianças e cuidadores. Assim, a relação entre o funcionamento socioemocional mais deficiente e o aumento no tempo assistindo à televisão é considerada resultante de menos interações entre pai e filho e funcionamento geral mais pobre na família, bem como exposição a conteúdo adulto inapropriado.

O quadro para os adolescentes é, mais uma vez, mais complexo. Alguns estudos em larga escala relatam que o tempo de tela aumentado está correlacionado a apego e relações frágeis, enquanto outros estudos também em larga escala relatam que não há nenhuma relação. O ponto principal aqui é que, na ausência de diretivas claras da literatura referentes ao uso das mídias e TEA, podemos aplicar o que sabemos a partir da literatura sobre crianças em desenvolvimento típico.

A mensagem importante é que prestar atenção ao mundo social certamente proporcionará mais oportunidades para seu filho com o transtorno desenvolver e praticar habilidades sociais do que assistir à TV ou usar um *tablet* ou *smartphone*.

> Quando tiver dúvida sobre o uso das mídias, certifique-se de que seu uso envolva um elemento social.

Dito isso, você pode ter ouvido falar que *tablets* e outros programas eletrônicos têm valor educacional. Isso pode ser verdade – mas somente se você, como cuidador, estiver interagindo com a criança e a mídia. Crianças muito pequenas aprendem muito melhor a linguagem quando a escutam do que quando expostas a ela nas mídias. No entanto, a ampliação dos pais do que está nas mídias é benéfica com o conteúdo correto – ou seja, o conteúdo focado na promoção do comportamento pró-social e das habilidades de aprendizagem. (Para mais recomendações sobre a otimização do uso das mídias pelo seu filho com TEA, veja o quadro a seguir.)

Gerenciando o tempo nas mídias

A AAP lista as seguintes diretrizes referentes às quantidades razoáveis de tempo nas mídias:

a. *Para crianças com menos de 18 meses de idade:* evitar o uso de mídias de tela, exceto para conversa por vídeo. As atividades devem focar em atividades práticas interativas com os outros.
b. *Para crianças entre 18 meses e 24 meses de idade:* se for introduzida mídia digital nessa idade, deve ser uma programação de alta qualidade, e os pais devem assistir junto com seus filhos para ajudar a promover a compreensão do que está sendo assistido. A maior parte do tempo deve ser passada engajando-se em atividades interativas com outras pessoas.
c. *Para crianças entre 2 e 5 anos de idade:* o uso de telas deve ser limitado a 1 hora por dia de programas de alta qualidade que também são assistidos pelos pais para promover a compreensão do que está sendo assistido.
d. *Para crianças a partir de 6 anos de idade (incluindo adolescentes):* devem ser colocados limites consistentes nos tipos de mídia e no tempo passado utilizando-as. Os pais devem garantir que as mídias não interfiram em comportamentos essenciais para a saúde, tais como sono, refeições familiares, atividade física, além de assegurar uma pausa "desconectados". Horários sem telas (hora de dormir, hora das refeições) e locais sem telas (quarto de dormir, mesa de jantar) devem ser estabelecidos.
e. *Para crianças de todas as idades:* as mídias devem ser assistidas junto às crianças para ajudá-las a aprender com o que estão fazendo, vendo

e dizendo *on-line*. Essencialmente, os pais devem ser "mentores de mídias" para orientar seu uso.

Para crianças com autismo, devemos garantir que os limites estejam no extremo inferior da variação para que sejam promovidas mais oportunidades para a prática de interações sociais.

As recomendações a seguir podem ser úteis para enfrentar alguns dos desafios que surgem com o uso de mídias de tela por crianças com TEA.

1. Para lidar com o uso crescente das mídias e com as dificuldades de se desligar delas:
   - Use temporizadores nos aparelhos para que o aparelho desligue automaticamente depois que o tempo limite decidido foi excedido.
   - Use lembretes para a transição.
   - Use horários diários consistentes.
2. Para incorporar atrasos no desenvolvimento:
   - Siga diretrizes para as mídias que sejam compatíveis com a idade mental do seu filho, não com sua idade cronológica.
3. Para lidar com o tempo reduzido engajado em atividade física ou em atividades sociais:
   - Use o tempo nas mídias como recompensa por se engajar em atividade física ou por passar algum tempo em atividades sociais.
   - Use aplicativos ou programas que encorajam a atividade física e a interação social.
4. Para evitar o uso do tempo nas mídias como um "calmante":
   - Visto que o uso do tempo nas mídias como um calmante na verdade irá aumentar a probabilidade de crises de birra, certifique-se de fazer apenas uso limitado de mídias como recompensa por bom comportamento.
   - Não use o tempo nas mídias para reduzir crises de birra ou comportamentos desafiadores no momento. Use outras estratégias de enfrentamento para acalmar comportamentos desafiadores.
5. Para lidar com a compreensão limitada da sexualidade e da violência:
   - Ensine as consequências do comportamento sexual e violento.
   - Monitore de perto o tempo de tela para estar atento a *cyberbullying*, comentários inapropriados ou exploração potencial.

Linguagem

As pesquisas fazem algumas conexões entre o tempo de tela e o desenvolvimento da linguagem, mas, assim como ocorre com o desenvolvimento social, a relação é complexa. Revisões de muitos estudos que examinaram o impacto das mídias no desenvolvimento cognitivo e da linguagem sugerem que o efeito das mídias depende de três fatores: (1) a idade da criança; (2)

o tipo de programação (programação educacional *versus* não educacional); e (3) o contexto social em que ocorre o uso das mídias. Pesquisas sugerem que, para crianças muito pequenas (menos de 2 anos de idade), assistir à televisão tem preponderantemente um impacto negativo, sobretudo para a construção da linguagem e das habilidades da função executiva. Para crianças em idade pré-escolar, o impacto de assistir à televisão depende do conteúdo da mídia. Vários estudos identificaram que programas educacionais, como Vila Sésamo, na verdade têm influência positiva no desenvolvimento da linguagem e de habilidades cognitivas. Não existem muitos estudos sobre o impacto da televisão em crianças mais velhas. Entretanto, alguns estudos mostraram que programas educacionais de computador podem promover algumas habilidades acadêmicas.

Um fator essencial é se o seu filho está assistindo à televisão ou jogando *games* sozinho ou com outros. Os programas não educacionais estudados geralmente incluem jogos de computador, que podem ser uma atividade social. Pesquisas recentes sugerem que as mídias podem ajudar a promover o desenvolvimento da linguagem quando usadas em conjunto com um cuidador. O fundamental aqui é a interação cuidador-criança, que é o ambiente mais rico para aprendizagem da linguagem. Para seu filho com TEA, portanto, é aconselhável limitar o uso de mídias e telas, bem como o uso solitário de mídias eletrônicas, para que as interações pessoais possam embasar o desenvolvimento da linguagem e social.

Sono

Muitos estudos examinaram o impacto do uso de mídias digitais no sono em crianças, a maioria deles conduzida em crianças com desenvolvimento típico. Significativamente, como sabemos que o TEA é acompanhado de problemas do sono (veja o Cap. 6), esses achados provavelmente também se aplicam a crianças com o transtorno. A maioria dos estudos com crianças com desenvolvimento típico identifica que o maior uso de mídias digitais de tela está associado a mais problemas de sono, incluindo atraso na hora que a criança ou o adolescente adormece e por quanto tempo a criança dorme.

> Visto que o tempo de tela pode desviar o tempo de sono – ou causar superestimulação –, é recomendável limitá-lo para promover a boa higiene do sono, particularmente antes de ir para a cama.

Ter um sono prolongado é essencial para muitos aspectos da saúde e do bem-estar. O consumo excessivo de mídias digitais aparentemente contribui para problemas do sono ao desviar o tempo que a criança deveria estar dormindo com o tempo de tela, superestimulando a criança antes da hora de dormir, dificultando que ela adormeça e reduzindo o tempo total em que está dormindo. Além disso, a luz emitida pelos aparelhos provou afetar o ritmo circadiano (o "relógio biológico" do corpo, que regula quando estamos com sono ou alertas) e o próprio sono (p. ex., o quanto o sono é profundo). Por todas essas razões, você deve cuidar para que o uso de mídias digitais próximo à hora de dormir não esteja contribuindo ou piorando as dificuldades de sono do seu filho.

Atenção

Conforme discutido anteriormente neste livro, muitas crianças com TEA enfrentam sintomas como desatenção, hiperatividade e impulsividade ou têm um diagnóstico de TDAH além do seu diagnóstico de TEA. Pesquisas sobre o uso das mídias em TDAH sugeriram que o tempo de tela tinha um impacto pequeno, porém significativo, nos sintomas de TDAH, especificamente desatenção. Em 2015, cientistas montaram a primeira metanálise do uso de mídias de tela e TDAH que estava baseada em um número suficiente de estudos para ser confiável. Eles constataram que há, de fato, uma associação geral entre mais uso de mídias de tela e mais sintomas de TDAH – incluindo alguns estudos experimentais que apoiam uma relação causal. Como você pode suspeitar, este é particularmente o caso da desatenção, em vez de hiperatividade ou impulsividade. No entanto, essa associação é muito pequena – certamente menor do que o efeito das mídias na agressão, bem como menor do que a maioria dos outros fatores de risco para TDAH. Não sabemos se esse efeito médio mascara maiores efeitos para algumas crianças, e o que pode causar a associação não está claro. As telas perturbam diretamente o desenvolvimento da atenção? Ou elas simplesmente impedem que as crianças se envolvam na prática com as pessoas e as coisas de que precisam para desenvolver seu cérebro plenamente e, assim, interferem indiretamente no desenvolvimento?

Agressão

Algumas crianças com TEA exibem comportamento agressivo. Frequentemente, a agressão é reativa, associada a tentativas de escapar de uma situação ou tarefa, ou relacionada a dor ou desconforto para indivíduos que têm meios verbais limitados para comunicar necessidades e desejos. Embora a literatura referente ao uso das mídias, particularmente *videogames* violentos, e agressão seja clara, não está muito estabelecido como ocorre a interface com os tipos de agressão associados ao TEA.

    Os cientistas já sabem há um bom tempo que TV e *videogames* irrestritos prejudicam as crianças devido à violência que eles contêm. Uma hora por dia de televisão comercial irrestrita significará que uma criança testemunha, em uma semana, dezenas de atos de violência extrema (assassinatos, agressões, estupro). Isso também vale para desenhos animados e dramas. A arte não "reflete a vida" aqui; as mídias de tela mostram muito mais violência do que realmente existe no mundo, dando às crianças uma compreensão distorcida do mundo social.

A ciência mostra que essa exposição à violência nas telas causa mais comportamento agressivo de atuação, tanto em curto prazo quanto ao longo da vida. Este é um dos achados mais bem-estabelecidos no campo da psicologia – e um dos menos conhecidos. Mais de uma década atrás, a Association for Psychological Science (APS) publicou um resumo confiável em sua publicação *Psychological Science in the Public Interest*. As evidências científicas aqui são conclusivas, com um grande e variado conjunto de centenas de estudos observacionais e experimentais. Revisões de literatura abrangentes de mais de cem estudos produziram o mesmo quadro: violência na TV e em *games* aumenta a agressividade em crianças.

> Um dos achados mais bem-estabelecidos em psicologia é que a exposição à violência nas telas causa mais comportamento agressivo em curto e longo prazos.

Como essa exposição pode impactar seu filho com autismo? Durante a vida cotidiana, nos baseamos em rotinas automáticas e roteiros para ajudar a orientar nosso comportamento para tornar a vida mais fácil e mais fluida; por exemplo, com frequência, nem mesmo pensamos em nos apresentar e estender a mão quando conhecemos alguém novo. Nós nos baseamos em nosso *script* para "conhecer alguém", de modo que não estamos usando muita força do cérebro para viver aquela situação. Exercemos controle mental nas situações em que precisamos passar por cima desses *scripts*. Usando esse exemplo de cumprimentar alguém, eu (Bernier) geralmente cumprimento meus pacientes e seus cuidadores na sala de espera com um aperto de mão, mas, recentemente, a mãe de um paciente não tinha permissão para tocar outros homens devido às suas crenças religiosas. Depois de tomar conhecimento, eu quis respeitar isso e, dessa forma, tive que exercer controle mental para passar por cima do meu *script* de cumprimentá-la com um aperto de mão ao me aproximar no saguão. Relevante para essa discussão é que nossos *scripts* estão baseados em nossa experiência e naquilo a que somos expostos na mídia. A violência nas mídias prepara as partes automáticas da nossa psique com *scripts*, rotinas e esquemas que envolvem comportamento agressivo. No calor do momento, nas vezes em que o controle mental é mais necessário, as pessoas que assistem a mais violência nas mídias estão mais propensas a ativar esses *scripts* agressivos automáticos. Nem todas as crianças são afetadas igualmente; algumas são praticamente imunes a esses efeitos das mídias. Entretanto, algumas crianças com TEA – digamos, as crianças com o transtorno que também lutam com a impulsividade – podem se basear em *scripts* automáticos que foram influenciados por essa exposição a mídias violentas, aumentando a probabilidade de que o comportamento agressivo seja o *script* automático selecionado quando a criança estiver incomodada ou durante uma crise de birra.

Vício em jogos pela internet

Vício em jogos pela internet, conforme definido pela OMS, é o comportamento de jogar que é difícil de controlar, impacta a participação em outras atividades, continua apesar das consequências negativas e afeta o funcionamento pessoal, familiar, social, educacional ou ocupacional. No DSM-5, um novo transtorno, denominado "transtorno do jogo pela internet", foi acrescentado à seção sobre "condições para estudos posteriores". A definição do DSM-5 é semelhante à definição da OMS, mas inclui possíveis sintomas adicionais, como fazer tentativas malsucedidas de parar de jogar, usar a mentira para ocultar o jogo ou jogar para escapar de estados de humor negativos. Assim como ocorre com a definição da OMS, a combinação dos sintomas deve ser suficientemente severa para causar interferência nas atividades da vida. É importante observar que esses critérios se sobrepõem fortemente aos critérios para vício em jogos e parcialmente aos dos transtornos por uso de substâncias.

Foram elaborados critérios diagnósticos específicos em resposta à explosão de demanda clínica para ajudar jovens passando por dificuldades com comportamento aditivo ou semelhante à adição associado a jogos pela internet. Não surpreende que os fabricantes de *games* tenham feito objeção ao rótulo desse padrão de comportamento, mas os acadêmicos também levantaram dúvidas, afirmando que esse rótulo é prematuro. Apesar dessas inquietudes, o consenso é que o vício em jogo é um problema clínico sério por estar associado a isolamento social, impacto negativo no sono, redução na atividade física e problemas alimentares, bem-estar psicológico reduzido, interferência no desempenho acadêmico ou no trabalho e conflitos interpessoais.

O potencial para que o vício em jogos *on-line* seja um problema tem sido observado em crianças com TDAH há mais de uma década, mas realmente entrou em foco nos últimos cinco anos. Para crianças com TEA, só recentemente isso tem sido uma preocupação, e, hoje, há pesquisas preliminares que sugerem que o vício em internet é mais comum entre crianças com o transtorno do que entre seus pares. Isso faz sentido, dado o crescente uso atípico das mídias entre crianças com TEA relatado na literatura. Além disso, com frequência ouvimos relatos sobre indivíduos com TEA que apresentam dificuldade de fazer a transição do uso das mídias para outras atividades. Ademais, os interesses restritos e repetitivos e os comportamentos que fazem parte dos critérios diagnósticos para o transtorno tornam o foco nos *videogames* e em seu conteúdo particularmente atraente para indivíduos com TEA.

> Pesquisas mostram que o vício em internet é mais comum entre crianças e adolescentes no espectro, particularmente meninos adolescentes que têm problemas para controlar seus impulsos.

A literatura existente sugere que os fatores de risco incluem ser do sexo masculino, ser adolescente e ter dificuldades com a impulsividade. Este é um comportamento que será importante monitorar em seu filho com autismo. Atualmente, não temos estudos controlados randomizados para nos ajudar a determinar tratamentos efetivos, mas a melhor intervenção provavelmente é uma abordagem de TCC. O inconveniente aqui é que o indivíduo terá que estar disposto a abordar o problema. Da mesma forma, como esta é uma nova área de pesquisa, não temos diretrizes claras para evitar o transtorno do jogo, porém, considerando que o uso intenso parece ser um fator de risco para adição, as recomendações já em vigor de estipular limites razoáveis no tempo de jogo ainda se mantêm – especialmente para indivíduos com TEA.

O que você precisa saber sobre o acesso à internet para seu filho com autismo?

Crianças com TEA têm dificuldade para navegar no mundo social: elas fazem leituras erradas das pistas sociais, interpretam mal o comportamento dos outros e podem entrar em relacionamentos que não são saudáveis ou apoiadores. Por isso, é justificável que uma preocupação de muitos pais seja o acesso irrestrito à internet. De acordo com pesquisas norte-americanas feitas pela Pew Foundation em 2018, 95% dos adolescentes norte-americanos tinham um celular ou dispositivo móvel (contra 73% em 2015), e 45% relataram estar na internet praticamente constantemente, com outros 44% alegando uso diário muitas vezes por dia. Quando você estiver lendo isso, esses números podem ser ainda maiores. O principal ponto de acesso para muitos adolescentes, seu celular, tem muitas vantagens para a conexão social. Entretanto, para crianças propensas a evitar o contato social, isso pode levar ao isolamento. Especialmente com aparelhos portáteis, isso também priva a experiência da criança – dificultando que os pais monitorem o que seus filhos estão fazendo *on-line* ou via mídias sociais.

O uso do celular interfere na atenção e no foco no momento, simplesmente pela sua natureza distrativa. Observamos isso em adultos que não conseguem focar durante uma reunião porque são distraídos por uma mensagem de texto recebida. Vemos isso nos achados científicos que apontam que uma causa importante de acidentes de carro são os motoristas olhando para seu dispositivo móvel. Observamos isso em estudantes universitários distraídos por seu celular durante uma aula. Vemos em pedestres andando em meio ao trânsito enquanto olham seu celular. No entanto, conforme observado anteriormente, os efeitos desenvolvimentais de longo prazo no controle da atenção parecem ser menores. A principal preocupação que a literatura clínica (e os pais) relata para crianças com TEA é quanto aos riscos de segurança da própria internet: vitimização sexual, *cyberbullying*, assédio ou chantagem e outras possibilidades mais raras, porém preocupantes. Crianças que julgam mal o contexto social ou as pistas sociais estarão em risco aumentado de tropeçar nesses cenários ou de não conseguir manejar a situação efetivamente se isso ocorrer.

Com que frequência esses problemas ocorrem? Ninguém tem certeza, mas as melhores evidências são de que os problemas sérios, embora suficientemente comuns para justificar que sejam tomadas precauções, estão longe de ser universais – e resultados trágicos são animadoramente raros. Isso significa que você deve ser prudente, mas não ficar alarmado. Quando ocorrerem, os riscos mais sérios da internet estão relacionados ao uso excessivo desta ou do telefone celular. Por exemplo, dois grandes estudos recentes relataram que mais uso de internet móvel estava associado a chance maior de vitimização sexual ou outro tipo de exposição de mais risco (conteúdo pornográfico, violento ou extremista). Outros fatores de risco na literatura são a ausência de monitoramento parental (sigilo da criança), o desconhecimento das crianças em relação aos riscos, a baixa autoestima da criança e sua tendência a quebrar regras.

Conclusão: embora nem todas as exposições arriscadas sejam automaticamente prejudiciais e os danos mais trágicos sejam raros, o uso da internet móvel do seu filho justifica a sua atenção, e recomendamos que você tome as precauções ativas resumidas a seguir, particularmente se tiver um filho com dificuldades com a interação social, a imaturidade social e a ingenuidade social, que são comuns ao TEA.

Passos de ação para reduzir os riscos da internet para crianças com TEA

- Mantenha-se envolvido e comunique-se com seus filhos sobre sua atividade *on-line*.
- Ensine segurança *on-line*: monitore as configurações de segurança do seu filho e suas exposições públicas.

- Faça do acesso à internet uma atividade que ocorra na sala da família ou onde você estiver presente, e não uma coisa que acontece onde você não é capaz de monitorar.
- Faça distinção entre os jogos *on-line* e reconheça que eles podem ter um aspecto importante na conexão com os pares para alguns adolescentes. Se tiverem, então ensine ao seu filho regras de segurança e faça uma combinação sobre a quantidade de uso razoável para que isso não desencoraje outras atividades e oportunidades sociais importantes.
- Fique atento aos sinais de adição (p. ex., incapacidade de lidar com limites no uso, desinteresse em autocuidado ou nos amigos, esquecimento do dever de casa, irritabilidade aumentada).

TECNOLOGIA E INTERVENÇÕES NO AUTISMO

Um número aparentemente ilimitado de intervenções baseadas na tecnologia é conhecido para autismo, mas poucas estão prontas para ser colocadas em prática. Outras não se dirigem necessariamente aos sintomas centrais do transtorno, mas são adaptações que podem ser úteis para seu filho. Por exemplo, se o seu filho tem sensibilidade a sons, o uso de fones de ouvido pode tornar mais fácil estar em uma série de ambientes ou pode ajudá-lo a se fixar em uma tarefa no ambiente da sala de aula. A tecnologia para isso pode variar desde aparelhos de baixa tecnologia (fones de ouvido simples) até os de alta tecnologia, com cancelamento de ruído. E tem sido feito progresso para tornar o grau em que o ruído é cancelado variável e controlável pelo usuário do fone de ouvido, dependendo do ambiente (p. ex., um aeroporto) e do tipo de estímulo auditivo (p. ex., uma criança chorando). Essas intervenções podem se direcionar para os desafios centrais associados ao TEA, tais como a aquisição de habilidades sociais por meio de abordagens com demonstração em vídeo.

Como já discutimos no Capítulo 5, o apoio empírico para tratamentos de autismo varia consideravelmente. No entanto, uma metanálise de 18 estudos controlados randomizados avaliando a eficácia de diferentes intervenções para o transtorno baseadas na tecnologia sugeriu que, coletivamente, as abordagens tecnológicas resultaram em maiores ganhos do que os grupos-controle sem intervenção. Este é um padrão baixo, mas sugere que pode ser promissor explorar a tecnologia para intervir no TEA.

Isso até faz sentido, visto que tarefas por computador podem oferecer um grau de consistência útil para um indivíduo com autismo. Essas tarefas são livres de demandas sociais, o que pode ser desafiador, e podem se basear fortemente em pistas visuais e proporcionar respostas imediatas, repetíveis e previsíveis – todas as coisas que as pesquisas sugerem ser úteis para um indivíduo com TEA. Portanto, há uma promessa nesses métodos, com a ressalva de que tarefas informatizadas podem isolar a criança do mundo social, e queremos promover o oposto para seu filho com TEA.

Estes são os achados referentes a algumas das intervenções informatizadas mais comuns com as quais você provavelmente vai se deparar.

Tecnologia para comunicação aumentativa e alternativa

A comunicação aumentativa e alternativa (CAA) é uma categoria ampla de intervenções projetadas para auxiliar a linguagem e a comunicação por meio da transmissão de sinais visuais ou auditivos. A CAA tem investigado o autismo desde a década de 1980, embora a tecnologia tenha expandido consideravelmente a qualidade, o alcance e o preço ao longo dos anos. As primeiras abordagens de CAA de baixa tecnologia incluíam ensinar os indivíduos a usar placas gráficas – uma pessoa apontava para um símbolo na placa para se comunicar ou entregava um símbolo gráfico em troca de uma atividade ou objeto. Por exemplo, se uma criança queria um copo de leite, ela puxava sua placa gráfica cheia de imagens de objetos e atividades e simplesmente apontava para a figura do copo de leite. Uma dessas abordagens de baixa tecnologia é chamada de Sistema de Comunicação por Troca de Figuras (PECS). Algumas pesquisas mostraram que ela é eficaz no apoio à comunicação, mas um recente ensaio controlado randomizado indicou que crianças que recebem PECS não usam a linguagem verbal mais efetivamente após a prática. A mensagem importante aqui é que, embora as abordagens PECS e CAA possam ajudar as crianças a se comunicar, elas não parecem ser eficazes na promoção da linguagem falada.

As versões de alta tecnologia dessas abordagens se baseiam nesses conceitos verdadeiramente gerando sons em resposta ao apertar de um botão. Na década de 1990 e no início do ano 2000, os dispositivos tecnológicos que serviam a esse propósito eram caros e demandavam muito tempo para ser personalizados, e a moldagem desses dispositivos também podia ser estigmatizante. Desde então, aplicativos para aparelhos portáteis tornaram essa tecnologia relativamente acessível, altamente flexível, personalizável, socialmente aceitável e fácil de transportar. Além disso, eles ainda estimulam a comunicação para solicitar necessidades e desejos – mas ainda não promovem o uso verbal da linguagem nem se voltam para nenhum dos desafios centrais do TEA, como as dificuldades na interação social ou os comportamentos restritos.

> Pesquisas mostraram que a CAA pode ajudar seu filho a comunicar o que deseja e precisa no momento, mas não promove seu uso da linguagem falada posteriormente.

Se você decidir investigar a CAA para promover a comunicação do seu filho, certifique-se de que este é o tipo certo, o que só pode ser determinado por meio de um processo clínico metodológico e minucioso com um profissional especializado em TEA, comunicação e intervenções de CAA. Esse profissional pode garantir o que é mais apropriado às necessidades do seu filho e as características apropriadas da abordagem CAA, além de fornecer instruções claras sobre como incorporá-la efetivamente ao programa de tratamento existente. Mesmo que esses aplicativos possam ser baixados em um minuto para o seu próprio dispositivo sempre que você quiser, o uso de um aplicativo de CAAA não deve substituir a atenção clínica apropriada que promove a comunicação.

Programas baseados na tecnologia para instrução acadêmica

O uso da tecnologia para ensinar habilidades acadêmicas a crianças com TEA não é uma ideia nova. Lamentavelmente, também não é uma ideia muito bem estudada. Um estudo inicial publicado em 1973 relatou os resultados do uso de uma série de jogos de computador para associar letras a sons da fala. Em um dos jogos simples, uma criança pressionava uma letra e o computador a vocalizava e mostrava uma imagem de um objeto que tinha essa letra como inicial. Poucas conclusões puderam ser tiradas desse estudo devido às suas limitações metodológicas, e, desde então, poucos estudos bem projetados pesquisaram essas intervenções baseadas na tecnologia. Uma revisão recente de todos os estudos publicados desde a metade da década de 1990 identificou somente três estudos de qualidade. A conclusão é que os professores devem ter cautela ao usarem intervenções baseadas na tecnologia para ensinar habilidades acadêmicas para crianças com TEA. Simplesmente não sabemos de fato se elas são mais ou menos eficazes do que as abordagens tradicionais.

Abordagens baseadas na tecnologia para ensinar o reconhecimento das emoções

As abordagens baseadas na tecnologia para ensinar habilidades de reconhecimento das emoções a pessoas com autismo têm um pouco mais de apoio científico do que as intervenções para instrução acadêmica, embora a literatura ainda seja relativamente nova. A lógica por trás da aplicação de tecnologia especificamente no ensino do reconhecimento das emoções é que, com a tecnologia, o profissional consegue controlar as distrações que ocorrem naturalmente em nosso ambiente social ao congelar ou cobrir partes do ambiente. Desse modo, o profissional pode ajudar a focar a atenção do aprendiz em áreas de interesse como os olhos ou a boca, que são as partes da face por meio das quais podemos aprender a reconhecer as emoções. Assim, ele pode treinar o aprendiz quanto ao foco da atenção e como atribuir sentido às informações disponíveis.

> Há evidências preliminares de que a tecnologia pode ajudar a ensinar às crianças habilidades para reconhecimento das emoções, mas precisamos ter cautela em sua aplicação até que isso seja mais bem estudado.

Muitos estudos examinaram esse tema. Uma revisão sistemática recente identificou 285 estudos publicados desde o ano 2000 focados em intervenções baseadas na tecnologia que avaliaram especificamente o reconhecimento das emoções no TEA. Após identificarem estudos que não investigam diretamente a eficácia das intervenções tecnológicas e ensaios prejudicados por limitações metodológicas, os autores dessa revisão reduziram a lista a 15 estudos, incluindo 382 participantes, para inserir na revisão. Dez destes eram ensaios clínicos, e o restante eram *designs* com um único sujeito (estudos nos quais apenas um participante é incluído). Os cientistas concluíram que há evidências preliminares de que intervenções baseadas na tecnologia focadas na aprendizagem de características faciais com treinamento específico podem melhorar o reconhecimento das emoções. Entretanto, os estudos que foram revisados incluíam uma ampla faixa etária, pequenas amostras, tecnologias muito diversas, protocolos distintos para treinamento do reconhecimento das emoções e diferentes medidas da sua eficácia. Como resultado, embora as evidências sugiram que a tecnologia pode ser efetiva, devemos ter cautela no modo como a utilizamos.

Intervenções em modelagem em vídeo e automodelagem em vídeo

Cinquenta anos atrás, o psicólogo pioneiro Albert Bandura mostrou que as crianças aprendem uma gama de habilidades simplesmente por meio da observação de outras pessoas, em vez de pela experiência pessoal. Sobretudo, ele constatou que as crianças vão reproduzir o comportamento de outras pessoas mesmo sem recompensas, farão isso em outros ambientes além daqueles onde viram o comportamento pela primeira vez e geralmente vão imitar aqueles que elas veem como competentes e semelhantes a elas em algum aspecto, como idade, aparência física, etnia, etc.

A modelagem em vídeo usa as descobertas de Bandura em intervenções para TEA. Tipicamente, uma criança assiste a uma demonstração de um comportamento alvo e depois o imita. Na automodelagem em vídeo, o aprendiz assiste a um vídeo dele mesmo executando com sucesso o comportamento. A automodelagem em vídeo tira vantagem particular dos achados de Bandura na medida em que o modelo não pode ser mais semelhante ao aprendiz do que ele mesmo e o aprendiz consegue se ver realizando com sucesso o comportamento, de forma que ele sabe que é capaz de fazê-lo. Isso promove maior probabilidade de que ele imite o comportamento.

Como podemos imaginar, é muito fácil gerar vídeos demonstrando comportamentos que você quer que seu filho aprenda. O aplicativo de vídeo no seu celular permite que você faça isso em praticamente qualquer situação. Porém, é mais difícil criar um vídeo do seu filho executando com sucesso um comportamento que você quer que ele aprenda. Felizmente, pesquisas mostram que ambos os tipos de modelagem em vídeo não só promovem habilidades como as habilidades adquiridas são mantidas com o tempo e ampliadas para múltiplos contextos. As competências que foram examinadas incluíram habilidades de comunicação social, como dar início e responder a interações sociais e assumir a perspectiva dos outros; habilidades funcionais, como preparar refeições, lavar roupa, cozinhar e praticar cuidados pessoais; e habilidades comportamentais, como o jogo. Um estudo metanalítico da modelagem em vídeo incluindo 42 pesquisas e 126 indivíduos com TEA encontrou que, embora a modelagem em vídeo fosse mais efetiva para crianças em idade escolar, também era efetiva tanto para todas as faixas etárias quanto para meninos e meninas.

Realidade virtual

Como você deve saber, considerando-se a rapidez com que as ferramentas de realidade virtual estão emergindo, a realidade virtual é um ambiente artificial criado por um computador por meio da exposição a estímulos (como imagens e sons) que permite que você interaja com o ambiente e determine parcialmente o que acontece nele. Realidade virtual aumentada é um tipo de realidade virtual no qual informações adicionais são inseridas no ambiente real e experimentadas por meio de fones de ouvido ou um *smartphone* ou mesmo, atualmente, por meio de óculos. A realidade virtual já tem sido usada para melhorar os cuidados de saúde em geral e da saúde mental em particular, incluindo o tratamento de fobias, transtorno de estresse pós-traumático e comportamentos compulsivos. Como você pode imaginar, houve interesse na exploração da realidade virtual também para TEA.

Uma das principais vantagens da realidade virtual é que ela permite a construção detalhada de cenários da vida real que oferecem um lugar perfeito para praticar habilidades sociais ou de linguagem em um ambiente seguro controlado pelo terapeuta. Além disso, é possível coletar dados nesse ambiente, permitindo que o terapeuta quantifique o progresso ou a construção das habilidades para informar o regime terapêutico. Ademais, incentivos específicos para os interesses de uma criança podem ser incorporados ao tratamento, ou a experiência pode ter uma qualidade que se assemelhe a um jogo, encorajando a prática de habilidades-alvo que podem ser recompensadas, da mesma forma que jogar Fortnite ou Minecraft pode ser gratificante. A facilidade de aplicação oferecida pelos óculos de realidade aumentada, cada vez mais disponíveis, aumenta a probabilidade de sermos capazes de incorporar esses recursos à vida cotidiana.

Uma revisão sistemática recente de intervenções de realidade virtual no TEA, publicada em 2018, sugeriu que as abordagens de realidade virtual são promissoras, porém as evidências ainda são limitadas. A revisão incluiu 650 participantes em 31 estudos abordando o tratamento para melhorar a atenção, as habilidades sociais, o reconhecimento das emoções, as habilidades da vida diária, a comunicação, a atividade física e os medos. Os cientistas encontraram evidências moderadas para a sua eficácia na melhora das habilidades nesses domínios. Foram relatadas melhorias nas habilidades sociais e de reconhecimento das emoções, mas as metodologias e abordagens nos estudos empíricos variam consideravelmente, dificultando que se chegue a conclusões sólidas. A mensagem central é que você provavelmente verá aumento massivo no número de aplicativos e estudos de realidade virtual para o tratamento de TEA e no uso disseminado de intervenções com realidade virtual, porém, por enquanto, é melhor que economize seu dinheiro até que essas novas ferramentas sejam mais testadas.

Robótica social

A robótica, e especificamente a robótica socialmente assistiva, fornece auxílio por meio da interação social, em contrapartida à interação física. Em áreas da medicina de reabilitação, a robótica socialmente assistiva já ajudou com tarefas como encorajar os pacientes a aderir a um programa de terapia por meio do encorajamento verbal ou de lembretes das consultas, a tomar a medicação ou a realizar tarefas da vida diária em casos de pacientes com demência. Em lares para idosos, robôs socialmente assistivos têm sido usados nas áreas comuns para promover a interação social entre os residentes. No TEA, a robótica tem sido usada como uma ferramenta de intervenção para melhorar o contato visual, as habilidades de imitação, a habilidade de reconhecimento das emoções, as habilidades de atenção conjunta e revezamento e as interações sociais.

É possível que robôs sociais sejam eficazes no TEA porque eles simplificam o *input* que as pessoas recebem nas interações humanas, tornando mais fácil processar a informação, interpretar pistas sociais e desenvolver habilidades sociais. Ainda não temos muitos estudos de qualidade, mas uma revisão sistemática recente concluiu que os participantes com o transtorno tendiam a ter melhor desempenho em medidas de contato visual, divisão da atenção, imitação e resposta verbal e apresentavam menos comportamentos repetitivos quando interagiam com um robô em comparação com uma pessoa. Embora este não seja o caso para todos os estudos com robôs, os cientistas concluíram que, quando interagem com robótica socialmente assistiva, indivíduos com TEA apresentam mais comportamentos pró-sociais, sugerindo que a robótica pode ajudar os terapeutas a interagir com esses indivíduos, portanto, essa tecnologia pode apoiar as terapias. A mensagem central é que a robótica não é uma substituição do terapeuta, mas uma ferramenta que os terapeutas podem usar para complementar as terapias que já sabemos que são efetivas, como as intervenções baseadas no comportamento.

PONTOS PRINCIPAIS

- ➤ Os novos métodos de alta tecnologia de tratamento do autismo são fascinantes – e, em alguns casos, muito promissores –, mas a maioria ainda não está pronta para ser colocada em prática. Fique de olho, mas ainda não gaste dinheiro com eles. Provavelmente, veremos inúmeros novos desenvolvimentos nos próximos anos.

- ➤ Telas de computadores e de celulares e a internet vieram para ficar, e é importante estar atento ao uso que seu filho faz das mídias e da rede. Os dispositivos tecnológicos proporcionam aos jovens de hoje conexão social e informação ilimitada, mas também introduzem riscos únicos para crianças com TEA, particularmente no que diz respeito à vulnerabilidade para vitimização e à restrição de oportunidades para interação social direta. Embora o efeito prejudicial das mídias de tela no desenvolvimento da atenção pareça ser leve, outros riscos são reais e justificam que sejam seguidos os passos descritos neste capítulo para manter seu filho com TEA a salvo dos danos secundários que podem ocorrer.

9
ADOLESCÊNCIA E AUTISMO

Uma das coisas que todos nós sabemos sobre as crianças é que elas não permanecem crianças para sempre. Elas rapidamente se transformam em adolescentes e continuam crescendo até se tornarem adultos. A cada estágio ao longo do caminho, há novos desafios (e novas alegrias), e isso ocorre exatamente da mesma forma para seu filho com autismo. Haverá altos e baixos à medida que o mundo social se tornar cada vez mais complexo durante a adolescência e à medida que as demandas do mundo social mudarem novamente durante e depois da transição para a vida adulta.

Durante os anos da adolescência, seu filho navegará em um mundo com normas sociais em constante mudança, que provavelmente serão diferentes das de casa e do que era esperado de seu filho ou filha no ensino fundamental. Seu adolescente enfrentará crescentes demandas em sua habilidade de administrar seu tempo e organizar seus materiais e horários. E seu filho encarará novas complicações em torno da sexualidade e das relações românticas.

Imagine Jonah, uma criança com quem um de nós trabalhou. Na fila da cantina, ele mordia os lábios e estalava os nós dos dedos enquanto esperava para pedir seu almoço. As outras crianças a sua volta brincavam e implicavam uns com os outros, esperando ansiosamente pela folga necessária da concentração acadêmica. Jonah, em vez disso, observava atentamente a funcionária do refeitório, procurando uma pista que o ajudaria a decifrar esse caos. Posteriormente, ele me disse que empregou truques mentais de Jedi para fazer seus colegas se moverem mais lentamente, esperando retardar o momento no qual ele teria que escolher onde se sentar: "Esta não é a caixa de leite que você está procurando; escolha uma diferente". Seus esforços eram sempre inúteis; ele avançou eficientemente na fila e não teve escolha a não ser cruzar o limiar até o refeitório. Ele sondou a sala. Mais uma vez, ele contou que esperava por milagres – talvez um dos seus amigos do clube de xadrez tivesse sido transferido para o seu período de almoço. Depois de não conseguir encontrar um dos seus poucos amigos, ele começou a fazer uma varredura na sala mais uma vez. Nessa segunda vez, estava procurando o oásis de uma mesa desocupada. Ele explicou que os dias com mesas vazias eram mais fáceis; conseguia comer rapidamente e se refugiar na biblioteca ou no laboratório de informática. Na maioria dos dias, não tinha tanta sorte e era obrigado a se juntar aos colegas em uma das mesas parcialmente preenchidas. Felizmente, ele não era muito provocado. Ao contrário, sua aproximação com frequência passava despercebida. Talvez um de seus colegas o recebesse e o cumprimentasse com um "Tudo bem?". Constantemente, eles apenas lhe lançavam um olhar e um sorriso e, em seguida, continuavam sua conversa. Jonah sorria de volta, talvez atrapalhado com a resposta, e almoçava em silêncio. Às vezes, os pares tentavam inseri-lo na conversa sobre as últimas roupas da moda ou o que alguém estava discutindo nas mídias sociais na noite anterior, mas a discussão sempre parecia esfriar apesar dos melhores esforços de Jonah. Ele não conseguia elaborar o que dizer rápido o suficiente; algumas vezes, fazia anotações mentais sobre as conversas que aconteciam a sua volta. Ele sempre ficava perplexo com a fluidez das declarações das outras crianças, seus gestos rápidos e seus rostos expressivos. Era como se eles soubessem uma linguagem que ele nunca tinha aprendido. Ele percebeu que se sentar em uma mesa no almoço lhe provocava profunda ansiedade (e se ele estragasse *mais uma* conversa?) e que, depois do fato, se sentia triste.

A atenção de Jonah ao mundo social, apesar de sua habilidade limitada de navegar nele com rapidez e fluidez, revelava-se útil para ele. Além disso, o monitoramento de sua mãe depois da escola e sua forte relação com o terapeuta o ajudavam a organizar suas reflexões sobre seu dia e, às vezes, a praticar em um ambiente seguro as habilidades de que precisava, para que pudesse navegar com mais sucesso pela sua trajetória no ensino médio. E, de fato, ele conseguiu. Jonah acabou se formando com seus colegas e frequentou uma faculdade da comunidade, na qual ele conseguiu se destacar academicamente e continuou a obter o suporte de que necessitava dos seus pais para enfrentar as interações complexas do dia a dia.

Vamos adicionar, ao típico dia de navegação no ensino médio, não somente o refeitório, mas também o vestiário, e às muitas interações sociais nos corredores, a necessidade de navegar por diversas salas de aula, além de outras transições, o que sabemos ser um desafio para adolescentes com TEA. Para alguns adolescentes, as aulas acontecem em diferentes salas de aula, os professores se alternam, e os horários – e as expectativas – variam a cada dia. Isso significa não só regular os desafios emocionais de não ter uma rotina definida e encarar múltiplas transições, mas também enfrentar o desafio cognitivo: ter que se lembrar de onde estar e quando, ter que se movimentar rapidamente de tópico para tópico e ter que manter todos os materiais apropriados prontos. Isso não é fácil. Uma semana típica no ensino médio é efetivamente um Triathlon Homem de Ferro do funcionamento executivo para jovens com TEA.

No decorrer de tudo isso, encontra-se o desenvolvimento da sexualidade. O corpo do seu adolescente está mudando e amadurecendo, embora o desenvolvimento social e o comportamento possam não estar evoluindo no mesmo ritmo. Para começar, encontrar um sentido nessas mudanças maturacionais ultrapassa a compreensão do adolescente típico; isso é ainda mais difícil para seu filho com dificuldades emocionais, sociais e comportamentais atípicas. E navegar nesse desenvolvimento sexual dentro do contexto de constante mudança das normas sociais e de sinais sutis pode parecer incontornável para o adolescente (e talvez para você).

Mas é contornável. Assim como uma criança com TEA da pré-escola ou do ensino básico, seu adolescente terá alegrias e momentos de diversão alternados com esses momentos mais difíceis e desafios. Com as dicas práticas experimentadas e comprovadas, as técnicas e as sugestões incluídas neste capítulo, baseadas em achados que extraímos da literatura científica atualmente em ebulição sobre esse tópico e guiadas por nossos anos de trabalho com as famílias, esperamos que você tenha mais ferramentas para atravessar esse período.

E, então, seu adolescente se tornará um adulto. Obviamente, essa mudança não acontecerá da noite para o dia, mas se trata de uma transição gradual. Cada vez mais, reconhecemos que, na nossa sociedade, as "idades de transição" entre aproximadamente 18 e 25 anos são um período de desenvolvimento crítico. Isso pode ser especialmente verdadeiro para jovens com TEA. Assim, o início da idade adulta traz consigo mais um período de alegrias e desafios. Marie, uma mãe nessa situação, contou-nos que, quando seu filho, Roger, fez 21 anos e não pôde mais ficar no sistema escolar público, eles sentiram como se "tivessem caído de um penhasco".

Por que ela disse isso? Marie enfrentou um novo sistema de atendimento médico e psicológico para Roger, que tinha autismo e déficit intelectual. Depois que ele terminou o ensino médio, esses serviços eram escassos, mais dispersos e mais difíceis de administrar. Ela teve que vasculhar a comunidade em busca de atividades inclusivas significativas para seu filho agora que a escola já não era mais uma opção para ele passar seus dias. Ela precisou se familiarizar com os sistemas legal e financeiro para que pudesse assegurar que seu filho seria sustentado na idade adulta e, como compartilhou chorosa, depois que ela não estivesse mais disponível para cuidar dele.

No entanto, para aqueles que fazem a transição para uma situação de vida apropriada, o início da idade adulta pode ser um período positivo. Embora a literatura científica sugira que, para a maioria dos indivíduos com TEA, o início da idade adulta é incrivelmente desafiador, com dificuldades significativas quanto a emprego, moradia e questões de saúde mental, este não é o caso para todos os indivíduos. Para uma sólida minoria, o início da vida adulta é um momento de ir em busca dos próprios interesses, obter sucesso na educação superior ou desfrutar das relações familiares sem o estresse do complexo mundo social adolescente.

Sally, cuja filha Anna tinha TEA e deficiência intelectual, teve essa experiência. Anna conseguiu se mudar para a habitação na comunidade mantida pelo financiamento público. Sally achava que, pela primeira vez em 21 anos, havia conseguido dormir por uma noite inteira. Mas isso não ajudou apenas Sally. Anna também pareceu se beneficiar de seu novo ambiente, independência, estímulo e comunidade. A relação delas também melhorou. Sally usou sua energia recém-descoberta para se conectar com sua filha fazendo atividades juntas durante o dia, o que ela jamais havia tido energia no passado para fazer. É claro que esse tipo de inserção nem sempre está disponível ou é viável. Outros pais acham que o período de transição para o início da idade adulta não é mais difícil ou mais fácil do que qualquer outro período, apenas diferente. Para Arthur, formar-se no ensino médio significava matricular-se em uma faculdade comunitária e morar no subsolo da casa dos seus pais. Seu pai, Daryl, o apoiava da mesma forma como fez durante o ensino médio: auxiliando-o na organização de seus dias, dever de casa e atividades; ajudando a garantir que ele entrasse no ônibus público para que fosse até o *campus* diariamente; e servindo como um "zagueiro" para as tarefas de seu filho – grupo de habilidades sociais, treinamento vocacional e terapia individual para ansiedade.

Embora todas as três famílias tenham precisado aprender novos sistemas e enfrentar novos desafios, elas também tinham em comum algumas das mesmas comemorações: a participação bem-sucedida de seu jovem adulto em uma aula de rumba na comunidade, a emoção de se sentar no banco do passageiro em uma viagem cruzando o país ou a formatura no ensino médio.

Houve altos e baixos para todos os pais com quem trabalhamos, bem como para seus filhos em amadurecimento, quando essa juventude se transformou em idade adulta. A adolescência delega ao jovem com TEA duas tarefas desenvolvimentais: navegar pelos anos da adolescência e preparar-se para a transição para a idade adulta. Vamos guiá-lo ao longo dos passos preparatórios no restante deste capítulo; no Capítulo 10, iremos focar no próprio período do início da vida adulta. Os anos da adolescência confrontam o jovem com constante mudança das normas sociais e "frieza", com novas demandas na administração do tempo e das habilidades organizacionais e profundas mudanças desenvolvimentais relacionadas a aspectos sociais e físicos da sexualidade e das relações românticas. Felizmente, você tem inúmeros recursos disponíveis, começando durante a adolescência, que irão ajudar você e seu adolescente a lidar com os obstáculos, de forma que haja mais altos do que baixos durante esses anos de transição para o início da idade adulta.

PRIMEIRO RECURSO: DESENVOLVIMENTO DE HABILIDADES ADAPTATIVAS

Inúmeros estudos longitudinais já mostraram que um dos principais preditores de sucesso na idade adulta para aqueles que se encontram no espectro é o desenvolvimento das chamadas "habilidades adaptativas". Habilidades adaptativas, também chamadas de habilidades da vida diária, são as competências que você precisa ter para ser capaz de viver de forma independente e cuidar de si. Elas incluem habilidades como aprender a preparar uma refeição, administrar um orçamento, vestir-se de modo apropriado, usar higiene apropriada, limpar seu quarto, pegar o transporte e chegar ao trabalho ou à escola na hora. Essas "habilidades da vida" levam tempo para aprender, e, muitas vezes, os assuntos acadêmicos assumem prioridade sobre esses tipos de habilidades. Assim, é essencial que você, como pai, ajude seu adolescente a aprender essas habilidades focando elas em casa, na escola e na comunidade.

> Aproveite cada oportunidade para ensinar ao seu filho habilidades adaptativas, ou "habilidades da vida diária", durante a adolescência – isso trará benefícios na transição para a vida adulta.

Felizmente, você não precisa de um diploma de pós-graduação para ajudar uma criança ou um adolescente a aprender habilidades da vida diária. Você pode começar cedo, esperando que sua criança ou seu adolescente use boas maneiras, retire os pratos da mesa, ajude a limpá-los e guardá-los, auxilie na lavagem das roupas, etc. Esses tipos de tarefas caseiras ajudarão a construir as bases para a vida independente, seja em um dormitório, seja em uma residência coletiva ou apartamento. Igualmente, você pode ensinar ao seu adolescente como preparar e comer alimentos saudáveis, escovar os dentes, tomar banho regularmente e escolher as roupas apropriadas para o clima e as atividades do dia. Seu adolescente vai gostar especialmente de aprender como funcionar de forma independente na comunidade, como, por exemplo, fazer o pedido em um restaurante, controlar os horários, economizar dinheiro e fazer compras e aprender a andar de ônibus.

As crianças típicas frequentemente aprendem essas habilidades observando e imitando os outros. No entanto, uma das dificuldades que crianças com TEA têm é de "imitar" os outros. Primeiro, seu filho pode não estar prestando atenção aos outros por falta de interesse. Segundo, ele pode não perceber algumas nuanças que fazem a diferença entre executar bem uma tarefa e errar. Por exemplo, ele pode saber como comprar uma passagem de ônibus, mas não ter conhecimento de que precisa prestar atenção para não passar do seu ponto.

A questão é que cada uma dessas habilidades provavelmente precisará ser ensinada explicitamente e praticada. Uma boa ideia é começar a trabalhar nelas o mais cedo possível, até mesmo no começo da infância. Dessa forma, quando seu adolescente estiver pensando nos seus planos do que fazer depois do ensino médio, ele estará mais preparado para essa próxima etapa da vida.

Seu adolescente pode não ser naturalmente motivado a aprender habilidades adaptativas. Não há problema em criar um sistema de recompensas por realizar tarefas domésticas e usar higiene apropriada. Caso seu adolescente tenha um PEI, será uma boa ideia incorporar habilidades da vida diária aos seus objetivos no PEI. Isso pode incluir aprender como pedir ajuda, monitorar o tempo ao longo do dia, escolher um almoço saudável, etc. As habilidades adaptativas fazem parte da vida cotidiana e ocorrem em todos os contextos durante o dia. Use cada oportunidade para ensinar essas habilidades ao seu adolescente a fim de ajudar a prepará-lo para a próxima etapa da vida.

SEGUNDO RECURSO: EDUCAÇÃO EM HABILIDADES SOCIAIS

O principal aqui é o ensino explícito do que para nós parece ser intuitivo. Embora as crianças neurotípicas desenvolvam habilidades sociais de modo fluido e sem direção consciente (chamamos isso de aprendizagem "implícita"), o indivíduo com TEA aprende "explicitamente" – por meio da verbalização. Felizmente, isso pode funcionar!

Já aprendemos por meio de muitas pesquisas e tentativa e erro que podemos ensinar e promover habilidades sociais e comportamento social. Algumas crianças serão capazes de aprender essas habilidades sociais com sucesso recorrendo aos métodos discutidos no Capítulo 5, como as terapias baseadas na ABA. Ao reforçarem a atenção do seu filho pequeno para o mundo social, esses métodos ajudam a criança ou o adolescente a participar mais regularmente e a mergulhar nessa valiosa informação social que o ajuda a aprender sobre as emoções e a comunicação – partes fundamentais do mundo social. Conforme observamos, ao fornecerem as bases para a interação social do seu filho, as terapias baseadas na ABA o ensinam a navegar nas interações sociais com sucesso. Com o tempo e a sucessiva prática bem-sucedida, seu filho irá desenvolver as habilidades para utilizar habilidades sociais e identificar pistas sociais, de forma que sua aprendizagem das normas sociais e das comunicações se transforme em um processo para toda a vida.

Porém, para a maioria de vocês, há ainda mais trabalho a ser realizado por seu jovem durante os anos da adolescência. Talvez a disponibilidade da ABA para seu filho fosse limitada quando ele era menor. A boa notícia é que não é tarde demais para seu adolescente se beneficiar – ainda podemos aplicar esses princípios de recompensa do comportamento social, mas agora combinamos isso com uma explicação mais explícita e o ensino de pistas e normas sociais por meio de currículos próprios para habilidades sociais. (Programas manualizados validados e específicos estão disponíveis nos principais centros universitários e em clínicas de TEA; veja os Recursos para uma lista dessas clínicas.) Se eles não estiverem disponíveis na sua área, você ainda poderá encontrar um conselheiro que forneça o mesmo método e possa ajudá-lo a transferi-lo para casa.

Esses programas de habilidades sociais variam extremamente em seu escopo e no método de emprego, mas costumam envolver um elemento didático (ensino/explicação como em sala de aula) sobre qual é o valor e o propósito de determinado componente de habilidade social, a oportunidade de praticar essa habilidade de formas estruturadas e não estruturadas e o reforço e reconhecimento explícito para o uso bem-sucedido dessa habilidade.

Por exemplo, uma sessão de um programa de habilidades sociais baseado no grupo pode incluir uma breve descrição do valor da conversa interativa e como ela se parece. Pode, então, haver uma atividade como a conversa "pongue", na qual os parceiros têm que praticar uma conversa sobre um tema particular enquanto passam uma bola de pingue-pongue entre eles. O receptor da bola de pingue-pongue não pode atirá-la de volta até que tenha feito uma afirmação que se baseie no comentário de quem a atirou. Durante essa atividade, o clínico reforçará o sucesso na aprendizagem da habilidade por meio de 1) um sistema explícito de pontos e 2) do reconhecimento verbal das contingências naturais (p. ex., "Joseph, você ganhou um ponto por perguntar que tipo de *pizza* Billy gostava quando ele disse que gostava de *pizza*... E você viu como Jarod ficou animado quando conseguiu lhe contar sobre a *pizza de champignon*?"). Em seguida, após a atividade, durante uma parte não estruturada da sessão, como na hora do lanche, o clínico reforça o uso bem-sucedido dessa habilidade social por meio de interações naturais.

Estes são os elementos típicos dos currículos de habilidades sociais, mas os programas podem variar quanto a contexto (na clínica ou na escola), frequência (uma vez por semana ou várias vezes por semana), tamanho (díade ou grupo), escopo (foco nas habilidades amplas ou em apenas um aspecto, como a teoria da mente), quem está envolvido (grupo somente com crianças ou grupos concomitantes com crianças e cuidadores) e quem é o agente ativo (coordenado pelo clínico ou mediado pelos pares).

Um resumo recente de dados de 19 ensaios controlados randomizados de intervenções sociais baseadas em grupos e facilitadas pelo clínico para adolescentes com TEA revela um efeito modesto desses tipos de intervenções de habilidades sociais na competência social. Curiosamente, o grau de eficácia das intervenções de habilidades sociais para pessoas com o transtorno é similar ao do treinamento de habilidades sociais para indivíduos com TDAH e esquizofrenia, porém muito maior do que o tamanho do efeito para programas escolares ou pós-escolares abrangendo a população escolar em geral. Isso sugere que a eficácia desse tipo de intervenção é realmente própria para aqueles com desafios particulares no desenvolvimento de habilidades específicas envolvidas em navegar no mundo social.

Entretanto, o maior impacto do treinamento de habilidades sociais foi no conhecimento dos participantes sobre as habilidades sociais – os participantes tendiam a aprender habilidades sociais e relatavam que as tinham aprendido, mas não as usavam necessariamente. Este pode ser o motivo pelo qual os pais e professores que avaliaram os efeitos não relataram muito aumento na competência das habilidades sociais.

> O treinamento contínuo de habilidades sociais é valioso para adolescentes que enfrentam novos desafios sociais agora e na idade adulta.

Além do treinamento facilitado pelo clínico, há intervenções apoiadas pela inclusão de modelos de pares típicos. A justificativa por trás dessas abordagens é que, tendo pares com desenvolvimento típico como modelo ou estímulo de habilidades sociais particulares, tais como em um ambiente escolar, os participantes com TEA podem aprender as habilidades em um ambiente inclusivo, e a interação pode promover maior engajamento social entre os alunos com o transtorno e seus pares. Recentemente, uma revisão de 14 estudos sugeriu que esta é uma abordagem promissora para promover melhora nas interações sociais entre alunos com TEA e seus pares em ambientes escolares. Porém, é importante observar que cada estudo incluiu apenas um adolescente com TEA. Além disso, as habilidades ensinadas estavam sendo usadas nas escolas fora desse ambiente de treinamento de habilidades sociais e foram mantidas com o tempo. Embora essa abordagem de instrução de habilidades sociais baseada nos pares ainda seja relativamente nova, ela se mostra promissora.

TERCEIRO RECURSO: GERENCIAMENTO DO TEMPO E HABILIDADES ORGANIZACIONAIS

Fazer a transição entre as aulas, dar conta do dever de casa e circular pelos corredores, vestiários e administrar as mudanças de horário faz parte da vida cotidiana no ensino médio. Esse desafio tem dois componentes. O primeiro se refere às demandas práticas de tempo e organização, que dependem fortemente das habilidades de funcionamento executivo. Estas são habilidades que, conforme discutimos no Capítulo 4, a ciência nos diz que estão frequentemente se desenvolvendo de forma diferente e são menos eficientes nessa situação para crianças com TEA.

O segundo desafio relaciona-se às dificuldades com mudanças, transições e perturbações da rotina. Isso, conforme discutimos quando falamos sobre o conceito de insistência na mesmice no Capítulo 2, é parte integrante do autismo. Essas dificuldades podem resultar em emoções de difícil manuseio no momento e em comportamentos desafiadores que resultam dessa desregulação emocional. Discutiremos itens de ação para enfrentar isso na próxima seção sobre regulação emocional.

> O ensino médio apresenta a todos os adolescentes uma série de novos desafios quanto a gerenciamento do tempo e equilíbrio entre as tarefas. Para aqueles com TEA, é ainda mais importante aprender habilidades organizacionais e de planejamento e usá-las todos os dias.

Dedicação ao dever de casa, alterações nos horários e muitas tarefas em classe requerem habilidades para gerenciamento do tempo e funcionamento executivo – habilidades como planejar e ter diferentes ideias em sua mente para que você possa pensar sobre elas. As habilidades de funcionamento executivo são essenciais para gerenciar o tempo e fazer coisas como o dever de casa. Inúmeros livros ajudam a promover o gerenciamento do tempo para estudantes, portanto, não vamos nos aprofundar muito nisso, mas, no quadro a seguir, destacamos algumas das principais ferramentas do funcionamento executivo que você (e, mais importante, seu adolescente) pode usar para uma experiência de aprendizagem bem-sucedida no ensino médio.

QUARTO RECURSO: ESTRATÉGIAS DE REGULAÇÃO EMOCIONAL

Os adolescentes enfrentam muitas situações que provocam reações emocionais capazes de ultrapassar sua habilidade de gerenciá-las. Como mencionamos anteriormente, a vida cotidiana no ensino médio requer transições e disrupções regulares nas rotinas; estímulos sensoriais, como ruídos altos ou luzes fluorescentes piscando, podem ser uma sobrecarga; e o mundo social em constante mudança pode ser quase impossível de acompanhar. Todas essas situações típicas para os adolescentes podem sobrecarregar sua habilidade de regular sua experiência emocional. Para esses desafios, no entanto, existem algumas abordagens simples que você pode usar.

Desafios emocionais associados a transições

Lidar com mudanças inesperadas ou alterações nas rotinas e transitar de uma atividade para outra (mesmo como parte da própria rotina diária) pode ser difícil para muitos adolescentes com TEA. Para alguns, alterações na rotina ou rápidas transições entre as aulas podem resultar em ansiedade ou comportamento opositor ou até mesmo birra. Essas experiências emocionais podem ser muito difíceis de administrar ou resolver no momento. O melhor é prevenir a crise emocional antes de começar. Auxiliar seu filho a antecipar e planejar mudanças inesperadas pode ajudá-lo a lidar com as transições. Fazer isso significa prestar mais atenção ao que está acontecendo na escola do seu filho do que você havia planejado para quando ele estivesse no ensino médio, de forma que você saiba quando as assembleias estão acontecendo ou quando o professor de matemática estará ausente. O modo mais fácil de saber o que está acontecendo com seu estudante de ensino médio é estabelecer uma boa relação com o professor de educação especial do seu filho, com o psicólogo da escola ou, se o seu filho não estiver recebendo suportes adicionais na escola, com um professor orientador ou outro professor envolvido em sua programação. Hoje em dia, com *e-mail* e *websites* das escolas, é mais fácil se conectar e descobrir o que está acontecendo com os horários do seu filho.

Dicas para o sucesso do gerenciamento do tempo para estudantes do ensino médio com autismo

1. Escreva uma lista das coisas a fazer. Comece pelo topo da lista com as coisas mais importantes e as faça primeiro. Risque as tarefas quando as concluir.
2. Siga o princípio de Premack, o qual afirma que comportamentos mais prováveis reforçarão comportamentos menos prováveis. Isso significa que, quando houver coisas a serem feitas, comece pelas tarefas que são as menos atraentes e faça seu trabalho. Dito de forma simples, se o seu filho gosta de jogar *videogames*, garanta que isso aconteça depois que ele concluir suas tarefas. Mesmo quando duas tarefas não forem especialmente divertidas, ordená-las começando pela menos atraente, ou pela menos provável de ser feita, aumentará a probabilidade de que ambas sejam realizadas. Se o seu filho prefere matemática a leitura, mesmo que apenas um pouco mais, fazê-lo completar primeiro sua tarefa de leitura aumentará a chance de que ele conclua ambas.
3. Use uma agenda. Tenha uma programação geral que envolva não só o dever de casa como também outras atividades, incluindo um tempo para diversão e atividades de lazer.

4. Faça seu filho usar de forma inteligente os minutos livres. Se houver dever de casa para ser feito e sobrar algum tempo livre enquanto esperam o ônibus escolar, este é o momento perfeito para fazê-lo.
5. Descubra quando seu filho trabalha melhor. Se o seu cérebro consegue dar conta da matemática pela manhã, ele será mais eficiente fazendo o dever de casa de matemática pela manhã do que no final do dia.
6. Comece as tarefas cedo. Dar início às tarefas cedo sempre funciona melhor do que esperar até o último minuto.
7. Divida as tarefas em blocos administráveis. Para muitas crianças com TEA, uma tarefa longa pode parecer esmagadora, mas, se você ajudá-las a dividir a tarefa em blocos administráveis, elas podem sistematicamente dar conta de cada parte.
8. Faça seu filho passar alguns minutos revisando suas anotações todos os dias. É mais fácil falar do que fazer, mas revisar as anotações ao fim de cada dia significa menos tempo real estudando quando chegar a hora da prova.
9. Garanta que seu filho tenha uma boa noite de sono. Já usamos quase um capítulo inteiro expondo as virtudes do sono, portanto não vamos nos deter nisso, mas basta dizer que um sono de melhor qualidade promove mais eficiência.
10. Estabeleça uma boa higiene do dever de casa. Isso significa ter um ambiente livre de distrações, estabelecer uma rotina e horário para fazê-lo e cuidar para que seu filho se mantenha focado de forma que não haja telefonemas, mensagens de texto ou irmãos interrompendo esse momento.
11. Trabalhe em períodos mais curtos. Nossos cérebros ficam cansados, e nós não nos concentramos tão bem depois de 30 a 45 minutos de trabalho. Planeje uma pausa curta para se levantar, dar uma volta, movimentar o corpo por alguns minutos para arejar a cabeça e, em seguida, comece a trabalhar de novo. Essas pausas vão, de fato, deixar seu filho mais eficiente.

Para simplificar a necessidade de transições rápidas entre uma aula e outra, seu adolescente pode usar uma abordagem simples que inclui as mesmas coisas que o ajudaram quando era mais novo. Ter uma programação por escrito ou impressa pode auxiliar um indivíduo a antecipar o que vai acontecer durante determinado dia. Codificar por cores pode ajudar a destacar as mudanças no horário.

Colocar títulos na programação incorporando os interesses do seu filho pode ser útil. Por exemplo, Allen, 16 anos, gostava dos quadrinhos da Marvel, então ele rotulou cada dia de sua semana escolar com um super-herói diferente. Colar uma figura do seu super-herói no alto do seu horário de aulas impresso era uma tarefa simples, e isso promovia seu interesse em consultar e usar seu horário. Isso também possibilitava que os pais, professores ou conselheiros se baseassem na programação para trabalhar o enfrentamento antecipatório de Allen: eles podiam lhe perguntar o que o Homem de Ferro faria às terças-feiras quando a aula de matemática viesse depois da educação física em vez do almoço, como acontecia nos demais dias da semana; como o Homem de Ferro lidaria com essa mudança na sua rotina? Allen conseguia usar esse método para visualizar, antecipar e lidar com a situação.

Outros suportes podem incluir trabalhar com a escola por meio de um PEI ou do plano 504 (planejamentos dentro da lei norte-americana de proteção à inclusão da criança com transtornos no aprendizado em que, entre outras normas, há uma programação específica redigida por uma equipe interdisciplinar). Uma tática aqui é adicionar tempo ao plano para possibilitar a transição para a aula seguinte antes ou depois do horário real de transição. Isso permite que seu filho ande pelos corredores em um ambiente com menos estímulos sensoriais. Ou seu filho pode se beneficiar de um cronômetro sobre sua mesa para ajudá-lo a monitorar o tempo de transição para a atividade seguinte. O pessoal da escola provavelmente terá outros recursos potenciais como este que eles podem oferecer depois que o objetivo é identificado.

Desafios emocionais associados à superestimulação sensorial

Como já discutimos ao longo deste livro, sensibilidades sensoriais fazem parte do diagnóstico de TEA. Essas sensibilidades variam para cada criança, mas, frequentemente, observamos sensibilidades a ruídos altos (p. ex., alarmes de incêndio), sons particulares (p. ex., o ruído de ventiladores), toque (p. ex., um esbarrão inesperado em outro aluno em um corredor movimentado), estímulos visuais (p. ex., lâmpadas fluorescentes) e odores (p. ex., determinados alimentos). Essas sensibilidades sensoriais podem causar distração, ser estressantes e motivar explosões emocionais. As adaptações para esses tipos de sensibilidades sensoriais podem ser uma intervenção prática para reduzir a desregulação emocional do seu filho. Essas adaptações podem incluir o uso de tampões ou fones de ouvido, óculos de sol ou simplesmente um boné para bloquear luzes mais brilhantes, além de uma sala silenciosa disponível para fazer uma pausa da estimulação sensorial. Trabalhando com a escola do seu filho você pode incorporar adaptações como estas que sejam específicas para os desafios dele diretamente ao PEI.

Desafios emocionais em sentido mais amplo

Há algumas abordagens terapêuticas que você pode adotar para gerenciar as emoções. Primeiro, há evidências consideráveis na literatura apoiando a eficácia da TCC no manejo de ansiedade e depressão. A aplicação da TCC a múltiplos problemas emocionais também tem apoio de ensaios controlados randomizados. Quando aplicada ao TEA, há o mesmo apoio para sua eficácia. É importante observar que as terapias baseadas na TCC requerem habilidades cognitivas suficientes para reflexão sobre pensamentos e comportamentos e motivação para mudar. Muitos psicólogos usam a TCC para ensinar crianças, adolescentes e adultos a manejar suas emoções. Isso inclui ajudar os adolescentes que têm explosões emocionais ou cuja resposta emocional parece desproporcional à situação, assim como aqueles que têm dificuldades com ansiedade e depressão. Se esta for uma área de preocupação para você, considere a contratação de um psicólogo que trabalhe com adolescentes com TEA na sua região.

A segunda abordagem que está começando a receber algum apoio na literatura é ensinar *mindfulness*. Nas terapias baseadas em *mindfulness*, o foco é treinar uma pessoa para concentrar sua atenção no momento presente sem críticas ("Reconheço que estou sentindo raiva, mas esse sentimento não é bom nem ruim. É apenas o sentimento que estou tendo"). Esse foco pode ser sensações no corpo, pensamentos ou sentimentos, mas, independentemente dele, as emoções ou as cognições não devem influenciar o comportamento naquele momento. O ingrediente ativo das terapias baseadas em *mindfulness* envolve o aumento na consciência emocional e a melhora na regulação emocional associada. Uma revisão de 2018 destaca *mindfulness* como uma alternativa para adolescentes e adultos com TEA, pois, durante situações de muito estresse, as habilidades ensinadas pela TCC podem ser difíceis de aplicar. Embora ainda haja apoio empírico limitado para as terapias baseadas em *mindfulness*, essa abordagem parece promissora.

QUINTO RECURSO: APOIO À SEXUALIDADE NO SEU ADOLESCENTE COM AUTISMO

As afirmações iniciais de que indivíduos com TEA eram assexuais consistiam em um mito: foi bem estabelecido que a maioria dos indivíduos com o transtorno deseja muito claramente ter relações românticas e sexuais apesar do comportamento exterior que pode não transmitir isso. Assim como seus pares com desenvolvimento típico, os adolescentes (e adultos) no espectro apresentam toda a gama de comportamentos sociais, desde os típicos até os problemáticos.

Entretanto, existem algumas diferenças fundamentais para adolescentes com TEA. Os adolescentes com o transtorno tendem a ter dificuldades de adaptação às mudanças físicas associadas à puberdade e a experimentar mais ansiedade, estresse e solidão do que seus pares típicos; essa transição é particularmente problemática para meninas com TEA.

As pesquisas nos dizem que o desenvolvimento sexual do seu filho provavelmente será diferente do de seus pares. As razões para isso incluem os desafios sociais que fazem parte do TEA, as oportunidades reduzidas de educação sexual formal e um índice crescente de diversidade na orientação sexual e satisfação com a identidade sexual entre os jovens de hoje. O mais importante, embora seu filho com TEA vá experimentar diferenças significativas e desafios únicos para ele, é que podem ser implantados caminhos e recursos para aumentar a probabilidade de um desenvolvimento e identidade sexual sadios.

A primeira razão pela qual o desenvolvimento sexual do seu filho será diferente do de seus pares está associada especificamente aos desafios na comunicação e interação social, que podem afetar a habilidade de usar a informação social e, assim, de conseguir fazer e manter amizades. Menos relacionamento entre pares e menos experiência com relacionamentos significam menos oportunidades para praticar e aprender a usar a informação social para guiar o comportamento – um tipo de ciclo de autorreforço.

A mesma lógica se aplica ao desafio de vivenciar o desenvolvimento da sexualidade e dos comportamentos sexuais – dificuldade de acompanhar as pistas sociais e menos oportunidades de praticar essas habilidades, em um ciclo de autorreforço. Isso se reflete no que a pesquisa diz sobre os índices de comportamento sexualmente problemático em TEA. Revisões sistemáticas relatam índices mais altos de comportamentos problemáticos para indivíduos com o transtorno, tais como masturbação em público, exposição indecente, voyeurismo e fetichismo. Provavelmente, eles estão relacionados à falha em observar as normas e expectativas sociais. Agora, a maioria dos jovens com TEA ainda não apresenta esses comportamentos. Por "índices mais altos" queremos dizer comparados aos observados na população típica. Por exemplo, pesquisas de jovens adultos com TEA e incapacidade intelectual sugerem que 25 a 30% se envolveram em comportamentos sexuais inapropriados pelo menos uma vez. Envolver-se em comportamentos que estão fora das normas sociais faz sentido se você não consegue usar as pistas no seu ambiente social para ajudar a guiar seu comportamento. Se você não for capaz de aproveitar essas pistas por meio da observação, é essencial obter essa informação de outras maneiras mais formais. No entanto, lamentavelmente, as abordagens educacionais formais estão acontecendo pouco para alunos com TEA. Felizmente, existem formas de preencher essa lacuna.

Comunicação

Antes de mais nada, é importante estabelecer e manter a comunicação aberta com seu adolescente. Falar sobre sexo não é fácil para muitas pessoas, mas fazê-lo de forma sincera e calma é fundamental para manter linhas claras de comunicação. Ter linhas claras de comunicação com seu adolescente significa que você pode estar disponível para responder perguntas e fornecer educação, *feedback* e orientação, assim como você faria com qualquer outro assunto enfrentado por um adolescente, desde dirigir até estudar. Essa comunicação aberta significará que você pode ajudar a promover um comportamento sexual sadio e uma postura positiva nas relações românticas e responder perguntas sobre identidade de gênero. Por mais difícil que possa ser, isso é triplamente fundamental para seu filho, pois ele não é capaz de obter informação sobre sexualidade e comportamento romântico de modo informal ou formal em outro lugar. Essencialmente, será com você ou na internet. E vamos apostar em você. Se você não fica à vontade com esses tipos de conversa, procure aqueles que ficam, como um clínico especializado em TEA e adolescência.

Entre os tópicos que você ou outro adulto confiável vão querer discutir com seu adolescente estão (1) entender a diferença entre comportamento público e privado (incluindo o tópico da masturbação); (2) quem pode tocar no seu filho e onde; (3) nomes próprios e impróprios de partes do corpo e quando é apropriado usar esses termos; (4) o conceito de espaço pessoal; (5) como evitar situações que são de alto risco para abuso sexual ou físico e o que fazer se alguém agir de forma inapropriada ou prejudicial; e (6) o que é namorar e como fazer isso. Estas não são conversas para ter de uma única vez, e sim um diálogo aberto e contínuo com alguns tópicos visitados com certa frequência. Felizmente, a escola do seu adolescente irá oferecer programas educacionais sobre sexualidade, conforme discutido a seguir.

Educação sexual

As pesquisas mostram, lamentavelmente, que seu filho com TEA é menos propenso a receber algum grau ou tipo de educação sobre saúde sexual do que outros adolescentes. A razão para essa discrepância não é clara. Foi levantada a hipótese de que comportamentos problemáticos e problemas de atenção na escola limitam as oportunidades na sala de aula, e, assim, a educação sexual é retirada do programa em favor de outras partes do currículo. Outra razão proposta é que os professores não se sentem confortáveis para fornecer informações de saúde sexual a alunos com o transtorno. Acontece que pesquisas indicam que isso também vale para os pais – portanto, você não está sozinho se está se perguntando como fazer para conversar com seu adolescente com TEA.

Então, onde os adolescentes no espectro estão obtendo suas informações sobre sexualidade? Pesquisas indicam que adolescentes e jovens adultos com TEA estão buscando educação sexual na internet para preencher a lacuna. Embora parte dessas informações possa ser apropriada, correta e construtiva, é igualmente provável, talvez até mais provável, que seja imprecisa e problemática. Portanto, ter menos oportunidades para educação sexual informal (p. ex., por meio da observação do comportamento social) e formal (p. ex., educação sexual na escola) sem dúvida nenhuma coloca seu filho em desvantagem em relação aos pares com desenvolvimento típico.

> Uma comunicação aberta e direta sobre sexualidade e programas de educação sexual específicos para autismo são essenciais para seu adolescente.

A boa notícia é que, em resposta à carência de educação em saúde sexual observada em adolescentes com TEA, estão sendo elaborados programas específicos para o transtorno. Um desses programas é denominado Tackling Teenage Training. Não há evidências empíricas que apoiem um programa como melhor que outro, mas a participação em um programa que oferece informações corretas e claras e promove a comunicação pode se revelar particularmente útil. Dadas as taxas mais elevadas de diversidade na orientação sexual e disforia de gênero que os pesquisadores encontraram em indivíduos com TEA, um programa como esse pode ser incrivelmente importante para seu filho, especialmente se ajudá-lo a promover uma identidade sexual sadia que melhor se adapte ao seu autoconceito, e não uma identidade moldada somente por percepções do que é socialmente aceito pela população em geral. (Disforia de gênero se refere ao sofrimento resultante de uma desconexão entre o gênero atribuído e a experiência de gênero do indivíduo associada ao desejo persistente de ser de outro gênero.)

Leve a sério as perguntas sobre identidade sexual

Boa parte das pesquisas sobre orientação sexual e disforia de gênero em pessoas com TEA tem focado em adolescentes e jovens adultos com o transtorno que têm habilidades cognitivas abaixo ou acima da variação média e que foram capazes de comunicar sua orientação sexual e sua experiência de identidade de gênero, portanto, é importante levar em consideração esses resultados nesse contexto. Temos menos conhecimento da experiência de indivíduos com TEA e incapacidade intelectual que apresentam menos condições de articular sua experiência interna.

Uma revisão sistemática recente e uma metanálise de estudos envolvendo pesquisas anônimas de mais de mil jovens adultos no espectro encontraram taxas mais elevadas de homossexualidade e bissexualidade nestes do que na população neurotípica. As taxas dos estudos variam, mas entre 15 e 35% dos participantes com o transtorno relataram ter orientação exclusivamente homossexual ou bissexual. Essa taxa é significativamente mais alta do que as reportadas na população neurotípica nos Estados Unidos e na Grã-Bretanha, que, na época desses estudos, no início dos anos 2000, eram de 4,6% e 5,4%, respectivamente.

Embora haja menos estudos que examinam a orientação sexual entre os gêneros, os estudos existentes sugerem que esse padrão é mais pronunciado para o sexo feminino do que para o masculino. Por que isso? Algumas teorias sugerem que, devido a oportunidades e experiência limitadas com parceiros românticos, os indivíduos com TEA podem não identificar o gênero como uma característica relevante para a escolha de um parceiro, ter uma compreensão limitada do que significa o conceito de orientação sexual ou não entender ou se importar com as normas da orientação sexual que existem na sociedade. Considerando-se os recentes avanços na neurobiologia do transtorno, como os que discutimos no Capítulo 4, alguns cientistas levantaram a hipótese de que as taxas reduzidas de heterossexualidade em mulheres com TEA podem resultar das taxas elevadas de testosterona durante o desenvolvimento fetal; no entanto, essa hipótese não explica as taxas mais elevadas de homossexualidade em homens com TEA.

> Questões de identidade de gênero e orientação sexual surgem mais frequentemente para adolescentes com TEA do que para outros e devem ser abordadas com sensibilidade.

Conforme mencionamos anteriormente, disforia de gênero se refere ao sofrimento causado por uma desconexão entre o gênero atribuído e a própria experiência de gênero aliada ao desejo persistente de ser de outro gênero. Embora as pesquisas sobre disforia de gênero sejam relativamente novas, a ciência nos diz que indivíduos com TEA têm uma taxa muito mais elevada de disforia de gênero do que a população típica. Na população típica, a taxa de disforia de gênero situa-se entre 1 em 10.000 a 20.000 entre os designados para o sexo masculino no nascimento e 1 em 30.000 a 50.000 entre os designados para o sexo feminino. Assim como as taxas diagnósticas de TEA, as taxas de disforia de gênero estão em elevação. Não está claro se essa elevação reflete um verdadeiro aumento ou se simplesmente representa que a assistência e o suporte aos transgêneros são mais aceitos e visíveis culturalmente. A taxa de disforia de gênero no autismo varia entre os estudos, mas uma revisão sistemática recente de estudos do transtorno e disforia de gênero incluindo quase 1.500 crianças e adolescentes sugere taxas de coocorrência entre 3 e 14%. Isso é muito mais elevado do que a taxa na população típica. Essa área de pesquisa é muito nova, e não há concordância quanto ao motivo de haver super-representação da disforia de gênero no TEA. Várias proposições foram feitas, mas nenhuma delas é definitiva. Uma ideia é que isso está relacionado a exposição aumentada a androgênios *in utero*, um reflexo de rígidos padrões de pensamento ou preocupações ou o resultado de um padrão desenvolvimental de identidade de gênero diferencial. No entanto, isso tudo é especulativo; nenhuma dessas hipóteses propostas tem alguma evidência específica para apoiá-la. Além disso, há pouco consenso científico quanto ao diagnóstico e ao suporte para disforia de gênero e TEA. Mais pesquisas precisam ser feitas nessa área a fim de que possamos construir ferramentas para oferecer o suporte mais apropriado para essa população única.

Por enquanto, você vai precisar verificar seus próprios pressupostos acerca da orientação sexual do seu filho, pois há maior probabilidade de que ele tenha perguntas a respeito, e você vai querer apoiá-lo. De modo semelhante, embora a maioria das crianças com autismo não apresente estresse associado ao seu gênero designado, muitas delas o fazem. Não hesite em buscar ajuda de um clínico com experiência no transtorno. O processo diagnóstico referente à disforia de gênero é complicado no TEA, e os recursos e as opções para os indivíduos devem ser examinados com um clínico que tenha especialização no espectro e conhecimento das necessidades específicas desse grupo peculiar de indivíduos. Para um resumo dos passos de ação que você pode dar, veja o quadro a seguir.

SEXTO RECURSO: O PLANO DE TRANSIÇÃO – UM COMPONENTE-CHAVE DA ADOLESCÊNCIA PARA SEU FILHO COM AUTISMO

A adolescência pode ser um período de grande turbulência, mas que pode ser enfrentado com foco nas habilidades sociais, algum pré-planejamento e dicas de funcionamento executivo e comunicação clara e simples. No entanto, você precisa dar o passo fundamental de construir um plano de transição. Você deve ter esse plano em vigor antes da idade adulta, portanto, comece a trabalhar nele enquanto seu filho ainda está nos primeiros anos da adolescência.

> Um plano de transição bem pensado e centrado na pessoa é a chave para o sucesso do seu adolescente na transição para a idade adulta.

A *checklist* nas páginas 225-227 é uma ferramenta para construir seu plano e monitorar o progresso.

Passos que você pode dar para promover sexualidade sadia no seu adolescente

1. Comunicação. Estabeleça uma oportunidade segura para ter um diálogo sobre sexualidade.
2. Educação sexual. Garanta que seu filho receba educação sexual formal.
3. Leve a sério as perguntas sobre identidade sexual. Esteja aberto e consciente de que seu filho tem uma probabilidade maior do que a média de ter uma orientação sexual diversa ou disforia de gênero e lhe proporcione um ambiente que apoie isso.
4. Dê atenção especial às meninas. As pesquisas sugerem que meninas com TEA estão se engajando em mais comportamento sexual do que seus pares do sexo masculino, apesar dos relatos de impulsos e interesse sexual mais baixos. Essa divergência sugere que nossas adolescentes e adultas com o transtorno têm maior vulnerabilidade no que se refere a conquistar relações sexuais sadias. Já discutimos os desafios de entender e usar as pistas sociais para guiar o comportamento saudável e de ter menos relações entre os pares para praticar interações sociais, portanto, faz sentido que a escolha de parceiros românticos e a esquiva de relacionamentos sexuais não saudáveis sejam difíceis tanto para meninas quanto para meninos com TEA. Além disso, novas pesquisas de meninas com o transtorno sugerem que elas são mais propensas a usar *scripts* sociais do que os meninos para guiar seu comportamento social. Lamentavelmente, existem poucos *scripts* sociais para o comportamento sexual privado apropriado em nossa cultura, o que deixa nossas meninas adolescentes e adultas com TEA sem um ponto de referência para engajamento no mundo social. Portanto, para seu adolescente no espectro, tornamos a enfatizar a necessidade fundamental da comunicação e de educação sexual apropriada, mas também recomendamos que você ofereça *scripts* sociais concretos referentes ao comportamento social e romântico adequado, o que ajudará a guiar o comportamento de sua filha e promover escolhas sexuais e românticas sadias.

Checklist da transição adulta

A *checklist* a seguir descreve os passos que você deverá dar para estabelecer seu plano de transição e para ajudar a monitorar seus passos para o sucesso. À medida que você trabalhar colaborativamente os passos para o sucesso com sua equipe de transição, você terá que estabelecer uma programação para seus processos-chave e preencher os formulários necessários (para custeio, moradia, etc.) dentro do prazo apropriado.

Atividade	Aprender mais	Colocar em ação/aplicar	Perguntas	Fazer	Prazo	Feito
Avaliar seus objetivos e os objetivos do seu filho						
Montar sua equipe de transição						
Elaborar o perfil do seu filho						
Definir a agência para incapacidades desenvolvimentais						
Renda de segurança suplementar						
Tutela						
Planejamento/ fundo financeiro						
Educação						
Emprego						
Programação diária/ engajamento na comunidade						
Apoio residencial/ moradia						
Atenção à saúde (provedor de atenção primária, psiquiatria, outros)						
Registro eleitoral						
Registro de serviço militar						

Atividade	Aprender mais	Colocar em ação/aplicar	Perguntas	Fazer	Prazo	Feito
Defensoria						
Transporte						

Entrevistas retrospectivas com os pais destacam o planejamento efetivo da transição como o fator essencial no sucesso do adulto. Isso faz sentido, uma vez que a ciência nos diz que os melhores preditores de sucesso na idade adulta para indivíduos com TEA são habilidades sociais melhoradas, identificação de objetivos e desenvolvimento de habilidades de autodefesa, fortes suportes colaborativos em funcionamento e conhecimento das opções de carreira. Esses componentes de um plano de transição forte são descritos a seguir.

Assim como você fez quando foi projetado o plano de tratamento original para seu filho, para esse plano de transição, você vai montar sua equipe, reunir seus recursos e elaborar um caminho que seja específico para as necessidades e os pontos fortes do seu filho. Você pode se sentir sobrecarregado por ter que fazer tudo isso de novo. "Espere, o quê? Estou me preparando para começar a respirar mais tranquilamente como pai!" Você pode observar que outros pais têm mais tempo livre quando seus filhos adquirem mais independência. Da mesma forma que você fez quando deu início a sua equipe de tratamento, você deverá reunir recursos para si mesmo e garantir que está cuidando de si com o uso das mesmas ferramentas descritas no Capítulo 5 (veja também o quadro na página a seguir).

O plano de transição será diferente para cada indivíduo, assim como o plano de tratamento específico que você estabeleceu quando seu filho foi diagnosticado inicialmente. Considere os três pontos seguintes para assegurar que o plano de transição seja apropriado especificamente para o seu adolescente: quais são os objetivos do seu filho? Quem deve estar na equipe de transição? Que recursos você precisa colocar em ação?

Quais são os objetivos do seu filho?

Reflita sobre os objetivos do seu filho e seus objetivos para ele. Uma forma de pensar sobre essa questão é fazer a equipe do plano de transição se questionar: o alvo é apoiar uma vida independente ou apoiar a aprendizagem ao longo da vida, mas não necessariamente a independência? Alguns adolescentes com TEA podem ter sucesso em viver de forma independente quando adultos, e o plano de transição pode incluir os passos a serem tomados para atingir esse objetivo. Outros podem não ser capazes de desenvolver as habilidades para viver com independência, portanto, o plano de transição irá focar em como ajudar seu filho a viver a vida plenamente com o máximo de independência possível.

A idade da transição e seus autocuidados

Transição é um processo e pode ser estressante. Na verdade, pode parecer tão estressante quanto a época em que você recebeu o diagnóstico do seu filho e começou a ativar seus recursos e montar o plano de tratamento para ele. Aqui estão algumas perguntas para fazer a si mesmo e algumas sugestões para ajudar a guiar como você vai cuidar de si durante esse processo de transição.

1. Quais são suas ideias sobre o que é incapacidade? Você tem pressupostos sobre o que incapacidade significa para a vida do seu filho quando adulto? Esclareça seus princípios e explore seus próprios pressupostos em torno da incapacidade.
2. Quais são os objetivos de curto e longo prazos que você definiu como cuidador e quais são os objetivos de curto e longo prazos do seu filho? Divida os objetivos em uma linha do tempo.
3. Deixe que seus princípios (e não seus pressupostos) e seus objetivos e os objetivos do seu filho dirijam suas ações.
4. Reconheça as coisas sobre as quais você tem controle e sobre as quais não tem. Ignore aquelas sobre as quais não tem controle.
5. Planeje os passos que você precisa dar para atingir seus objetivos e os registre por escrito. Esses passos são a estrutura do seu plano de transição.
6. Por fim, encontre pessoas com opiniões semelhantes que tenham os mesmos princípios e objetivos que você. Elas serão um apoio maravilhoso.

Os fatores que serão considerados nessa tomada de decisão incluem o grau dos principais desafios do TEA do seu filho (habilidade de comunicação, habilidades sociais, padrões de comportamento restrito e repetitivo), a habilidade cognitiva (QI), os distúrbios comportamentais, os problemas de saúde mental (p. ex., ansiedade, depressão), os problemas médicos (p. ex., epilepsia, problemas do sono), as habilidades adaptativas (autocuidado, habilidades para a vida) e o acesso a serviços de apoio (p. ex., manejo de caso e apoio na comunidade). Para algumas crianças, determinar o alvo apropriado pode ser um processo fácil; para outras, pode não ser tão fácil. Esta é uma pergunta difícil de fazer como pai. Para alguns pais, pode ser fácil identificar o alvo apropriado, mas pode ser difícil chegar a um acordo. Se você está nessa situação, saiba que não está sozinho. Um dos medos mais comuns que ouvimos de pais cujos filhos parecem pouco aptos a viver independentemente envolve o que seus filhos vão fazer quando eles, como pais, já não forem mais capazes de assisti-los. Este deve ser praticamente um temor universal para pais de jovens com TEA. O medo pode atrapalhar a escolha do alvo apropriado, portanto, uma avaliação honesta baseada nos desafios que seu filho pode ou não ter irá ajudar você e a equipe de transição a determinar a meta apropriada.

Como parte do planejamento da transição, é importante elaborar o perfil pessoal do seu filho. Esse perfil irá incluir sua história de vida pessoal, destacando eventos e relacionamentos importantes e outros aspectos da vida do seu filho que ajudaram a moldá-lo. Isso ajuda a criar condições para a identificação das preferências pessoais, dos pontos fortes e dos interesses do seu filho. A identificação de eventos e relações essenciais na vida ajuda a garantir que nenhum dos interesses e preferências do seu filho será deixado de fora. Às vezes, é difícil para crianças com autismo identificarem objetivos, sonhos e preferências, portanto, elaborar o perfil do seu filho auxilia sua equipe a completar essas peças que estão faltando. Durante sua reunião para o planejamento da transição, você vai revisar o perfil pessoal do seu filho, discutir o ambiente atual dele, pensar visões para o futuro, identificar obstáculos e oportunidades e apontar estratégias e debater os passos da ação no curto prazo.

Quem deve estar na equipe de transição?

Você desejará reunir um time de indivíduos engajados e envolvidos com seu adolescente. Assim como no planejamento da equipe de tratamento que você fez quando seu filho foi diagnosticado, esse processo envolve uma equipe de pessoas que se importam com seu filho, trabalhando em conjunto para ajudá--lo a avançar até atingir seus objetivos. Essa equipe incluiria seu filho, você, outros cuidadores envolvidos, a professora do seu filho e, dependendo do seu objetivo, um psicólogo escolar, um consultor de emprego, um gestor de casos em uma agência estadual para incapacidades desenvolvimentais ou um conselheiro de reabilitação vocacional. Você poderá incluir indivíduos capazes de identificar os desafios peculiares que seu filho enfrenta para garantir que eles recebam atenção.

Seu filho é a pessoa-chave na sua equipe de transição. Uma abordagem de tratamento centrada na pessoa assegura que o plano tenha como alvo principal os objetivos do seu filho, que em breve será um adulto. Uma abordagem de planejamento centrada na pessoa inclui seu filho inteiramente, ajuda a revelar como ele deseja viver sua vida e identifica os recursos necessários para ajudar a criar uma vida significativa e produtiva. Sua equipe de transição centrada na pessoa deve se reunir regularmente para discutir o progresso e identificar estratégias para atingir esses objetivos, e todos na equipe devem tomar medidas para garantir que as estratégias discutidas nas reuniões sejam aplicadas. Existem alguns *websites* úteis sobre planejamento de transição que você pode consultar; veja os Recursos ao final do livro.

Que recursos você precisa colocar em ação?

A identificação ou a criação de recursos naturais será um componente-chave do seu plano de transição, e a ciência sugere que uma comunidade forte e apoiadora combate o isolamento e o desenvolvimento e exacerbação de questões de saúde mental, ao mesmo tempo que reforça o amadurecimento e o crescimento. Você pode imaginar esses recursos formando quatro círculos concêntricos com indivíduos em cada círculo capazes de ajudar a apoiar seu filho e a promover sua habilidade para atingir seus objetivos (veja o diagrama na página a seguir). Obviamente, a abordagem de tratamento centrada na pessoa que você utilizou para identificar os alvos e os objetivos do seu filho deixará claro de quais recursos você precisará para ele.

As leis federais sobre educação fornecem os principais recursos que você pode aproveitar para seu filho em idade de transição durante a adolescência e o início da vida adulta. A IDEA determina o direito à educação pública para todas as crianças elegíveis entre 3 e 21 anos de idade e torna as escolas responsáveis por fornecer os recursos e serviços que possibilitam que isso aconteça. Isso significa que seu filho com TEA pode se qualificar para serviços de educação especial até os 21 anos de idade. Um dos objetivos da educação pública apoiado pela IDEA é que os alunos sejam preparados para o trabalho e para uma vida independente quando se formarem. Isso significa, dependendo do plano de transição do seu filho, que esse processo de preparação pode ser uma parte essencial de seu programa educacional. As exigências da IDEA são, de modo geral, facilitadas pelo processo do PEI, que deve incluir o planejamento da transição para todos os alunos da educação especial aos 16 anos; veja o quadro na página 232.

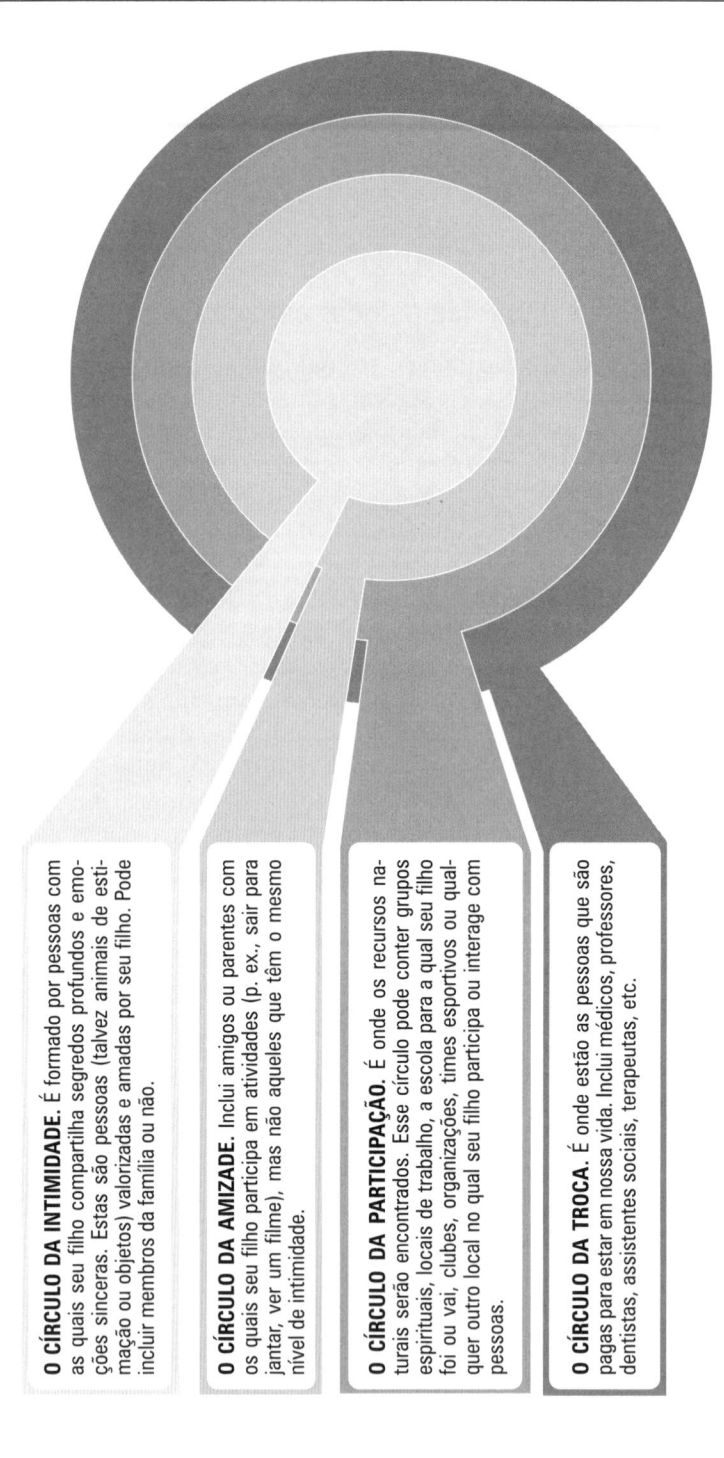

O CÍRCULO DA INTIMIDADE. É formado por pessoas com as quais seu filho compartilha segredos profundos e emoções sinceras. Estas são pessoas (talvez animais de estimação ou objetos) valorizadas e amadas por seu filho. Pode incluir membros da família ou não.

O CÍRCULO DA AMIZADE. Inclui amigos ou parentes com os quais seu filho participa em atividades (p. ex., sair para jantar, ver um filme), mas não aqueles que têm o mesmo nível de intimidade.

O CÍRCULO DA PARTICIPAÇÃO. É onde os recursos naturais serão encontrados. Esse círculo pode conter grupos espirituais, locais de trabalho, a escola para a qual seu filho foi ou vai, clubes, organizações, times esportivos ou qualquer outro local no qual seu filho participa ou interage com pessoas.

O CÍRCULO DA TROCA. É onde estão as pessoas que são pagas para estar em nossa vida. Inclui médicos, professores, dentistas, assistentes sociais, terapeutas, etc.

O que deve ser incluído no PEI e na transição do seu adolescente?

O objetivo dos serviços de educação especial é proporcionar aos alunos as habilidades transferíveis, as competências e as experiências da vida real que são necessárias para que sejam bem-sucedidos durante e depois do ensino médio, como em um ambiente de trabalho ou de educação superior. Isso significa que seu PEI de transição irá incluir:

- Uma descrição dos pontos fortes do seu filho e dos níveis atuais de conquistas acadêmicas e desempenho funcional.
- Objetivos educacionais de nível superior mensuráveis.
- Objetivos correspondentes do PEI que possibilitam que o aluno atinja os objetivos educacionais de nível superior.
- Descrições claramente expressas dos serviços de transição necessários.
- Uma linha do tempo para atingir os objetivos.
- As pessoas ou as agências responsáveis identificadas para ajudar com esses objetivos.
- Uma explanação de como esses papéis serão coordenados.
- Um plano para identificação de serviços e recursos após a graduação e para obtenção dos meios necessários para acessá-los.

Para determinar se o seu filho deve receber um diploma antes dos 21 anos, sua equipe do PEI pode não se basear unicamente no cumprimento do número suficiente de créditos e nos trabalhos acadêmicos para a graduação. A equipe também deve levar em consideração se o seu filho está preparado para educação adicional, emprego e/ou vida independente. A equipe do PEI do seu filho precisa considerar se os objetivos de transição foram atingidos e se existe a necessidade de serviços de transição continuados para ajudá-lo a atingir o objetivo desejado depois da formatura. A equipe deve, então, identificar os serviços necessários para atingir esse objetivo. É possível que um aluno ganhe créditos suficientes para se formar, mas não tenha atingido seus objetivos no PEI relacionados à transição. Em tais situações, o aluno deve permanecer na escola. Às vezes, surgem discussões sobre isso. Se houver uma discussão sobre se o plano de transição é apropriado ou se o seu filho deve receber o diploma, você pode solicitar mediação e procedimentos do devido processo conforme descrito na IDEA.

E é importante que esse plano de transição educacional seja colocado em prática durante os anos da adolescência do seu filho, pois todos os direitos legais que você, como pai, tem em relação aos serviços de educação especial são suspensos para seu filho aos 18 anos. Se um tutor foi indicado antes dos 18 anos, ele manterá os direitos, não o estudante. Entretanto, um estudante que é seu próprio tutor legal pode ser identificado como incapaz de fornecer consentimento para a sua educação, portanto, existe um processo em vigor para que os pais mantenham um papel de tomada de decisão mesmo que o estudante permaneça com a tutela legal de sua educação. No próximo capítulo, forneceremos informações sobre tutela e outras questões legais sobre a idade adulta.

Lembre-se de que cada família e indivíduo que faz a transição para a vida adulta terão um caminho diferente. Alguns adolescentes podem se formar no ensino médio e prosseguir com a educação superior. Alguns podem buscar emprego e viver de forma independente. Outros podem continuar morando em casa ou se mudar para uma situação de moradia assistida e precisar de suporte diário mais substancial. Cada caminho será único, mas, ao se informar sobre os componentes essenciais, como emprego, moradia, finanças e considerações legais, você poderá construir um plano de transição relevante e usá-lo para guiar o processo à medida que seu filho cruza o limiar para a idade adulta. O próximo capítulo irá focar em como apoiar seu adulto com TEA nas variadas áreas de educação superior, emprego, moradia, questões de saúde mental, tutela, finanças e autocuidado.

PONTOS PRINCIPAIS

- ➤ Os adolescentes com TEA se deparam com inúmeras situações e demandas novas para suas habilidades sociais menos desenvolvidas. Eles precisam de muito apoio dos pais, educadores, clínicos e pares nesse estágio da vida.
- ➤ A sexualidade tem sido ignorada com muita frequência no autismo. Felizmente, isso está mudando, e programas de educação sexual projetados especificamente para adolescentes no espectro estão sendo construídos. É importante proteger a segurança e a saúde física e emocional dos adolescentes com TEA.
- ➤ Agora é a hora de trabalhar duro nas habilidades do seu filho para realizar as rotinas diárias e as funções que são necessárias para algum grau de independência na idade adulta, desde tarefas de organização da casa até higiene pessoal, administração do trabalho, transporte e moradia. Procure oportunidades de praticar essas habilidades enquanto seu filho ainda é menor de idade.
- ➤ À medida que seu filho se aproxima da idade adulta, é essencial que estabeleçam juntos objetivos realistas e os planejem passo a passo, usando todos os recursos a sua disposição. Pesquisas constataram que um plano de transição é fundamental para uma vida adulta de sucesso para aqueles com TEA.

10
VIDA ADULTA E AUTISMO*

Vamos reservar um momento para revisar o que sabemos sobre o que acontece quando crianças com TEA chegam à idade adulta. Uma revisão sistemática recente de 25 estudos acompanhando crianças diagnosticadas com o transtorno durante a infância e, depois, na idade adulta sugere que o funcionamento social, as habilidades cognitivas e as habilidades de linguagem permanecem relativamente estáveis, com algumas exceções que mostram perda de habilidades previamente adquiridas (talvez porque os suportes e a terapia foram removidos) e alguns indivíduos que continuam a adquirir novas habilidades. O quadro parece mais positivo para o funcionamento adaptativo, aquelas habilidades da vida diária que usamos para sermos independentes. Estas tendem a progredir para a maioria dos indivíduos quando se tornam adultos. Isso significa que o prognóstico para um funcionamento independente ou semi-independente é melhor do que pensamos para muitos indivíduos. Também é encorajador que, embora a maioria das crianças mantenha o diagnóstico de TEA na vida adulta, a severidade dos sintomas relacionados ao transtorno frequentemente diminui. Os desafios principais na comunicação social e nos comportamentos repetitivos e restritos tendem a decrescer à medida que os indivíduos se tornam adultos. Em todos os estudos, questões de saúde mental, como ansiedade e depressão, eram comuns, persistindo na idade adulta e tendendo a piorar se os adultos estiverem isolados. Uma conclusão importante dessa revisão é que a inclusão na comunidade, em vez do isolamento, é fundamental.

Os dados também nos dizem que, embora exista um claro reconhecimento de que indivíduos com TEA podem contribuir de forma substancial e significativa no ambiente de trabalho, adultos com o transtorno são contratados com muito menos frequência e consistência do que adultos sem TEA. As taxas de emprego variam entre os estudos, mas os pesquisadores encontraram que apenas pouco mais da metade dos adultos com TEA tinha um emprego e menos de 25%

---

*N. de R.T.: Este capítulo traz muitos exemplos e legislações referentes à realidade dos Estados Unidos. Optamos por mantê-los para fins de conhecimento.

dispunham de trabalho em tempo integral. Em geral, adultos no espectro trabalham menos horas e recebem menor remuneração do que os colegas e tendem a ter empregos abaixo do seu nível de habilidade.

A questão da moradia se assemelha à do emprego. Os dados referentes à moradia também nos contam uma história desanimadora. Embora os resultados variem entre os estudos, de modo geral, menos de um terço dos adultos com TEA vive independentemente em sua própria casa. Em torno de 20% moram com seus pais, enquanto cerca da metade está vivendo em uma situação de moradia compartilhada com um companheiro de quarto ou de casa. O restante dos adultos com o transtorno está morando em uma gama de entidades licenciadas, estabelecimentos residenciais ou lares coletivos. As maiores preocupações sobre viver sozinho, segundo a perspectiva dos adultos com TEA, focam a capacidade de pagar pela própria moradia. O medo do isolamento, de ter um suporte inadequado ou de perder a atenção continuada da família está em um segundo lugar distante em relação aos temores financeiros associados a viver por conta própria.

Embora esses dados de pesquisa pintem um quadro desafiador para a vida adulta, os resultados não são tão desanimadores assim. Antes de tudo, tenha em mente que os resultados nessa revisão são para adultos que receberam seu diagnóstico e tratamento inicial entre 15 e 30 anos atrás. Nossa capacidade de diagnosticar e fornecer intervenção apropriada para indivíduos no espectro autista mudou substancialmente nas últimas décadas. É possível antecipar que os resultados na vida adulta para pessoas que são crianças agora serão muito melhores.

> A independência não se dá com facilidade para adultos no espectro, mas muitos são mais independentes hoje do que pensávamos que fosse possível, e muitos continuam adquirindo habilidades adaptativas à medida que envelhecem.

Em segundo lugar, os dados sugerem que os resultados para TEA na idade adulta estão indo na direção certa. As oportunidades de emprego estão aumentando, e um número crescente de profissionais está desenvolvendo conhecimentos e experiências no trabalho com adultos com o transtorno para abordar suas questões de saúde mental. Os programas de educação superior estão se expandindo para apoiar o sucesso de indivíduos com TEA nos programas acadêmicos. Novas oportunidades de moradia promovem a independência. Esses avanços significam que os recursos estão cada vez mais disponíveis para apoiar seu filho adulto a continuar aprendendo e adquirindo habilidades e a ser uma parte vital e incluída da comunidade, bem como a atingir seus objetivos.

COMO VOCÊ PODE AJUDAR SEU JOVEM ADULTO A TER SUCESSO?

Vamos examinar o que é importante fazer para promover o sucesso do seu filho adulto com TEA, seja em relação a educação superior, trabalho, moradia, cuidados de saúde médica e mental, seja em relação a informações financeiras e tutela.

Educação superior

Embora a educação após o ensino médio não seja o mais adequado para todas as crianças, ela pode ser o alvo apropriado para seu filho. Se um foco na educação superior for um dos objetivos do seu filho e a equipe de transição que você reuniu estiver alinhada com esse alvo, uma variedade de opções para ensino superior encontra-se disponível. Podemos dividir essas oportunidades em três tipos principais: modelos mistos/híbridos, modelos substancialmente separados e modelos com apoio individual inclusivo.

No modelo *misto/híbrido*, os alunos com TEA participam das atividades sociais e/ou classes acadêmicas com alunos que não têm o transtorno. Às vezes, os currículos são ampliados com aulas focadas na construção de habilidades adaptativas, algumas vezes denominadas classes de "habilidades para a vida" ou "de transição". Esse modelo tipicamente proporciona aos alunos experiência de emprego apoiada dentro e fora do *campus*.

No modelo *substancialmente separado*, o jovem adulto com TEA participaria somente de aulas com outros alunos com incapacidades. Essas aulas são algumas vezes previstas como parte de um programa de "habilidades para a vida" ou "de transição". Nesses modelos, os alunos podem usufruir a oportunidade de participar em atividades sociais no *campus* e ter experiência de trabalho. As oportunidades de emprego são frequentemente por meio de rotatividade em vagas preestabelecidas dentro ou fora do *campus*.

No modelo com *apoio individual inclusivo*, os alunos recebem atendimento individualizado para apoiar seu sucesso em cursos universitários, programas de certificação e/ou programas de graduação. Os cursos e programas podem ser feitos por crédito ou avaliados se os créditos não forem necessários no curso. Os serviços especializados podem variar desde apoio por meio de um monitor ou tutor educacional até suportes adicionais, por intermédio da tecnologia, ou naturais, como aqueles que o aluno pode ter recebido como parte de um plano 504 no ensino médio. A visão do seu filho, seus objetivos de carreira e suas necessidades únicas direcionariam a seleção dos serviços. O foco desse tipo de programa é o estabelecimento de um objetivo de carreira identificado pelo aluno que direcione o curso do estudo e as experiências de emprego. Essas experiências práticas de emprego supervisionado podem incluir estágios, formação de aprendizes ou outras oportunidades de aprendizagem baseadas no trabalho.

Se você e seu filho estiverem considerando a educação superior, é importante observar que ter um PEI ou plano 504 não resulta automaticamente em acomodações para exames de ingresso na faculdade, como o Scholastic Aptitude Test (SAT), o American College Testing (ACT) ou exames do Advanced Placement (AP). Portanto, é importante saber o que está envolvido na solicitação de acomodações para esses tipos de testes. Geralmente, você pode trabalhar com a escola do seu filho para submeter as solicitações de acomodação, mas é possível fazer uma solicitação diretamente, sem o envolvimento da escola, se você preferir. O processo de revisão pode levar até dois meses, portanto, planeje com antecedência. Informações sobre os exames do College Board e os materiais para solicitações de acomodações para estudantes com incapacidades estão disponíveis *on-line* em http://student.collegeboard.org/services-for-studentswith-disabilities.

> Acomodações e programas educacionais de ensino superior não decorrem automaticamente dos suportes que seu filho recebeu no ensino médio, portanto, certifique-se de planejar com antecedência; candidatar-se e obter o que seu filho precisa para ter sucesso na educação superior pode levar tempo.

Outra informação essencial a considerar é que o PEI do seu filho no ensino médio não se estende à educação superior. A Seção 504 do Rehabilitation Act, de 1973, que proíbe discriminação baseada em deficiência, oferece proteção para um "indivíduo qualificado com uma deficiência", assim como o Americans with Disabilities Act, mas "qualificado" é uma peça-chave dessa frase. Nesse caso, "qualificado" significa que seu filho é capaz de cumprir as funções e as exigências essenciais do programa, com ou sem "modificações razoáveis". Portanto, há uma área nebulosa aqui, porém, assim como quando você estabeleceu o PEI para seu filho, comunicar-se com os vários profissionais envolvidos na sua vida e fornecer as informações necessárias para a equipe do seu filho vai garantir que as modificações razoáveis possam ser apontadas. Sobretudo, na educação superior, para receber acomodações, seu filho deve se identificar como tendo uma incapacidade, e você terá que solicitar acomodações diferenciadas de acordo com o plano 504. Isso pode ser problemático para alguns de vocês que não querem rotular seu filho como uma pessoa com incapacidades no ambiente universitário. No entanto, esta é uma exigência para solicitar acomodações em todos os *campi* que oferecem serviços.

Pode parecer muita coisa para ser filtrada, mas também há recursos na comunidade para ajudá-lo a navegar nas complexidades da educação superior para seu filho com TEA. Existem empresas consultoras privadas que auxiliam famílias de indivíduos com TEA em aconselhamento universitário especializado ou preparação para emprego, tais como o desenvolvimento de habilidades para entrevista e habilidades no trabalho. Esses tipos de programas ajudam os estudantes com o transtorno e suas famílias a avaliar as opções de faculdades disponíveis antes de se candidatarem, durante a solicitação e ao longo da faculdade. Além disso, as muitas instituições superiores nos Estados Unidos podem fornecer assistência para analisar a variedade de programas de treinamento e certificação e os serviços de apoio individualizado e grupal que se encontram disponíveis. E mais programas e serviços estão sendo criados enquanto escrevemos isso.

Emprego

Há vários fatores que podem ajudar um adulto com TEA a ter sucesso na obtenção e na manutenção de um emprego. Eles incluem aprender a ser mais independente (p. ex., administração do tempo, autocuidado, preparação das refeições) e a evitar o isolamento social (p. ex., envolvendo-se em atividades frequentes fora de casa nas quais ele possa aprender a se adaptar a novos ambientes e a interagir com outras pessoas). Além disso, quando um adulto está com problemas de ansiedade e/ou depressão, é importante que ele receba ajuda, uma vez que questões de saúde mental podem interferir na habilidade de funcionar bem no ambiente de trabalho. Como mencionamos anteriormente, ansiedade e depressão são comuns em adolescentes e adultos com TEA. Da mesma forma, há tratamentos bem estabelecidos para essas condições, por meio de intervenção comportamental e medicamentosa. Portanto, procurar tratamento é importante para melhores resultados para adultos no espectro autista. A ciência também nos diz que há muitas outras variáveis que predizem o sucesso no mercado de trabalho (veja o quadro a seguir). Algumas delas você não consegue controlar, mas outras você consegue, como estabelecer um plano de transição forte que envolva a escola do seu filho no trabalho com a comunidade, a fim de apoiar a inserção no meio profissional após o ensino médio.

O que a ciência nos diz sobre alguns dos melhores preditores de sucesso no mercado de trabalho para adultos com autismo que você pode influenciar

- Melhora na vida cotidiana (habilidades adaptativas).
- Habilidades sociais.
- Receber aconselhamento de carreira no ensino médio.
- Planejamento da transição, incluindo experiência de trabalho durante o ensino médio.

- Contato da escola de ensino médio com programas de treinamento vocacional superior ou potenciais empregadores.
- Combinar interesses, habilidades e pontos fortes de cada pessoa em um campo de trabalho específico.
- Acompanhamento de um mentor de carreira em habilidades de entrevista.
- Oportunidades de treinamento e *coaching* relacionados a habilidades específicas necessárias para o trabalho.
- Disponibilidade de mentores de carreira.
- Treinamento dos empregadores quanto às necessidades específicas de pessoas com TEA.
- Disposição do empregador em fornecer suporte ambiental, como, por exemplo, mudar a iluminação ou o ruído no ambiente de trabalho.

A próxima seção descreve algumas das formas de ajudar seu filho na preparação para o sucesso no mercado de trabalho.

Tudo tem a ver com preparo

Preparar-se para ajudar seu filho a ter sucesso no meio profissional inclui explorar as opções de carreira. Encontrar uma boa combinação é a chave para o sucesso do seu filho no mercado de trabalho. Ele pode explorar as opções de carreira sendo voluntário em diferentes locais, fazendo um estágio ou observando atividades profissionais. Isso, é claro, requer esforço e colaboração entre as famílias, as escolas e os empregadores.

Informe-se sobre os diferentes tipos de oportunidades de emprego:

- Primeiro, há o *emprego competitivo*. Este seria um trabalho pago em tempo integral ou parcial, no qual geralmente não é oferecido suporte a longo prazo.
- *Emprego apoiado* envolve trabalhar em empregos competitivos, nos quais o indivíduo recebe apoio contínuo enquanto está no trabalho. A quantidade de supervisão pode ser diminuída com o tempo, à medida que a pessoa aprende tarefas associadas ao trabalho. Esse tipo de emprego geralmente é financiado por meio de agências de reabilitação vocacional ou agências estaduais para incapacidades desenvolvimentais. Para esse tipo de emprego, você provavelmente terá que ser um forte defensor. Por definição, o emprego apoiado destina-se a indivíduos com deficiências severas, e o financiamento com frequência é limitado.
- No *emprego personalizado*, as tarefas ou os deveres no trabalho são negociados com as empresas com base na busca de formas criativas de identi-

ficar e usar os pontos fortes e as habilidades do indivíduo com TEA. Nesse tipo de estrutura de emprego, é estabelecida uma relação específica entre o empregador e o empregado. Existem poucas organizações que facilitam esse tipo de acordo, portanto, isso provavelmente exigirá argumentação e trabalho por parte dos membros da equipe de transição do seu filho para dar início a esse processo enquanto ele faz a transição para a vida adulta.

- Por fim, programas de *emprego protegido* são aqueles que ocorrem em um ambiente protegido e oferecem treinamento e serviços para auxiliar adultos com TEA no desenvolvimento de habilidades para a vida e habilidades educacionais e pré-vocacionais. Mais uma vez, esses modelos geralmente são apoiados por programas estaduais e sujeitos a financiamento.

Uma mulher jovem com TEA com quem um de nós trabalhou (Bernier), Suzanne, tinha uma mãe empreendedora que era ativamente engajada na comunidade como membro da câmara de comércio. A mãe de Suzanne fez contato com diversas empresas da área para defender sua filha com TEA. Ela destacou a atenção meticulosa de sua filha a detalhes, sua estrita adesão a regras e regulamentos (ela usou a palavra "estrita" em vez de "rígida", o que poderia ter sido mais preciso) e pontualidade consistente para destacar o quando sua filha seria produtiva em um ambiente empresarial que não exigisse interação social significativa. Ao fazer isso, a mãe de Suzanne facilitou uma vaga de emprego personalizada para sua filha, que tem sido feliz trabalhando no mesmo local há seis anos.

Além de adquirir informações sobre o mercado de trabalho, é importante que você verifique seus próprios pressupostos ou as mensagens que ouve de outras pessoas. Trabalhei com uma mãe que ouviu do conselheiro escolar de seu filho que a autoestima dele estava conectada ao trabalho – que Joe, seu filho, não estaria completo se não estivesse empregado. No entanto, existem muitas pessoas felizes – com e sem autismo – que não "trabalham" por um salário, mas têm uma vida significativa por meio do envolvimento na comunidade ou de um trabalho que não é típico. É essencial que repensemos como encaramos o trabalho para que não seja apenas sobre receber um salário, mas sobre contribuir para a sociedade de uma forma que gere envolvimento com a comunidade. Tudo isso está relacionado ao planejamento centrado na pessoa no tipo de plano de transição discutido no Capítulo 9. Os argumentos da mãe de Joe funcionaram com o gerente de casos de reabilitação vocacional para encontrar uma vaga para ele trabalhar como voluntário em uma clínica hospitalar infantil, onde desempenha inúmeras tarefas de apoio (p. ex., limpar brinquedos e testar materiais, apoiar atividades da equipe na clínica, arquivar registros médicos). Ele não estava recebendo um salário, mas contribuía significativamente e estava envolvido com uma variedade de indivíduos e relatava estar muito feliz nessa vaga. O objetivo, nesse caso, era permitir que Joe adquirisse habilidades em um ambiente de trabalho, mesmo que apenas como voluntário. Com o tempo, ele poderá usar as habilidades e a experiência que adquiriu como voluntário para se candidatar a um emprego remunerado, se desejar fazê-lo.

A história de Joe é um bom exemplo de adequação ao emprego. Seus prejuízos cognitivos e seus desafios com a organização e o manejo do tempo, juntamente com déficits sociais significativos, dificultaram que ele inicialmente tivesse sucesso no mercado de trabalho competitivo. Ele não era motivado por dinheiro, mas estava animado com a possibilidade de ajudar os outros e compartilhar fatos e informações sobre esportes com outras pessoas. Uma posição de voluntário em um ambiente com colegas flexíveis com alto nível de informação sobre TEA e um empregado no local que conseguisse administrar o tempo de Joe era a adequação perfeita do trabalho. E verifica-se que a ciência do trabalho em TEA sugere que a consideração mais importante ao ajudar seu filho adulto com o transtorno a encontrar um trabalho é a adequação deste.

Quando você ajudar seu filho a encontrar uma boa adequação do trabalho, três áreas amplas devem ser consideradas: (1) os interesses, a motivação e as habilidades do seu filho; (2) seu estilo de aprendizagem; e (3) as demandas ambientais, como as demandas comunicacionais, sensoriais, sociais e organizacionais. Avaliar o fator motivador também é essencial, e, mais uma vez, você pode recorrer ao plano centrado na pessoa que desenvolveu, pois muitos indivíduos com TEA não são motivados por dinheiro. A motivação do seu filho adulto para trabalhar estará diretamente relacionada ao quanto ele gosta do trabalho que está sendo solicitado a fazer. Ao considerar as opções de trabalho, será importante avaliar tanto os componentes físicos (horas de trabalho, pagamento, licença, benefícios, margem de erro aceitável, exigências de produção, exigências físicas, etc.) quanto os componentes sociais (expectativas claras do trabalho, nível aceitável de interação com colegas/supervisores, demandas das habilidades de comunicação, treinamento e apoio dos colegas). As demandas físicas e sociais irão contribuir significativamente para a adequação do trabalho.

Essencialmente, tanto Suzanne quanto Joe encontraram um trabalho relevante, e, apesar dos desafios sociais e comportamentais significativos associados ao seu diagnóstico de TEA, eles foram capazes de manter empregos bem-sucedidos e duradouros devido ao sucesso da adequação do trabalho, à preparação dos pais, à identificação dos objetivos por meio de um plano de transição consistente e à compreensão de sua motivação e habilidades e das demandas do trabalho.

> A adequação do trabalho tem-se revelado nas pesquisas como fundamental para o sucesso no ambiente de trabalho para adultos com TEA. A adequação precisa levar em conta não só as habilidades do empregado em potencial,

> mas também o que o adulto com o transtorno realmente gosta e deseja fazer em um emprego.
> Outro fator fundamental para o sucesso no emprego é encontrar um empregador que reconheça as habilidades e os benefícios que pessoas com TEA trazem para o ambiente de trabalho e que esteja disposto a fornecer os suportes necessários para o sucesso. Estes incluem (1) o reconhecimento de que pessoas com TEA provavelmente não serão altamente habilidosas na condução de uma entrevista típica, o que requer um nível considerável de habilidades sociais, (2) a modificação do ambiente de trabalho, como, por exemplo, o formato da tarefa, a iluminação e os níveis sonoros e (3) a disponibilidade de um treinador e/ou mentor a quem o adulto com TEA possa recorrer para treinamento e apoio.

Estão disponíveis programas diários que podem ajudar a promover a inclusão na comunidade para indivíduos que não são capazes de operar em um ambiente de trabalho remunerado. Eles oferecem atividades estruturadas e apoios especializados que permitem que indivíduos com TEA participem em atividades não relacionadas ao trabalho em ambientes na comunidade. Esses programas podem ser pagos de forma adicional, com recursos mantidos pelo Estado ou com recursos pessoais do Medicaid, dependendo dos tipos de contrato que a agência que executa o programa diário tem. Muitos dos programas diários requerem que os participantes venham acompanhados de um cuidador caso não sejam independentes nas habilidades de autocuidado (alimentação, higiene pessoal, etc.). No decorrer dos programas diários, os pais inscrevem seus filhos no programa/atividades, fornecem o transporte de ida e volta (particular ou público) e providenciam um cuidador, se necessário.

O esquema a seguir resume as diferentes abordagens para manter o envolvimento na comunidade dos adultos.

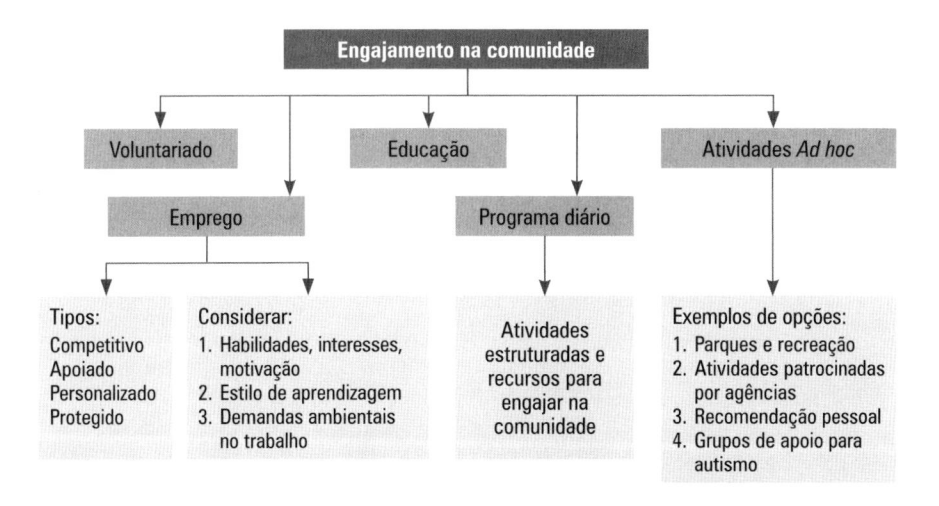

Engajamento na comunidade

- **Voluntariado**
  - **Emprego**
    - Tipos:
      Competitivo
      Apoiado
      Personalizado
      Protegido
    - Considerar:
      1. Habilidades, interesses, motivação
      2. Estilo de aprendizagem
      3. Demandas ambientais no trabalho
- **Educação**
  - **Programa diário**
    - Atividades estruturadas e recursos para engajar na comunidade
- **Atividades *Ad hoc***
  - Exemplos de opções:
    1. Parques e recreação
    2. Atividades patrocinadas por agências
    3. Recomendação pessoal
    4. Grupos de apoio para autismo

> É importante que mesmo aqueles que não podem ser contratados tenham envolvimento na comunidade e em atividades estruturadas. Evitar o isolamento por meio do uso de programas diários ajuda a prevenir ansiedade e depressão entre adultos com TEA.

Moradia

A moradia é outro componente crítico da vida adulta para seu filho com TEA. Como mencionamos no começo deste capítulo, a literatura informa que adultos com o transtorno estão vivendo em inúmeros ambientes, desde moradias independentes até programas residenciais e todas as situações intermediárias. A tabela a seguir lista as várias opções de moradia que estão disponíveis para seu filho, e é importante determinar qual é o modelo certo para você.

As opções residenciais para adultos com TEA variam por área, mas, em geral, incluem: 1) continuar morando em casa ou residir em uma 2) situação de moradia compartilhada, 3) em soluções de moradia criativa ou 4) em uma casa de família para adultos, lar coletivo ou situação de moradia assistida.

Continuar morando em casa funciona maravilhosamente para algumas famílias. Isso significa o aumento do tempo passado com a família e um ambiente familiar no qual seu filho pode se sentir mais confortável e mais bem-sucedido. Contanto que isso funcione para todos na família e esteja alinhado com os objetivos do plano de transição do seu filho, esta pode ser a opção mais apropriada. Para um indivíduo cujo objetivo declarado é viver de forma independente, morar em casa pode ser uma fase temporária enquanto todas as outras peças são colocadas no lugar para apoiar o sucesso de morar fora da casa da família.

Opções de moradia possíveis	Benefícios potenciais	Desvantagens potenciais
Morar em casa	Aumenta o tempo passado com a família. Familiaridade para o indivíduo.	Pode não se alinhar se a meta for uma vida independente.
Situação de moradia compartilhada	Oferece o suporte de uma equipe.	Custos associados ao pagamento da equipe.
Situações de moradia criativa	Atende unicamente às necessidades, aos interesses e aos objetivos dos indivíduos.	Difícil de encontrar ou desenvolver.

Situação de moradia assistida	Suporte de equipe profissional. Disponibilidade dos pares.	Custos. Menos supervisão de equipe e individual.
Lar coletivo	Suporte profissional e institucional. Disponibilidade dos pares.	Custos. Menos supervisão de equipe e individual.

Nos cenários de moradia compartilhada é fornecida uma equipe de apoio, incluindo a casa da família ou uma casa que o indivíduo aluga ou compra. O financiamento para cenários de moradia compartilhada pode vir da Seção 8 (veja a seguir) ou de outro financiamento do Estado, e os cuidadores podem ser contratados pelos residentes ou por seus pais.

Cenários de moradia criativa se referem a várias abordagens diferentes para administração da moradia, tais como um apartamento compartilhado com um colega de quarto que fornece apoio em troca do aluguel reduzido. Programas que encontram parceiros *on-line* apoiam esses tipos de cenário. Outras situações de moradia criativa incluem ambientes como uma fazenda particular – um espaço de trabalho para adultos com deficiências encontrado em algumas áreas rurais ou estabelecimentos maiores com cuidados residenciais. Casas no pátio da família, acomodações do tipo "casa da sogra", estão se tornando cada vez mais populares em ambientes urbanos para famílias que podem proporcionar ao filho adulto a possibilidade de continuar morando em casa, mas com mais independência. Os bairros comunitários, que não são específicos para deficientes, mas podem ser inclusivos e diversos, são pequenos grupos de casas ou apartamentos reunidos em torno de um espaço aberto compartilhado.

Outros arranjos de moradia incluem casas de família para adultos ou moradia assistida, em que vários indivíduos com TEA vivem juntos em uma casa fornecida e operada por uma agência ou em lares coletivos que são semelhantes a casas de família para adultos, mas oferecem maior apoio e uma equipe maior, proporcional ao número de residentes.

Muitas famílias dependem de isenções Medicaid do Governo ou de outros programas para pagar por atendimento aos adultos, incluindo equipe de apoio residencial para algumas dessas opções de moradia. Nos Estados Unidos, o Governo Federal adotou a isenção em 1981 para que os estados pudessem pagar por residência e outros serviços, em vez das instituições. Com supervisão federal, os estados criam suas próprias regras de isenção. Estes, de modo geral, requerem que os adultos tenham uma deficiência específica, uma comprovação da necessidade de serviços de apoio e de auxílio financeiro.

Muitos serviços estão disponíveis apenas para pessoas que precisam do alto nível de cuidados tipicamente encontrados em situações de lar coletivo ou moradia institucional. A Seção 8 é um subsídio federal para moradia disponibilizado pelo U.S. Department of Housing and Urban Development (HUD) por meio das autoridades habitacionais locais. Os beneficiários dos *vouchers* da Seção 8 pagam entre 30 e 40% de sua renda para aluguel e serviços. A autoridade habitacional paga o restante até um valor padrão definido pelo HUD. O beneficiário pode usar esse *voucher* para alugar com qualquer proprietário do mercado privado que aceite os *vouchers* da Seção 8. Os beneficiários podem receber seu *voucher* enquanto estiverem qualificados, e ele é aplicável em qualquer lugar dos Estados Unidos. A Seção 8 tem listas de espera muito longas, portanto, é importante inscrever-se logo que seu filho completa 18 anos se você estiver interessado em ter acesso a esse sistema de apoio. Os candidatos são selecionados por sorteio, e é possível inscrever-se em muitas listas de espera em diferentes condados e estados, caso seu filho seja flexível em termos de onde irá viver.

Se o seu filho adulto com TEA for morar fora de casa, mas não de forma independente, como em uma situação de moradia assistida, existem situações que você deverá evitar para garantir que ele esteja seguro:

1. falta de privacidade e dignidade para o residente;
2. expectativa de total obediência como condição de residência;
3. alta proporção entre o número de clientes e o tamanho da equipe, o que limita a supervisão e as oportunidades de exposição;
4. equipe sem uma atitude positiva em relação aos residentes;
5. ambientes institucionais que agrupam indivíduos vulneráveis com indivíduos que são potencialmente abusivos ou sexualmente agressivos;
6. padrões frouxos para as "restrições terapêuticas".

Você deve se sentir no direito de fazer perguntas sobre a equipe em qualquer situação de moradia mantida por uma agência. Você vai querer ter certeza de que essas situações não irão ocorrer. Se o seu filho for minimamente verbal, será especialmente importante que você fique de olho, pois ele pode não ser capaz de comunicar algumas dessas situações para você. A forma de fazer isso é estar atento, evitar as condições listadas anteriormente, manter-se envolvido com seu filho e observar mudanças comportamentais, como aumento na irritabilidade, comportamento disruptivo, retraimento ou alterações na alimentação, no sono e no autocuidado. A presença dessas mudanças comportamentais justifica uma investigação mais aprofundada da situação.

Recursos e informações sobre moradia relevantes nos Estados Unidos
- Housing and Residential Supports Tool Kit (Autism Speaks, manual de 30 páginas) https://www.autismspeaks.org/tool-kit/housing-and-residential-supports-tool-kit - HUD (U.S. Department of Housing and Urban Development) https://www.hudoig.gov/ - Section 8 https://www.benefits.gov/benefit/710

Outras coisas que você pode fazer para garantir que seu filho tenha um ambiente de vida seguro incluem apoiá-lo para encontrar atividades de que ele goste que possam aumentar sua autoestima e estar disponível para conversar com ele de forma descontraída regularmente. Conforme discutimos em relação ao desenvolvimento da sexualidade do seu filho durante a adolescência, a comunicação aberta é o caminho mais importante, e permanece assim durante a vida adulta. Você pode ensiná-lo que há situações nas quais não obedecer aos cuidadores é apropriado, como quando um cuidador está sendo abusivo ou sexualmente inadequado. Você pode apoiar relacionamentos positivos e sadios com parceiros românticos, o que, mais uma vez, ocorre por meio de linhas de comunicação abertas. Em termos do ambiente de moradia específico dentro dos estabelecimentos do programa, você pode se assegurar de que é feita uma triagem cuidadosa de toda a equipe antes da admissão e escolher um estabelecimento que apoie visitas regulares de grupos externos de defesa do cliente e certificar-se de que educação em saúde sexual adequada é ensinada pelo programa.

As opções de moradia podem parecer uma sobrecarga, difíceis de gerenciar e terrivelmente caras – mas você consegue lidar com isso. Muitas famílias o fazem. Porém, informando-se sobre as opções, identificando seus objetivos de moradia e os do seu filho e trabalhando com a equipe de transição para colocar em ação os passos para atingir esses objetivos, você poderá encontrar um cenário de sucesso para seu filho. Além disso, muitos recursos encontram-se disponíveis. O quadro apresentado anteriormente contém *links* para algumas organizações nacionais importantes que podem ajudar a fornecer informações e orientações referentes à moradia para seu adulto com TEA.

Assistência médica

Quando seu filho fizer a transição para a vida adulta, ele também o fará para o sistema de saúde adulto. Sua assistência médica pode incluir cuidados especializados (específicos para TEA ou outras condições médicas que seu filho tenha, como convulsões) e atenção primária/preventiva. Essa transição será benéfica, pois seu filho receberá triagem apropriada e tratamento de problemas de saúde de adultos, terá acesso a serviços de internação hospitalar de adultos e especialidades médicas (como neurologia) e poderá ter acesso a serviços de sexualidade, fertilidade e saúde reprodutiva.

Você terá que fazer alguns ajustes para se adaptar a esse estilo de assistência médica para seu filho. Por exemplo, o pediatra do seu filho provavelmente era centrado na família, orientado para o desenvolvimento (considerando o progresso na escola e na vida) e com visão interdisciplinar (i.e., ele sintetiza serviços de todas as modalidades em um único ponto de acesso). Ele provavelmente também o envolveu nos cuidados do seu filho em termos de participação e consentimento. Quando seu filho fizer a transição para a assistência médica para adultos, é provável que seu médico preste um atendimento mais individual (em vez de centrado na família), com um foco mais orientado para a doença, e o atendimento será multidisciplinar (i.e., os médicos fornecerão diferentes tipos de atendimento ao seu filho adulto), e, sem as informações iniciais fornecidas por você, a expectativa dele será a de que seu filho seja autônomo e funcione de forma independente.

O que procurar em um prestador de assistência médica para adultos

Procure alguém que tenha:
- abordagem abrangente para avaliação e planejamento;
- disposição para adquirir conhecimentos quando necessário para gerenciar a assistência médica do indivíduo e a transição para um modelo para adultos;
- prontidão para trabalhar colaborativamente e resolver diferenças;
- uma filosofia de assistência centrada no paciente.

Uma transição consistente para o sistema de saúde promove a continuidade dos cuidados aos desafios relacionados ao TEA do seu filho e estabelece a equipe de assistência médica antes que alguma crise seja desencadeada. Dessa maneira, se houver alguma crise, os profissionais já farão parte da equipe do seu filho e poderão ajudar a apoiá-lo mais efetivamente. A transição ideal para o sistema de saúde assegura que o profissional de saúde seja identificado e que haja um plano de transição por escrito com um resumo do histórico médico continuamente atualizado. O histórico médico deve trazer informações referentes ao *status* funcional, neurológico e cognitivo do seu filho, incluindo resultados de testes formais. Estas seriam informações como escores de QI e dados sobre história de convulsões, linguagem e funcionamento adaptativo. O histórico médico deve registrar qualquer plano de tratamento específico para a condição e contatos, como tratamentos específicos para diagnósticos GI. Ele também deve incluir a "história de educação em saúde" do seu filho e sua compreensão de sua condição e tratamentos. Ou seja, o que seu filho adulto sabe e entende sobre seu diagnóstico de TEA e qualquer outro diagnóstico que ele tenha? O histórico médico também deve apresentar um conhecimento atual do prognóstico, incluindo efeitos no potencial reprodutivo e informações genéticas, como a presença de alguma informação genética identificável e relevante. Por fim, ele deve incluir informações referentes a necessidades de autocuidado e recursos e suporte na comunidade.

Problemas de saúde mental são uma preocupação significativa para muitos adultos com TEA. Uma revisão sistemática recente encontrou que aproximadamente 42% dos adultos no espectro experimentam um transtorno de ansiedade em algum momento, bem como cerca de 37% experimentam um transtorno depressivo. Levando-se em conta essas taxas elevadas, a vigilância é justificada. Será importante estar alerta a sintomas associados a ambas as condições, juntamente com outras condições de saúde mental. E, se você notar alguma alteração significativa no funcionamento do seu filho adulto, é recomendável uma consulta com seu médico. Se um profissional de saúde mental já fizer parte da equipe de tratamento do seu filho, você pode encorajá-lo a fazer uma consulta com esse médico. Caso contrário, começar pelo profissional de atenção primária do seu filho será um bom primeiro passo.

> É importante estar alerta a ansiedade e depressão em seu filho adulto, pois problemas de saúde mental não tratados podem ser um obstáculo ao engajamento na comunidade, e o isolamento pode aumentá-los.

Prestar atenção a questões de saúde mental é fundamental, pois esses desafios podem atrapalhar a integração efetiva do seu filho adulto com a comunidade, e, conforme já discutimos, ficar isolado pode aumentar a ansiedade e a depressão, funcionando de maneira cíclica.

A importância do engajamento na comunidade para a saúde

Pense no engajamento na comunidade desta forma: durante os primeiros 21 anos de vida do seu filho, a escola foi o ingrediente ativo da atividade diária. Se o seu filho não estiver no ensino superior ou engajado em um trabalho significativo, as oportunidades de continuar a aprender e a se envolver com o mundo social se tornam cada vez mais limitadas. Para todos os adultos, com e sem TEA, haverá menos oportunidades de conhecer novas pessoas e de passar algum tempo com os amigos. Porém, para adultos com TEA, isso pode ser ainda mais difícil devido a menor envolvimento na escola e no trabalho, iniciação social reduzida, dificuldade para planejar com antecedência, problemas relacionados a ansiedade e sensibilidades sensoriais e história de atividades sociais fracassadas. E as pesquisas refletem isso. Mais da metade dos adultos no espectro relata não ter participação em um evento na comunidade há 12 meses, enquanto um quinto declara não comparecer a eventos sociais pelo mesmo período. Apesar desses desafios, muitos adultos com o transtorno (se não a maioria) relatam o desejo de ter amigos e socializar. Muitos contam que se sentem solitários, isolados, desesperançados. E, dada a importância da atividade física para o humor, a saúde física, a regulação do sono e a aprendizagem contínua, é importante que os adultos com TEA encontrem grupos e organizações que ofereçam essas oportunidades e ajudem a estruturá-las. Sem crescimento e aprendizagem contínuos, é fácil que a depressão ou a ansiedade ou outras questões de saúde mental preencham o vazio. Pesquisas mostram que a inclusão na comunidade e a atividade física combatem a doença mental, portanto, ajudar seu adulto com TEA a permanecer envolvido na comunidade é uma forma de medicina preventiva.

Você pode ajudar a promover a inclusão e o envolvimento do seu filho em atividades buscando oportunidades promovidas por parques locais e departamentos de recreação, grupos locais para interesses compartilhados, organizações e agências que apoiam eventos sociais para indivíduos com TEA e outras incapacidades ou procurando oportunidades por meio de grupos de apoio para TEA ou meios de comunicação social associados ao transtorno. As possibilidades podem variar desde a participação em um grupo de habilidades sociais para adultos até o envolvimento em esportes ou olimpíadas especiais. Ou, talvez, baseado nos interesses do seu filho, você possa promover o envolvimento em caminhadas ao ar livre, equitação terapêutica, arte e música, dança, ioga ou artes marciais. De fato, qualquer coisa que você possa pensar.

Transporte: um obstáculo superável para o engajamento na comunidade

Um dos desafios frequentemente negligenciados da participação em atividades na comunidade que muitos adultos enfrentam é a falta de transporte independente. Porém, existem formas de você ajudar com o transporte. A melhor maneira é ensinar seu filho adulto a usar o transporte público na sua área, se disponível. Nas cidades, há muitos serviços em funcionamento que seu filho pode aproveitar. Existem passes com tarifa reduzida; há programas de instrução que fornecem treinamento gratuito para ensinar indivíduos com incapacidades a usar o transporte público. Alguns ônibus e sistemas de metrô têm anúncios de parada sonoros e visuais dentro do veículo para que os passageiros saibam quando este chegou ao ponto de parada. Anúncios externos em áudio informam os passageiros da aproximação da rota e do destino do veículo. Também pode haver alguns serviços de táxi que apresentem opções de pré-compra de *vouchers* com desconto significativo para indivíduos com incapacidades, a fim de promover seu uso na locomoção pela comunidade. Existem muitas opções que podem exigir algum levantamento, mas um pouco de investigação no início pode tornar as coisas muito mais fáceis posteriormente.

Tomada de decisão

Em termos gerais, um jovem que completa 18 anos obtém o direito de consentimento para seu atendimento de saúde, sua educação e suas decisões financeiras. Porém, seu filho com TEA ainda pode precisar de assistência ao tomar decisões sobre escolhas essenciais depois que faz 18 anos. Mesmo que ele tenha atingido um novo *status* legal da noite para o dia no seu 18º aniversário, segundo uma perspectiva biológica, não há nada de mágico relacionado a esse acontecimento. Considerando-se isso, pode parecer estranho que você tenha que obter permissão da justiça para fazer as coisas que sempre fez para seu filho, mas esta é a realidade depois que ele completa 18 anos. Assim, se ele não tem capacidade para entender os riscos e os benefícios de escolhas essenciais na vida, como tratamento médico, finanças, moradia ou educação, é necessário considerar a tutela para que você ou outro adulto responsável possa ajudá-lo a tomar decisões.

Tutela

Tutela é um processo judicial que prevê tomada de decisão substituta, em que o tutor toma a decisão em vez da "pessoa incapacitada", ou "principal", como a pessoa com TEA é descrita na linguagem legal. A tutela é a opção mais restritiva porque *priva* os indivíduos da possibilidade de tomar a maioria das decisões. Ela é apropriada quando a pessoa é incapaz de tomar essas decisões e corre o risco de ser prejudicada. A tutela não é apropriada meramente porque o pai não gosta das decisões que o jovem toma ou porque acha que elas não são inteligentes. Uma alternativa é a tutela limitada. Ela permite que a tutela cubra apenas responsabilidades específicas, como assistência médica, educação ou atividade bancária.

Há dois tipos de tutela: do Estado e pessoal. Os tipos de decisões associadas à tutela pessoal incluem decisões sobre moradia, assistência médica e educação. Isso envolveria coisas como fornecer consentimento informado ou tomar decisões sobre dirigir ou se casar. O direito de votar não é retirado com a tutela. No caso da tutela pessoal, a justiça precisa determinar com base em evidências apresentadas que o indivíduo está em risco significativo de danos pessoais em virtude de uma incapacidade demonstrada de *prover adequadamente nutrição, saúde, moradia ou segurança física*. Para a tutela do Estado, que se refere a gerenciar valores, solicitar benefícios e entrar em um contrato, a justiça deve determinar que o indivíduo está em risco significativo de dano financeiro com base em uma incapacidade demonstrada de *administrar de modo adequado propriedade ou assuntos financeiros*.

Dentro dos dois tipos de tutela (do Estado e pessoal), o tutor pode exercê-la de forma plena ou limitada. Como o nome sugere, "plena" concede a tutela sobre aquilo que está incluído nesse tipo (pessoal ou do Estado), ao passo que a tutela limitada é adaptada para se adequar às necessidades do indivíduo. Por exemplo, a tutela do Estado limitada pode incluir a administração de certa quantia.

Perguntas comuns sobre tutela

- Quem pode solicitar?
    - A pessoa que solicita pode ser o tutor indicado ou outra pessoa com interesse no caso.
- Onde o processo pode ser encaminhado?
    - Na Suprema Corte do condado onde a criança mora (geralmente).
- Como você consegue isenção da taxa de solicitação?
    - Com base nos bens do principal (não nos bens dos pais), dependendo do Estado e do condado.
- Quais são as exigências dos relatórios?
    - Há relatórios obrigatórios em 90 dias.
    - Há relatórios anuais obrigatórios.
    - Esses relatórios não são difíceis, mas são necessários.
    - Há relatórios adicionais se também for tutor de propriedade.

O processo de tutela é simples e segue cronogramas específicos. Antes que você possa apresentar uma solicitação de tutela, há um treinamento obrigatório. A solicitação requer o preenchimento de uma papelada, juntamente com uma taxa (ou pode ser solicitada isenção da taxa, mas deve ser acompanhada por uma solicitação preenchida presencialmente). O custo da tutela varia dependendo do estado e do condado. No momento da solicitação, a corte indica um tutor *ad litem* (em inglês, guardian *ad litem* [GAL]). O GAL fala com a pessoa alegadamente incapacitada e a notifica dos seus direitos, obtém um relatório médico e faz uma recomendação à corte indicando se a pessoa é incapacitada, se é necessária tutela e qual a proposta de abrangência desta. Geralmente 45 a 60 dias depois da solicitação, ocorre uma audiência para indicação de tutela, na qual o resultado é apresentado. Depois de ser indicado, o tutor deve retornar ao tribunal regularmente para informar as condições de saúde e financeiras do indivíduo. É previsto um relatório de 90 dias, e relatórios anuais devem ser entregues à corte. Esse processo não é complexo, mas requer alguma atenção por parte do tutor, a fim de que seja seguido.

Você pode dar início ao processo de tutela em torno de seis semanas antes do 18º aniversário do seu filho. Também é possível fazê-lo depois disso; a coordenação com o aniversário do seu filho só é necessária se houver uma questão médica iminente ou uma situação de tomada de decisão que irá ocorrer logo após seu aniversário.

Procuração

Também existem alternativas menos restritivas à tutela, como a procuração. Adultos que têm a capacidade de tomar decisões e, portanto, não precisam de tutela podem usar a procuração como alternativa. Isso é mais apropriado para indivíduos que são menos prejudicados cognitivamente, que têm capacidade para tomar decisões, mas podem precisar de alguma ajuda, como quando tomam decisões importantes ou fazem um planejamento financeiro.

A procuração é um instrumento legal, por meio do qual uma pessoa concede a outra pessoa o direito de tomar decisões em seu nome. O indivíduo que concede a autorização tem a capacidade de fazê-lo, e ele não perde o poder de tomar decisões. Se houver conflito entre a decisão do indivíduo e a da pessoa que concedeu a procuração, a decisão do indivíduo tem prioridade. Isso significa, sobretudo, que um pai ou outra pessoa com uma procuração não pode passar por cima das decisões do filho adulto, da forma como um tutor pode. Uma procuração pode apenas ajudá-lo a aplicar decisões que estão de acordo com os desejos do seu filho. Também é importante mencionar que, com uma procuração, seu filho não está protegido contra más decisões. Uma procuração não envolve o sistema judicial. Veja o quadro a seguir para uma comparação entre tutela e procuração.

Diferenças entre tutela e procuração

	Tutela	Procuração
Capacidade	O indivíduo não tem capacidade para tomar decisões.	O indivíduo tem capacidade para tomar decisões.
Tipo de tomada de decisão	Tomada de decisão substituta.	A pessoa que tem autoridade por meio da procuração atua como "assistente" complementar.
Processo	Processo judicial.	Documento autenticado.
Inicia	A justiça indica o tutor.	Com a data escrita na procuração.
Termina	Conforme determinado na ordem de tutela.	Rescisão por escrito.

Outras opções menos restritivas

Além da procuração, há algumas outras opções menos restritivas. Por exemplo, o representante do beneficiário é uma opção especificamente para indivíduos que recebem benefícios administrados por meio da U.S. Social Security Administration (SSA), tal como o Supplemental Security Income (SSI) (veja a seção sobre finanças a seguir para mais informações). O representante do beneficiário é um indivíduo designado pela SSA que pode atuar em nome do indivíduo que recebe os benefícios (beneficiário). Nessa situação, o representante do beneficiário recebe e administra os benefícios do SSI e se compromete a usá-los para o bem-estar e cuidados pessoais do beneficiário.

Finanças

Algumas das perguntas mais comuns feitas por pais de jovens em idade de transição ou adultos com TEA em minha clínica (Bernier) referem-se às finanças: como podemos pagar por todos os serviços de intervenção? Como podemos suprir as necessidades financeiras do nosso filho, considerando os custos de moradia e assistência médica? Nesta seção, vamos examinar alguns dos principais recursos e opções a serem considerados em relação às finanças de seu filho adulto com TEA, a fim de lhe indicar a direção certa e lhe mostrar como as coisas funcionam no geral. Entretanto, uma consulta com um advogado ou conselheiro financeiro que tenha conhecimento das leis e dos sistemas financeiros em seu estado referentes a adultos com incapacidades deve orientar seu planejamento.

Portanto, nossa primeira recomendação é buscar uma consulta com um advogado ou outro profissional com especialização nessa área. Nossa segunda recomendação é que você se informe sobre algumas das opções disponíveis. Iremos restringir nossa discussão àqueles recursos que estão amplamente disponíveis em todos os Estados Unidos, mas seu estado terá serviços específicos, recursos e leis aplicáveis a sua família.

Podemos começar pelo Medicaid. O Medicaid é um programa federal que ajuda a cobrir os custos médicos para pessoas com renda limitada e está disponível para indivíduos com incapacidades. Não há prêmios, franquias ou coparticipação associados a essa cobertura. O Medicaid também oferece cobertura para cuidados de longo prazo na forma de cuidados pessoais ou assistência à autonomia para indivíduos elegíveis. Mais informações sobre o Medicaid estão disponíveis em www.medicaid.gov.

O SSI é outro programa federal que fornece assistência financeira para indivíduos com incapacidades. Os indivíduos não precisam ter história de emprego e podem ser elegíveis com base na presença de uma incapacidade. Para ser elegível, um indivíduo não pode ter uma "atividade remunerada substancial", isto é, a pessoa não pode ganhar por mês mais do que uma quantia específica. Os indivíduos com acesso ao SSI podem receber recursos todos os meses, a serem usados para as necessidades básicas. A quantia mensal é reduzida de acordo com a renda recebida ou não recebida. Se um indivíduo é elegível para o SSI e tem uma renda, ele é automaticamente elegível para o Medicaid.

O SSI está disponível para crianças com incapacidades, mas a renda parental é incorporada aos critérios de elegibilidade para os filhos. Se uma criança recebe SSI, a SSA dará início a um processo de reavaliação antes que ela complete 18 anos, embora a revisão possa não estar completa na ocasião do 18º aniversário. Essa reavaliação acontece automaticamente, e, durante esse processo, os registros médicos da criança são examinados para determinar se ela se qualifica segundo os padrões do SSI para adultos. A família receberá uma notificação se o SSI estiver sendo encerrado e se existirem direitos de apelação, mas essa apelação precisa ser apresentada imediatamente (dentro de 10 dias) para que a criança receba benefícios continuados.

Também existem programas apoiados pelo estado focados nos serviços da comunidade para indivíduos com deficiências no desenvolvimento. Esses programas para deficiências no desenvolvimento oferecem uma gama de serviços, e todos eles têm critérios de elegibilidade específicos estipulados. Quando os recursos financeiros estão disponíveis, esses programas patrocinados pelo estado, de modo geral, fornecem auxílio para programas diários e de emprego; assistência vocacional, laboral e educacional; programas de saúde mental; e apoio à moradia. Alguns programas incluem fundos para um período de descanso ou para serviços que abordem o comportamento desafiador. Cada estado tem procedimentos de inscrição e exigências para elegibilidade específicos.

É importante observar que, para alguns benefícios, incluindo SSI e Medicaid, ter muitos bens pode desqualificar seu filho da elegibilidade (rendimentos do trabalho ou mais de 2 mil dólares em ativos). Entretanto, podem ser colocados em prática mecanismos financeiros que permitam que seu filho tenha bens e não seja desqualificado para os benefícios do governo. Duas opções são os fundos para necessidades especiais e contas ABLE.

Um fundo para necessidades especiais é um tipo específico de fundo criado para um indivíduo com uma incapacidade. O "fiduciário" administra o fundo, e o "beneficiário" é a pessoa com incapacidades a quem o fundo é direcionado. Um fundo para necessidades especiais serve a dois propósitos principais. O primeiro é fornecer cobertura financeira, e o segundo envolve coordenação com os benefícios públicos. Os recursos no fundo para necessidades especiais são usados para cobrir coisas que o SSI e o Medicaid não cobrem. Por exemplo, pode ser incluído algum atendimento médico e dentário que os benefícios do governo não cobrem ou custos associados a viagem, entretenimento, vestuário e educação. O uso de um fundo para manter o patrimônio também assegura que os fundos privados não sejam tirados dos benefícios públicos, para os quais seu filho seria elegível.

Para estabelecer um fundo para necessidades especiais, você precisa trabalhar com um advogado. Encorajamos fortemente que considere a contratação de um advogado especializado em fundos para necessidades especiais ou planejamento patrimonial. Não há uma quantia mínima necessária para começar ou manter um fundo para necessidades especiais. E este pode ser criado com os recursos da própria pessoa ou ser estabelecido por uma terceira pessoa (p. ex., você, como pai) em benefício da pessoa incapacitada. Por exemplo, os pais podem estipular que um fundo para necessidades especiais seja estabelecido tendo um filho incapacitado como beneficiário. O recebimento desse fundo não irá desqualificar seu filho para os benefícios do SSI ou do Medicaid, para os quais ele pode se qualificar como adulto. Um fundo para necessidades especiais estabelecido pode ser listado como beneficiário das contas de aposentadoria dos pais, de apólices do seguro de vida ou de benefícios da Social Security para o sobrevivente, assim como um indivíduo pode ser. Presentes em dinheiro e heranças de membros da família e amigos, e até mesmo títulos de propriedade, também podem ser mantidos pelo fundo. No entanto, queremos alertá-lo e mencionar claramente que as regras para benefícios do governo estão sujeitas a mudança, e os diferentes programas, como Medicaid e SSI, têm regras distintas no que diz respeito a fundos para necessidades especiais. Portanto, será importante trabalhar de perto com seu advogado no que tange ao estabelecimento de um fundo desse tipo.

As contas ABLE são outro mecanismo financeiro para apoiar indivíduos com incapacidades. Elas são contas de poupança livres de impostos para pessoas com incapacidades e suas famílias. Essas contas foram criadas depois da aprovação da Achieving a Better Life Experience (ABLE) Act, de 2014. As contribuições para uma conta de poupança ABLE, que podem ser feitas por qualquer pessoa (p. ex., o indivíduo, a família ou os amigos), devem ser feitas usando dólares pós-imposto, mas qualquer rendimento obtido pelas contas não será taxado. Semelhante aos fundos para necessidades especiais, os ativos em uma conta ABLE não "contam contra" um indivíduo para determinar a elegibilidade para benefícios públicos que são restritos a indivíduos com recursos limitados. Essas contas protegidas foram criadas com base no reconhecimento dos custos extras significativos associados a viver com uma incapacidade.

A Lei ABLE limita a elegibilidade para indivíduos com uma condição incapacitante que teve início antes do seu 26º aniversário. Quem já está recebendo benefícios do SSI é automaticamente elegível. Se não está recebendo benefícios do SSI, mas tem uma incapacidade com início antes dos 26 anos, uma carta de um médico confirmando-a e satisfaz os critérios do SSI referentes a limitações funcionais significativas, ele ainda pode ser elegível. Se você estiver interessado em criar uma conta ABLE, não será necessário trabalhar com uma instituição financeira dentro do seu estado. Embora esta fosse a intenção original da lei, o Congresso a modificou em 2016 para que, independentemente de onde você mora, e se o seu estado decidiu ou não estabelecer um programa ABLE, você possa ser livre para se inscrever no programa de qualquer estado, desde que o programa esteja aceitando residentes de outras áreas. Os programas têm contribuição máxima de 14 mil dólares por ano, a qual pode ser administrada facilmente pelo portal *on-line*. O dinheiro pode ser usado para "despesas qualificadas para incapacidade", uma categoria ampla que pode certamente abranger os custos associados a educação, moradia, transporte, despesas básicas de vida e saúde, entre outras. Assim como ocorre com os planos "state 529" de poupança para a universidade com benefício fiscal, múltiplas opções e variadas estratégias de investimento estão disponíveis para contas ABLE. É necessária uma auditoria, então será útil manter um registro dos fundos da ABLE que foram gastos ou para que foram usados. Informações sobre contas ABLE são encontradas *on-line* em www.ablenrc.org.

AUTODEFESA

Um marco importante para adolescentes e adultos no espectro é se tornarem seus próprios defensores. Isso significa conhecer os próprios direitos como pessoa com incapacidade e reconhecer que todas as pessoas contribuem positivamente para a sociedade e devem ter a oportunidade de viver uma vida com significado, propósito e alegria. Pesquisas indicam que o desenvolvimento de habilidades para autodefesa é um forte preditor de sucesso na vida adulta para indivíduos com TEA. Seu filho pode começar a praticar autodefesa na infância e na adolescência participando de reuniões do PEI e fazendo solicitações para adaptações apropriadas na sala de aula, tais como a redução do nível de ruído ou a necessidade de uma pausa. Um dos primeiros passos em direção à autodefesa é desenvolver autorrespeito e autodeterminação. Você pode começar encorajando seu filho no espectro do autismo a tomar consciência dos seus desafios e dos seus pontos fortes e a reconhecer que qualquer pessoa tem áreas em que se destaca e áreas em que tem dificuldades. Compreender que essa diversidade, na verdade, torna o mundo mais interessante irá ajudar seu adolescente a valorizar seu lugar nele.

Pode ser útil apresentar modelos fortes de adultos com TEA que obtiveram sucesso – pessoas no espectro que encontraram uma maneira de capitalizar sua singularidade, seja por meio da escrita, da arte, da música, seja simplesmente sendo um amigo ou funcionário confiável e leal.

Stephen Shore, um adulto no espectro, fala sobre "desenvolver um plano de defesa". Quando confrontado com uma situação difícil, ele recomenda o seguinte a outras pessoas com TEA: (1) avalie a situação e entenda que não tem problema se você precisar de ajuda (p. ex., você não consegue entender um conjunto complexo de instruções verbais); (2) peça ajuda de maneira razoável ("Você pode repetir essas instruções mais devagar?"); (3) agradeça à pessoa e explique por que você precisa de ajuda ("Muito obrigado. Eu me saio melhor quando as pessoas falam mais devagar"); e (4) dependendo da situação, considere a possibilidade de revelar a sua incapacidade ("Eu tenho autismo, assim, às vezes é difícil acompanhar a linguagem"). A questão é que, quando seu filho se torna adulto, será cada vez mais essencial que ele saiba como se autodefender. Nem sempre você estará ali para assegurar que ele obtenha a ajuda de que precisa, portanto, essas habilidades aumentarão as chances de que seu filho adulto com TEA seja capaz de obter a ajuda e as acomodações necessárias e merecidas.

PONTOS PRINCIPAIS

➤ Seu filho adulto deve ter objetivos específicos para a vida depois do ensino médio, preferivelmente estabelecidos enquanto ele ainda está cursando-o. Esses objetivos podem incluir sua ida direta para a educação superior ou para o trabalho (remunerado ou não remunerado). É essencial levar em conta o que seu filho pode e quer fazer e aproveitar todos os recursos disponíveis para atingir esses objetivos.

➤ Também é importante planejar o engajamento significativo do seu filho na comunidade, o que pode envolver trabalho competitivo, outra abordagem de trabalho, voluntariado ou programa diário. Evitar o isolamento pode prevenir problemas de saúde mental como ansiedade ou depressão.

➤ Várias opções de moradia estão disponíveis, portanto, pesquise o que vai funcionar melhor para seu filho adulto.

➤ As finanças sempre precisam ser consideradas. Quando aplicável, inscreva-se para o SSI, o Medicaid ou outras opções mantidas pelo Estado.

➤ Muitos adultos com TEA precisam de alguma ajuda nas tomadas de decisão. Se o seu filho for capaz de tomar decisões, mas precisar de ajuda, uma procuração ou outra opção menos restritiva pode ser apropriada. Em caso negativo, a tutela pode proteger seu filho perfeitamente.

Seu filho adulto com TEA enfrentará uma variedade de situações que requerem novas habilidades e apoio, incluindo finanças, emprego, moradia e assistência médica. São inúmeras as medidas que você pode tomar para ajudá-lo a ter uma vida adulta de sucesso, significativa e produtiva. O caminho para esse sucesso vai começar durante os primeiros anos da adolescência do seu filho, quando você estabelecer um plano de transição consistente que defina claramente os seus objetivos e os do seu filho usando uma abordagem centrada na pessoa. Você e seu filho vão dividi-los em objetivos de curto e de longo prazos e vão se dedicar a cada um deles com o tempo. Juntos, vocês irão determinar a importância e a relevância da educação superior, identificando o tipo de envolvimento e inclusão na comunidade mais adequado, seja um emprego, seja outras atividades, para garantir o sucesso da aprendizagem permanente e a saúde mental fortalecida. Você pode ajudar seu filho a estabelecer uma assistência médica para adultos apropriada, explorar possíveis opções de moradia e trabalhar com a infraestrutura legal e financeira, a fim de assegurar que ele possa ter acesso a todos os benefícios possíveis de saúde pública e que ele tenha recursos financeiros disponíveis para atender às suas necessidades. O caminho provavelmente será diferente para cada família que estiver lendo este livro, mas o objetivo final permanecerá o mesmo: que seu filho adulto tenha uma vida feliz, saudável e significativa, cheia de oportunidades e esperança.

11
INTEGRANDO TUDO

Neste capítulo final, examinamos uma variedade de maneiras como as famílias podem usar e combinar os diferentes tipos de informações fornecidos neste livro. A melhor ajuda para indivíduos com TEA não poderá ser encontrada em soluções de aplicação geral. Aqui, o objetivo é ajudar a estimular seus próprios pensamentos sobre qual combinação pode ser particularmente útil para seu filho ou filha, sua família e sua situação.

Para algumas famílias, a medida mais importante a ser tomada pode envolver o estabelecimento de uma equipe forte e a identificação das intervenções mais apropriadas. Para outras, o foco pode ser melhorar um estilo de vida saudável com dieta, exercício e sono. Ainda, para outras, pode ser apoiar a transição da adolescência para a vida adulta. Para a maioria de vocês, o melhor conselho é combinar essas medidas pessoais com ajuda profissional. Exceto para alguns afortunados, a maior parte das intervenções no estilo de vida, como a maioria das intervenções profissionais, será apenas parte do quadro.

A VIDA NO ESPECTRO

Entretanto, como mostram as histórias a seguir, as medidas pessoais que você tomar podem fazer a ajuda profissional funcionar melhor e proporcionar que seu filho viva com menos suporte profissional ou médico do que o esperado – além de tornar sua família mais sadia e aliviar a carga de todos os envolvidos.

Milo: o papel da autodefesa e da equipe de tratamento

O filho de Jessica e Zachary, Milo, tem 9 anos. Sua história é um bom exemplo da autodefesa e persistência necessárias em muitos casos. Eles eram pais de primeira viagem e perceberam que alguma coisa não era tão típica no desenvolvimento de Milo quando ele tinha 17 meses de idade. Ele havia sido um bebê relativamente fácil – não era muito agitado, gostava de se sentar sozinho por períodos prolongados e começou a engatinhar e a dar os primeiros passos nos momentos esperados. No entanto, com 1 ano e meio, Jessica e Zachary perceberam que ele não estava usando nenhuma palavra. Quando olham para trás agora, eles reconhecem que, quando Milo estava em seu primeiro ano de vida, ele não os olhava nos olhos e não era carinhoso e afetivo como a maioria dos bebês. Na época, Jessica e Zachary não tinham experiência suficiente para analisar esses sinais sutis. Durante uma consulta aos 18 meses, o pediatra de Milo aconselhou paciência, dizendo "Alguns meninos começam a falar um pouco mais tarde. Vamos ver como ele evolui nos próximos meses". Porém, durante o resto daquele ano, ele parecia piorar em vez de melhorar. Eles observaram mais birras inexplicáveis e problemas comportamentais. Ele parecia ter reações sensoriais estranhas. Três meses depois, em uma caminhada à tarde, quando Milo se ajoelhou e lambeu a soleira da porta do vizinho, Jessica voltou ao consultório do pediatra.

Eles queriam seguir o conselho do pediatra e esperar, mas seus instintos lhes diziam que alguns meses era muito tempo para aguardar. Eles não sabiam nada sobre TEA ou o que era, mas Jessica fez muitas perguntas ao pediatra e insistiu para que fosse feita uma avaliação mais aprofundada – ela não sabia o que deveria ser avaliado, mas sabia que seu filho precisava de uma avaliação.

O pediatra, dessa vez, fez um encaminhamento para avaliação em uma clínica especializada em TEA. (Eles tiveram sorte, porque sua comunidade tinha uma clínica dessas; nem todas têm. Porém, veja nossa seção de Recursos para oportunidades que podem estar disponíveis para comunidades com baixos recursos.) Aqui, Jessica e Zachary se depararam com um problema: eles foram informados de que a lista de espera para uma avaliação era de vários meses. Jessica desligou o telefone. Entretanto, depois de refletir por algum tempo, respirou fundo e tornou a ligar para perguntar sobre cancelamentos e outras oportunidades de avaliação. O funcionário da admissão lhe deu uma lista de outras clínicas na região e colocou Milo na lista dos cancelamentos. Jessica, então, pôs Milo na lista de espera de três outras clínicas da região que faziam avaliações para TEA e se organizou por escrito para ligar para cada uma frequentemente, a fim de verificar os cancelamentos. Assim, ela aproveitou um golpe de sorte, pois tinha condições de se afastar do trabalho sem avisar com muita antecedência – depois de apenas oito dias de telefonemas, ela conseguiu levar Milo a uma das clínicas para uma avaliação no mesmo dia em que ligou.

Ao ser feita a avaliação, foi dito à Jessica que Milo tinha TEA. Ela sentiu um turbilhão de emoções – um "a-há!" e a validação de suas suspeitas, misturado com uma pontada de preocupação na boca do estômago, pois não sabia o que fazer ou esperar.

Inicialmente, Jessica e Zachary ficaram paralisados – ambos se sentiram imediatamente ansiosos quanto ao futuro do seu filho. Ele aprenderia a falar, faria amizades, iria para a faculdade? Depois disso, partiram para a ação. Eles fizeram contato com o sistema escolar e ligaram para os prestadores do programa Birth to Three em que Milo estava. Jessica contatou uma agência de intervenção comportamental para obter uma lista de todos os terapeutas de ABA na comunidade.

Ela montou sua equipe e engajou Milo na intervenção comportamental, criou um IFSP (veja o Cap. 5, referente aos PEIs para crianças com menos de 3 anos) e devorou o máximo de informações possíveis sobre TEA. O plano comportamental para Milo focava na promoção de habilidades sociais básicas, como responder ao seu nome, prestar atenção a rostos e usar e compreender gestos. Com esses alicerces, Milo conseguiu aprender com o rico ambiente social em que se encontrava agora e pôde melhorar suas habilidades de linguagem para navegar em seu mundo social. Em poucos meses, Jessica e Zachary passaram de um sentimento de impotência para a celebração das novas habilidades que Milo estava demonstrando. Eles também se juntaram a um grupo local de apoio aos pais de crianças com TEA. Os outros pais ofereceram conselhos úteis e apoio emocional, e novas amizades com os membros do grupo estavam surgindo.

Por meio de toda essa coordenação e planejamento, Jessica e Zachary também garantiram seu autocuidado. Eles encontraram tempo para ficar juntos e compartilhar seus temores e esperanças. Jessica continuou suas aulas de ioga, e Zachary ainda se encontrava semanalmente com um grupo de amigos do trabalho. Eles aprenderam como informar às pessoas por que Milo às vezes se comportava de modo diferente, explicavam o que era TEA para os amigos e familiares e, algumas vezes, para pessoas estranhas, e ficavam satisfeitos em descobrir que a maioria das pessoas era receptiva e apoiadora.

Milo está agora no quinto ano, falando frases completas, adquirindo habilidades acadêmicas e desenvolvendo algumas habilidades sociais fundamentais que está usando com os pares em suas aulas de educação regular e de educação especial. Ele continua a se beneficiar da tutoria do ABA, da fonoterapia e da terapia ocupacional. É fascinante observar como Milo interage com o mundo, e está claro que, embora encontre desafios, ele também tem áreas com pontos fortes. Ele sabe o nome de todos os jogadores de basquete da equipe local, o que impressiona as outras crianças na sua classe. Jessica e Zachary já estão pensando em como ele poderia usar sua memória excepcional em um trabalho algum dia.

Emily e Anna: diferentes quadros de autismo

Emily e Anna são gêmeas não idênticas. Ou seja, segundo uma perspectiva genética, elas compartilham a mesma quantidade de DNA que irmãos não gêmeos. Elas estão no sétimo ano e ambas têm diagnóstico de TEA. Porém, suas semelhanças terminam por aí.

Emily e Anna foram as primeiras filhas de seus pais. As gêmeas nasceram com 36 semanas por parto cesariano. A família permaneceu no hospital por apenas dois dias e, em seguida, foi para casa. Durante o primeiro ano, as gêmeas se desenvolveram em ritmos diferentes. As habilidades motoras de Emily estavam atrasadas. Ela não se sentou sozinha até quase 10 meses de idade, engatinhou e andou tarde, e só desenvolveu palavras isoladas quando tinha 3 anos. O desenvolvimento motor de Anna foi parecido, embora ela tenha sentado antes de sua irmã. Sua fala ocorreu em torno dos 12 meses de idade, formando frases completas quando fez 2 anos. Apesar de os membros da família terem dito aos pais das gêmeas que Anna só estava falando por Emily, as preocupações com as habilidades motoras os motivaram a consultar seu pediatra quando as meninas tinham aproximadamente 19 meses. Emily finalmente foi avaliada por um pediatra desenvolvimental um pouco antes dos 3 anos e diagnosticada com TEA. Naquela época, ela estava começando a manifestar maneirismos motores repetitivos, tinha dificuldades com transições, não havia desenvolvido a fala, apresentava comportamentos não verbais limitados e não demonstrava interesse em outras crianças.

Cerca de dois anos depois que Emily foi diagnosticada, quando as meninas tinham aproximadamente 5 anos, o profissional de intervenção precoce de Emily sugeriu que Anna também fosse avaliada para TEA. Ele notou que, embora Anna usasse a linguagem, ela estava preponderantemente compartilhando fatos sobre assuntos que havia lido (ela era uma leitora avançada e devorava fatos sobre animais) ou falando apenas para pedir coisas. Ela raramente respondia a estímulos abertos e não comentava nem trazia tópicos relacionados a interesses ou atividades de outras pessoas. Anna foi avaliada e diagnosticada com TEA na época.

Agora, aos 12 anos de idade, Emily usa frases para se comunicar, tem maneirismos motores repetitivos significativos (ela agita as mãos, enfileira objetos no chão e repetitivamente derruba as coisas da mesma altura) e parece não ter interesse em seus pares ou em interagir em um nível puramente social com seus familiares. Emily está em uma sala de aula inteiramente de educação especial.

Anna, por sua vez, está em uma sala de aula de educação regular e tem rendimento acadêmico acima do esperado para o seu ano escolar. Ela usa a fala de modo fluente, embora raramente como parte de uma conversa social; ela usa sua linguagem, sobretudo, para fazer pedidos ou compartilhar fatos sobre seu interesse por gatos. Ela tem um PEI com objetivos focados nas habilidades sociais e na linguagem pragmática, juntamente com adaptações em torno das aversões sensoriais – por exemplo, ela usa fones de ouvido praticamente todo o tempo em que está fora de casa.

Tanto Emily quanto Anna têm diagnóstico de TEA, mas apresentam manifestações e desafios muito diferentes. Seus pais tiveram que desenvolver planos individualizados para as duas meninas. As enormes diferenças entre essas gêmeas ilustram o quanto o transtorno é diversificado ao longo de seu espectro e como as causas e os contribuintes para TEA são complexos.

Billy: o impacto dos desafios associados

As histórias anteriores envolviam famílias em grandes cidades com alguns recursos. Porém, muitos de vocês estão morando em lugares onde os serviços para TEA são inadequados. Este era o caso da família Johnson. Seu filho, Billy, está agora com 10 anos de idade. Eles moram em uma cidade rural com acesso limitado a serviços médicos ou assistência médica. Billy foi diagnosticado aos 5 anos, depois de iniciar o jardim de infância, quando seus pais e professora notaram que ele não estava fazendo amizades ou demonstrando interesse nos pares, apresentava dificuldades com transições na escola e não conseguia controlar seu comportamento na sala de aula.

Até iniciar o jardim de infância, Billy ficava em casa na maioria dos dias com sua tia e sua irmã mais velha. As interações com outras crianças eram essencialmente limitadas a sua irmã e seus primos, que moravam nas proximidades, com os quais Billy e sua irmã passavam um tempo regularmente. Quando a família realmente ingressou na comunidade, Billy estava junto e parecia administrar tudo com facilidade. Fazendo uma retrospectiva, os pais de Billy reconhecem que ele não era muito interessado em crianças que não conhecia muito bem, não demonstrava ser muito afetivo ou carinhoso e parecia ter interesses muito intensos que eram o foco de como ele passava seu tempo. Eles comentaram sobre suas dificuldades com o sono, embora achassem que este não fosse um grande problema. Porém, com exceção dos problemas do sono, os pais de Billy achavam que, na época, ele estava indo bem. Quando Billy entrou na escola, no entanto, ficou claro que ele estava tendo dificuldades para lidar com as demandas e os horários do ambiente escolar público.

Embora a comunidade rural tivesse poucos recursos, os pais de Billy eram criativos e manejaram os recursos existentes na cidade para apoiá-lo. Eles trabalharam com a escola para estabelecer um PEI que incluísse acomodações dentro de sua sala de aula de educação regular. A escola conseguiu fazer várias adaptações, incluindo o ensino de habilidades sociais, fonoterapia, mudanças no horário, o uso de histórias sociais e figuras de linguagem para auxiliar nas transições, um sistema de amigos para a hora do recreio e um espaço silencioso dedicado a ele perto de sua sala de aula para que pudesse usar se estivesse com dificuldades. Eles encontraram uma riqueza de informações por meio de livros e organizações conceituadas *on-line*.

Ainda que Billy sempre tenha tido dificuldades com o sono, o impacto de suas dificuldades em adormecer se tornou aparente dentro dos parâmetros cotidianos do horário da escola. O psicólogo da escola observou durante uma das reuniões da equipe do PEI que Billy com frequência parecia muito cansado em sala de aula. Seus pais compartilharam suas dificuldades para fazer Billy ir para a cama e dormir regularmente. Eles combinaram uma reunião separada para conversar em mais detalhes com o psicólogo da escola, na qual rapidamente ficou claro que bons hábitos de higiene do sono nunca haviam sido estabelecidos para Billy nem para ninguém da casa nesse sentido.

Os pais de Billy relataram que nenhum deles tinha uma rotina consistente para a hora de dormir. Ralph, o pai de Billy, adormecia no sofá assistindo à TV com a mesma frequência com que o fazia em sua cama. Diana, a mãe, ficava acordada às vezes lendo até as primeiras horas da manhã. Os pais de Billy eram grandes consumidores de café durante todo o dia e à noite. Nenhum dos dois era ativo fisicamente; ambos tinham dificuldades com seu peso. A irmã mais velha de Billy, Samantha, também tinha um horário de dormir inconsistente – ela era uma leitora ávida, como sua mãe, e ficava acordada silenciosamente em sua cama lendo. Ela não apresentava problemas comportamentais na escola, portanto, ninguém jamais fazia comentários sobre seu horário de dormir. Billy também não tinha horário para dormir. Não havia uma hora de dormir específica nem rotinas para Billy, e seus pais ficaram sabendo que a maioria de suas atividades noturnas atrapalhava sua capacidade de adormecer. Ele passava muitas horas da noite, após o jantar, assistindo a filmes na velha televisão em seu quarto. Como uma de suas atividades favoritas era saltar, seu tempo se alternava entre pular no trampolim no pátio e assistir à televisão à noite. Ele também adorava refrigerante e, frequentemente, era recompensado por bom comportamento com algum (cafeinado) da loja de conveniência próxima.

O psicólogo da escola, Dr. Singh, forneceu informações sobre higiene do sono, recomendou aos pais de Billy alguns livros sobre hábitos de sono e os encorajou a trabalhar com o pediatra de Billy o desenvolvimento de uma higiene do sono saudável. Ralph e Diana compraram os livros recomendados (Diana gostava de lê-los até tarde da noite) e aplicaram algumas das mudanças básicas a sua família.

Já faz mais de quatro anos desde que Diana e Ralph começaram a trabalhar para estabelecer uma rotina para a hora de dormir e promover fortes hábitos de higiene do sono em sua casa. Primeiramente, eles determinaram para Billy uma hora de dormir rígida, com as luzes apagadas às 21h. Diana programou um alarme para as 20h30, que indicava que estava na hora de Billy escovar seus dentes e vestir o pijama (antes da implantação do programa de higiene do sono, ele costumava dormir com a roupa que estava). Ele tinha permissão para brincar silenciosamente em seu quarto ou ler depois de ter escovado os dentes e trocado de roupa. Então, ela vinha até o quarto para apagar as luzes. Diana e Ralph eliminaram a cafeína da dieta de Billy. Ele ainda era recompensado com refrigerante, mas não refrigerante cafeinado (gostaríamos de esclarecer que refrigerante não é saudável para uma criança na idade de Billy, e certamente não tão frequente como ele estava bebendo, ou como recompensa). Eles retiraram a velha TV do quarto de Billy para que ele não pudesse assisti-la após o jantar. Originalmente, eles a deixavam no quarto dele e lhe diziam para não assistir à TV depois das 19h, mas ele não obedecia a essa regra. Eles também restringiram seu acesso ao trampolim depois das 20h, para que seu "corpo tivesse tempo para desacelerar". A mãe de Billy precisou de vários meses para implantar esse programa, mas eles tiveram o diretor da escola como um forte defensor disso. O mais importante, a equipe da escola notou melhora significativa na habilidade de Billy para lidar com as demandas cotidianas, e, com o passar dos anos, Diana e Ralph conseguiram reduzir seu envolvimento no processo da hora de dormir à medida que a rotina se tornou natural para Billy. Agora, quase cinco anos depois, Billy continua a ter bom desempenho na escola, e o resto da família tem dormido muito melhor também.

Georgia: compreensão e aceitação como parte da narrativa

Georgia, agora com 14 anos, foi diagnosticada com TEA quando tinha 2 anos e meio. Na época, ela não usava palavras para se comunicar, não fazia contato visual, tinha expressões faciais limitadas e passava a maior parte do tempo enrolando barbantes (ou algo semelhante a um barbante) na frente do rosto. Ela tinha de macrocefalia (grande perímetro cefálico), era muito alta para sua idade, tinha o olhar inquieto (o que motivou uma avaliação por um neurologista, que acabou fazendo o diagnóstico) e apresentava problemas significativos com constipação.

Seus pais, Jen e Steven, inicialmente não concordaram com o diagnóstico. Jen se recorda de ter saído da consulta pensando consigo mesma "Como esse neurologista poderia saber? Ele só a viu durante essa única consulta!". Depois de terem esfriado a cabeça por alguns dias, Jen e Steve fizeram algumas leituras na internet e perceberam que o comportamento de Georgia realmente sugeria um diagnóstico de TEA. Embora eles tenham seguido todas as recomendações que o neurologista havia listado (p. ex., engajar Georgia em intervenção comportamental, consultar um gastrenterologista, fazer avaliações de acompanhamento das convulsões, envolver-se no programa Birth to Three), Jen descobriu que sua energia e seu entusiasmo pela vida estavam se esvaindo porque ela estava lutando contra a depressão. Depois de consultar seu médico de atenção primária, ela começou a tomar medicação para depressão e deu início à TCC, o que ajudou muito. Seu terapeuta mencionou o quanto era importante se manter conectada com outras pessoas e não se isolar. Ela reservou um tempo para aulas de ginástica uma vez por semana e se juntou a um grupo de apoio aos pais. Com essas mudanças, ela se sentiu muito mais capaz de enfrentar os desafios que tinha pela frente.

Quando reflete sobre aquele "ano sombrio", como o denomina, ela se recorda de preocupar-se com seu filho, que era apenas 13 meses mais novo que Georgia. No entanto, o desenvolvimento do irmão de Georgia progrediu normalmente.

Nos últimos 10 anos, Jen levou Georgia a todas as suas consultas e cuidadosamente trabalhou com a escola e a equipe de tratamento para apoiar a filha. Ocorreram poucas mudanças na linguagem de Georgia, em suas habilidades sociais ou em seus comportamentos durante todo esse tempo, mas Jen e sua família mudaram consideravelmente. Jen fez esforços significativos para cuidar de si mesma. Por meio do Facebook, ela se conectou com outros pais e começou a contar a história de sua família e a ouvir outras histórias. Encontrou uma comunidade de pais com a qual podia compartilhar suas preocupações e seus triunfos.

Hoje em dia, Georgia senta-se à mesa com a família todas as noites para jantar. Ela não come a mesma refeição, já que tem uma dieta limitada, principalmente de macarrão e queijo e sanduíches com manteiga de amendoim, mas está presente. Ela está envolvida em todas as atividades familiares e participa com a família de todas as saídas na comunidade, acompanhando seus pais na linha lateral do campo nas partidas de futebol do seu irmão. Jen e Steve são ativos nos tratamentos comportamentais de Georgia, e seu irmão mais novo é um forte defensor de indivíduos com TEA já aos 12 anos de idade.

Ansel: a transição para a vida adulta

Ansel foi diagnosticado com TEA no fim da década de 1990, quando tinha 5 anos. À medida que progredia na escola, ele desenvolveu a linguagem, mas usava palavras raramente para se comunicar. Seu PEI na escola incluía objetivos relacionados a fala, habilidades sociais, manejo do comportamento desafiador e habilidades adaptativas. Suas terapias fora da escola incluíam intervenções comportamentais e medicamentos para ajudar com seu comportamento desafiador. Ele podia se tornar agressivo com os outros (com pessoas conhecidas e com estranhos), destruía propriedade (as paredes da sua casa eram marcadas por buracos de chutes e socos) e, às vezes, batia com a cabeça ou mordia o próprio braço. Ele teve alguns ganhos ao longo de sua vida no ensino básico e no ensino médio, com altos e baixos em seu comportamento desafiador.

Ansel era um menino alto e, agora, é um jovem alto e corpulento. Seu tamanho, contato visual limitado, linguagem limitada e explosões agressivas imprevisíveis representam um desafio sério e preocupante para os educadores.

Por três vezes durante o ensino médio, ele foi hospitalizado em uma clínica psiquiátrica devido à agressão incontrolável. As curtas internações hospitalares forneceram tratamento limitado, mas deram um descanso para sua mãe, pai e padrasto, os quais estavam ativamente envolvidos em sua vida. Aquele período de pausa era essencial para seus pais.

Durante sua adolescência, os pais de Ansel trabalharam com a escola para assegurar que ele pudesse prolongar seu programa até que completasse 21 anos (o que é uma opção apropriada para alguns, conforme descrevemos no Cap. 9). Isso lhes deu mais tempo para considerar as opções de moradia e programa diário para Ansel, já que ele demandava supervisão contínua e seus pais precisavam trabalhar. Infelizmente, houve momentos em que a escola não conseguia conter os comportamentos desafiadores de Ansel, portanto, era necessária uma cobertura alternativa nesses dias em que seu comportamento era incontrolável na escola. Os pais de Ansel trabalharam com seus empregadores para desenvolver horários de trabalho flexíveis, contataram os serviços do Estado para solicitar cuidados temporários e chamaram o restante de sua família para ajudá-los a lidar com o comportamento do filho.

Ansel está se aproximando dos 21 anos, e sua inserção na escola terminará na primavera. Seus pais ainda estão gerenciando seu comportamento por meio de uma combinação de medicação, tratamentos comportamentais intermitentes e períodos de descanso. O descanso é custeado pelo Estado. Os pais de Ansel também tiveram acesso ao SSI com a ajuda de uma assistente social e usam esses recursos para custear os atendimentos do filho. Isso é particularmente relevante para eles pois eles não conseguiram ter tanto sucesso profissional quanto gostariam. Devido a constantes ausências de última hora, faltas inesperadas, embora ocorressem de forma irregular, saídas para buscar Ansel na escola e frequentes consultas médicas, eles tiveram que encontrar um emprego que lhes permitisse flexibilidade, caso contrário, teriam que pular de um emprego para outro constantemente. As preocupações financeiras se tornaram prementes para eles. Visto que Ansel recebe serviços do Estado, ele será elegível para moradia em um programa de moradia assistida, no qual irá conviver com outros adultos com TEA e incapacidades desenvolvimentais, juntamente com a equipe, que está presente 24 horas por dia. Embora ainda não tenham identificado a solução de moradia específica, seus pais antecipam as entrevistas com as equipes dos vários programas na esperança de encontrar um ambiente com funcionários residentes compassivos. Ainda não consolidaram também um programa diário consistente, o que deve envolver atividades para assegurar que Ansel se mantenha engajado na comunidade. Porém, eles estão examinando ativamente as opções na comunidade e trabalhando com o programa estadual de reabilitação profissional, esperando encontrar uma vaga como voluntário ou um emprego, para que ele possa se envolver na comunidade pelo menos em tempo parcial.

Embora o futuro seja incerto para Ansel, um ponto importante é que, se quando era mais novo ele tivesse tido as oportunidades que a ciência identificou atualmente, como rastreio e diagnóstico precoce e intervenções comportamentais intensivas e preventivas, sua vida poderia ser diferente agora. Com os avanços feitos na ciência, é perfeitamente possível que Ansel pudesse ter sido diagnosticado por volta dos 2 anos, e sua intervenção comportamental intensiva poderia ter começado na mesma época, quando seu cérebro ainda era altamente plástico e mais receptivo ao tratamento. As oportunidades que existem hoje devido à explosão de achados científicos recentes são imensamente diferentes daquelas oferecidas apenas uma década – e certamente duas décadas – atrás.

Cada uma dessas crianças e suas famílias são únicas, e suas histórias ilustram os muitos caminhos que o TEA pode seguir. Em todos os casos, com persistência, conhecimento e ajuda e apoio de profissionais, amigos e família, as crianças adquiriram habilidades e encontraram seu lugar no mundo. A seguir, descrevemos algumas conclusões dessas histórias.

Lições do espectro

As histórias anteriores ilustram a ampla diversidade de indivíduos ao longo do espectro autista e como o reconhecimento da sua singularidade pode permitir que as famílias satisfaçam suas necessidades de forma ideal, protegendo o bem-estar de toda a família. À medida que você avança, tenha em mente os seguintes pontos, que o guiarão por esse caminho.

- *Os desafios associados ao TEA resultam de uma interação complexa entre a biologia – parcialmente enraizada nos genes e nos efeitos epigenéticos – e o contexto ambiental.* Essencialmente, o TEA não é causado por parentalidade deficiente ou imunizações, o que provavelmente contribui para a incrível variabilidade que vemos entre as crianças diagnosticadas com o transtorno. O estudo da epigenética nos mostrou que o ambiente (sobretudo o ambiente uterino precoce) desempenha um papel maior do que se pensava, operando em combinação com a predisposição genética. Essa interação é o que algumas das famílias nas histórias anteriores foram capazes de usar em seu benefício. Modificando alguns dos aspectos da mistura complexa que afetava seus filhos, elas conseguiram ajudá-los a se desenvolverem mais efetivamente – para Milo, foi a intervenção comportamental focada em direcionar sua atenção para o mundo social, enquanto, para Billy, foi gerenciar a higiene do sono, o que melhorou sua habilidade para controlar seus sintomas de TEA.

- *O que funciona para uma criança não necessariamente funcionará imediatamente.* No entanto, em cada um desses casos, depois que a família encontrou a combinação certa, a situação começou a mudar em poucas semanas ou meses. Embora não haja garantias, isso realmente acontece, e pode acontecer com você.

- *Apoio profissional e mudanças pessoais no estilo de vida podem se complementar.* Para as famílias descritas aqui, foi importante equilibrar a compreensão de que o ambiente de uma criança pode fazer uma verdadeira diferença em seu sucesso com a aceitação da necessidade de alguma ajuda profissional também – em algum momento, de alguma forma, na maioria dos casos. De fato, a combinação dos dois é o quadro mais comum no sucesso do progresso de crianças com TEA. Mudanças no estilo de vida provavelmente ajudam e ampliam o benefício da ajuda profissional ou reduzem a quantidade de ajuda de que você precisa, mas elas não serão uma panaceia.

- *Os princípios dos quais estamos falando se aplicam independentemente de a criança formalmente satisfazer os critérios diagnósticos para autismo.* É provável que o TEA seja o ponto extremo de uma dimensão que abrange uma ampla gama de habilidades sociais. Sempre que uma criança se localiza nesse *continuum*, se ela estiver sendo prejudicada por esses problemas, as pesquisas resumidas neste livro podem ser relevantes. Se os seus esforços para gerenciar os problemas por conta própria não estiverem dando certo, busque avaliação profissional. Use as orientações sobre o que procurar contidas no Capítulo 5. Se o seu filho receber ou não um diagnóstico de TEA, a avaliação poderá ajudar a esclarecer a natureza do problema, e o profissional será capaz de ajudá-lo a ajustar como implantar sua estratégia. Seja manejo comportamental, seja medicação ou treinamento do sono, a intervenção pode variar desde ineficaz até muito eficaz, dependendo, em parte, do quão cuidadosamente é aplicada. Ter a equipe certa ao seu lado pode ajudá-lo a garantir que você fará a coisa certa.

- *As dinâmicas familiares descritas neste capítulo podem ocorrer em praticamente todos os contextos culturais.* Já ouvimos histórias como as descritas anteriormente em lares cristãos, muçulmanos e judaicos, bem como em lares seculares e não religiosos, e em famílias brancas, afro-americanas, hispânicas/latinas, asiático-americanas e de raça mista. Trabalhamos nos Estados Unidos, mas nossos colegas em muitos outros países escrevem e falam sobre situações muito reconhecíveis quando nos encontramos em conferências. Em cada um desses contextos culturais e sociais, existem, é claro, complexidades adicionais a serem consideradas que tornam sua situação única e específica.

- *As mudanças nas rotinas da sua família e as decisões sobre o tratamento para seu filho devem sempre estar baseadas no que faz mais sentido para seu filho, você e sua família.* Dê uma olhada na sua situação. Você pode estar no início da jornada e quer saber o que fazer primeiro. Ou, talvez, você ache que já experimentou todas as medicações ou intervenções complementares sem sucesso. Talvez, você tenha tomado medidas para melhorar a comunicação social do seu filho por meio de fonoterapia, mas não abordou os comportamentos desafiadores que estão impedindo que ele use essas habilidades de comunicação social recentemente adquiridas. Como mencionamos anteriormente neste livro, o melhor lugar para começar é o relatório de avaliação diagnóstica que você recebeu (ou, se já faz algum tempo, um relatório de avaliação abrangente que você recebeu recentemente). Verifique essas recomendações profissionais e reflita sobre suas opções – com base no que você intuitivamente acha que pode funcionar melhor para seu filho, mas também no que você é capaz de administrar de forma realista. A instrução de habilidades sociais com bases clínicas pode parecer impraticável (ou simplesmente não disponível) para você, enquanto um grupo de habilidades sociais na escola do seu filho pode facilmente ser incorporado às suas vidas – este é apenas um exemplo entre muitos. Veja para onde o relatório o leva e, então, esteja sempre disposto a revisar e tentar algo diferente depois de dar um período de teste razoável às suas escolhas.

TRABALHANDO COM PROFISSIONAIS

No Capítulo 5, examinamos o que a ciência nos diz sobre os vários tipos de ajuda profissional para crianças com TEA e suas famílias. Destacamos os aspectos que você deve procurar para garantir que obtenha ajuda qualificada e descrevemos as circunstâncias que podem exigir tipos particulares de ajuda no diagnóstico e no tratamento. No entanto, o tratamento profissional é, obviamente, uma via de mão dupla. Mesmo quando você encontra profissionais de quem goste e em quem confia, é importante se sentir confortável para estabelecer um equilíbrio entre seguir as recomendações deles e compartilhar suas próprias perguntas e preocupações. O profissional vai valorizar quando você fizer seu dever de casa, sugerir algumas ideias e estiver motivado. Ao mesmo tempo, se você não seguir seus conselhos, a maioria dos profissionais irá se questionar por que então você os chamou. Portanto, esteja aberto às recomendações dos profissionais, reconhecendo que um bom profissional também ouvirá suas ideias. Idealmente, ocorrerá um encontro de mentes. Bons clínicos se sentirão à vontade para explicar por que uma ideia em particular não é apropriada no caso do seu filho, entenderão que, às vezes, sua primeira sugestão não vai funcionar ou, muito frequentemente, irão ajudá-lo a experimentar sua própria ideia de forma segura e apoiada.

Por exemplo, na primeira vez que Jessica levou Milo ao pediatra, ele a aconselhou a esperar e observar. Na segunda consulta, quando Jessica chamou a atenção para os desafios adicionais que identificava em Milo além do atraso na linguagem, o pediatra reconsiderou e explorou melhor as preocupações de Jessica. Depois dessa cuidadosa linha de questionamento, o médico encaminhou Milo para uma avaliação diagnóstica para TEA.

Como outro exemplo, Jen levou Georgia para ver um psiquiatra a fim de tentar elaborar uma abordagem para ajudar a controlar um aumento na agitação que ela e Steven estavam observando durante as transições. A família incorporou inúmeras histórias sociais e figuras de linguagem à sua rotina, mas, levando em consideração os desafios cognitivos de Georgia, era difícil determinar se ela estava compreendendo essas abordagens. O psiquiatra experimentou um novo medicamento para auxiliar a tratar a hipótese de ansiedade que pudesse estar contribuindo para a agitação que acompanhava as transições. Eles receberam uma prescrição e deveriam retornar em três meses. No entanto, depois de um mês de uso da medicação, eles perceberam que, embora Georgia estivesse lidando melhor com as transições, ela parecia letárgica e menos entrosada com sua família do que o habitual. Eles não sabiam o que fazer – havia menos agitação, mas Jen sentia como se sua filha estivesse desaparecendo. Eles retornaram ao psiquiatra, que especulou que a dosagem só precisava de um ajuste. O psiquiatra combinou um acompanhamento com a família por várias semanas consecutivas, ajustando a dose até atingir o equilíbrio entre a redução da agitação e o envolvimento estável com a família.

Perguntas para fazer aos profissionais

Aqui, apresentamos uma pequena lista de perguntas que você pode produtivamente fazer a qualquer clínico que esteja considerando para o diagnóstico e o tratamento do seu filho. Você não precisa fazer necessariamente todas as perguntas, mas pode se basear nas perguntas sugeridas que sejam relevantes para sua situação. Seu objetivo é ser um participante ativo no processo e mostrar ao seu clínico que você quer aprender e entender. Essas perguntas podem ajudá-lo a se sentir à vontade com seus profissionais e auxiliá-los a evitar erros. Um bom profissional valorizará isso e ficará feliz por você estar tão engajado. Ele não realizará todos os testes que você sugerir (nem deve, se não for necessário), mas deverá ter uma resposta bem elaborada a essas perguntas e valorizar a oportunidade de esclarecer seu raciocínio. Algumas delas podem ser respondidas antecipadamente na página do clínico na *web* ou em outros materiais de divulgação.

Experiência profissional

- "Qual é sua formação profissional?"
- "Você tem licença plena neste estado?"

- "Há quanto tempo você faz esse trabalho?"
- "Que tipos de casos ou problemas você considera seu ponto forte?"
- "Você é especializado em crianças (ou em crianças pequenas, adolescentes ou adultos)?"
- "Você é especializado em autismo?"
- "O que eu posso oferecer para possibilitar que você seja útil ao máximo para mim?"

Diagnóstico

- "Você tem certeza de que esses desafios não são mais bem explicados por déficit intelectual/habilidades cognitivas?"
- "Ele tem muitas crises de birra e apresenta problemas para se organizar. Ouvi dizer que essas coisas estão conectadas. É possível que tudo isso esteja relacionado ao TDAH, e não ao TEA?"
- "Ela parece compelida a realizar certos hábitos repetitivamente. Parece ser compulsivo. Como você sabe que isso é TEA, e não ansiedade?"
- "Ele tem interesse limitado nos outros, e sua irritabilidade parece não estar relacionada a acontecimentos que eu consiga identificar. Como sabemos que isso não é depressão?"
- "Quais são as razões para você achar que isso é TEA? O que eu deveria estar observando que indicaria que precisamos de uma nova revisão do diagnóstico?"
- "O que mais posso observar ou procurar?"

Tratamentos

- "Quais serão as intervenções mais eficientes para o *meu* filho?"
- "Os tratamentos que você está recomendando são baseados em evidências?"
- "O que eu posso fazer em casa para ajudar nas intervenções que meu filho está recebendo (na escola, na clínica, etc.)?"
- "Por quais tratamentos e intervenções devo começar?"
- "Você pode me ajudar a estabelecer uma rotina para a hora de dormir (ou rotina matinal para sair de casa)?"
- "Em quais desafios do meu filho essa medicação está focando?"
- "Como você está selecionando qual medicação deve ser testada?"

- "Esta é uma dose alta, baixa ou média?"
- "Por que não experimentamos uma dose diferente da medicação antes de trocar os medicamentos?"
- "Algumas coisas estão melhores agora, mas algumas pioraram. Podemos modificar nossa abordagem?"
- "Posso ter uma lista dos efeitos colaterais a serem observados?"
- "Você faz aconselhamento parental comportamental? No que ele consiste?"
- "Você segue determinado modelo ou currículo quando ensina habilidades parentais?"
- "Quantos encontros nós vamos planejar?"
- "Como iremos avaliar nosso progresso?"

Autocuidado

- "Tenho andado preocupado com minhas próprias questões/estado de humor/conflitos no casamento ou problemas no trabalho/de saúde/outros. Você acha que abordar isso ajudaria meu filho? Acha que é viável? Pode me oferecer um encaminhamento apropriado?"

O QUE SEU FILHO TEM PELA FRENTE?

Talvez a preocupação mais premente para pais que têm um filho com TEA ou um problema desenvolvimental similar seja "O que o futuro reserva?". Nós não temos uma bola de cristal. Se tivéssemos, juntar-se ao circo e viajar pelo mundo prevendo o futuro poderia se revelar uma carreira mais útil do que a medicina acadêmica. Entretanto, na ausência da bola de cristal, tudo o que podemos fazer é olhar para nossa experiência e ver o que a ciência mostra. Já vimos em primeira mão o que a pesquisa mostra, nas milhares de crianças com TEA com as quais trabalhamos, nas muitas famílias com as quais fizemos parceria e nas famílias com as quais nos comunicamos em palestras, eventos na comunidade e reuniões – que muitas crianças com TEA atingem um resultado positivo. Ao longo do livro, mencionamos vários fatores de resiliência para crianças e aqueles que estão fazendo a transição para a vida adulta, mas, no fim, retornamos às prioridades do quadro geral para você como pai ou mãe. As prioridades inegociáveis são as mesmas se o seu filho estiver progredindo ou apresentando dificuldades. As crianças que evoluem bem invariavelmente tiveram pais que foram capazes de fazer o seguinte:

1. *Desenvolveram fortes habilidades de defesa dos seus filhos.* Eles mostraram à comunidade do que que seu filho precisava e garantiram que ele recebesse isso. Às vezes, fizeram isso tranquila e facilmente, e, outras vezes, a defesa envolveu o sistema jurídico e muitas lágrimas e sentimentos feridos. Por fim, eles identificaram do que seu filho precisava, aprenderam como consegui-lo e garantiram que ele obtivesse.
2. *Mantiveram-se envolvidos com seus filhos – nos momentos bons e ruins.* Eles nunca se desconectaram, desistiram ou perderam o interesse. Essas crianças sabiam que não importava o que as outras pessoas dissessem nem quantos erros cometeriam: seus pais estariam com elas durante o longo percurso.
3. *Tinham consciência de que sua própria saúde mental e física era importante e cuidaram de si mesmos.* Esses pais tentaram resolver sua própria depressão, abuso de álcool, traumas passados, estresse e conflitos conjugais lendo livros de autoajuda, procurando um profissional, conversando com amigos ou fazendo um autoexame. Como resultado, mesmo quando achavam que estavam cometendo os mesmos erros ano após ano, eles tinham consciência de suas próprias ações, eram capazes de ouvir a perspectiva do seu filho e de se adaptar quando possível.
4. *Montaram uma equipe.* Esses pais sabiam que "é preciso uma aldeia inteira". Eles encontraram outras pessoas que também eram fortes defensoras dos seus filhos, que mantinham os melhores interesses do seu filho em primeiro plano, o que garantia que os pais não estivessem sozinhos em seus esforços para fornecer o melhor suporte para seu filho.
5. *Tornaram-se especialistas em autismo.* Isso não significa que todos os pais foram para a faculdade de medicina ou que fizeram um curso de especialização em intervenção em TEA. Entretanto, esses pais se informaram sobre o que a ciência diz, fizeram perguntas aos profissionais que atendem seus filhos, familiarizaram-se com os recursos na sua comunidade e certificaram-se de que sabiam como era o autismo para seus filhos. Desse modo, asseguraram que estes pudessem obter o melhor apoio possível. Temos orgulho de dizer que, ao ler este livro, você já resolverá esse item diretamente!
6. *Formaram uma forte rede de apoio social.* Eles contaram com outros pais, amigos e família para apoio emocional, social e logístico. Não tiveram medo de pedir ajuda quando precisaram. Fizeram amizades com pessoas apoiadoras que se importavam com eles e com as quais podiam compartilhar suas dificuldades e suas vitórias. Eles encontraram tempo para diversão e risos com o apoio do seu grupo.

Quando dizemos que as crianças estão se saindo bem, não queremos dizer que todas elas acabaram em uma sala de aula de educação regular ou que se mudaram para a cidade de Nova York para se apresentar na Broadway ou qualquer outra esperança que os pais compartilharam conosco ao longo dos anos. No entanto, queremos dizer que as crianças e as famílias atingiram objetivos e resultados que funcionaram para elas. Para a família de Georgia, o objetivo era que estivessem reunidos todos os dias para jantar e participassem de atividades na comunidade como uma família. Para Ansel e sua família, o objetivo era que Ansel permanecesse na escola até que completasse 21 anos e, então, que morasse fora de casa e se envolvesse em atividade significativa. Para Jessica, que compartilhou esse comentário usando sua tática de humor favorita, o objetivo para Milo era que ele parasse de lamber a soleira do vizinho. Essas famílias foram capazes de atingir seus objetivos porque os pais apresentaram os fatores de resiliência listados anteriormente.

E se você sentir que falhou em algum deles? Isso não significa que você também não consiga levar seus filhos a um resultado positivo. Só queremos enfatizar que atingir esses alvos aumenta acentuadamente as chances.

Nunca é demais enfatizar a importância do autocuidado. O estresse pode ser talvez a influência mais subvalorizada nos resultados da criança. Quando um dos pais está excessivamente estressado, é muito difícil fornecer o apoio necessário e implantar as intervenções básicas. Além disso, cuidar de uma criança com TEA é difícil, desafiador, esgotante, exigente e exaustivo. Sem uma pausa ocasional, sem fazer seus exercícios e dormir bem, sem ter um amigo apoiador ou um grupo de pares para si mesmo, e sem alguns bons momentos em sua vida, será muito difícil sustentar a jornada que você precisa percorrer com seu filho. Cuide de si mesmo e cuide do seu filho. Muitas das mudanças no modo de vida discutidas aqui ajudarão você e seu filho e podem ser feitas em conjunto, como uma família.

PARA ONDE SE DIRIGE A CIÊNCIA?

No campo da psicologia, dizemos que o melhor preditor do comportamento futuro é o comportamento passado. Então, o que acontece quando aplicamos esse conceito aqui? Quando olhamos para o "comportamento científico" passado, vemos o crescimento massivo em nosso conhecimento das causas de TEA e observamos como podemos melhor apoiar indivíduos com o transtorno, com os cientistas e as famílias trabalhando juntos.

Há pouco mais de 10 anos, sabíamos relativamente pouco sobre as causas de TEA em relação a hoje, e o panorama para aqueles com o transtorno era muitas vezes visto como sem esperança. Como discutimos nos primeiros capítulos deste livro, conhecer as causas é fundamental porque nos possibilita encontrar formas de apoiar mais efetivamente os indivíduos e suas famílias. Na década passada, vimos um progresso considerável em várias frentes. No campo da genética, o investimento público e privado cresceu rapidamente e estimulou parcerias que possibilitaram a identificação de vários genes raros específicos com efeitos importantes, trazendo esperança para o conhecimento dos caminhos biológicos. Primeiro, a identificação de genes e eventos genéticos deu destaque à possibilidade de que contribuições genéticas interagem por meio de padrões complexos com o ambiente inicial. Pela primeira vez, tivemos uma compreensão biológica do ditado "Se você conheceu um indivíduo com TEA... você conheceu um indivíduo com TEA". Segundo, a identificação desses genes, juntamente com o progresso considerável na tecnologia de imagem do cérebro e uma explosão de estudos com imagens do cérebro, ajudou a esclarecer a forma como as estruturas cerebrais se desenvolvem e funcionam no transtorno, conforme discutimos no Capítulo 4.

O aumento dos estudos clínicos esclareceu que o TEA é mais bem visto como um espectro – essa ampliação e unificação do espectro foram essenciais para o avanço genético que acabamos de mencionar e exemplificam a importante sinergia entre o progresso na descrição clínica e o progresso na pesquisa das causas e dos mecanismos – um não consegue se desenvolver sem o outro. Quanto à ciência básica, uma profusão de conhecimentos emergiu em torno dos mecanismos epigenéticos e da forma como os ambientes podem moldar a biologia – e nos ajudou a identificar causas potencialmente reversíveis.

A combinação dessas linhas de progresso, por sua vez, começou a preparar o terreno para a criação dos recursos específicos para indivíduos com TEA e para as novas formas de monitorar a eficácia do tratamento. Na verdade, na última década, o progresso nos estudos de tratamento e detecção precoce abriu novas perspectivas e esperança de que crianças com TEA podem se recuperar muito mais frequentemente e mais plenamente do que se considerava possível.

Portanto, usando esse "comportamento passado" para prever o "comportamento futuro", podemos antever mais progresso em múltiplas linhas ao mesmo tempo – na descrição clínica e na identificação precoce, na identificação de *inputs* ambientais reversíveis e em como eles funcionam biologicamente para afetar o desenvolvimento do cérebro e no conhecimento do que os genes estão fazendo no cérebro de maneiras que possam levar a novas ideias de tratamento e melhores diagnósticos. Temos certeza de que veremos mais esforços animadores e em larga escala por cientistas do mundo todo trabalhando juntamente com as famílias para se concentrar em questões que são fundamentais para o campo; entretanto, também veremos laboratórios particulares tomando novas direções e se abrindo a novas ideias. Tudo isso irá nos ajudar a responder à pergunta fundamental: qual a melhor forma de ajudarmos a apoiar indivíduos com TEA para que se tornem as pessoas que eles desejam ser? Essa pesquisa incluirá o trabalho para detecção precoce, avanços na medicina de precisão e identificação de marcadores biológicos para monitoramento do tratamento, além de esforços para educar o público em geral sobre a importância da inclusão e da integração com a comunidade, especialmente quando as crianças fazem a transição para a vida adulta.

Transtornos do neurodesenvolvimento como TEA e TDAH, transtornos mentais como depressão, ansiedade e esquizofrenia, e transtornos aditivos são coletivamente a causa de morbidade número um no mundo quando comparados a qualquer outra categoria de doença ("morbidade" é definida formalmente como os anos vividos com a doença ou incapacidade, mas, para nossos propósitos, significa perda cumulativa da qualidade de vida ao longo da existência). Isso ocorre porque esses transtornos emergem na infância, durante o longo período de desenvolvimento cerebral, e são crônicos. Embora o investimento público e privado em pesquisa sobre o TEA tenha aumentado notavelmente na última década, de modo geral, ainda não financiamos pesquisa suficiente sobre o transtorno ou condições neurodesenvolvimentais se levarmos em conta o seu custo social. Como sociedade, financiamos em maior escala pesquisas sobre o que nos mata quando somos velhos, depois de toda uma vida, do que sobre as condições que podem roubar o futuro das crianças quando ainda são jovens. Isso pode mudar, e acreditamos que mudará, pois o progresso até o momento é impressionante e estimulante. A energia na comunidade científica é alta, e o futuro é brilhante para novos tratamentos e descobertas.

Há muitas razões para otimismo e esperança na sua vida também. O TEA é considerado um transtorno permanente, mas sabemos atualmente que, com os recursos certos, todas as pessoas com o transtorno podem aprender novas habilidades e levar uma vida significativa. Por meio da melhor consciência pública, os empregadores e a sociedade em geral estão não só se informando mais sobre TEA e o aceitando como também passaram a valorizar os pontos fortes específicos e as perspectivas que as pessoas no espectro trazem para o mundo. A ciência mostra que crianças e adultos no espectro autista continuam a melhorar suas competências durante a vida. Agora, sabemos mais sobre os desafios associados ao TEA e como abordá-los. Mais do que nunca, o futuro é promissor para indivíduos com TEA e suas famílias. Nossa expectativa é a de que este livro ofereça conselhos relevantes ao longo do caminho que possam ajudar seu filho a atingir seu pleno potencial.

RECURSOS

INFORMAÇÕES GERAIS REFERENTES AO AUTISMO

National Library of Medicine: Autism
A National Library of Medicine compila informações detalhadas e fichas técnicas sobre TEA.
www.nlm.nih.gov/medlineplus/autism.html

Spectrum: Autism Research News
O Spectrum fornece notícias e análises detalhadas e facilmente compreensíveis sobre pesquisas acerca do autismo.
www.spectrumnews.org

International Society for Autism Research (INSAR)
O INSAR mantém um *website* com relatórios das atividades da organização focadas na promoção de pesquisas sobre autismo.
www.autism-insar.org/default.aspx

Centers for Disease Control and Prevention (CDC)
O CDC tem um *site* confiável dedicado ao TEA.
www.cdc.gov/ncbddd/autism

National Institute of Mental Health (NIMH)
O NIMH fornece um resumo confiável de fatos sobre TEA.
www.nimh.nih.gov/health/topics/autism-spectrum-disorders-asd/index.shtml

INFORMAÇÕES PARA PAIS, FAMÍLIAS E INDIVÍDUOS IMPACTADOS PELO TEA

American Academy of Pediatrics (AAP)
A AAP é uma excelente fonte de informação sobre todos os aspectos da saúde das crianças, incluindo TEA.
www.aap.org

The Arc
A missão da The Arc é promover e proteger os direitos humanos de pessoas com incapacidades intelectuais e desenvolvimentais. Existem capítulos em cada estado.
www.thearc.org

Autistica
A Autistica é uma organização de caridade sediada no Reino Unido que apoia pesquisas sobre autismo.
www.autistica.org.uk/about-us/about-us

Autism Science Foundation (ASF)
A ASF é uma organização de apoio ao autismo sediada nos Estados Unidos.
https://autismsciencefoundation.org

Autism Society
A Autism Society disponibiliza dados em inglês e espanhol e mantém informações gerais sobre autismo.
www.autism-society.org
Espanhol: *www.autism-society.org/site/PageServer?pagename=autismo*

Autism Speaks
O Autism Speaks mantém uma grande variedade de informações e muitos recursos e ferramentas que podem ser baixados por pais e indivíduos impactados pelo TEA.
www.autismspeaks.org

Canadian Paediatric Society (CPS)
A CPS fornece aos seus membros e a outros profissionais da saúde as informações necessárias para tomar decisões fundamentadas sobre atenção à saúde infantil.
www.cps.ca

First Signs
A First Signs mantém informações sobre o monitoramento do desenvolvimento da infância, o processo de rastreio e encaminhamento e oferece apoio às preocupações. Uma das ferramentas é o Glossário de vídeos sobre TEA.
http://firstsigns.org

National Autistic Society
A National Autistic Society, sediada no Reino Unido, oferece uma ampla gama de serviços de apoio para pessoas com autismo, incluindo informações sobre diagnóstico, treinamento de habilidades, programas sociais e educacionais, suporte para acesso e defensoria.
www.autism.org.uk

Psychiatric Times
A *Psychiatric Times* é uma publicação *on-line* mensal que oferece artigos em destaque, notícias clínicas e relatos sobre tópicos especiais de especialistas em uma ampla variedade de problemas psiquiátricos envolvendo crianças e adultos.
www.psychiatrictimes.com

Raising Children Network
Este é um *website* abrangente para pais australianos, oferecendo recursos, fóruns de discussão, vídeos, entre outros, com informações sobre autismo. Os artigos são classificados por idade para que pais e filhos possam lê-los.
http://raisingchildren.net.au

RECURSOS DA CIÊNCIA ESPECIFICAMENTE RELACIONADOS A NEUROCIÊNCIA, GENÉTICA E EPIGENÉTICA

A American Society for Human Genetics (ASHG) tem uma cartilha básica sobre genética.
www.ashg.org/education/everyone_1.shtml

A Brain Connection, patrocinada pela BrainHQ, um grupo que promove treinamento cerebral cognitivo, oferece uma variedade de artigos e recursos sobre o desenvolvimento cerebral e novas pesquisas do cérebro, incluindo vários artigos sobre a aprendizagem das crianças.
https://brainconnection.brainhq.com/

O *website* da Society for Neuroscience oferece um conjunto de módulos de informação rico e acessível para o público em geral.
www.brainfacts.org

O *The Guardian* elaborou um resumo bem escrito para leigos dos principais pontos da epigenética.
www.theguardian.com/science/occams-corner/2014/apr/25/epigenetics-beginners-guide-to-everything

O National Institutes of Health (NIH) tem um *website* para seu consórcio de epigenética que ocasionalmente publica planos inovadores e de ponta (http://ihec-epigenomes.org) e que também inclui vídeos e tutoriais (http://ihec-epigenomes.org/why-epigenomics/video-clips/), além de *links* para outros recursos nas seções "Sobre" e "Por que epigenética".

No *The New Yorker*, há um ótimo artigo de Siddhartha Mukherjee relacionado à epigenética.
www.newyorker.com/magazine/2016/05/02/breakthroughs-in-epigenetics

A revista de assinatura *Scientific American* abrange novos avanços na neurociência acessíveis aos leigos.
www.scientificamerican.com/mind

A biblioteca de recursos da revista *Nature*, denominada *Scitable*, tem um resumo das principais informações referentes à epigenética.
www.nature.com/scitable/topicpage/epigenetic-influences-and-disease-895

IDENTIFICAÇÃO, DIAGNÓSTICO E RECURSOS DE TRATAMENTO

Autism Speaks Resource Guide
O guia de recursos é uma base de dados *on-line* para recursos clínicos e de apoio que podem ser pesquisados pelo local onde você vive, estágio da vida e nível de suporte necessário.
www.autismspeaks.org/resource-guide

Autism Speaks First Concern to Action Kit
Este *kit* oferece orientação quanto ao que fazer se você tiver preocupações com relação ao autismo em seu filho pequeno.
www.autismspeaks.org/tool-kit/first-concern-action-tool-kit

Autism Speaks 100 Day Kit
O Autism Speaks 100 Day Kit contém informações disponibilizadas gratuitamente para famílias cujos filhos foram recentemente diagnosticados com TEA para ajudar a priorizar os passos mais essenciais nos cem dias seguintes ao diagnóstico.
www.autismspeaks.org/tool-kit/100-day-kit-young-children
www.autismspeaks.org/tool-kit/100-day-kit-school-age-children

Autism Screening, Diagnosis, and Treatment Guidelines
O *website* do CDC fornece as diretrizes da AAP, da American Academy of Neurology e da Child Neurology Society.
www.cdc.gov/ncbddd/autism/hcp-recommendations.html

Interactive Tools to Track Child Development from the CDC
O CDC oferece ferramentas interativas para ajudar os pais a monitorar como seu filho joga, aprende, fala e age. São oferecidos o Interactive Milestone Charts e uma *checklist* para ensinar os pais sobre marcos no desenvolvimento e ajudá-los a reconhecer quando o desenvolvimento pode estar se desviando do curso. Também oferece um vídeo intitulado *Baby Steps: Learn the Signs. Act Early*, que fornece informações e orientações para a identificação de incapacidades no desenvolvimento.
www.cdc.gov/ncbddd/actearly/milestones

National Autism Center's National Standards Project
O National Standards Project do National Autism Center oferece informações baseadas em evidências sobre a eficácia de intervenções para indivíduos com TEA.
www.nationalautismcenter.org/national-standards-project

National Center for Complementary and Integrative Health (NCCIH)
O NCCIH, uma agência do NIH, oferece uma visão abrangente dos medicamentos e tratamentos complementares e alternativos.
https://nccih.nih.gov

CENTROS DE PESQUISA CLÍNICA ACADÊMICA

Center for Autism and the Developing Brain, White Plains, Nova York
www.nyp.org/psychiatry/services/center-for-autism-and-the-developing-brain

Duke Center for Autism and Brain Development, Durham, Carolina do Norte
https://autismcenter.duke.edu

Marcus Autism Center, Atlanta, Geórgia
www.marcus.org

Nationwide Children's Center for ASD, Columbus, Ohio
www.nationwidechildrens.org/specialties/center-for-autism-spectrum-disorders

Seattle Children's Autism Center, Seattle, Washington
www.seattlechildrens.org/clinics/autism-center

Seaver Center at Mt. Sinai Medical Center, Nova York, NY
https://icahn.mssm.edu/research/seaver

TEACCH Autism Program, Chapel Hill, Carolina do Norte
https://teacch.com
UC Davis MIND Institute, Davis, Califórnia
https://health.ucdavis.edu/mindinstitute

UCLA Center for Autism Research and Treatment, Los Angeles, Califórnia
www.semel.ucla.edu/autism

STAR Center for Autism and Neurodevelopmental Disorders, São Francisco, Califórnia
https://star.ucsf.edu

UW Autism Center, Seattle, Washington
https://depts.washington.edu/uwautism

NUTRIÇÃO E DIETA

Food Allergy Research and Education (FARE)
Pais e educadores podem encontrar sugestões detalhadas e informações sobre alergias alimentares neste *site* patrocinado pelo CDC.
www.foodallergy.org

Diretrizes e dicas para o planejamento nutricional saudável para seu filho estão disponíveis no NIH (*https://medlineplus.gov/childnutrition.html*) e no United States Department of Agriculture (USDA) (*https://www.fns.usda.gov/cn*).

SONO

O *website* da National Sleep Foundation proporciona informações básicas, *checklists* e diretrizes.
https://sleepfoundation.org

Programas de comportamento do sono são descritos em
http://drcraigcanapari.com/at-long-last-sleep-training-tools-for-the-exhausted-parent/

EXERCÍCIO

O CDC fornece orientações claras sobre exercícios, listas de atividades moderadas para diferentes idades e sugestões para introduzir atividade na vida do seu filho.
www.cdc.gov/physicalactivity/basics/children/index.htm

O *website* Body and Mind (BAM!) do CDC tem ferramentas interativas para você e seu filho e informações sobre como participar de dezenas de diferentes atividades, além de jogos e esportes individuais e em grupo para ajudá-lo a identificar atividades adequadas.
www.cdc.gov/bam/activity/index.html

O currículo da University of Texas CATCH (Coordinated Approach to Child Health) para escolas e educadores, planejado para prevenir obesidade infantil, oferece programas voltados para exercício moderado a vigoroso, incluindo um módulo para a família/casa.
http://catchinfo.org/about

TECNOLOGIA

O *website* do Common Sense Media fornece informações, orientação e ferramentas para ajudar a filtrar as opções de mídias (filmes, jogos, etc.) para tomar decisões informadas.
www.commonsensemedia.org

A Children's Technology Review oferece revisões profissionais da tecnologia interativa (*software*, *videogames*) para auxiliar no monitoramento e na escolha de produtos a serem usados.
www.childrenssoftware.com

PLANEJAMENTO DE TRANSIÇÃO

Autism Speaks Transition Kit
www.autismspeaks.org/tool-kit/transition-tool-kit

O Columbia Regional Program Transition Toolkit fornece aos membros da equipe de transição informações práticas e acesso fácil a recursos para auxiliar no processo de transição.
www.crporegon.org/Page/175

A IRISS, uma agência de serviço social sediada na Escócia, fornece um ótimo resumo de informações relativas à transição.
www.iriss.org.uk/sites/default/files/iriss-insight-5.pdf

REDUÇÃO DE ESTRESSE

A American Psychological Association (APA) tem uma página abrangente descrevendo o impacto do estresse no corpo e dicas úteis sobre manejo do estresse.
www.apa.org/helpcenter/stress/index

O CDC tem um bom resumo de estratégias básicas para ajudar você e seus filhos a prevenir ou lidar com estresse excessivo.
https://www.cdc.gov/violenceprevention/about/copingwith-stresstips.html

O Medline Plus, oferecido pela National Library of Medicine, tem um ótimo recurso referente a estresse psicológico com informações, dicas, instruções e *links*.
https://medlineplus.gov/stress.html

A University of Nebraska Medical Center tem uma boa lista de aplicativos para relaxamento que estão disponíveis para *download* gratuito.
www.unmc.edu/wellness/_documents/FreeRelaxApps.pdf

O *website* do U.S. Department of Health and Human Services fornece informações relacionadas a abordagens de manejo do estresse.
https://health.gov/myhealthfinder/topics/health-conditions/heart-health/manage-stress

O MedicineNet, da WebMD, compartilha informações relacionadas a estresse e manejo do estresse.
www.medicinenet.com/stress/article.htm

PLANEJAMENTO CENTRADO NA PESSOA

O Arc fornece informações relacionadas a planejamento centrado na pessoa.
https://arcofkingcounty.org/resource-guide/personcentered-planning/person-centered-planning.html

O Informing Families é um recurso do Washington State Developmental Disabilities Council que fornece informações relacionadas a planejamento centrado na pessoa.
http://informingfamilies.org/pcp

EDUCAÇÃO SEXUAL

A National Autistic Society tem boas informações e dicas para as famílias relacionadas à educação sexual.
www.autism.org.uk/sexeducation

A VeryWellHealth.Com tem um artigo breve sobre educação sexual para adolescentes com autismo.
www.verywellhealth.com/autism-sex-education-260490

DEFENSORIA

Os capítulos do Arc em todos os estados oferecem oportunidades para aprender sobre defensoria para pessoas com incapacidades intelectuais e desenvolvimentais.
www.thearc.org

Autism Speaks Advocacy Kit
www.autismspeaks.org/tool-kit/advocacy-tool-kit

RECURSOS DE MORADIA

Autism Housing Network
Este programa fornece informações, recursos e ferramentas focadas em moradia.
www.autismhousingnetwork.org

Autism Speaks Housing Kit
www.autismspeaks.org/tool-kit/housing-and-residential-supports-tool-kit

O *website* do U.S. Department of Housing and Urban Development (HUD) fornece uma ficha técnica da Seção 8 sobre *vouchers* e moradia.
https://www.benefits.gov/benefit/710

Use esta página da *web* para encontrar informações do HUD em seu estado.
https://www.hudoig.gov/

EMPREGO

Autism Speaks Employment Kit
www.autismspeaks.org/tool-kit/employment-tool-kit

Choose Work
A U.S. Social Security Administration (SSA) oferece serviços de suporte ao emprego para indivíduos que recebem benefícios por incapacidade da seguridade social. (Você pode usar o *website* da SSA, listado a seguir em Recursos Financeiros, para se candidatar aos benefícios.)
https://www.ssa.gov/

Hire Autism
O Hire Autism é um programa da Organization for Autism Research focado na colocação profissional para indivíduos com autismo.
https://hireautism.org

RECURSOS FINANCEIROS

ABLE accounts
Informações referentes a contas ABLE são encontradas *on-line*.
www.ablenrc.org

Autism Speaks Financial Planning Kit
www.autismspeaks.org/tool-kit/financial-planning-tool-kit

Medicaid
Esta página na *web* ("Autism Services") descreve e fornece *links* para publicações governamentais que oferecem orientação sobre benefícios do Medicaid para indivíduos com autismo.
www.medicaid.gov/medicaid/benefits/autism/index.html

National Association of State Directors of Developmental Disabilities Services (NASDDDS)
O *website* da organização fornece informações de contato para todas as agências estaduais que apoiam indivíduos com incapacidades intelectuais e desenvolvimentais (os nomes variam por estado).
www.nasddds.org/state-agencies

U.S. Social Security Administration (SSA)
A SSA fornece recursos financeiros por meio de dois canais: Supplemental Security Income (SSI) e seguro por incapacidade do Social Security.
www.socialsecurity.gov

RECURSOS EDUCACIONAIS

Autism Speaks IEP Kit
https://www.autismspeaks.org/tool-kit/guide-individualized-education-programs-iep

Autism Speaks Postsecondary Education Kit
www.autismspeaks.org/tool-kit/postsecondary-educational-opportunities-guide

Office of Special Education Programs
O U.S. Department of Education fornece um guia de transição para escolas e educadores utilizarem no planejamento da educação superior e do emprego.
https://sites.ed.gov/idea/files/postsecondary-transition-guide-may-2017.pdf

Think College
O Think College é um recurso com programas projetados para ampliar as oportunidades de educação superior para indivíduos com incapacidades.
https://thinkcollege.net

Wrightslaw
O *website* Wrightslaw fornece informações relacionadas à lei da educação especial, ao desenvolvimento do programa de educação individualizada (PEI) e à defensoria para crianças com incapacidades.
www.wrightslaw.com

RECURSOS LEGAIS

Administration for Community Living
Esta organização fornece informações sobre programas de proteção à propriedade e de defensoria, juntamente com *links* para os programas de cada estado.
https://acl.gov/programs/aging-and-disability-networks/state-protection-advocacy-systems

Autism Speaks
O Autism Speaks oferece informações legais no seu *website*.
www.autismspeaks.org/your-childs-rights

Autism Society
Um resumo de informações legais é fornecido neste *website* da organização.
www.autism-society.org/living-with-autism/legal-resources

VeryWellHealth.Com
Neste *link*, você pode encontrar informações legais e de defesa e orientações para as famílias.
www.verywellhealth.com/guardianship-for-adults-with-autism-4165687

REFERÊNCIAS

A seguir apresentamos as principais fontes consultadas.

CAPÍTULO 1: UMA NOVA COMPREENSÃO DO TRANSTORNO DO ESPECTRO AUTISTA

American Psychiatric Association. (1986). *Diagnostic and statistical manual of mental disorders* (DSM-III-R) (3rd ed., rev.). Washington, DC: Author.

American Psychiatric Association. (1994). *Diagnostic and statistical manual of mental disorders* (DSM-IV) (4th ed.). Washington, DC: Author

American Psychiatric Association. (2013). *Diagnostic and statistical manual of mental disorders* (DSM-5) (5th ed.). Arlington, VA: Author.

Arnett, A., Trinh, S., & Bernier, R. (2018). The state of research on the genetics of autism spectrum disorder: Methodological, clinical and conceptual progress. *Current Opinion in Psychology, 27,* 1–5.

Barger, B., Campbell, J., & McDonough, J. (2013). Prevalence and onset of regression within autism spectrum disorders: A meta-analytic review. *Journal of Autism and Developmental Disorders, 43*(4), 817–828.

Bernier, R. (2012, March 20). How do we measure autism severity? *SFARI Viewpoint.*

Bernier, R., & Dawson, G. (2016). Autism spectrum disorders. In D. Cicchetti (Ed.), *Developmental psychopathology* (Vol. 3, 3rd ed.). New York: Wiley.

Constantino, J. N., & Charman, T. (2012). Gender bias, female resilience, and the sex ratio in autism. *Journal of the American Academy of Child and Adolescent Psychiatry, 51*(8), 756–758.

Dawson, G., & Bernier, R. (2013). A quarter century of progress in the detection and early treatment of autism spectrum disorder. *Development and Psychopathology, 25,* 1455–1472.

Dawson, G., Bernier, R., & Ring, R. (2012). Social attention: A possible early response indicator in autism clinical trials. *Journal of Neurodevelopmental Disorders, 4,* 11–35.

Fein, D., Barton, M., & Dumont-Mathieu, T. (2017). Optimizing outcome in autism spectrum disorders. *Policy Insights from the Behavioral and Brain Sciences, 4*(1), 71–78.

Fein, D., Barton, M., Eigsti, I.-M., Kelley, E., Naigles, L., Schultz, R. T., et al. (2013). Optimal outcome in individuals with a history of autism. *Journal of Child Psychology and Psychiatry, 54,* 195–205.

Folstein, S., & Rutter, M. (1977). Infantile autism: A genetic study of 21 twin pairs. *Journal of Child Psychology and Psychiatry, 18*(4), 297–321.

Georgiades, S., & Kasari, C. (2018). Reframing optimal outcomes in autism. *JAMA Pediatrics, 172*(8), 716–717.
Informed Health Online. (2016, June 15). *What types of studies are there?* Cologne, Germany: Institute for Quality and Efficiency in Health Care. Retrieved from www.ncbi.nlm.nih.gov/books/NBK390304.
Jacquemont, S., Coe, B. P., Hersch, M., Duyzend, M. H., Krumm, N., Bergmann, S., et al. (2014). A higher mutational burden in females supports a "female protective model" in neurodevelopmental disorders. *American Journal of Human Genetics, 94*(3), 415–425.
Jones, W., & Klin, A. (2013). Attention to eyes is present but in decline in 2- to 6-month-old infants later diagnosed with autism. *Nature, 504*(7480), 427–431.
Kanner, L. (1943). Autistic disturbances of affective contact. *Nervous Child, 2,* 217–250.
King, B., Navot, N., Bernier, R., & Webb, S. (2014). Update on diagnostic classification in autism. *Current Opinion in Psychiatry, 27,* 105–109.
Krumm, N., Turner, T., Baker, C., Vives, L, Mohajeri, K., Witherspoon, K., et al. (2015). Excess of rare, inherited truncating mutations in autism. *Nature Genetics, 47*(6), 582–588.
Kurita, H. (1985). Infantile autism with speech loss before the age of thirty months. *Journal of the American Academy of Child Psychiatry 24*(2), 191–196.
Lai, M. C., Lombardo, M. V., Auyeung, B., Chakrabarti, B., & Baron-Cohen, S. (2015). Sex/gender differences and autism: Setting the scene for future research. *Journal of the American Academy of Child and Adolescent Psychiatry, 54*(1), 11–24.
Lai, M., Lombardo, M., Suckling, J., Ruigrok, A., Chakrabarti, B., Ecker, C., et al. (2013). Biological sex affects the neurobiology of autism. *Brain, 136*(9), 2799– 2815.
Lord, C., Petkova, E., Hus, V., Gan, W., Martin, D. M., Ousley, O., et al. (2011). A multi-site study of the clinical diagnosis of different autism spectrum disorders. *Archives of General Psychiatry, 69*(3), 306–313.
Luyster, R., Richler, J., Risi, S., Hsu, W., Dawson, G., Bernier, R., et al. (2005). Early regression in social communication in autistic spectrum disorders: A CPEA study. *Developmental Neuropsychology, 27,* 311–336.
Mottron, L., Duret, P., Mueller, S., Moore, R., Forgeot D'Arc, B., Jacquemont, S., et al. (2015). Sex differences in brain plasticity: A new hypothesis for sex ratio bias in autism. *Molecular Autism, 6,* 33. Nigg, J. T. (2017). *Getting ahead of ADHD: What next-generation science says about treatments that work—and how you can make them work for your child.* New York: Guilford Press.
Osterling, J., & Dawson, G. (1994). Early recognition of children with autism: A study of first birthday home videotapes. *Journal of Autism and Developmental Disorders 24*(3), 247–257.
Osterling, J., Dawson, G., & Munson, J. (2002). Early recognition of 1-year-old infants with autism spectrum disorder versus mental retardation. *Development and Psychopathology, 14*(2), 239–251.
Pearson, N., Charman, T., Happe, F., Bolton, P. F., & McEwen, F. S. (2018). Regression in autism spectrum disorder: Reconciling findings from retrospective and prospective research. *Autism Research, 11*(12), 1602–1620.
Schaer, M., Kochalka, J., Padmanabhan, A., Supekar, K., & Menon, V. (2015). Sex differences in cortical volume and gyrification in autism. *Molecular Autism, 6.*
Werner, E., & Dawson, G. (2005). Validation of the phenomenon of autistic regression using home videotapes. *Archives of General Psychiatry 62*(8), 889–895.
Wing, L., & Gould, J. (1979). Severe impairments of social interaction and associated abnormalities in children: Epidemiology and classification. *Journal of Autism Development Disorders, 9,* 11–29.

CAPÍTULO 2: QUAIS AS CARACTERÍSTICAS ESSENCIAIS QUE DEFINEM O ESPECTRO AUTISTA?

Amaral, D., Dawson, G., & Geschwind, D. (2011). *Autism spectrum disorders*. New York: Oxford University Press.

Bacon, A., Fein, D., Morris, R., Waterhouse, L., & Allen, D. (1998). The responses of autistic children to the distress of others. *Journal of Autism and Developmental Disorders, 28*, 129–142.

Baron-Cohen, S. (1995). *Mindblindness: An essay on autism and theory of mind*. Cambridge, MA: Bradford/MIT Press.

Baron-Cohen, S., Baldwin, D., & Crowson, M. (1997). Do children with autism use the speaker's direction of gaze strategy to crack the code of language? *Child Development, 68*, 48–57.

Baron-Cohen, S., Leslie, A. M., & Frith, U. (1985). Does the autistic child have a theory of mind? *Cognition, 21*, 37–46.

Baron-Cohen, S., Ring, H., Bullmore, E., Wheelwright, S., Ashwin, C., & Williams, S. (2000). The amygdala theory of autism. *Neuroscience and Biobehavioral Reviews, 24*, 355–364.

Bernier, R., Dawson, G., & Webb, S. (2005). Understanding impairments in social engagement in autism. In P. Marshall & N. Fox (Eds.), *The development of social engagement: Neurobiological perspectives*. New York: Oxford University Press.

Bjornsdotter, M., Wang, N., Pelphrey, K., & Kaiser, M. D. (2016). Evaluation of quantified social perception circuit activity as a neurobiological marker of autism spectrum disorder. *JAMA Psychiatry, 73*(6), 614–621.

Bodfish, J. (2011). Repetitive behaviors in individuals with autism. In D. Amaral, G. Dawson, & D. Geschwind (Eds.), *Autism spectrum disorders*. New York: Oxford University Press.

Bottema-Beutel, K., Kim, S. Y., & Crowley, S. (2019). A systematic review and meta-regression analysis of social functioning correlates in autism and typical development. *Autism Research, 12*(2), 152–175.

Chevallier, C., Kohls, G., Troiani, V., Brodkin, E., & Schultz, R. (2012). The social motivation theory of autism. *Trends in Cognitive Sciences, 16*(4), 231–239. Dawson, G., Meltzoff, A., Osterling, J., Rinaldi, J., & Brown, E. (1998). Children with autism fail to orient to naturally occurring social stimuli. *Journal of Autism and Developmental Disorders, 28*, 479–485.

Dawson, G., Toth, K., Abbott, R., Osterling, J., Munson, J., Estes, A., et al. (2004). Early social attention impairments in autism: Social orienting, joint attention, and attention to distress. *Developmental Psychology, 40*(2), 271–283.

Dawson, G., Webb, S. J., & McPartland, J. (2005). Understanding the nature of face processing impairment in autism: Insights from behavioral and electrophysiological studies. *Developmental Neuropsychology, 27*, 403–424.

Dichter, G., Felder, J., Green, S., Rittenberg, A., Sasson, N., & Bodfish, J. (2010). Reward circuitry function in autism spectrum disorders. *Social, Cognitive and Affective Neuroscience, 7*(2), 160–172.

Dowd, A. C., Martinez, K., Davidson, B. C., Hixon, J. G., & Neal-Beevers, A. R. (2018). Response to distress varies by social impairment and familiarity in infants at risk for autism. *Journal of Autism and Developmental Disorders, 48*(11), 3885–3898.

Frazier, T. W., Strauss, M., Klingemier, E. W., Zetzer, E. E., Hardan, A. Y., Eng, C., et al. (2017). A meta-analysis of gaze differences to social and nonsocial information between individuals with and without autism. *Journal of the American Academy of Child and Adolescent Psychiatry, 56*(7), 546–555.

Kasari, C., Sigman, M., Mundy, P., & Yirmiya, N. (1990). Affective sharing in the context of joint attention interactions of normal, autistic, and mentally retarded children. *Journal of Autism and Developmental Disorders, 20,* 87–100.

Klin, A., Jones, W., Schultz, R., Volkmar, F., & Cohen, D. (2002). Visual fixation patterns during viewing of naturalistic social situations as predictors of social competence in individuals with autism. *Archives of General Psychiatry, 59*(9), 809–816.

Klin, A., Lin, D. J., Gorrindo, P., Ramsay, G., & Jones, W. (2009). Two-year-olds with autism orient to non-social contingencies rather than biological motion. *Nature, 459,* 257–261.

Lord, C., Elsabbagh, M., Baird, G., & Veenstra-Vanderweele, J. (2018). Autism spectrum disorder. *Lancet, 392*(10146), 508–520.

Malott, R., & Shane, J. (2016). *Principles of behavior* (7th ed.). New York: Routledge. Mason, R. A., & Just, M. A. (2009). The role of the theory-of-mind cortical network in the comprehension of narratives. *Language and Linguistics Compass, 3,* 157–174.

McPartland, J., Dawson, G., Webb, S. J., Panagiotides, H., & Carver, L. J. (2004). Event-related brain potentials reveal anomalies in temporal processing of faces in autism spectrum disorder. *Journal of Child Psychology and Psychiatry, 45,* 1235–1245.

Orefice, L. L., Zimmerman, A. L., Chirila, A. M., Sleboda, S. J., Head, J. P., & Ginty, D. D. (2016). Peripheral mechanosensory neuron dysfunction underlies tactile and behavioral deficits in mouse models of ASDs. *Cell, 166*(2), 299–313.

Paval, D. (2017). A dopamine hypothesis of autism spectrum disorder. *Developmental Neuroscience, 39*(5), 355–360.

Pelphrey, K., & Carter, E. (2008). Charting the typical and atypical development of the social brain. *Developmental Psychopathology, 20*(4), 1081–1102.

Robertson, C. E., & Baron-Cohen, S. (2017). Sensory perception in autism. *Nature Reviews Neuroscience, 18*(11), 671.

Saxe, R., & Kanwisher, N. (2003). People thinking about thinking people: The role of the temporo-parietal junction in "theory of mind." *NeuroImage, 19,* 1835–1842.

Scott-Van Zeeland, A. A., Dapretto, M., Ghahremani, D. G., Poldrack, R. A., & Bookheimer, S. Y. (2010). Reward processing in autism. *Autism Research, 3,* 53–67.

Sulzer-Azaroff, B., & Mayer, R. (1991). *Behavior analysis for lasting change.* Fort Worth, TX: Holt, Reinhart & Winston.

Szatmari, P., Chawarska, K., Dawson, G., Georgiades, S., Landa, R., Lord, C., et al. (2016). Prospective longitudinal studies of infant siblings of children with autism: Lessons learned and future directions. *Journal of the American Academy of Child and Adolescent Psychiatry, 55*(3), 179–187.

Vismara, L. A., & Rogers, S. J. (2010). Behavioral treatments in autism spectrum disorder: What do we know? *Annual Review of Clinical Psychology, 27,* 447–468.

Weigelt, S., Koldewyn, K., & Kanwisher, N. (2012). Face identity recognition in autism spectrum disorders: A review of behavioral studies. *Neuroscience and Biobehavioral Reviews, 36*(3), 1060–1084.

Weiss, J., Thomson, K., & Chan, L. (2014). A systematic literature review of emotion regulation measurement in individuals with autism spectrum disorder. *Autism Research, 7*(6), 629–648.

Will, E., & Hepburn, S. (2015). Applied behavior analysis for children with neurogenetic disorders. In R. Hodapp & D. Fidler (Eds.), *International Review of Research in Developmental Disabilities* (Vol. 49, pp. 229–259). Waltham, MA: Academic Press.

Williams, D. L., Siegel, M., Mazefsky, C. A., & Autism and Developmental Disorders Inpatient Research Collaborative (2017). Problem behaviors in autism spectrum disorder: Association with verbal ability and adapting/coping skills. *Journal of Autism and Developmental Disorders, 48*(11), 1–10.

Wimmer, H., & Perner, J. (1983). Beliefs about beliefs: Representation and constraining function of wrong beliefs in young children's understanding of deception. *Cognition, 13*, 103–128.

Zhang, J., Meng, Y., He, J., Xiang, Y., Wu, C., Wang, S., et al. (2019). McGurk Effect by individuals with autism spectrum disorder and typically developing controls: A systematic review and meta-analysis. *Journal of Autism and Developmental Disorders, 49*(1), 34–43.

CAPÍTULO 3: O QUE CAUSA O AUTISMO?

Andalib, S., Emamhadi, M. R., Yousefzadeh-Chabok, S., Shakouri, S. K., Hoilund-Carlsen, P. F., Vafaee, M. S., et al. (2017). Maternal SSRI exposure increases the risk of autistic offspring: A meta-analysis and systematic review. *European Psychiatry, 45*, 161–166.

Bernier, R., Golzio, C., Xiong, B., Stessman, H., Coe, B., Penn, O., et al. (2014). Disruptive CHD8 mutations define a subtype of autism early in development. *Cell, 158*, 263–276.

Bernier, R., Hudac, C., Chen, Q., Zeng, C., Wallace, A., Gerdts, J., et al. (2017). Developmental trajectories for young children with 16p11.2 copy number variation. *American Journal of Medical Genetics, Part B: Neuropsychiatric Genetics, 174*(4), 367– 380.

Christensen, J., Gronborg, T. K., Sorensen, M. J., Schendel, D., Parner, E. T., Pedersen, L. H., et al. (2013). Prenatal valproate exposure and risk of autism spectrum disorders and childhood autism. *JAMA, 309*(16), 1696–1703.

Coe, B., Stessman, H., Sulovari, A., Geisheker, M., Bakken, T., Lake, A., et al. (2019). Neurodevelopmental disease genes implicated by de novo mutation and CNV morbidity. *Nature Genetics, 51*(1), 106–116.

Conde-Agudelo, A., Rosas-Bermudez, A., & Norton, M. H. (2016). Birth spacing and risk of autism and other neurodevelopmental disabilities: A systematic review. *Pediatrics, 137*(5).

Curran, E. A., O'Neill, S. M., Cryan, J. F., Kenny, L. C., Dinan, T. G., Khashan, A. S., et al. (2015). Research review: Birth by caesarean section and development of autism spectrum disorder and attention-deficit/ hyperactivity disorder: A systematic review and meta-analysis. *Journal of Child Psychology and Psychiatry, 56*(5), 500–508.

Geisheker, M., Heymann, G., Wang, T., Coe, B., Turner, T., Stessman, H., et al. (2017). Hotspots of missense mutation identify novel neurodevelopmental disorder genes and functional domains. *Nature Neuroscience, 20*(8), 1043–1051.

Geschwind, D. H. (2011). Genetics of autism spectrum disorders. *Trends in Cognitive Sciences, 15*(9), 409–416.

Green Snyder, L., D'Angelo, D., Chen, Q., Bernier, R., Goin-Kochel, R. P., Wallace, A. S., et al. (2016). Autism spectrum disorder, developmental and psychiatric features in 16p11.2 duplication. *Journal of Autism and Developmental Disorders, 46*(8), 2734–2748.

Guinchat, V., Thorsen, P., Laurent, C., Cans, C., Bodeau, N., & Cohen, D. (2012). Pre-, peri- and neonatal risk factors for autism. *Acta Obstetricia et Gynecologica Scandinavica, 91*(3), 287–300.

Hanson, E., Bernier, R., Porche, K., Jackson, F., Goin-Kochel, R., Green-Snyder, L., et al. (2014). The cognitive and behavioral phenotype of the 16p11.2 deletion in a clinically ascertained population. *Biological Psychiatry, 77*(9), 785–793.

Jiang, H. Y., Xu, L. L., Shao, L., Xia, R. M., Yu, Z. H., Ling, Z. X., et al. (2016). Maternal infection during pregnancy and risk of autism spectrum disorders: A systematic review and meta-analysis. *Brain, Behavior, and Immunity, 58,* 165–172.

Krumm, N., O'Roak, B., Karakoc, E., Mohajeri, K., Nelson, B., Vives, L., et al. (2013). Transmission distortion of small CNVs in sporadic autism. *American Journal of Human Genetics, 93,* 595–606.

Krumm, N., Turner, T., Baker, C., Vives, L., Mohajeri, K., Witherspoon, K., et al. (2015). Excess of rare, inherited truncating mutations in autism. *Nature Genetics, 47*(6), 582–588.

Krupp, D. R., Barnard, R. A., Duffourd, Y., Evans, S. A., Mulqueen, R. M., Bernier, R., et al. (2017). Exonic mosaic mutations contribute risk for autism spectrum disorder. *American Journal of Human Genetics, 101*(3), 369–390.

Lam, J., Sutton, P., Kalkbrenner, A., Windham, G., Halladay, A., Koustas, E., et al. (2016). A systematic review and meta-analysis of multiple airborne pollutants and autism spectrum disorder. *PLOS ONE, 11*(9).

Li, Y. M., Ou, J. J., Liu, L., Zhang, D., Zhao, J. P., & Tang, S. Y. (2016). Association between maternal obesity and autism spectrum disorder in offspring: A meta-analysis. *Journal of Autism and Developmental Disorders, 46*(1), 95–102.

Modabbernia, A., Velthorst, E., & Reichenberg, A. (2017). Environmental risk factors for autism: An evidence-based review of systematic reviews and meta-analyses. *Molecular Autism, 8*(1), 13.

O'Roak, B., Vives, L., Fu, W., Egertson, J., Stanaway, I., Phelps, I., et al. (2012). Massively multiplex targeted sequencing identifies genes recurrently disrupted in autism spectrum disorders. *Science, 338,* 1619–1622.

O'Roak, B., Vives, L., Girirajan, S., Karakoc, E., Krumm, N., Coe, B., et al. (2012). Sporadic autism exomes reveal a highly interconnected protein network of de novo mutations. *Nature, 485,* 246–250.

Ramaswami, G., & Geschwind, D. H. (2018). Genetics of autism spectrum disorder. *Handbook of Clinical Neurology, 147,* 321–329.

Saghazadeh, A., & Rezaei, N. (2017). Systematic review and meta-analysis links autism and toxic metals and highlights the impact of country development status: Higher blood and erythrocyte levels for mercury and lead, and higher hair antimony, cadmium, lead, and mercury. *Progress in Neuro-Psychopharmacology and Biological Psychiatry, 79,* 340–368.

Sanders, S. J., Campbell, A. J., Cottrell, J. R., Moller, R. S., Wagner, F. F., Auldridge, A. L., et al. (2018). Progress in understanding and treating SCN2A-mediated disorders. *Trends in Neuroscience, 41*(7), 442–456.

Sestan, N., & State, M. W. (2018). Lost in translation: Traversing the complex path from genomics to therapeutics in autism spectrum disorder. *Neuron, 100*(2), 406–423.

Stessman, H., Bernier, R., & Eichler, E. (2014). A genotype-first approach to defining the subtypes of a complex disease. *Cell, 156*(5), 872–877.

Stessman, H., Xiong, B., Coe, B., Wang, T., Hoekzema, K., Fenckova, M., et al. (2017). Targeted sequencing identifies 91 neurodevelopmental disorder risk genes with autism and developmental disability biases. *Nature Genetics, 49*(4), 515–526.

Tebbenkamp, A. T., Willsey, A. J., State, M. W., & Šestan, N. (2014). The developmental transcriptome of the human brain: Implications for neurodevelopmental disorders. *Current Opinion in Neurology, 27*(2), 149.

Thye, M. D., Bednarz, H. M., Herringshaw, A. J., Sartin, E. B., & Kana, R. K. (2018). The impact of atypical sensory processing on social impairments in autism spectrum disorder. *Developmental Cognitive Neuroscience, 29,* 151–167.

Wang, C., Geng, H., Liu, W., & Zhang, G. (2017). Prenatal, perinatal, and postnatal factors associated with autism: A meta-analysis. *Medicine, 96*(18).

Weiner, D. J., Wigdor, E. M., Ripke, S., Walters, R. K., Kosmicki, J. A., Grove, J., et al. (2017). Polygenic transmission disequilibrium confirms that common and rare variation act additively to create risk for autism spectrum disorders. *Nature Genetics, 49*(7), 978–985.

Woodbury-Smith, M., & Scherer, S. W. (2018). Progress in the genetics of autism spectrum disorder. *Developmental Medicine and Child Neurology, 60*(5), 445–451.

Yuen, R. K., Szatmari, P., & Vorstman, J. A. (2019). Genetics of autism spectrum. In F. Volkmar (Ed.), *Autism and pervasive developmental disorders* (pp. 112–128). Cambridge, UK: Cambridge University Press.

Zheng, Z., Zhang, L., Li, S., Zhao, F., Wang, Y., Huang, L., et al. (2017). Association among obesity, overweight and autism spectrum disorder: A systematic review and meta-analysis. *Scientific Reports, 7*(1), 11697.

CAPÍTULO 4: COMO O CÉREBRO SE DESENVOLVE DE FORMA DISTINTA NO AUTISMO?

Baron-Cohen, S., Ring, H., Bullmore, E., Wheelwright, S., Ashwin, C., & Williams, S. (2000). The amygdala theory of autism. *Neuroscience and Biobehavioral Reviews, 24*, 355–364.

Blakemore, S.-J. (2008). The social brain in adolescence. *Nature Reviews Neuroscience 9*(4), 267.

Dawson, G., Jones, E. J., Merkle, K., Venema, K., Lowy, R., Faja, S., et al. (2012). Early behavioral intervention is associated with normalized brain activity in young children with autism. *Journal of the American Academy of Child Adolescent Psychiatry, 51*, 1550–1559.

Dawson, G., Rogers, S., Munson, J., Smith, M., Winter, J., Greenson, J., et al. (2010). Randomized, controlled trial of an intervention for toddlers with autism: The Early Start Denver Model. *Pediatrics, 125*, 17–23.

Ecker, C., Bookheimer, S. Y., & Murphy, D. G. (2015). Neuroimaging in autism spectrum disorder: Brain structure and function across the lifespan. *The Lancet Neurology, 14*(11), 1121–1134.

Faja, S., Webb, S. J., Jones, E., Merkle, K., Kamara, D., Bavaro, J., et al. (2012). The effects of face expertise training on the behavioral performance and brain activity of adults with high functioning autism spectrum disorders. *Journal of Autism and Developmental Disorders, 42*(2), 278–293.

Ha, S., Sohn, I. J., Kim, N., Sim, H. J., & Cheon, K. A. (2015). Characteristics of brains in autism spectrum disorder: Structure, function and connectivity across the lifespan. *Experimental Neurobiology, 24*(4), 273–284.

Hull, J. V., Jacokes, Z. J., Torgerson, C. M., Irimia, A., & Van Horn, J. D. (2017). Resting-state functional connectivity in autism spectrum disorders: A review. *Frontiers in Psychiatry, 7*, 205.

Kaiser, M. D., Hudac, C. M., Shultz, S., Lee, S. M., Cheung, C., Berken, A. M., et al. (2010). Neural signatures of autism. *Proceedings of the National Academy of Sciences of the USA, 107*, 21223–21228.

Kandel, E., Schwartz, J., Jessell, T., Siegelbaum, S., & Hudspeth, A. (2012). *Principles of neural science* (5th ed.). New York: McGraw-Hill Education.

Konrad, K., Firk, C., & Uhlhaas, P. J. (2013). Brain development during adolescence: Neuroscientific insights into this developmental period. *Deutsches Ärzteblatt International, 110*(25), 425.

Lenroot, R. K., & Giedd, J. N. (2006). Brain development in children and adolescents: Insights from anatomical magnetic resonance imaging. *Neuroscience and Biobehavioral Reviews, 30*(6), 718–729.

Li, D., Karnath, H. O., & Xu, X. (2017). Candidate biomarkers in children with autism spectrum disorder: A review of MRI studies. *Neuroscience Bulletin, 33*(2), 219– 237.

McPartland, J., Tillman, R., Yang, D., Bernier, R., & Pelphrey, K. (2014). The social neuroscience of autism spectrum disorder. In F. Volkmar, R. Paul, A. Klin, & D. Cohen (Eds.), *Handbook of autism and pervasive developmental disorders* (4th ed.). New York: Wiley.

Muller, R. A., & Fishman, I. (2018). Brain connectivity and neuroimaging of social networks in autism. *Trends in Cognitive Sciences, 22*(12), 1103–1116.

O'Reilly, C., Lewis, J. D., & Elsabbagh, M. (2017). Is functional brain connectivity atypical in autism?: A systematic review of EEG and MEG studies. *PLOS ONE, 12*(5), e0175870.

Pagnozzi, A. M., Conti, E., Calderoni, S., Fripp, J., & Rose, S. E. (2018). A systematic review of structural MRI biomarkers in autism spectrum disorder: A machine learning perspective. *International Journal of Developmental Neuroscience, 71*, 68–82.

Rane, P., Cochran, D., Hodge, S. M., Haselgrove, C., Kennedy, D., & Frazier, J. A. (2015). Connectivity in autism: A review of MRI connectivity studies. *Harvard Review of Psychiatry, 23*(4), 223.

Ventola, P., Friedman, H. E., Anderson, L. C., Wolf, J. M., Oosting, D., Foss-Feig, J., et al. (2014). Improvements in social and adaptive functioning following short-duration PRT program: A clinical replication. *Journal of Autism and Developmental Disorders, 44*(11), 2862–2870.

Yang, D., Pelphrey, K. A., Sukhodolsky, D. G., Crowley, M. J., Dayan, E., Dvornek, N. C., et al. (2016). Brain responses to biological motion predict treatment outcome in young children with autism. *Translational Psychiatry, 6*(11), p. e948.

CAPÍTULO 5: QUAIS AS MELHORES PRÁTICAS PARA AJUDAR UMA CRIANÇA COM AUTISMO?

Adams, K. E., Cohen, M. H., Eisenberg, D., & Jonsen, A. R. (2002). Ethical considerations of complementary and alternative medical therapies in conventional medical settings. *Annals of Internal Medicine, 137*(8), 660–664.

Barroso, N. E., Mendez, L., Graziano, P. A., & Bagner, D. M. (2018). Parenting stress through the lens of different clinical groups: A systematic review and meta-analysis. *Journal of Abnormal Child Psychology, 46*(3), 449–461.

Benvenuto, A., Battan, B., Porfirio, M. C., & Curatolo, P. (2013). Pharmacotherapy of autism spectrum disorders. *Brain and Development, 35*(2), 119–127.

Bernier, R., Stevens, A., & Ankenman, K. (2014). Assessment of core features of ASD. In P. Sturmey, J. Tarbox, D. Dixon, & J. L. Matson (Eds.), *Handbook of early intervention for autism spectrum disorders: Research, practice, and policy.* New York: Springer.

Cowan, R. J., Abel, L., & Candel, L. (2017). A meta-analysis of single-subject research on behavioral momentum to enhance success in students with autism. *Journal of Autism and Developmental Disorders, 47*(5), 1464–1477.

Dawson, G. (2013). Early intensive behavioral intervention appears beneficial for young children with autism spectrum disorders. *Journal of Pediatrics, 162*(5), 1080–1081.

Dawson, G., & Burner, K. (2011). Behavioral interventions in children and adolescents with autism spectrum disorder: A review of recent findings. *Current Opinion in Pediatrics, 23*(6), 616–620.

Dawson, G., Jones, E. J., Merkle, K., Venema, K., Lowy, R., Faja, S., et al. (2012). Early behavioral intervention is associated with normalized brain activity in young children with autism. *Journal of the American Academy of Child and Adolescent Psychiatry, 51,* 1550–1559.

Dawson, G., Rogers, S., Munson, J., Smith, M., Winter, J., Greenson, J., et al. (2010). Randomized, controlled trial of an intervention for toddlers with autism: The Early Start Denver Model. *Pediatrics, 125,* 17–23.

Estes, A., Olson, E., Munson, J., Sullivan, K., Greenson, J., Winter, J., et al. (2013). Parenting-related stress and psychological distress in mothers of toddlers with autism spectrum disorders. *Brain and Development, 35,* 133–138.

Gates, J. A., Kang, E., & Lerner, M. D. (2017). Efficacy of group social skills interventions for youth with autism spectrum disorder: A systematic review and meta-analysis. *Clinical Psychology Review, 52,* 164–181.

Goldstein, S., & Ozonoff, S. (Eds.). (2018). *Assessment of autism spectrum disorder.* New York: Guilford Press. Gringras, P., Nir, T., Breddy, J., Frydman-Marom, A., & Findling, R. L. (2017). Efficacy and safety of pediatric prolonged-release melatonin for insomnia in children with autism spectrum disorder. *Journal of the American Academy of Child and Adolescent Psychiatry, 56*(11), 948–957.

Gulliver, D., Werry, E., Reekie, T. A., Katte, T. A., Jorgensen, W., & Kassiou, M. (2018). Targeting the oxytocin system: New pharmacotherapeutic approaches. *Trends in Pharmacological Sciences, 40*(1), 22–37.

Howes, O. D., Rogdaki, M., Findon, J. L., Wichers, R. H., Charman, T., King, B. H., et al. (2018). Autism spectrum disorder: Consensus guidelines on assessment, treatment and research from the British Association for Psychopharmacology. *Journal of Psychopharmacology, 32*(1), 3–29.

Keech, B., Crowe, S., & Hocking, D. R. (2018). Intranasal oxytocin, social cognition and neurodevelopmental disorders: A meta-analysis. *Psychoneuroendocrinology, 87,* 9–19.

Koegel, R. L., Koegel, L. K., Kim, S., Bradshaw, J., Gengoux, G. W., Vismara, L. A., et al. (2018). *Pivotal response treatment for autism spectrum disorders.* Baltimore: Brookes.

Lord, C., Rutter, M., DiLavore, P. C., Risi, S., Gotham, K., & Bishop, S. L. (2012). *Autism Diagnostic Observation Schedule (ADOS-2) modules 1–4.* Los Angeles: Western Psychological Services.

Lord, C., Rutter, M., & Le Couteur, A. (1994). Autism Diagnostic Interview—Revised: A revised version of a diagnostic interview for caregivers of individuals with possible pervasive developmental disorders. *Journal of Autism and Developmental Disorders, 24*(5), 659–685.

Masi, A., Lampit, A., DeMayo, M. M., Glozier, N., Hickie, I. B., & Guastella, A. J. (2017). A comprehensive systematic review and meta-analysis of pharmacological and dietary supplement interventions in paediatric autism: Moderators of treatment response and recommendations for future research. *Psychological Medicine, 47*(7), 1323–1334.

McPheeters, M. L., Warren, Z., Sathe, N., Bruzek, J. L., Krishnaswami, S., Jerome, R. N., et al. (2011). A systematic review of medical treatments for children with autism spectrum disorders. *Pediatrics, 127*(5), e1312–e1321.

Myers, S. M., & Johnson, C. P. (2007). Management of children with autism spectrum disorders. *Pediatrics, 120*(5), 1162–1182.

Ozonoff, S., Dawson, G., & McPartland, J. (2014). *A parent's guide to Asperger syndrome and high-functioning autism: How to meet the challenges and help your child thrive* (2nd ed.). New York: Guilford Press.

Peters-Scheffer, N., Didden, R., Korzilius, H., & Sturmey, P. (2011). A meta-analytic study on the effectiveness of comprehensive ABA-based early intervention programs for children with autism spectrum disorders. *Research in Autism Spectrum Disorders, 5*(1), 60–69.

Postorino, V., Sharp, W. G., McCracken, C. E., Bearss, K., Burrell, T. L., Evans, A. N., et al. (2017). A systematic review and meta-analysis of parent training for disruptive behavior in children with autism spectrum disorder. *Clinical Child and Family Psychology Review, 20*(4), 391–402.

Reichow, B. (2012). Overview of meta-analyses on early intensive behavioral intervention for young children with autism spectrum disorders. *Journal of Autism and Developmental Disorders, 42*(4), 512–520.

Reichow, B., Barton, E. E., Boyd, B. A., & Hume, K. (2012). Early intensive behavioral intervention (EIBI) for young children with autism spectrum disorders (ASD). *Cochrane Database of Systematic Reviews, 10*.

Rogers, S. J., & Dawson, G. (2010). *Early Start Denver Model curriculum checklist for young children with autism.* New York: Guilford Press.

Rogers, S. J., & Dawson, G. (2010). *Early Start Denver Model for young children with autism: Promoting language, learning, and engagement.* New York: Guilford Press.

Rogers, S. J., Dawson, G., & Vismara, L. (2012). *An early start for your child with autism.* New York: Guilford Press.

Schopler, E., Reichler, R. J., DeVellis, R. F., & Daly, K. (1980). Toward objective classification of childhood autism: Childhood Autism Rating Scale (CARS). *Journal of Autism and Developmental Disorders, 10*(1), 91–103.

Sipes, M., & Matson, J. (2014). Measures used to screen and diagnose ASD in young children. In P. Sturmey, J. Tarbox, D. Dixon, & J. L. Matson (Eds.), *Handbook of early intervention for autism spectrum disorders: Research, practice, and policy.* New York: Springer.

South, M., Williams, B. J., McMahon, W. M., Owley, T., Filipek, P. A., Shernoff, E., et al. (2002). Utility of the Gilliam Autism Rating Scale in research and clinical populations. *Journal of Autism and Developmental Disorders, 32*(6), 593–599.

Tachibana, Y., Miyazaki, C., Ota, E., Mori, R., Hwang, Y., Kobayashi, E., et al. (2017). A systematic review and meta-analysis of comprehensive interventions for pre-school children with autism spectrum disorder (ASD). *PLOS ONE, 12*(12), e0186502.

U.S. Department of Education. *Individuals with Disabilities Education Act.* Retrieved from https://sites.ed.gov/idea.

Vivanti, G., Duncan, E., Dawson, G., & Rogers, S. J. (2016). *Implementing the group-based Early Start Denver Model for preschoolers with autism.* New York: Springer. Wagner, S., & Harony-Nicolas, H. (2018). Oxytocin and animal models for autism spectrum disorder. *Current Topics in Behavioral Neuroscience, 35,* 213–237.

Warren, Z., McPheeters, M. L., Sathe, N., Foss-Feig, J. H., Glasser, A., & Veenstra-VanderWeele, J. (2011). A systematic review of early intensive intervention for autism spectrum disorders. *Pediatrics, 127*(5), e1303–e1311.

Weston, L., Hodgekins, J., & Langdon, P. E. (2016). Effectiveness of cognitive behavioural therapy with people who have autistic spectrum disorders: A systematic review and meta-analysis. *Clinical Psychology Review, 49,* 41–54.

Yamasue, H., & Domes, G. (2018). Oxytocin and autism spectrum disorders. *Current Topics in Behavioral Neuroscience, 35,* 449–465.

Zwaigenbaum, L., & Penner, M. (2018). Autism spectrum disorder: Advances in diagnosis and evaluation. *BMJ, 361,* k1674.

CAPÍTULO 6: EXERCÍCIO, SONO E TEA

American Academy of Pediatrics. (2016). Recommended amount of sleep for pediatric populations. *Pediatrics, 138*(2), e20161601.

Archer, T., & Kostrzewa, R. M. (2015). Physical exercise alleviates health defects, symptoms, and biomarkers in schizophrenia spectrum disorder. *Neurotoxicity Research, 28*(3), 268-280.

Auger, R. R., Burgess, H. J., Emens, J. S., Deriy, L. V., Thomas, S. M., & Sharkey, K. M. (2015). Clinical practice guideline for the treatment of intrinsic circadian rhythm sleep-wake disorders: Advanced sleep-wake phase disorder (ASWPD), delayed sleep-wake phase disorder (DSWPD), non-24-hour sleep-wake rhythm disorder (N24SWD), and irregular sleep-wake rhythm disorder (ISWRD). *Journal of Clinical Sleep Medicine, 11*(10), 1199-1236.

Bandini, L. G., Gleason, J., Curtin, C., Lividini, K., Anderson, S. E., Cermak, S. A., et al. (2013). Comparison of physical activity between children with autism spectrum disorders and typically developing children. *Autism, 17*(1), 44-54.

Barnes, C. M., & Drake, C. L. (2015). Prioritizing sleep health: Public health policy recommendations. *Perspectives on Psychological Science, 10*(6), 733-737.

Bremer, E., Crozier, M., & Lloyd, M. (2016). A systematic review of the behavioural outcomes following exercise interventions for children and youth with autism spectrum disorder. *Autism, 20*(8), 899-915.

Bruni, O., Alonso-Alconada, D., Besag, F., Biran, V., Braam, W., Cortese, S., et al. (2015). Current role of melatonin in pediatric neurology: Clinical recommendations. *European Journal of Paediatric Neurology, 19*(2), 122-133.

Burdette, H. L., & Whitaker, R. C. (2005). Resurrecting free play in young children: Looking beyond fitness and fatness to attention, affiliation, and affect. *Archives of Pediatric and Adolescent Medicine, 159*(1), 46-50.

Chang, A. M., Aeschbach, D., Duffy, J. F., & Czeisler, C. A. (2015). Evening use of light-emitting eReaders negatively affects sleep, circadian timing, and next-morning alertness. *Proceedings of the National Academy of Sciences of the USA, 112*, 1232-1237.

Cuomo, B. M., Vaz, S., Lee, E. A. L., Thompson, C., Rogerson, J. M., & Falkmer, T. (2017). Effectiveness of sleep-based interventions for children with autism spectrum disorder: A meta synthesis. *Pharmacotherapy, 37*(5), 555-578.

De Paz, A. M., Sanchez-Mut, J. V., Samitier-Marti, M., Petazzi, P., Saez, M., Szczesna, K., et al. (2015). Circadian cycle-dependent MeCP2 and brain chromatin changes. *PLOS ONE, 10*(4), e0123693.

Denham, J., Marques, F. Z., O'Brien, B. J., & Charchar, F. J. (2014). Exercise: Putting action into our epigenome. *Sports Medicine, 44*(2), 189-209.

Devnani, P. A., & Hegde, A. U. (2015). Autism and sleep disorders. *Journal of Pediatric Neurosciences, 10*(4), 304.

Dillon, S. R., Adams, D., Goudy, L., Bittner, M., & McNamara, S. (2017). Evaluating exercise as evidence-based practice for individuals with autism spectrum disorder. *Frontiers in Public Health, 4*, 290.

Falbe, J., Davison, K. K., Franckle, R. L., Ganter, C., Gortmaker, S. L., Smith, L., et al. (2015). Sleep duration, restfulness, and screens in the sleep environment. *Pediatrics, 135*(2), e367-e375.

Goldman, S. E., Alder, M. L., Burgess, H. J., Corbett, B. A., Hundley, R., Wofford, D., et al. (2017). Characterizing sleep in adolescents and adults with autism spectrum disorders. *Journal of Autism and Developmental Disorders, 47*(6), 1682-1695.

Gomez, R. L., & Edgin, J. O. (2015). Sleep as a window into early neural development: Shifts in sleep-dependent learning effects across early childhood. *Child Development Perspectives, 9*(3), 183–189.

Hackney, A. C. (2015). Epigenetic aspects of exercise on stress reactivity. *Psychoneuroendocrinology, 61,* 17.

Hargreaves, M. (2015). Exercise and gene expression. *Progress in Molecular Biology and Translational Science, 135,* 457–469.

Healy, S., Nacario, A., Braithwaite, R. E., & Hopper, C. (2018). The effect of physical activity interventions on youth with autism spectrum disorder: A meta-analysis. *Autism Research, 11*(6), 818–833.

Hillman, C. H. (2014). The relation of childhood physical activity and aerobic fitness to brain function and cognition: A review. *Monographs of the Society for Research in Child Development, 79,* 1–6.

Horvath, K., Myers, K., Foster, R., & Plunkett, K. J. (2015). Napping facilitates word learning in early lexical development. *Sleep Research, 24*(5), 503–509.

Jones, R. A., Downing, K., Rinehart, N. J., Barnett, L. M., May, T., McGillivray, J. A., et al. (2017). Physical activity, sedentary behavior and their correlates in children with autism spectrum disorder: A systematic review. *PLOS ONE, 12*(2), e0172482.

Kashimoto, R. K., Toffoli, L. V., Manfredo, M. H., Volpini, V. L., Martins-Pinge, M. C., Pelosi, G., et al. (2016). Physical exercise affects the epigenetic programming of rat brain and modulates the adaptive response evoked by repeated restraint stress. *Behavioural Brain Research, 296,* 286–289.

Khan, N. A., & Hillman, C. H. (2014). Benefits of regular aerobic exercise for executive functioning in healthy populations. *Pediatric Exercise Science, 26,* 138–146.

Maski, K. P. (2015). Sleep-dependent memory consolidation in children. *Seminars in Pediatric Neurology, 22*(2), 130–134.

Must, A., Phillips, S. M., Curtin, C., Anderson, S. E., Maslin, M., Lividini, K., et al. (2014). Comparison of sedentary behaviors between children with autism spectrum disorders and typically developing children. *Autism, 18*(4), 376–384.

Myer, G. D., Faigenbaum, A. D., Edwards, N. M., Clark, J. F., Best, T. M., & Sallis, R. E. (2015). Sixty minutes of what?: A developing brain perspective for activating children with an integrative exercise approach. *British Journal of Sports Medicine, 49*(23), 1510–1516.

Reynolds, A. M., & Malow, B. A. (2011). Sleep and autism spectrum disorders. *Pediatric Clinics, 58*(3), 685–698.

Richdale, A. L., & Schreck, K. A. (2009). Sleep problems in autism spectrum disorders: Prevalence, nature, and possible biopsychosocial aetiologies. *Sleep Medicine Reviews, 13*(6), 403–411.

Rodrigues, G. M., Jr., Toffoli, L. V., Manfredo, M. H., Francis-Oliveira, J., Silva, A. S., Raquel, H. A., et al. (2015). Acute stress affects the global DNA methylation profile in rat brain: Modulation by physical exercise. *Behavioural Brain Research, 15*(279), 123–128.

Schuch, J. B., Genro, J. P., Bastos, C. R., Ghisleni, G., & Tovo-Rodrigues, L. (2018). The role of CLOCK gene in psychiatric disorders: Evidence from human and animal research. *American Journal of Medical Genetics Part B: Neuropsychiatric Genetics, 177*(2), 181–198.

Singh, A., Uijtdewilligen, L., Twisk, J. W., van Mechelen, W., & Chinapaw, M. J. (2012). Physical activity and performance at school: A systematic review of the literature including a methodological quality assessment. *Archives of Pediatric and Adolescent Medicine, 166*(1), 49–55.

Souders, M. C., Zavodny, S., Eriksen, W., Sinko, R., Connell, J., Kerns, C., et al. (2017). Sleep in children with autism spectrum disorder. *Current Psychiatry Reports, 19*(6), 34.

Tan, B. W., Pooley, J. A., & Speelman, C. P. (2016). A meta-analytic review of the efficacy of physical exercise interventions on cognition in individuals with autism spectrum disorder and ADHD. *Journal of Autism and Developmental Disorders, 46*(9), 3126–3143.

Urbain, C., De Tiege, X., Op De Beeck, M., Bourguignon, M., Wens, V., Verheulpen D., et al. (2016). Sleep in children triggers rapid reorganization of memory-related brain processes. *NeuroImage, 134*, 213–222.

von Schantz, M., & Archer, S. N. (2003). Clocks, genes and sleep. *Journal of the Royal Society of Medicine, 96*(10), 486–489.

CAPÍTULO 7: PROBLEMAS GASTRINTESTINAIS E ALIMENTARES, ALIMENTAÇÃO E DIETA NO TEA

Bubnov, R. V., Spivak, M. Y., Lazarenko, L. M., Bomba, A., & Boyko, N. V. (2015). Probiotics and immunity: Provisional role for personalized diets and disease prevention. *EPMA Journal, 6*(1), 14.

Buie, T., Campbell, D. B., Fuchs, G. J., Furuta, G. T., Levy, J., VandeWater, J., et al. (2010). Evaluation, diagnosis, and treatment of gastrointestinal disorders in individuals with ASDs: A consensus report. *Pediatrics, 125*(Suppl. 1), S1–S18.

Cao, X., Lin, P., Jiang, P., & Li, C. (2013). Characteristics of the gastrointestinal microbiome in children with autism spectrum disorder: A systematic review. *Shanghai Archives of Psychiatry, 25*(6), 342.

Castro, K., Faccioli, L. S., Baronio, D., Gottfried, C., Perry, I. S., & Riesgo, R. D. S. (2015). Effect of a ketogenic diet on autism spectrum disorder: A systematic review. *Research in Autism Spectrum Disorders, 20*, 31–38.

Castro, K., Klein, L. D. S., Baronio, D., Gottfried, C., Riesgo, R., & Perry, I. S. (2016). Folic acid and autism: What do we know? *Nutritional Neuroscience, 19*(7), 310–317.

Chistol, L. T., Bandini, L. G., Must, A., Phillips, S., Cermak, S. A., & Curtin, C. (2018). Sensory sensitivity and food selectivity in children with autism spectrum disorder. *Journal of Autism and Developmental Disorders, 48*(2), 583–591. Esteban-Figuerola,

P., Canals, J., Fernandez-Cao, J. C., & Arija Val, V. (2018). Differences in food consumption and nutritional intake between children with autism spectrum disorders and typically developing children: A meta-analysis. *Autism, 23*(5), 1079–1095. [Epub ahead of print]

Fulceri, F., Morelli, M., Santocchi, E., Cena, H., Del Bianco, T., Narzisi, A., et al. (2016). Gastrointestinal symptoms and behavioral problems in preschoolers with autism spectrum disorder. *Digestive and Liver Disease, 48*(3), 248–254.

Gogou, M., & Kolios, G. (2017). The effect of dietary supplements on clinical aspects of autism spectrum disorder: A systematic review of the literature. *Brain and Development, 39*(8), 656–664.

Gorrindo, P., Williams, K. C., Lee, E. B., Walker, L. S., McGrew, S. G., & Levitt, P. (2012). Gastrointestinal dysfunction in autism: Parental report, clinical evaluation, and associated factors. *Autism Research, 5*(2), 101–108.

Grayson, D. S., Kroenke, C. D., Neuringer, M., & Fair, D. A. (2014). Dietary omega-3 fatty acids modulate large-scale systems organization in the rhesus macaque brain. *Journal of Neuroscience, 34*(6), 2065–2074.

Holingue, C., Newill, C., Lee, L. C., Pasricha, P. J., & Daniele Fallin, M. (2018). Gastrointestinal symptoms in autism spectrum disorder: A review of the literature on ascertainment and prevalence. *Autism Research, 11*(1), 24–36.

Israelyan, N., & Margolis, K. G. (2018). Serotonin as a link between the gut-brain-microbiome axis in autism spectrum disorders. *Pharmacological Research, 132*, 1–6.

Kang, V., Wagner, G. C., & Ming, X. (2014). Gastrointestinal dysfunction in children with autism spectrum disorders. *Autism Research, 7*(4), 501–506.

Kopec, A. M., Fiorentino, M. R., & Bilbo, S. D. (2018). Gut-immune- brain dysfunction in autism: Importance of sex. *Brain Research, 1693*(Part B), 214–217.

Lange, K. W., Hauser, J., & Reissmann, A. (2015). Gluten-free and casein-free diets in the therapy of autism. *Current Opinion in Clinical Nutrition and Metabolic Care, 18*(6), 572–575.

Levine, S. Z., Kodesh, A., Viktorin, A., Smith, L., Uher, R., Reichenberg, A., et al. (2018). Association of maternal use of folic acid and multivitamin supplements in the periods before and during pregnancy with the risk of autism spectrum disorder in offspring. *JAMA Psychiatry, 75*(2), 176–184.

Li, Q., Han, Y., Dy, A. B. C., & Hagerman, R. J. (2017). The gut microbiota and autism spectrum disorders. *Frontiers in Cellular Neuroscience, 11*, 120.

Li, Y. J., Ou, J. J., Li, Y. M., & Xiang, D. X. (2017). Dietary supplement for core symptoms of autism spectrum disorder: Where are we now and where should we go? *Frontiers in Psychiatry, 8*, 155.

Ly, V., Bottelier, M., Hoekstra, P. J., Vasquez, A. A., Buitelaar, J. K., & Rommelse, N. N. (2017). Elimination diets' efficacy and mechanisms in attention deficit hyperactivity disorder and autism spectrum disorder. *European Child and Adolescent Psychiatry, 26*(9), 1067–1079.

Maqsood, R., & Stone, T. W. (2016). The gut-brain axis, BDNF, NMDA and CNS disorders. *Neurochemical Resesarch, 11*, 2819–2835.

Masi, A., Lampit, A., DeMayo, M. M., Glozier, N., Hickie, I. B., & Guastella, A. J. (2017). A comprehensive systematic review and meta-analysis of pharmacological and dietary supplement interventions in paediatric autism: Moderators of treatment response and recommendations for future research. *Psychological Medicine, 47*(7), 1323–1334.

Mayer, E. A., Tillisch, K., & Gupta, A. (2015). Gut/brain axis and the microbiota. *Journal of Clinical Investigation, 125*(3), 926–938.

McCue, L. M., Flick, L. H., Twyman, K. A., & Xian, H. (2017). Gastrointestinal dysfunctions as a risk factor for sleep disorders in children with idiopathic autism spectrum disorder: A retrospective cohort study. *Autism, 21*(8), 1010–1020.

McElhanon, B. O., McCracken, C., Karpen, S., & Sharp, W. G. (2014). Gastrointestinal symptoms in autism spectrum disorder: A meta-analysis. *Pediatrics, 133*(5), 872–883.

Mittal, R., Debs, L. H., Patel, A. P., Nguyen, D., Patel, K., O'Connor, G., et al. (2016). Neurotransmitters: The critical modulators regulating gut-brain axis. *Journal of Cell Physiology, 232*(9), 2359–2372.

Moody, L., Chen, H., & Pan, Y. X. (2017). Early-life nutritional programming of cognition— the fundamental role of epigenetic mechanisms in mediating the relation between early-life environment and learning and memory process. *Advances in Nutrition, 8*(2), 337–350.

Neuhaus, E., Bernier, R. A., Tham, S. W., & Webb, S. J. (2018). Gastrointestinal and psychiatric symptoms among children and adolescents with autism spectrum disorder. *Frontiers in Psychiatry, 9*(515), 1–9.

Pennesi, C. M., & Klein, L. C. (2012). Effectiveness of the gluten-free, casein-free diet for children diagnosed with autism spectrum disorder: Based on parental report. *Nutritional Neuroscience, 15*(2), 85–91.

Petra, A. I., Panagiotidou, S., Hatziagelaki, E., Stewart, J. M., Conti, P., & Theoharides, T. C. (2015). Gut-microbiota- brain axis and its effect on neuropsychiatric disorders with suspected immune dysregulation. *Clinical Therapeutics, 37*(5), 984–995.

Piwowarczyk, A., Horvath, A., Łukasik, J., Pisula, E., & Szajewska, H. (2017). Gluten- and casein-free diet and autism spectrum disorders in children: A systematic review. *European Journal of Nutrition, 57*(2), 433–440.

Sable, P., Randhir, K., Kale, A., Chavan-Gautam, P., & Joshi, S. (2015). Maternal micronutrients and brain global methylation patterns in the offspring. *Nutritional Neuroscience, 18*(1), 30–36.

Sathe, N., Andrews, J. C., McPheeters, M. L., & Warren, Z. E. (2017). Nutritional and dietary interventions for autism spectrum disorder: A systematic review. *Pediatrics, 139*(6), e20170346.

Sharp, W. G., Postorino, V., McCracken, C. E., Berry, R. C., Criado, K. K., Burrell, T. L., et al. (2018). Dietary intake, nutrient status, and growth parameters in children with autism spectrum disorder and severe food selectivity: An electronic medical record review. *Journal of the Academy of Nutrition and Dietetics, 118*(10), 1943–1950.

Sharp, W. G., Volkert, V. M., Scahill, L., McCracken, C. E., & McElhanon, B. (2017). A systematic review and meta-analysis of intensive multidisciplinary intervention for pediatric feeding disorders: How standard is the standard of care? *Journal of Pediatrics, 181*, 116–124.

Strom, M., Granstrom, C., Lyall, K., Ascherio, A., & Olsen, S. F. (2018). Folic acid supplementation and intake of folate in pregnancy in relation to offspring risk of autism spectrum disorder. *Psychological Medicine, 48*(6), 1048–1054.

Sullivan, E. L., Nousen, E. K., & Chamlou, K. A. (2014). Maternal high fat diet consumption during the perinatal period programs offspring behavior. *Physiology and Behavior, 123*, 236–242.

Suren, P., Roth, C., Bresnahan, M., Haugen, M., Hornig, M., Hirtz, D., et al. (2013). Association between maternal use of folic acid supplements and risk of autism spectrum disorders in children. *JAMA, 309*(6), 570–577.

Thulasi, V., Steer, R. A., Monteiro, I. M., & Ming, X. (2019). Overall severities of gastrointestinal symptoms in pediatric outpatients with and without autism spectrum disorder. *Autism, 23*(2), 524–530.

Wasilewska, J., & Klukowski, M. (2015). Gastrointestinal symptoms and autism spectrum disorder: Links and risks—a possible new overlap syndrome. *Pediatric Health, Medicine and Therapeutics, 6*, 153.

Wolraich, M. L., Wilson, D. B., & White, J. W. (1995). The effect of sugar on behavior or cognition in children: A meta-analysis. *Journal of the American Medical Association, 274*(20), 1617–1621.

Yang, X. L., Liang, S., Zou, M. Y., Sun, C. H., Han, P. P., Jiang, X. T., et al. (2018). Are gastrointestinal and sleep problems associated with behavioral symptoms of autism spectrum disorder? *Psychiatry Research, 259*, 229–235.

Yarandi, S. S., Peterson, D. A., Treisman, G. J., Moran, T. H., & Pasricha, P. J. (2016). Modulatory effects of gut microbiota on the central nervous system: How gut could play a role in neuropsychiatric health and diseases. *Journal of Neurogastroenterology and Motility, 22*(2), 201–212.

CAPÍTULO 8: TECNOLOGIA E TEA: OS MAIS RECENTES ACHADOS SOBRE PERIGOS E PROMESSAS

American Academy of Pediatrics. (2016). Family Media Use Plan. Retrieved from www. healthychildren.org/English/media/Pages/default.aspx.

Anderson, C. A., Berkowitz, L., Donnerstein, E., Huesmann, L. R., Johnson, J. D., Linz, D., et al. (2003). The influence of media violence on youth. *Psychological Science in the Public Interest, 4*(3), 81–110.

Bellini, S., & Akullian, J. (2007). A meta-analysis of video modeling and video self-modeling interventions for children and adolescents with autism spectrum disorders. *Exceptional Children, 73*(3), 264–287.

Bushman, B. J. (2016). Violent media and hostile appraisals: A meta-analytic review. *Aggressive Behavior, 42*, 605–613.

Bushman, B. J., & Anderson, C. A. (2001). Media violence and the American public: Scientific facts versus media misinformation. *American Psychologist, 56*, 477–489.

Chonchaiya, W., Nuntnarumit, P., & Pruksananonda, C. (2011). Comparison of television viewing between children with autism spectrum disorder and controls. *Acta Paediatrica, 100*(7), 1033–1037.

Christakis, D. A., Garrison, M. M., Herrenkohl, T., Haggerty, K., Rivara, F. P., Zhou, C., et al. (2013). Modifying media content for preschool children: A randomized controlled trial. *Pediatrics, 131*(3), 431–438.

Christakis, D. A., Gilkerson, J., Richards, J. A., Zimmerman, F. J., Garrison, M. M., Xu, D., et al. (2009). Audible television and decreased adult words, infant vocalizations, and conversational turns: A population-based study. *Archives of Pediatrics and Adolescent Medicine, 163*(6), 554–558.

Christakis, D. A., & Zimmerman, F. J. (2007). Violent television viewing during preschool is associated with antisocial behavior during school age. *Pediatrics, 120*(5), 993–999.

Duch, H., Fisher, E. M., Ensari, I., & Harrington, A. (2013). Screen time use in children under 3 years old: A systematic review of correlates. *International Journal of Behavioral Nutrition and Physical Activity, 10*(1), 102.

Fletcher-Watson, S. (2014). A targeted review of computer-assisted learning for people with autism spectrum disorder: Towards a consistent methodology. Review. *Journal of Autism and Developmental Disorders, 1*(2), 87–100.

Garon, N., Zwaigenbaum, L., Bryson, S., Smith, I. M., Brian, J., Roncadin, C., et al. (2016). Temperament and its association with autism symptoms in a high-risk population. *Journal of Abnormal Child Psychology, 44*(4), 757–769.

Garrison, M. M., & Christakis, D. A. (2012). The impact of a healthy media use intervention on sleep in preschool children. *Pediatrics, 130*(3). Grynszpan, O., Weiss, P. L., Perez-Diaz, F., & Gal, E. (2014). Innovative technologybased interventions for autism spectrum disorders: A meta-analysis. *Autism, 18*(4), 346–361.

Gwynette, M. F., Sidhu, S. S., & Ceranoglu, T. A. (2018). Electronic screen media use in youth with autism Spectrum disorder. *Child and Adolescent Psychiatric Clinics of North America, 27*(2), 203–219.

Hong, E. R., Ganz, J. B., Mason, R., Morin, K., Davis, J. L., Ninci, J., et al. (2016). The effects of video modeling in teaching functional living skills to persons with ASD: A meta-analysis of single-case studies. *Research in Developmental Disabilities, 57*, 158–169.

Kabali, H. K., Irigoyen, M. M., Nunez-Davis, R., Budacki, J. G., Mohanty, S. H., Leister, K. P., et al. (2015). Exposure and use of mobile media devices by young children. *Pediatrics, 136*(6).

Knight, V., McKissick, B. R., & Saunders, A. (2013). A review of technology-based interventions to teach academic skills to students with autism spectrum disorder. *Journal of Autism and Developmental Disorders, 43*(11), 2628-2648.

Kuo, M. H., Orsmond, G. I., Coster, W. J., & Cohn, E. S. (2014). Media use among adolescents with autism spectrum disorder. *Autism, 18*(8), 914-923.

Lee, C. S., Lam, S. H., Tsang, S. T., Yuen, C. M., & Ng, C. K. (2018). The effectiveness of technology-based intervention in improving emotion recognition through facial expression in people with autism spectrum disorder: A systematic review. *Journal of Autism and Developmental Disorders, 5*(2), 91-104.

Li, K., Jurkowski, J. M., & Davison, K. K. (2013). Social support may buffer the effect of intrafamilial stressors on preschool children's television viewing time in low-income families. *Childhood Obesity, 9*(6), 484-491.

Livingstone, S., & Smith, P. K. (2014). Annual research review: Harms experienced by child users of online and mobile technologies: The nature, prevalence and management of sexual and aggressive risks in the digital age. *Journal of Child Psychology and Psychiatry and Allied Disciplines, 55*(6), 635-654.

Logan, K., Iacono, T., & Trembath, D. (2017). A systematic review of research into aided AAC to increase social-communication functions in children with autism spectrum disorder. *Augmentative and Alternative Communication, 33*(1), 51-64.

Mason, R. A., Ganz, J. B., Parker, R. I., Burke, M. D., & Camargo, S. P. (2012). Moderating factors of video-modeling with other as model: A meta-analysis of singlecase studies. *Research in Developmental Disabilities, 33*(4), 1076-1086.

Mazurek, M. O., Shattuck, P. T., Wagner, M., & Cooper, B. P. (2012). Prevalence and correlates of screen-based media use among youths with autism spectrum disorders. *Journal of Autism and Developmental Disorders, 42*(8), 1757-1767.

Mazurek, M. O., & Wenstrup, C. (2013). Television, video game and social media use among children with ASD and typically developing siblings. *Journal of Autism and Developmental Disorders, 43*(6), 1258-1271.

Mesa-Gresa, P., Gil-Gomez, H., Lozano-Quilis, J. A., & Gil-Gomez, J. A. (2018). Effectiveness of virtual reality for children and adolescents with autism spectrum disorder: An evidence-based systematic review. *Sensors, 18*(8), 2486.

Mineo, B. A., Ziegler, W., Gill, S., & Salkin, D. (2009). Engagement with electronic screen media among students with autism spectrum disorders. *Journal of Autism and Developmental Disorders, 39*(1), 172-187.

Montes, G. (2016). Children with autism spectrum disorder and screen time: Results from a large, nationally representative US study. *Academic Pediatrics, 16*(2), 122- 128.

Morin, K. L., Ganz, J. B., Gregori, E. V., Foster, M. J., Gerow, S. L., Genc-Tosun, D., et al. (2018). A systematic quality review of high-tech AAC interventions as an evidence- based practice. *Augmentative and Alternative Communication, 34*(2), 104-117.

Nally, B., Houlton, B., & Ralph, S. (2000). Researches in brief: The management of television and video by parents of children with autism. *Autism, 4*(3), 331-337.

Pennisi, P., Tonacci, A., Tartarisco, G., Billeci, L., Ruta, L., Gangemi, S., et al. (2016). Autism and social robotics: A systematic review. *Autism Research, 9*(2), 165-183.

Radesky, J. S., Silverstein, M., Zuckerman, B., & Christakis, D. A. (2014). Infant self-regulation and early childhood media exposure. *Pediatrics, 133*(5), e1172–e1178.

Shane, H. C., & Albert, P. D. (2008). Electronic screen media for persons with autism spectrum disorders: Results of a survey. *Journal of Autism and Developmental Disorders, 38*(8), 1499–1508.

Shane, H. C., Laubscher, E. H., Schlosser, R. W., Flynn, S., Sorce, J. F., & Abramson, J. (2012). Applying technology to visually support language and communication in individuals with autism spectrum disorders. *Journal of Autism and Developmental Disorders, 42*(6), 1228–1235.

Takacs, Z. K., Swart, E. K., & Bus, A. G. (2015). Benefits and pitfalls of multimedia and interactive features in technology-enhanced storybooks: A meta-analysis. *Review of Educational Research, 85*(4), 698–739.

CAPÍTULO 9: ADOLESCÊNCIA E AUTISMO

Anderson, K. A., Sosnowy, C., Kuo, A. A., & Shattuck, P. T. (2018). Transition of individuals with autism to adulthood: A review of qualitative studies. *Pediatrics, 141*(Suppl. 4), S318–S327.

Ballan, M. S., & Freyer, M. B. (2017). Autism spectrum disorder, adolescence, and sexuality education: Suggested interventions for mental health professionals. *Sexuality and Disability, 35*(2), 261–273.

Bennett, A. E., Miller, J. S., Stollon, N., Prasad, R., & Blum, N. J. (2018). Autism spectrum disorder and transition-aged youth. *Current Psychiatry Reports, 20*(11), 103.

Chen, J., Cohn, E. S., & Orsmond, G. I. (2019). Parents' future visions for their autistic transition-age youth: Hopes and expectations. *Autism, 23*(6), 1363–1372. [Epub ahead of print]

Davignon, M. N., Qian, Y., Massolo, M., & Croen, L. A. (2018). Psychiatric and medical conditions in transition-aged individuals with ASD. *Pediatrics, 141*(Suppl. 4), S335–S345.

Gates, J. A., Kang, E., & Lerner, M. D. (2017). Efficacy of group social skills interventions for youth with autism spectrum disorder: A systematic review and meta-analysis. *Clinical Psychology Review, 52*, 164–181.

George, R., & Stokes, M. A. (2018). Gender identity and sexual orientation in autism spectrum disorder. *Autism, 22*(8), 970–982.

George, R., & Stokes, M. A. (2018). Sexual orientation in autism spectrum disorder. *Autism Research, 11*(1), 133–141.

Glidden, D., Bouman, W. P., Jones, B. A., & Arcelus, J. (2016). Gender dysphoria and autism spectrum disorder: A systematic review of the literature. *Sexual Medicine Reviews, 4*(1), 3–14.

Hancock, G. I., Stokes, M. A., & Mesibov, G. B. (2017). Socio-sexual functioning in autism spectrum disorder: A systematic review and meta-analyses of existing literature. *Autism Research, 10*(11), 1823–1833.

Hatfield, M., Ciccarelli, M., Falkmer, T., & Falkmer, M. (2018). Factors related to successful transition planning for adolescents on the autism spectrum. *Journal of Research in Special Educational Needs, 18*(1), 3–14.

Lappe, M., Lau, L., Dudovitz, R. N., Nelson, B. B., Karp, E. A., & Kuo, A. A. (2018). The diagnostic odyssey of autism spectrum disorder. *Pediatrics, 141*(Suppl. 4), S272–S279. Paradiz, V., Kelso, S., Nelson, A., & Earl, A. (2018). Essential self-advocacy and transition. *Pediatrics, 141*(Suppl. 4), S373–S377.

Pecora, L. A., Mesibov, G. B., & Stokes, M. A. (2016). Sexuality in high-functioning autism: A systematic review and meta-analysis. *Journal of Autism and Developmental Disorders, 46*(11), 3519–3556.

Shattuck, P. T., Lau, L., Anderson, K. A., & Kuo, A. A. (2018). A national research agenda for the transition of youth with autism. *Pediatrics, 141*(Suppl. 4), S355– S361.

Sosnowy, C., Silverman, C., & Shattuck, P. (2018). Parents' and young adults' perspectives on transition outcomes for young adults with autism. *Autism, 22*(1), 29–39.

Strang, J. F., Meagher, H., Kenworthy, L., de Vries, A. L., Menvielle, E., Leibowitz, S., et al. (2018). Initial clinical guidelines for co-occurring autism spectrum disorder and gender dysphoria or incongruence in adolescents. *Journal of Clinical Child and Adolescent Psychology, 47*(1), 105–115.

Turner, D., Briken, P., & Schottle, D. (2017). Autism-spectrum disorders in adolescence and adulthood: Focus on sexuality. *Current Opinion in Psychiatry, 30*(6), 409–416.

Van Der Miesen, A. I., Hurley, H., & De Vries, A. L. (2016). Gender dysphoria and autism spectrum disorder: A narrative review. *International Review of Psychiatry, 28*(1), 70–80.

Vincent, J. (2019). It's the fear of the unknown: Transition from higher education for young autistic adults. *Autism, 23*(6), 1575–1585. [Epub ahead of print]

Watkins, L., O'Reilly, M., Kuhn, M., Gevarter, C., Lancioni, G. E., Sigafoos, J., et al. (2015). A review of peer-mediated social interaction interventions for students with autism in inclusive settings. *Journal of Autism and Developmental Disorders, 45*(4), 1070–1083.

White, S. W., Simmons, G. L., Gotham, K. O., Conner, C. M., Smith, I. C., Beck, K. B., et al. (2018). Psychosocial treatments targeting anxiety and depression in adults and adults on the autism spectrum: Review of the latest research and recommended future directions. *Current Psychiatry Reports, 20*(10), 82.

CAPÍTULO 10: VIDA ADULTA E AUTISMO

Anderson, D., Liang, J., & Lord, C. (2014). Predicting young adult outcome among more and less cognitively able individuals with autism spectrum disorders. *Journal of Child Psychology and Psychiatry, 55*(5), 485–494.

Dijkhuis, R. R., Ziermans, T. B., Van Rijn, S., Staal, W. G., & Swaab, H. (2017). Self-regulation and quality of life in high-functioning young adults with autism. *Autism, 21*(7), 896–906.

Garcia-Villamisar, D., & Hughes, C. (2007). Supported employment improves cognitive performance in adults with autism. *Journal of Intellectual Disability Research, 51*, 142–150.

Gelbar, N. W., Smith, I., & Reichow, B. (2014). Systematic review of articles describing experience and supports of individuals with autism enrolled in college and university programs. *Journal of Autism and Developmental Disorders, 44*(10), 2593–2601.

Gotham, K., Brunwasser, S., & Lord, C. (2015). Depressive and anxiety symptom trajectories from school age through young adulthood in samples with autism spectrum disorder and developmental delay. *Journal of American Academy of Child and Adolescent Psychiatry, 54*(5), 369–376.

Hollocks, M., Lerh, J. W., Magiati, I., Meiser-Stedman, R., & Brugha, T. (2018). Anxiety and depression in adults with autism spectrum disorder: A systematic review and meta-analysis. *Psychological Medicine, 49*(4), 559–572.

Levy, A., & Perry, A. (2011). Outcomes in adolescents and adults with autism: A review of the literature. *Research in Autism Spectrum Disorders, 5*, 1271–1282.

Magiati, I., Tay, X. W., & Howlin, P. (2014). Cognitive, language, social, and behavioural outcomes in adults with autism spectrum disorders: A systematic review of longitudinal follow-up studies in adulthood. *Clinical Psychology Review, 34,* 73–86.

Moss, P., Mandy, W., & Howlin, P. (2017). Child and adult factors related to quality of life in adults with autism. *Journal of Autism and Developmental Disorders, 47*(6), 1830–1837.

Nicolaidis, C., Kripke, C. C., & Raymaker, D. (2014). Primary care for adults on the autism spectrum. *Medical Clinics, 98*(5), 1169–1191.

Poon, K. K., & Sidhu, D. J. (2017). Adults with autism spectrum disorders: A review of outcomes, social attainment, and interventions. *Current Opinion in Psychiatry, 30*(2), 77–84.

Scott, M., Milbourn, B., Falkmer, M., Black, M., Bolte, S., Halladay, A., et al. (2019). Factors impacting employment for people with autism spectrum disorder: A scoping review. *Autism, 23*(4), 869–901. [Epub ahead of print]]

Taylor, J. L., McPheeters, M. L., Sathe, N. A., Dove, D., Veenstra-VanderWheele, J., & Warren, Z. (2012). A systematic review of vocational interventions for young adults with autism spectrum disorders. *Pediatrics, 130*(3), 531–538.

Taylor, J. L., & Seltzer, M. M. (2011). Employment and post-secondary educational activities for young adults with autism spectrum disorders during the transition to adulthood. *Journal of Autism and Developmental Disorders, 41*(5), 566–574.

van Heijst, B. F., & Geurts, H. M. (2015). Quality of life in autism across the lifespan: A meta-analysis. *Autism, 19*(2), 158–167.

ÍNDICE

Nota: *f* ou *t* após o número de página indica uma figura ou tabela.

A

ABA (análise comportamental aplicada). *Ver* Análise comportamental aplicada (ABA)
ABLE (Achieving a Better Life Experience) Act, 250-252
Aceitação, 22-23, 25, 260-261
Adolescência. *Ver também* Fatores de desenvolvimento; Vida adulta
  apoio à sexualidade e, 214-219
  autodefesa, 251-253
  desenvolvimento de habilidades adaptativas, 205-207
  estratégias de regulação emocional, 210-213
  funcionamento e desenvolvimento do cérebro e, 97-100
  gerenciamento do tempo e habilidades organizacionais, 209-213
  habilidades sociais e, 206-210
  planejamento de transição, 219-228, 221-222*f*, 238-239*f*
  sono, 149-151
  visão geral, 202-206
Adolescentes. *Ver* Adolescência
Alimentação seletiva. *Ver* Comportamentos; Problemas de alimentação
Ambiente doméstico, 118-121
Ambiente menos restrito (AMR), 123-124
Americans with Disabilities Act, 125-126
Análise comportamental aplicada (ABA). *Ver* Intervenções
  adolescência e, 206-208
  funcionamento e desenvolvimento do cérebro e, 96-101
  planejamento do tratamento e, 120-128
  visão geral, 46-48
Ansiedade e transtornos de ansiedade
  cérebro adolescente e, 98-100
  distúrbios gastrintestinais (GI), 161-162
  emprego e, 232-233
  estratégias de regulação emocional para, 213-215
  medicamentos e, 122-123
  sono e, 150-152
  vida adulta e o sistema de saúde e, 241-243
  visão geral, 16-17
Aprendizagem
  epigenética e, 64-65
  exercícios e, 137-139, 141-143
  sono e, 145-146
  vida adulta e, 243-245
Atividades, 135-136, 141-144
Autism Speaks, 116-117, 282-283
Autocuidado para jovens, 219, 220-228, 221-222*f*, 238-239*f*. *Ver também* Adolescência; Habilidades para uma vida independente; Vida adulta
Autocuidado para pais, 109-110, 113-115, 131-132, 223, 267-269
Autorregulação, 48-50, 141-142, 147-149
Avaliações
  avaliando recomendações e opções de tratamento, 116-117
  diagnósticos e, 11-12, 108-109
  obtendo uma avaliação, 102-109, 107*t*, 131-133
  sono e, 105-152
  testagem genética e, 81-82
  visão geral, 102

C

Causas de autismo. *Ver também* Fatores biológicos
dieta durante a gravidez e a primeira infância e, 167-173
diferenças individuais e, 60-62
história das teorias e pesquisas sobre as, 54-56
sugestões e diretrizes que consideram as, 81-84
uso de mídias e, 184-186
visão geral, 54, 83-84

Ciência e pesquisa científica
emprego e, 233-234
futuro da, 270-272
planejamento de transição e, 225-227
recursos sobre, 276-278
sobre intervenções dietéticas, 174-179
uso de mídias e, 183-185
visão geral, 22-25

Começo da idade adulta. *Ver* Adolescência; Vida adulta

Comportamento agressivo, 122-123, 190-192. *Ver também* Comportamentos

Comportamentos. *Ver também* Interesses e comportamentos repetitivos; Interesses e comportamentos restritos
alimentação seletiva, 178-181
comportamentos desafiadores, 45-53
comportamentos estereotipados, 39-41
dicas para gerenciamento de tempo e, 211-213
medicações e, 122-123
sono e, 147-152

Comportamentos de autolesão, 45, 122-123. *Ver também* Comportamentos

Comportamentos estereotipados, 39-41. *Ver também* Comportamentos; Interesses e comportamentos repetitivos

Comunicação aumentativa e alternativa (CAA), 195-197

Comunidade, 118-120, 243-245, 252-253

Contextos culturais, 263-265

Convulsões, 150-152

D

Defensoria
autodefesa, 251-253
durante o planejamento de tratamento, 112-114, 131-132
recursos de, 279-280
visão geral, 1, 22-23, 26, 254-257

Depressão
cérebro adolescente e, 98-100
emprego e, 232-233
estratégias de regulação emocional para, 213-215
medicações e, 122-123
vida adulta e o sistema de saúde e, 241-243
visão geral, 16-17

Desenvolvimento sexual, 214-219, 279-280. *Ver também* Fatores de desenvolvimento

Dever de casa, 211-213

Diagnóstico
diagnóstico precoce, 18-21
diferenças individuais e, 2-4
durante a vida adulta, 229-230
espectro do, 9-15
ferramentas diagnósticas usadas no, 108-109
funcionamento e desenvolvimento do cérebro e, 100-101
interesses restritos e, 42-43
obtendo uma avaliação, 102-109, 107t, 131-132
proporção entre os sexos no, 21-22
recursos de, 275-277
superando um, 20-21
vício em jogos de internet, 192
visão geral, 25-26, 263-264, 267-268

Dieta. *Ver também* Nutrição; Problemas de alimentação
durante a gravidez e a primeira infância, 167-173
epigenética e, 64-65
funcionamento e desenvolvimento do cérebro e, 164-168
gerenciamento da, 179-180
importância da, 163-166
intervenções dietéticas e, 173-179

306 Índice

recursos de, 277-278
resultados e, 5-6
visão geral, 161-162
Distúrbios gastrintestinais (GI)
dietas especiais e, 163-166
funcionamento e desenvolvimento do cérebro e, 165-168
gerenciamento de, 1179-180
obtendo uma avaliação e, 106-108
sono e, 150-152, 155-156
visão geral, 16-19, 161-164

E

Early Start Denver Model (ESDM), 95-97, 100-101, 116-117, 119-121
Educação de nível superior, 231-233, 252-254
Educação pública adequada e gratuita (EPAG), 123-124
Education for All Handicapped Children Act, 123-124. *Ver também* Individuals with Disabilities Education Act (IDEA)
Efeito McGurk, 44
Eletrônicos, 153-155, 182-183, 192-193. *Ver também* Tecnologia; Uso de mídias
Emprego
exercícios e, 135-136
interesses restritos e, 41-42
recursos de, 280-281
vida adulta e, 229-230, 232-239, 237*f*
visão geral, 252-253
Ensino por tentativas discretas (DTT), 116-117
Envolvimento familiar no tratamento
avaliando recomendações e opções de tratamento e, 119-121
exercícios e, 141-145
intervenções baseadas na escola e, 125-126
o futuro para crianças com autismo, 268-271
recursos de, 273-275
sono e, 155-156
visão geral, 264-265
Envolvimento parental no tratamento. *Ver* Envolvimento familiar no tratamento

Epigenética. *Ver também* Fatores ambientais; Fatores genéticos
dieta durante a gravidez e a primeira infância e, 167-173
exercícios e, 136-142
recursos de, 274-276
sono e, 145-148
visão geral, 63-67, 262-263
Epilepsia, 16-18
Escola
dicas para gerenciamento de tempo e, 211-213
educação de nível superior, 31-233
educação sobre saúde sexual, 216-217
intervenções baseadas na escola, 125-126
recursos sobre, 281-283
sono e adolescentes e, 149-151
Espectro, 9-15, 25-26
Esportes. *Ver* Exercícios
Estresse, 64-65, 147-149, 279-280
Estudos de pesquisa. *Ver* Ciência e pesquisa científica
Exercícios, 5-6, 64-65, 133-145, 277-279
Exposição a poluentes, 64-65, 71-77, 74*t*, 81-84
Exposição ao chumbo. *Ver* Exposição a poluentes
Exposição ao mercúrio. *Ver* Exposição a poluentes

F

Faculdade, 231-233, 282-283
Fatores ambientais. *Ver também* Causas de autismo
antes da concepção e antes do nascimento, 67-72, 68-69*f*
complicações no parto e logo depois, 76-77
epigenética, 63-67
exposição a poluentes no início da vida e, 71-77, 74*t*
história das teorias e pesquisas sobre, 54-56
inflamação ou função imune e, 78-80
sugestões e diretrizes que consideram os, 81-84

visão geral, 54, 67-81, 68-69t, 74t,
    262-263
Fatores biológicos. *Ver também* Causas
    de autismo; Fatores genéticos;
    Funcionamento e desenvolvimento do
    cérebro
  desenvolvimento do cérebro, 91-95
  história das teorias e pesquisas sobre, 54-56
  inflamação ou função imune e, 78-80
  sono e, 151-152
  sugestões e diretrizes que consideram os,
    81-84
  visão geral, 60-64, 262-263
Fatores de desenvolvimento. *Ver também*
    Adolescência; Habilidades e
    desenvolvimento de linguagem;
    Habilidades e desenvolvimento sociais
  apoio à sexualidade em adolescentes,
    214-219
  avaliando recomendações e opções de
    tratamento, 117-119
  comportamentos desafiadores e, 45-46,
    48-53
  conceito de espectro e, 13-15
  desenvolvimento de habilidades
    adaptativas, 205-207
  desenvolvimento sexual, 203-204
  diagnóstico precoce, 18-21
  dieta durante a gravidez e a primeira
    infância e, 167-173
  exercícios e, 134-136
  sono e, 44-146
Fatores de risco. *Ver também* Causas de
    autismo; Fatores ambientais; Fatores
    biológicos; Fatores genéticos
  antes da concepção e antes do
    nascimento, 67-72, 68f
  complicações no parto e logo depois, 76-79
  dieta durante a gravidez e a primeira
    infância e, 167-173
  exposição a poluentes no início da vida e,
    71-77, 74t
  funcionamento e desenvolvimento do
    cérebro, 89-92, 100-101
  inflamação ou função imune e, 78-80
  tecnologia e, 182-195

visão geral, 83-84
Fatores de saúde, 133, 134-136, 148-149,
    216-217, 241-245. *Ver também* Dieta;
    Exercícios; Modo de vida; Questões
    médicas; Sono e problemas de sono
Fatores genéticos. *Ver também* Causas de
    autismo
  epigenética, 63-67
  exercícios e, 139-141
  gene *SCN2A*, 7-18
  história das teorias e pesquisas sobre,
    54-56
  inflamação ou função imune e, 78-80
  interesses restritos e, 43-44
  obtendo uma avaliação e, 106-108
  proporção entre os sexos no diagnóstico,
    21-22
  recursos sobre, 274-278
  sono e, 145-148
  sugestões e diretrizes que consideram os,
    81-84
  visão geral, 12-14, 52-54, 55-64,
    262-263
Finanças, 248-253, 281-282
Fisioterapia, 121-122
Flexibilidade, 38-40, 120-121
Fonoterapia, 120-121
Funcionamento cognitivo, 135-136, 139-140,
    42-143
Funcionamento da atenção, 137-138,
    147-149, 190-191
Funcionamento e desenvolvimento do
    cérebro. *Ver também* Fatores biológicos
  adolescência e, 97-100
  autorregulação e, 48-50
  dieta e, 164-168, 169-171, 173-179
  exercícios e, 136-142
  exposição a poluentes no início da vida e,
    71-73
  funcionamento social, 28-32, 34-35
  plasticidade do cérebro ao longo da vida
    e, 99-101
  proporção entre os sexos no diagnóstico
    e, 21-22
  sono e, 144-146
  teoria da mente e, 36-38

visão geral, 52-53, 62-64, 85-97, 100-101, 133
Funcionamento intelectual, 14-15, 18-19, 45-46, 145-147, 161-162, 217-218

G

Gênero, 21-22, 217-219

H

Habilidades de gerenciamento do tempo, 209-213
Habilidades de regulação emocional, 210-211, 212-215
Habilidades e desenvolvimento de linguagem. *Ver também* Habilidades e desenvolvimento sociais
   autorregulação e, 9-50
   cérebro adolescente e, 98-100
   comportamentos desafiadores, 45-46, 51-52
   fonoterapia e, 120-121
   uso de mídias e, 186-190
Habilidades e desenvolvimento sociais. *Ver também* Fatores de desenvolvimento; Habilidades e desenvolvimento de linguagem
   adolescência e, 98-100, 206-210
   apoio à sexualidade em adolescentes, 214-219
   autorregulação e, 48-50
   avaliando recomendações e opções de tratamento, 121
   diagnóstico precoce e, 19-21
   exercícios e, 135-136, 138-142
   funcionamento e desenvolvimento do cérebro e, 87-88
   intervenções baseadas em tecnologia e, 197-201
   motivação social e, 27-32
   prejuízos nas, 27-38, 52-53
   processamento de informações sociais e, 31-39
   sono e, 144-146
   treinamento de habilidades sociais, 205-209
   uso de mídias e, 1185-190, 193-195

Habilidades motoras, 121, 134-136, 142-143
Habilidades motoras finas, 121
Habilidades organizacionais, 209-213
Habilidades para a vida. *Ver* Habilidades para a vida independente
Habilidades para a vida independente. *Ver também* Adolescência; Transições; Vida adulta
   atenção à saúde, 241-245
   educação de nível superior e, 231-233
   emprego e, 233-239, 231*f*
   finanças, 248-252
   moradia e, 237-241, 238-239*t*
   planejamento de transição e, 219-228, 220-222*t*, 226*f*
   tomada de decisão, 244-249
   visão geral, 231-252, 237*f*, 248*t*, 252-253
Hiperatividade, 122-124, 190-191
Hipótese do cérebro social, 90-91.
   Ver também Funcionamento e desenvolvimento do cérebro
Hora de dormir, 152-155. *Ver também* Sono e problemas de sono

I

Idade pré-escolar, 18-21
Identidade sexual, 217-219
Impulsividade, 190-191
Individuals with Disabilities Education Act (IDEA), 122-126, 225-228. *Ver também* Planos 504; Programa de educação individualizada (PEI)
Interação genótipo x ambiente (IGA), 65-67. *Ver também* Epigenética; Fatores ambientais; Fatores genéticos
Interesses
   exercícios e, 141-144
   interesses restritos, 40-42
   pensamento inflexível, 38-40
Interesses e comportamentos repetitivos, 37-44, 52-53, 138-140, 192-193.
   Ver também Comportamentos
Interesses e comportamentos restritos, 37-46, 52-53, 192-194. *Ver também* Comportamentos

Intervenções. *Ver também* Tratamento
  análise comportamental aplicada (ABA), 46-48
  ansiedade e depressão e, 99-100
  apoio à sexualidade em adolescentes, 214-219
  avaliando recomendações e opções de tratamento, 115-122
  comunicação aumentativa e alternativa (CAA), 195-197
  considerações financeiras com adultos com autismo, 248-251
  diagnóstico precoce e, 19-20
  estratégias de regulação emocional para adolescentes, 210-215
  funcionamento e desenvolvimento do cérebro e, 95, 97, 99-101
  gerenciamento do tempo e habilidades organizacionais, 209-213
  habilidades adaptativas, 205-207
  intervenções baseadas na escola e, 122-125
  intervenções dietéticas e, 173-178
  planejamento de transição, 219, 220-228, 220-222t, 226f
  sono e, 154-158
  treinamento de respostas pivôs (PRT), 97
  uso de mídias e tecnologia e, 195-201
  visão geral, 263-264
Intervenções comportamentais, 95-97, 115-121, 154-158. *Ver também* Análise comportamental aplicada (ABA); Intervenções
Intervenções em grupo, 207-209
Intervenções em modelagem, 197-199

L

Lei Pública 94.142. *Ver* Individuals with Disabilities Education Act (IDEA)

M

Manual diagnóstico e estatístico de transtornos mentais (DSM)
  comportamentos restritos e repetitivos e, 37-39
  interesses restritos e, 42-43
  processamento sensorial e, 121-122
  transtorno do jogo pela internet, 192
  visão geral, 9-12
Material particulado. *Ver* Exposição a poluentes
Medicações, 122-123
Medicina complementar e alternativa (MCA). *Ver também* Tratamento
  tratamentos, 126-131, 129f, 131-132, 170-181
Medicina integrativa. *Ver também* Medicina complementar e alternativa (MCA)
Melatonina, 126-128, 156-157, 185-186
Metade da infância, 18-21
Metais pesados. *Ver* Exposição a poluentes
Modo de vida, 5-6, 64-65, 133-134. *Ver também* Dieta; Exercícios; Sono e problemas de sono
Moradia, 237-241, 238-239t, 252-253, 280-281
Motivação social, 27-33, 52-53, 90-92. *Ver também* Funcionamento e desenvolvimento do cérebro
Movimentos motores amplos, 121, 134-136

N

Nutrição. *Ver* Dieta

O

Observação comportamental. *Ver* Observações
Observações, 19-20, 107-109. *Ver também* Avaliações
Observações diretas. *Ver* Observações

P

Pensamento inflexível, 38-40. *Ver também* Interesses e comportamentos restritos; Processamento da informação
Plano de Serviço Familiar Individualizado (IFSP), 125-126
Planos 504, 125-126, 231-233
Planos de tratamento. *Ver também* Tratamento
  avaliando recomendações e opções de tratamento, 115-122

obtendo uma avaliação e, 102-109, 107t
tratamentos complementares e alternativos e, 126-131, 129f
visão geral, 102, 109-115, 130-132, 267-268
Plasticidade, 94-101, 133. *Ver também* Funcionamento e desenvolvimento do cérebro
Poluentes orgânicos. *Ver* Exposição a poluentes
Poluentes químicos. *Ver* Exposição a poluentes
Poluição do ar. *Ver* Exposição a poluentes
Pontos fortes, 13-15, 89-90
Preocupações, 38-40. *Ver também* Interesses
Primeira infância, 18-21
Problemas de alimentação. *Ver* Comportamentos; Dieta
Problemas de humor, 16-17, 122-123, 213-215. *Ver também* Ansiedade e transtornos de ansiedade; Depressão
Problemas emocionais, 16-17, 197-198
Processamento da informação, 37-39, 50-52, 87-88. *Ver também* Processamento de informações sociais
Processamento de informações sociais, 31-38, 50-52. *Ver também* Processamento da informação
Processamento sensorial, 41-44, 51-53, 121-122, 213-214
Procuração, 246-248, 248t
Profissionais
 obtendo uma avaliação, 102-109, 107t, 131
 outras terapias e, 120-122
 planejamento de transição, 220-227
 sendo defensor durante o planejamento do tratamento, 112-114
 trabalhando com, 264-269
 vida adulta e o sistema de saúde e, 241-242
Programa de educação individualizada (PEI), 124-126, 225-227, 227-228, 231-233, 251-253. *Ver também* Individuals with Disabilities Education Act (IDEA); Planos 504
Proporção entre os sexos, 21-22

Q

Questões de saúde mental, 241-243. *Ver também* Ansiedade e transtornos de ansiedade; Depressão; Problemas de humor; Transtorno de déficit de atenção/hiperatividade (TDAH)
Questões médicas. *Ver também* Fatores de saúde
 exercícios e, 140-141
 obtendo uma avaliação e, 106-108
 sono e, 151-162, 154-155
 transtornos de sono primários, 158-160
 visão geral, 16-19, 25-26

R

Realidade virtual, 198-200
Recursos, 273-274
Recursos legais, 282-283
Resultados
 o futuro para crianças com autismo, 268-271
 superando o diagnóstico de TEA, 20-21
 tratamentos complementares e alternativos e, 127-129
 visão geral, 4-7, 102
Ritmos circadianos, 145-146, 156-157. *Ver também* Sono e problemas de sono
Robótica social, 199-201

S

Seção 504 da Rehabilitation Act de 1973, 125-126, 231-233
Síndrome de Asperger, 10-12
Sistema de Comunicação por Troca de Figuras (PECS), 195-197
Sistema de recompensas, 141-143
Sono e problemas de sono
 adolescentes e, 149-151
 avaliação e, 150-152
 causas de, 150-152
 epigenética e, 64-65
 genética e epigenética e, 145-148
 horário de sono e higiene do sono, 152-155, 155-156, 157-158
 intervenções comportamentais para, 154-158

melatonina e, 126-128, 156-157
quantidade necessária de sono, 149-151
recursos sobre, 276-277
resultados e, 5-6
transtornos de sono primários, 58-160
uso de mídias e, 182-183, 189-190
visão geral, 17-19, 144-160, 150t
Suplementos. *Ver* Dieta; Medicina complementar e alternativa (MCA)

T

Tecnologia, 5-7, 153-155, 182-201, 78-279. *Ver também* Eletrônicos; Uso de mídias
Telas. *Ver* Eletrônicos
Telefone celular. *Ver* Eletrônicos
Televisão. *Ver* Eletrônicos
Teoria da mente, 34-38. *Ver também* Processamento de informações sociais
Terapia cognitivo-comportamental (TCC). *Ver* Intervenções; Tratamento
Terapia ocupacional, 121-122
Terapias baseadas em *mindfulness*, 214-215. *Ver também* Intervenções
Tóxicos. *Ver* Exposição a poluentes
Transições, 210-214, 241-245, 261-263, 278-279
Transtorno de déficit de atenção/hiperatividade (TDAH)
  exercício e, 137-140
Transtorno do espectro autista em geral
  condições em adição ao, 14-19
  diferenças individuais em, 2-5
  espectro de, 9-15
  exemplos de, 254-263
  recursos de, 273
  resultados, 4-7, 268-271
  visão geral, 1-2, 9-10, 22-23, 25-26, 52-53, 254-265
Transtornos da comunicação, 15-16, 52-53, 98-100, 120-121, 161-162. *Ver também* Habilidades e desenvolvimento de linguagem; Habilidades e desenvolvimento sociais
Transtornos de linguagem, 15-16, 18-19, 52-53
Transtornos invasivos do desenvolvimento (TID), 10-12

Tratamento. *Ver também* Intervenções; Planos de tratamento
  avaliando recomendações e opções de, 115-122
  coordenando o, 111-112
  intervenções baseadas na escola, 122-126
  medicações, 122-123
  obtendo uma avaliação, 102-109, 107t
  plasticidade do cérebro, 95-97
  recursos de, 275-277
  resultados e, 4-7
  seguindo uma avaliação, 109-115
  tecnologia e uso de mídias e, 195-201
  tratamentos complementares e alternativos, 126-131, 129f
  vício em jogos de internet e, 193
  visão geral, 25-26, 130-132, 267-268
Tratamento individualizado, 103-105, 117-118. *Ver também* Tratamento
Tratamentos alternativos. *Ver* Medicina complementar e alternativa (MCA)
Treinamento de respostas pivôs (PRT), 97, 100-101
Tutela, 245-247, 248t

U

Uso de internet. *Ver* Uso de mídias
Uso de mídias. *Ver também* Eletrônicos; Tecnologia
  conexão causal entre o TEA e o, 184-186
  educação sobre saúde sexual, 216-217
  gerenciamento do, 187-189
  intervenções no autismo e, 195-201
  sintomas de autismo e, 185-192
  vício em jogos de internet, 192-193
  visão geral, 182-183

V

Vacinação, 75-77, 80-81
Vício em jogos, 192-193. *Ver também* Uso de mídias
Vício em jogos de internet, 192-193
  medicações e, 122-123
  uso de mídias e, 190-191
  visão geral, 15-19

Vida adulta. *Ver também* Adolescência; Habilidades para uma vida independente
    ajudando jovens adultos a ter sucesso, 231-252, 237*f*, 248*t*
    atenção à saúde, 241-245
    autodefesa, 251-253
    educação de nível superior, 231-233
    emprego e, 232-239, 237*f*
    engajamento na comunidade e, 231-233
    finanças, 235-240
    moradia e, 225-229, 226*t*
    planejamento da transição, 219-228, 220-222*t*, 226*f*
    processos de desenvolvimento e, 203-205
    tomada de decisão, 244-249, 248*t*
    transporte e, 244-245
    tutela e, 245-247
    visão geral, 229-230, 248*t*, 252-253, 261-263